国际物流

International Logistics

宋志刚　王小丽　主编

中国财经出版传媒集团
中国财政经济出版社

图书在版编目（CIP）数据

国际物流 / 宋志刚，王小丽主编．-- 北京：中国财政经济出版社，2022.4

ISBN 978 - 7 - 5223 - 0941 - 5

Ⅰ.①国… Ⅱ.①宋… ②王… Ⅲ.①国际物流 Ⅳ.①F259.1

中国版本图书馆 CIP 数据核字（2021）第 235930 号

责任编辑：彭　波　　　　责任校对：徐艳丽
封面设计：卜建辰　　　　责任印制：史大鹏

中国财政经济出版社 出版

URL：http：//www.cfeph.cn

E - mail：cfeph @ cfemg.cn

社址：北京市海淀区阜成路甲 28 号　邮政编码：100142

营销中心电话：010 - 88191522

天猫网店：中国财政经济出版社旗舰店

网址：https：//zgczjjcbs.tmall.com

北京富生印刷厂印刷　各地新华书店经销

成品尺寸：185mm × 260mm　16 开　20.75 印张　435 000 字

2022 年 4 月第 1 版　2022 年 4 月北京第 1 次印刷

定价：62.00 元

ISBN 978 - 7 - 5223 - 0941 - 5

（图书出现印装问题，本社负责调换，电话：010 - 88190548）

本社图书质量投诉电话：010 - 88190744

打击盗版举报热线：010 - 88191661　QQ：2242791300

前　言

经济全球化促使企业资源配置范围逐步扩大。跨国公司通过国际供应链管理，在全球范围内获得成本更低的资源，以便在全球竞争中赢得优势。国际物流作为国际供应链管理活动的重要组成部分，为资源的全球配置提供了重要保障。

随着中国成为世界第二大经济体、世界第一贸易大国，中国在世界贸易中的地位和作用日益突出，需要建设与此地位相匹配的物流体系，来支撑确保产业链、供应链稳定，实现国内国际大循环的顺畅进行。

在既有的国际物流体系中，中国大量利用全球海上运输资源和海运企业，在现行的国际物流通道、网络中完成对外贸易。由于新冠肺炎疫情的影响和贸易保护主义思潮的抬头，国际物流通道、网络变得更加脆弱。加强国际物流枢纽间的合作，形成安全可靠的国际物流通道成为中国经济发展的关键一环。尤其在铁路和航空方面，中国与“一带一路”沿线国家在铁路、航空枢纽间有着更大的合作潜力。中欧班列、航空物流的快速发展使中国从过去的向东开放转向向西开放，通过铁路、航空拉近中国与中亚、欧洲的距离，实现更有效的物流连接和贸易往来。中国在国际物流的理论探索与实践创新中，形成了一些新的概念和思想，如物流枢纽、物流大通道、世界电子贸易平台（eWTP）、电子运单等，这些新知识已经开始深刻影响国际物流活动。

新形势提出新要求，需要掌握新知识的读者将新要求进一步转变为新的实践探索。本书的编写期望将最新的研究成果、政策规划纳入知识体系中去，力求为读者提供最新的理论知识和实践案例，帮助读者了解和掌握国际物流的运作规律和作业规程。

全书从两个方面入手，力求达到理论和实践的有机融合。一是通过知识体系延伸，“由海及陆”，关注“海权”向“陆权”转向过程中，形成的新知识，并将其纳入知识体系中，使读者更多地掌握内陆地区发展国际物流所需理论知识；二是更加关注国际物流的运作属性，在不同运输形式中对运输组织形式、运费、单证等内容进行详细说明，方便读者学习掌握国际物流实务知识。

全书共10个章节，分别介绍绪论、国际贸易基础知识、国际物流系统、国际海洋货物运输、国际铁路货物联运、国际航空货物运输、国际多式联运、国际货物通关、国际货物仓储与包装、跨境电商物流。本书由郑州航空工业管理学院宋志刚和王小丽担任主编，负责总体构思、结构设计及全书的统稿，具体编写分工如下：王小丽（第1章、第3章）；王智超（第2章、第4章、第8章）；张妍祺（第5章、第6章、第7章）；宋志刚（第9章、第10章）。另外，研究生王肖艳、肖楠、李冠柯、张巧等在相关资料的收集、整理方面做了大量工作。

本书集国内已有著作之长，吸收和借鉴了当前国内外物流管理最新的研究成果，同时通过大量的案例来帮助读者理解国际物流理论，学习国际物流管理技巧。本书既可作为高等院校物流类专业教材，也可作为各类物流培训教材，还可以作为政府、企业相关管理人员的参考读物。

本书的编写出版得到了中国财政经济出版社的大力支持和帮助，在此表示诚挚的谢意。同时，本书参阅了国内外专家学者的大量文献和研究成果，并且参阅了许多媒体和网站的报道和资料，各位编者已经尽可能详细地在参考文献中列出，在此谨向各位专家、学者致以诚挚的感谢。由于各方面原因，如果有疏漏之处，编者表示万分歉意。

由于水平有限，书中难免有不当之处，敬请同仁及读者批评指正。

目　录

第1章 绪论

学习目标

1. 掌握国际物流的概念、分类及特点
2. 理解国际物流的主要业务活动
3. 了解国际物流的发展

导入案例

2021年5月25日，“运筹帷幄　领航出海”2021新国际物流生态峰会在上海举行。会议现场发布了《国际物流产业数字化发展报告》，该报告历时半年时间，走访调研了国际物流行业近千家企业。报告由上海国际航运研究中心、中国交通通信信息中心、中国国际货运代理协会、“运去哪”共同整理并发布。报告显示，国际物流数字化的全面普及已成为行业共识，76.93%的从业者认为，国际物流行业最晚5年内，数字化技术与服务即可实现更为广泛的应用和渗透。

根据报告，受疫情影响，从2020年下半年开始，国际物流市场出现大规模涨价、爆舱、缺柜等情况。中国出口集装箱运价综合指数2020年12月末攀升至1658.58点，创近12年来新高。虽然春节后运价小幅下滑，但突发的苏伊士运河事件再次导致运力紧缺，集运价格再创新高。

过去，制造产业以长供应链（如制成品集成全球多地零部件）体现国际分工、国际贸易的价值，并不断追求通过船舶大型化提高规模效益。但疫情和苏伊士运河事件，也让行业开始反思超长供应链和超大规模运力的合理性，并探索通过数字化技术提升运输服务的保障性。

（资料来源：https：//baijiahao. baidu. com/s？id = 1700713430294941546&wfr = spider&for = pc）

思考题

结合案例，谈谈你对国际物流的认识和理解。

提示

随着经济全球化的不断推进，各个国家间的经济依存度越来越高，国际物流的重要性越发突出。国际物流数字化主要体现在物流操作流程的数字化、物流监测和管理的数字化、物流供需匹配的数字化等方面，其全面普及已成为行业共识。作为本书的第1章，本章将在介绍国际物流的概念及特点的基础上，对国际物流的主要业务活动和发展趋势进行讲解，使读者对国际物流能有一个初步的认识和理解。

1.1 国际物流概述

国际物流是随着国际贸易和跨国经营的发展而不断发展起来的，是现代物流国际化发展的结果。近年来，国际物流的发展受到更多关注，在国际物流方面的研究成果也越来越多。

1.1.1 国际物流的概念

在《物流术语》国家标准（GB/T 18354—2006）中，国际物流（international logistics）是指跨越不同国家（地区）之间的物流活动。国际物流是相对国内物流而言的，是不同国家之间的物流。国际物流是国内物流的延伸和进一步发展，是跨国界的、流通范围扩大了的物的流通，有时也称其为国际大流通或国际大物流。

广义的国际物流，包括贸易性国际物流和非贸易性国际物流。贸易性国际物流是指组织贸易货物（进出口货物）在国际的合理流动；非贸易性国际物流是指各种会展物品、行李物品、办公物品、捐助、援外物资等非贸易货物在国际的流动。

狭义的国际物流，生产和消费分别在两个或两个以上国家（或地区）独立进行，物流的目的是对物资进行物理性移动，克服生产和消费之间的空间距离和时间间隔，完成国际交易过程。其具体涉及的内容包括卖方交付单证、货物和收取货物，买方接受单证、支付货款和收取货物等。

国际物流的总目标是为国际贸易和跨国经营服务，即选择最佳的方式和路径，以最低的费用和最小的风险，保质、保量、适时地将货物从某国的供方运到另一国的需求方。国际物流的实质是按照国际分工的原则，依照国际惯例，利用国际化的物流网络、物流设施和物流技术，实现货物的国际流动和交换，以促进区域经济的发展和世界资源的优化配置。

1.1.2 国际物流的分类

根据不同的划分标准，国际物流可以分为不同的类型。

1. 根据货物在国与国间的流向分类

根据货物在国与国间的流向来划分，国际物流可分为进口物流和出口物流。当国际物流服务于一国的货物进口时，即可称为进口物流；而当国际物流服务于一国的货物出口时，则可称为出口物流。由于各国在物流进出口政策，特别是海关管理制度上的差异，进口物流与出口物流相比，既有交叉的业务环节，也存在不同的业务环节，需要区别对待。

2. 根据货物流动关税区域分类

根据货物流动关税区域来划分，国际物流可分为不同国家间的物流和不同经济区域间的物流。这两种类型的物流，在形式和具体环节上存在较大差异，如欧盟区域间物流、欧盟与其他国家间、欧盟与其他地域间物流的差异。

3. 根据跨国运送货物的特征分类

根据跨国运送货物的特征来划分，国际物流可分为国际商品物流、国际军火物流、国际邮品物流、捐助或救助物资物流、国际展品物流等。

国际物流的分类如表1-1所示。

表1-1 国际物流的分类

分类标准	类型	说明
货物在国与国间的流向	进口物流 出口物流	存在于进口业务或出口业务中的国际物流
货物流动关税区域	国家间的物流 经济区域间的物流	两者在形式和具体环节上存在较大差异
跨国运送货物的特征	国际商品物流、国际军火物流、国际邮品物流、捐助或救助物资物流、国际展品物流等	根据运送货物的不同特性，合理组织国际物流

1.1.3 国际物流的特点

与国内物流相比，国际物流有以下几方面的特点。

1. 不同国家物流环境存在差异

国际物流的一个非常重要的特点是，各国物流环境的差异，尤其是物流软环境的差异。不同国家的物流适用的法律不尽相同，这使国际物流的复杂性远高于一国的国内物流，甚至会阻断国际物流。不同国家的经济和科技发展水平差异、不同的标准、不同的风俗及人文等环境因素会造成国际间“接轨”的困难，使国际物流的发展受到很大限制。

物流环境的差异迫使一个国际物流系统需要在几个不同的法律、人文、习俗、语言、科技、设施的环境下运行，这无疑会大大增加物流系统的复杂性。

2. 国际物流系统范围广

物流本身的功能要素、系统与外界的沟通已经很复杂，国际物流在这个复杂系统上增加不同国家的要素，不仅使地域和空间更加广阔，而且使所涉及的内外因素更多，所需要的时间更长，带来的直接后果是难度和复杂性增大、风险增大。

3. 国际物流运输的主要方式具有复杂性

在国内物流中，运输线路相对较短，而运输频率较高，主要的运输方式是铁路运输和公路运输。而在国际物流中，由于货物运送线路长、环节多、气候条件复杂，对货物运输途中的保管、存放要求高，因此海洋运输、航空运输尤其是国际多式联运是其主要运输方式，具有一定的复杂性。

4. 国际物流必须有国际现代化信息系统的支持

国际物流，尤其是国际多式联运离不开国际现代化信息系统的支持。管理困难、投资巨大和世界物流信息的发展水平不均衡等因素使国际物流信息系统的建立更加困难。

在网络经济环境下，以网络为主体的商务活动已经极大地解决了物流信息系统中信息传递问题。当前国际物流信息系统一个较好的建立方法是和各国海关的公共信息系统联网，以及时掌握有关各个港口机场和联运铁路、站场的实际状况，为供应或者销售物流决策提供支持。国际物流是最早发展电子数据交换（Electronic Data Interchange，EDI）的领域。以EDI为基础的国际物流将会对物流的国际化产生重大影响。

5. 国际物流的标准化要求高

要使国际物流畅通起来，统一标准是非常重要的。如果没有统一的标准，国际物流水平提升就会受到极大限制。

目前，美国、欧洲基本实现了物流工具、设施的统一标准，如托盘使用1000毫米×1200毫米标准，集装箱统一规格及条码技术等，大大降低了物流费用，降低了转运难度。而不向这一标准靠拢的国家，必然在转运换车等许多方面要多耗费时间和费用，从而降低了其国际竞争力。在物流信息传递技术方面，欧洲各国不仅实现了企业内部标准化，而且实现了企业之间及欧洲统一市场的标准化，这就使欧洲各国之间的交流比其与亚洲、非洲等地的交流更加简单、更加有效。

1.2 国际物流的主要业务活动

在经济全球化背景下，物流国际化运作已成为必然。围绕国际活动而涉及国际物流业务的企业有国际货运代理、国际物流公司、国际配送中心、国际运输及仓储、报关行等具体企业。国际物流业务活动较为广泛，主要有以下几个方面。

1.2.1 进出口业务

一个典型的进出口物流流程如图1-1所示。在实际业务中，有可能只涉及其中的一部分。

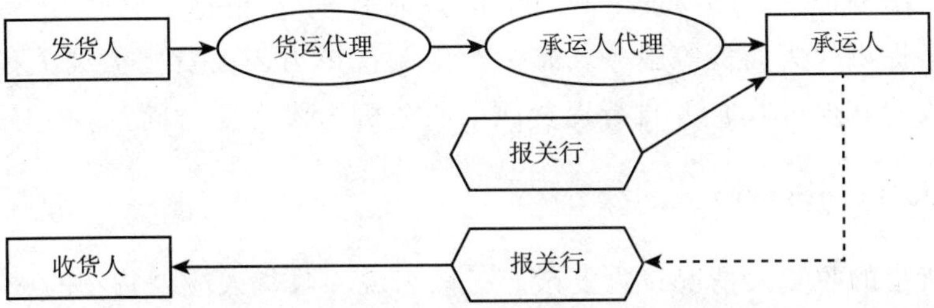

图1-1 进出口物流流程

注：虚线表示跨国运输。

进出口业务涉及以下有关参与方。

1. 发货人（shipper）

进出口业务中的发货人可以是生产厂家或它们的经销商，有时也可能是货运公司或货运代理。

2. 货运代理（forwarder）

货运代理是随着国际贸易的发展、货运业务的日益复杂以及传统承运人（船东或航空公司）的业务专门化发展起来的行业。货运代理是介于货主和实际承运人之间的中间商，它一方面代货主租船订舱，另一方面又替实际承运人揽货。

货运代理角色的出现，使整个货运行业日趋专业化。目前大多数的进出口货物运输均与货运代理有关，因此了解货运代理的业务，对企业控制国际物流中的成本和时间有很大帮助。此外，当前许多货运代理正在不断演变成第三方物流企业。

3. 承运人代理（shipping agent）

承运人代理主要是替承运人（如船东、航空公司）在港口安排接泊、装卸、补给等业务，有时代理承运人签发运单。承运人代理在海运中较为常见，而在空运中较为少见。有的承运人代理也从事货运代理的业务。

4. 承运人（carrier）

承运人是实施运输的主体，在国际贸易运输中主要指船东或航空公司。虽然有的承运人也直接面对货主，但在多数情况下，货主已经不直接与其打交道了。

5. 报关行（customs broker）

虽然各国对进出口货物的管制政策有所不同，但基本上各国海关都要求对进出口货物进行申报。有些货主有自己的报关人员，这时就不需要报关行的介入。许多货运代理也有报关资格，也不需要单独的报关行介入。报关行或货运代理的报关服务都需要货主提供必要的单据（主要包括进口报关单、提单、商业发票、原产地证书、进口许可证或进口配额证书、品质证书和卫生检验证书等），由他们代理在海关进行申报。有的报关行还提供代为商检等服务。海关产生关税单后，由货主缴纳关税（有时还包括由海关代收的其他税收）并自行提货或由服务机构代为提送货。

6. 收货人（consignee）

运单上所指的收货人情况较为复杂。一般来说，收货人应是货物的进口商。有时，由于进口管制的原因，最终的收货人并不体现在运单上。运单上的收货人往往是进口代理商，而在“通知人”（notify party）上显示的可能才是真正的收货人。另外，在复杂的货运情况下，主运单和分运单上所显示的收货人的意义有所不同。分运单上的收货人往往才是真正的收货人，而主运单上的收货人则往往是货运代理人。

进出口业务流程是通过各种业务单证的流转来完成的，业务单证是上述各关系人业务交接、责任划分、风险承担及费用结算的凭证和法律依据。因此，在进出口业务过程中，单证起着重要作用。

1.2.2 国际运输业务

国际运输是国家与国家、国家与地区之间的运输。一般最常见的国际运输方式是海洋运输，此外还有航空运输和铁路运输。

由于国际运输中货物需要跨越国境，且多为远洋运输，货物在途时间往往较长，一旦起运就很难更改目的地，这就极大地限制了企业物流运作的弹性。企业在进行跨国经营时必须具有较高的市场预测能力，才能保证将正确数量的正确货物在正确的时间内配送到目标市场，否则就会导致有些市场断货，而有些市场则有过剩库存。企业一旦将一定数量的商品运到目标市场，再进行不同市场之间的调货就会造成大量的额外开支，并造成供需时间不一致，长此以往必然削弱企业的竞争能力。

随着现代通信手段的进步和专业物流企业服务水平的提高，现在已经有一些物流企业通过采用全球定位系统（GPS）实现对货主货物的全程监控，并可以对在途货物重新进行调度，使货主可以根据市场需求情况重新进行库存定位，随时修改货物目的地，避免地区性调货带来的额外成本。

1.2.3 国际仓储业务

仓储是以改变物品时间状态为目的的活动，克服产需之间的时间差异获得更好的效用。国际仓储同国际运输一样，都是对外贸易和国际物流不可缺少的重要环节。不论是发达国家，还是发展中国家，国际仓储在各国的国民经济中，在国际间的生产、分配、交换、消费过程中，或者说在一国范围和世界范围的商品生产和商品流通过程中，都有着重要的地位和作用。

进出口商品种类繁多，性质各异，因而对仓储业务的要求也就不同。国际仓储业务一般包括入库、储存保管和出库等内容。与国内仓储不同，国际仓储还涉及保税仓储等特殊业务。

1.2.4 国际货物包装业务

由于货物在途时间长，搬运次数多，要经历更恶劣的天气变化等，保护性包装在跨国经营中所起的作用比在国内更为重要。通常，跨国经营的产品包装会大幅增加物流成本，其中一部分是由于特殊的包装要求，此外还有标签和包装标志方面的原因。由于目的国不同，标签要求也不相同。各国对产品标签有许多不同的规定，总的来说，标签规定的目的在于：

（1）迫使货主遵守现行产品标准；

（2）对添加剂的使用加以限制和控制；

（3）禁止使用误导性信息；

（4）建立对产品的标准说明。

1.2.5 国际货物通关业务

通关是指进出境运输工具负责人、货物的收发货人及其代理人、物品的所有人向海关申请办理货品的进出境手续，海关对其呈交的单证和实际进出的货品依法进行审核、查验、征收税费、批准进口或出口的全部过程。

通关业务的一般流程可用图1－2表示。

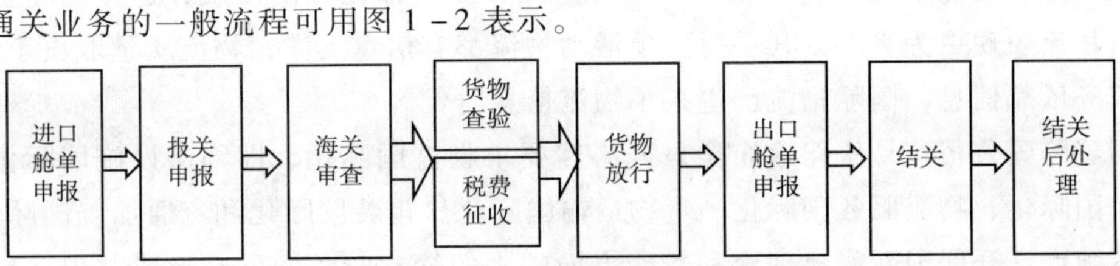

图1－2 通关业务一般流程

1.3 国际物流的发展

第二次世界大战以后，国际间的经济交往越来越广泛，国际物流活动随着国际贸易和跨国经营的发展而不断发展。

1.3.1 国际物流的发展历程

国际物流在发展过程中主要经历了三个阶段，并呈现出相应的发展特征。

1. 国际物流的发展阶段

（1）第一阶段：20 世纪 50 年代至 80 年代初。

这一阶段物流设施和物流技术得到了极大的发展，建立了配送中心，广泛运用电子计算机进行管理，出现了立体无人仓库，一些国家建立了本国的物流标准化体系等。物流系统的改善促进了国际贸易的发展，物流活动已经超出了一国范围，但物流国际化的趋势还没有得到人们的重视。

（2）第二阶段：20 世纪 80 年代初至 90 年代初。

随着经济技术的发展和国际经济往来的日益扩大，这一阶段，国际物流的突出特点是在物流量维持稳定情况下出现了“精细物流”，物流的机械化、自动化水平提高。同时，伴随着新时代人们需求观念的变化，国际物流着力于解决“小批量、高频度、多品种”的物流需求。美国密歇根州立大学教授波索克斯认为：“进入 80 年代，美国经济已经失去了兴旺发展的势头，陷入长期倒退的危机之中，因此，必须强调改善国际性物流管理，降低产品成本，并且要改善服务，扩大销售，在激烈的国际竞争中获得胜利。”与此同时，日本以贸易立国，要实现与其对外贸易相适应的物流国际化，并采取了建立物流信息网络，加强物流全面质量管理等一系列措施，提高物流国际化的效率。这一阶段物流国际化的趋势主要出现在美国、日本和欧洲等一些发达国家。

（3）20 世纪 90 年代初至今。

这一阶段国际物流的概念和重要性已为各国政府和外贸部门所普遍接受。国际物流依托互联网技术、全球卫星定位系统、电子数据交换系统等技术迅速发展。信息的作用使物流向更低成本、更高服务、更大量化、更精细化方向发展，这在国际物流中比国内物流表现更为突出，几乎每一项活动物流都有信息支撑，物流质量取决于信息，物流服务依靠信息，国际物流已进入了物流信息时代。

随着跨国公司贸易伙伴遍布全球，必然要求物流国际化，即物流设施国际化、物流技术国际化、物流服务国际化、货物运输国际化、包装国际化和流通加工国际化等。世界各国广泛开展国际物流理论和实践方面的大胆探索。人们已经形成共识：只有广泛开展国际物流合作，才能促进世界经济繁荣，物流无国界。

2. 国际物流发展的特征

国际物流在发展中呈现出以下特征。

(1) 国际物流反应快速化。

国际物流服务提供者对供应链上游、下游的物流服务需求的响应速度越来越快，前置时间越来越短，服务间隔越来越短，频次越来越高，商品周转次数越来越多。

(2) 国际物流目标系统化。

国际物流从系统的角度统筹规划了一个公司整体的各种物流活动，以处理好物流活动与商流活动及公司目标之间、不同物流活动相互之间的关系，在实现每个物流环节最优化的同时，追求整体物流活动的最优化。

(3) 国际物流手段现代化。

国际物流中计算机技术、通信技术、机电一体化技术、语音识别技术等得到普遍应用，卫星定位系统（如北斗卫星定位系统、GPS等）、卫星通信、射频识别装置、机器人等先进技术和设备的应用，使国际物流水平进一步提升。

(4) 国际物流组织网络化。

为了实现在全球范围内快速、全方位的物流支持，国际物流需要有完善、健全的物流网络体系，网络上点与点之间的物流活动保持系统性、一致性，这样可以保证整个物流网络有最优的库存总水平及库存分布。同时也可以实现运输与配送快速、机动。分散的物流节点只有形成网络才能满足现代化生产与流通的需要。

(5) 国际物流服务社会化。

其表现为第三方物流与物流中心的迅猛发展。众多工商企业逐渐认识到依靠企业自身的力量不可能在每一个领域都获得竞争优势，它们更倾向于采用外部资源，将本企业不擅长的物流环节交由专业物流公司，或者在企业内部设立相对独立的物流专业部门，而将有限的资源集中于自己真正的优势领域。专业的物流公司由于具有人才优势、技术优势和信息优势，可以采用更为先进的物流技术和管理方式，取得规模经济效益。

相关链接

虽然疫情给整个国际物流市场带来了很多不便，但客观上也助推行业发生了根本性的变化。变化主要有三点：

首先，船公司、货代等产业链各角色加快数字化步伐。在集装箱进出口物流领域，2020年数字化在线订舱的比例已经超过了15%。此前，业界的普遍观点是需要10年时间才能做到这一比例。可以说，疫情大大加速了整个行业数字化的步伐，无法跟上这一趋势的货代物流企业可能会被加速淘汰。

其次，货主对于标准化服务、确定性服务有着更强烈的需求。以前，很多货主追求的是拿到最低的运价，但随着这一轮大范围爆舱、缺柜情况的发生，货主不再单纯追求价格最低，而是追求一个更具保障性、确定性、标准化的服务。从这个角度来说，当市场出现波动时，是一个构建未来国际物流服务标准和双向确定性的最佳契机。

最后，“中国制造”的地位进一步加强，为国际物流市场构筑坚实基础。在疫情发生前，因为中美贸易摩擦等因素，业界有观点认为“中国制造”的地位要被东南亚等地区国家所代替。但是通过这次疫情可以看到，我国卓越的体制及完善的制造业产业链，是世界上任何一个国家所无法快速替代的。“中国制造”地位的不断巩固，也为整个国际物流产业未来的长期发展奠定了坚实的基础。

（资料来源：http：//www. zgsyb. com/news. html？ aid = 581618）

1.3.2 国际物流的发展趋势

国际物流在快速发展，在发展过程中也面临一些新的问题，主要表现在：（1）国际物流日趋复杂化，在国际物流运营中，跨越国界线的各种壁垒较多，尤其是一些国家间设置的人为障碍，使国际物流增添了诸多困难；（2）国际物流发展不平衡，物流不发达国家的物流管理理念、物流意识、物流基础设施建设、技术手段都相对滞后，并呈现管理技术、经营实力差距不断拉大之势；（3）国际物流频繁而批量小，使现代物流的难度加大；（4）土地紧缺和发达国家劳动力不足导致物流成本上升，物流业面临着发展空间不足、物流成本增加的问题，对物流经营效益有一定的负面影响。

随着经济全球化步伐的加快，科学技术的进步，尤其是信息技术、通信技术的发展，跨国公司的出现所导致的本土化生产、全球采购以及全球消费趋势的加强，国际物流呈现出以下发展趋势。

1. 国际物流集成化发展趋势

国际物流的集成化，是将整个物流系统打造成一个高效、通畅、可控制的流通体系，以此来减少流通环节、节约流通费用，达到实现科学的物流管理、提高流通的效率和效益的目的，以适应在经济全球化背景下“物流无国界”的发展趋势。国际物流的集成化发展趋势，是一个国家为适应国际竞争形成的跨部门、跨行业、跨区域的社会系统。国际物流向集成化方向发展主要表现在两个方面：一是大力建设物流园区，二是加快物流企业整合。物流园区建设有利于实现物流企业的专业化和规模化，发挥它们的整体优势和互补优势；物流企业整合，特别是一些大型物流企业跨越国境展开“横联纵合”式的并购，或形成物流企业间的合作并建立战略联盟，有利于拓展国际物流市场，争取更大的市场份额，加速本国物流业深度地向国际化方向发展。

2. 国际物流绿色化发展趋势

伴随现代科技的进步，物流领域获得了非常大的发展动力，极大地促进了其服务能力的提升。对于很多发达国家来说，在开展物流管理活动时，对于国际物流的系统性与整体性以及经济性等所提出的要求更高。在此情况下，需要对传统的物流管理方式进行调整，以此不断提升物流体系的高效性与有序性。同时，在低碳经济背景下，社会发展对于环保与绿色的要求更高，这也对国际物流的发展带来了非常大的影响。很多专业的研究机构，开始不断加强对绿色物流的研究，尽可能地在提供物流产品与服务时，保护地球生态环境，提升资源使用的效率。通过这种方式，构建更有效率的物流服务体系，并逐渐融入更多的绿色物流元素，推动国际物流产业实现持续良性发展。

3. 国际物流智慧化发展趋势

现阶段，伴随互联网与信息技术的快速发展，全球电商业务发展迅猛，由此需要更高水平的国际物流服务对其提供支撑，并不断拓展供应链管理的内容。国际物流企业从顾客处获得需求信息，然后进行组装运输，以降低库存成本，采用了数字编码与无线技术的方式进行信号交换，不断提升物流服务的准确性，实现高效运作。此外，为更好地开展国际物流业务，还运用了电子数据交换技术、无线射频技术和全球卫星定位技术等，大大提升了国际物流的作业效率与工作质量。随着大数据技术、5G甚至6G、量子技术、区块链技术、物联网技术、人工智能技术等技术的研发和应用普及，对国际物流将产生重要影响，促使国际物流向信息化、智能化、智慧化方向发展。

4. 国际物流全球化发展趋势

经济全球化将全世界演变成一个紧密相连的经济体，国际物流业务量大增，全球物流应运而生。荷兰国际销售委员会（HIDC）在一篇题为《全球物流业——供应连锁服务业的前景》报告中指出，目前许多大型制造部门正在朝着“扩展企业”的方向发展。这种所谓的“扩展企业”基本上包括把全球供应链条上所有的服务商统一起来，并利用最新的计算机体系加以控制。同时，报告认为，制造业已经实行“定做”服务，并不断加速其活动的全球化。这种服务要求极其灵活机动的供应链，也迫使物流服务商几乎采取了一种“一切为客户服务”的解决办法。

在产业全球化的浪潮中，跨国公司普遍采取全球战略，在全世界范围内选择原材料、零部件的来源，选择产品和服务的销售市场，因此，其物流的选择和配置也超出国界，着眼于全球大市场。大型跨国公司普遍的做法是：选择一个适应全球分配的分配中心以及关键供应物的集散仓库，在获得原材料以及分配新产品时使用当地现存的物流网络，并且把这种物流模式推广到新的地区市场。因此，国际物流的全球化是今后发展的又一重要趋势。

相关链接

美国联合包裹运送服务公司（United Parcel Service，Inc.，UPS）成立于1907年，

总部设于美国佐治亚州亚特兰大市，是全球领先的物流企业，提供包裹和货物运输、国际贸易便利化、先进技术部署等多种旨在提高全球业务管理效率的解决方案。1975年，UPS 成为第一家在美国 48 个相邻州内为每个地址提供服务的包裹递送公司；1985年，UPS 展开美国与 6 个欧洲国家之间的国际空运服务。1988 年 UPS 进入中国。UPS 业务网点遍布全球 220 多个国家和地区，拥有 49.5 万名员工。2019 年 UPS 营业额达到 740 亿美元。2020 年 1 月 22 日，2020 年《财富》全球最受赞赏公司榜单中 UPS 排名第 33 位。2020 年 5 月 13 日，UPS 名列 2020 福布斯全球企业 2000 强榜第 143 位。2020 年 5 月 18 日，UPS 快递位列 2020 年《财富》美国 500 强排行榜第 43 位。2020 年 7 月，福布斯 2020 全球品牌价值 100 强发布，UPS 快递排名第 48 位。

UPS 拥有覆盖 220 多个国家和地区的强大物流网络，始终在不断变化的商业环境中升级全球智慧物流网络支持客户与公司自身的发展。作为全球贸易的促进者，UPS 拥有高度整合的全球服务运输网络，支持多种不同运输方式的立体综合交通网络体系，可实现海、陆、空多式联运之间的"无缝连接"运作，可帮助客户的货件畅达全球市场。强大的物流网络背后是 UPS 运营多年积累的庞大底蕴。UPS 拥有超过 250 架自营飞机和 290 多架租赁飞机，每日 1180 个国际航段在 400 多个国际机场间提供服务。UPS 在全球有 12.3 万多辆包括货车和摩托车在内的运输车辆，1800 多个运营设施，30000 多个 UPS Access Points 快递取寄件服务点和 800 多个全场现场库存点保证货物顺利送达。UPS 还有 500 多个供应链设施遍及超过 125 个国家和地区。如今，日均 2190 万件包裹正通过 UPS 全球智慧物流网络在全世界流转。

（资料来源：https：//baike.baidu.com/item/UPS% E5% BF% AB% E9% 80% 92/33768？fr = aladdin）

案例

圆通国际和承诺达特快联合推出的"全球闪送"业务

2019 年 7 月 29 日，圆通蛟龙集团旗下圆通速递国际控股有限公司（简称"圆通国际"）和承诺达特快联合推出的"全球闪送"业务正式上线，利用前者的全球网络优势、关务能力和后者的时效优势、高性价比，为国际急件市场提供短至 10 小时，最长不超过 36 小时的"一对一"安全急送服务。

随着经济全球化的深入，全球资源配送标准越来越高，对物流的速度和安全要求也更高。尤其是遇到突发事件，需要在最快时间内将高附加值的货品送到，但传统的国际快递服务并不能保证时效。"全球闪送"就能在此时一显身手。例如，北京时间 9：39，承诺达特快的客服接到一海外车企询价，从舟山运输一批塑胶零件到美国的芝加哥。两分钟内，客服确认总计 12 箱货物的重量与尺寸，并在 9：53 向客户提供从深圳出关经香港到芝加哥的解决方案和报价，客户在 15 分钟内确认。下午，客户准备好货物，专门负责"全球闪送"的承诺达特快小哥迅速出动，于 16 时取货后送往舟山机场。此时，圆通国际的员工已预定好机票，货物送到机场后就由专人护送直飞深圳机场。货物于次日凌晨从深圳陆运出关，到达香港机场的同时，圆通国际已提前安排好在芝加哥的派送。专人搭乘的国际航班于当地时间11：12到达芝加哥，两小时完成报关后即进行派送，系统显示19：30签收。这是全球闪送服务的一个典型案例。

圆通国际总裁黄逸峰介绍说，此次联合承诺达特快推出的“全球闪送”定位于高端国际闪送市场，主要针对高科技电子公司、时尚品牌、汽车公司和海外第三方代理等有高价值、高时效需求的客户群体。据了解，多家国际快递巨头皆有开展类似业务。承诺达特快执行总裁杨新伟介绍说，双方强强联合的“全球闪送”，范围覆盖全球五大洲的绝大多数国家和地区。此项服务从中国提货送到日本及东南亚最快只需要10个小时，到北美及欧洲最快只要20个小时，全球其他地区也能在最快36个小时送到。

据介绍，“一对一急送”的服务模式，是此项业务能从普通国际快递中脱颖而出的关键。全球闪送为用户提供的平均30分钟响应、2小时内上门、36小时送达的急速式服务，极大地弥补了传统国际快递在时效性、安全性和个性化等方面的不足。此外，“全球闪送”让客户的隐私数据以及包裹安全得到充分保护，用户还可以全程跟踪订单。

（资料来源：http：//www.chinawuliu.com.cn/zixun/201907/29/342390.shtml）

思考题：

请问本案例给你哪些启示？你认为未来国际物流的发展趋势是什么？

重要概念

国际物流　　国际运输　　通关

本章小结

本章介绍了国际物流的概念、特点及分类，分析了国际物流的主要业务活动（进出口业务、运输业务、仓储业务、包装业务和通关业务等），阐述了国际物流的发展历程及未来发展趋势。

复习思考题

一、判断题

1. 国际物流是跨越不同国家（或地区）之间的物流活动。（　　）
2. 承运人代理在海运中较为常见，而在空运中较为少见。（　　）
3. 运单上所指的收货人必须是货物的进口人。（　　）
4. 在多数情况下，货主直接与承运人打交道。（　　）

5. 关税必须用美元支付。（　　）

二、单选题

1. 国际物流是（　　）之间的物流活动。

A. 跨越不同省份　　B. 跨越不同地区

C. 跨越不同国家　　D. 跨越不同国家（或地区）

2. 国际物流的发展共分为（　　）个阶段。

A. 2　　B. 3　　C. 4　　D. 5

3. 不同国家的物流适用不同法律使国际物流的复杂性远高于一国的国内物流，这是由于国际物流的（　　）特点造成的。

A. 物流环境差异大　　B. 物流系统范围广

C. 国际物流运输主要方式具有复杂性　　D. 国际物流必须有信息系统的支持

4. 当前许多（　　）正不断地演变成第三方物流企业。

A. 货运代理　　B. 承运人　　C. 报关行　　D. 发货人

5. 关税一般用（　　）支付。

A. 美元　　B. 欧元　　C. 人民币　　D. 征税国货币

三、多选题

1. 根据货物在国与国间的流向分类，国际物流可分为（　　）。

A. 进口物流　　B. 出口物流　　C. 不同国家间物流

D. 不同经济体间物流　　E. 国际贸易物流

2. 根据货物流动关税区域分类，国际物流可分为（　　）。

A. 进口物流　　B. 出口物流　　C. 不同国家间物流

D. 不同经济体区域间物流　　E. 国际邮品物流

3. 各国对产品标签有许多不同的规定，总的来说，标签规定的目的在于（　　）。

A. 迫使货主遵守现行产品标准

B. 对添加剂的使用加以限制和控制

C. 禁止使用误导性信息

D. 建立对产品的标准说明

E. 货物运输的相关信息

4. 以下（　　）是参与国际物流活动而涉及国际物流业务的企业。

A. 国际货运代理　　B. 国际物流公司　　C. 国际配送中心

D. 国际运输及仓储企业　　E. 报关行

5. 在国际物流过程中，以下（　　）原因促使进出口商品储存子系统的形成。

A. 周转库存　　B. 生产加工　　C. 准备库存

D. 季节储备　　E. 压港、压站

四、问答题

1. 与国内物流相比，国际物流有哪些特点？

2. 国际物流的主要业务活动有哪些？

3. 进出口业务涉及的有关参与方有哪些？

4. 目前，国际物流发展呈现哪些特征？

五、案例分析

欧洲大力发展绿色物流

欧洲物流企业高度重视环境保护和生态平衡，尽力降低二氧化碳排放量和实施具有环保功能的绿色物流解决方案。欧盟15国交通运输所排放的废气相当于欧洲地区温室气体排放总量的21%，其中还没有包括国际航空和海运在内。而上述国家公路交通废气排放量相当于交通运输排放总量的93%。欧盟组织所制定的可持续发展战略明确要求从1990年起到2020年底交通运输废气排放量必须减少20%。物流企业也制定了有关降低二氧化碳等废气排放量的应对措施和保护生态平衡等解决方案。

1. 循环使用包装品和废品

目前德国大部分物流集团和相关服务公司均在积极开发“生态物流概念”，其主要参与者是汽车制造商和汽车零部件供应商，从产品始发地到终点客户的全程中，按照相关环保法律法规严格实施包装品和废品管理，主要目标就是鼓励使用经久耐用和环保功能优异的集装箱设备。

其实在生态和经济两者之间找到和谐平衡点谈何容易？一是必须加大投入保护生态环境免遭破坏，二是必须持续发展市场经济，不断扩大生产活动，而这一切似乎又要牺牲生态环境。严禁使用容易造成环境污染的托盘和包装材料，促进木材、纸张和金属等包装材料循环使用和废品及时回收再生，减少二氧化碳等温室气体排放。

2. 坚持保护生态

欧洲物流企业还积极提倡二氧化碳减排的交通运输模式。世界著名物流TNT集团于2008年初在荷兰发起“行星与我规划”，其中包括不断扩大使用电动车辆，减少内燃机车辆，计划到2025年减少该公司车辆二氧化碳废气排放量一半，进一步扩大该公司二氧化碳温室气体排放量透明度，主动要求政府、环保团体和社会公众密切监督。

进一步大幅度提高物流效率，减少环境污染风险，公路和铁路一体化并用而不是各自为政，通过信息技术等高科技手段，全面实施环保的一体化公路和铁路经营理念，在物流服务全程操作中的公路和铁路运输模式不分家，所有的集装箱和托盘等货运设备全部通用于公路和铁路，至少提高短途和远程等交通运物流服务效率50%，其中仅仅德国每年可节约至少580万张办公用A4纸用量，从根本上控制温室气体排放和有力确保环境保护。

（资料来源：https：//www.glzzj.com/2252.html）

请思考：绿色物流的建设应从哪些方面进行？

第 2 章　国际贸易基础知识

学习目标

1. 了解国际贸易的分类
2. 掌握各种国际贸易术语中买卖双方的权利与义务
3. 掌握各种国际贸易结算方式使用特点
4. 了解国际贸易票据分类
5. 理解国际贸易与国际物流的关系

导入案例

我国甲制衣公司（卖方）2019 年 7 月与俄罗斯 A 贸易公司（买方）以 FOB 条件签订了一份羽绒服贸易合同，在国内装船前检验时货物的品质良好且符合贸易合同的规定。货物运抵俄罗斯目的港后买方提货检验时发现部分羽绒服有发霉现象，经调查确认发霉原因是由于包装不善导致货物受潮所致，据此买方向卖方提出索赔要求。但是卖方认为货物在装船前品质是合格的，发霉是在运输途中发生的，因此拒绝承担赔偿责任。

问：1. FOB 贸易术语下，买卖双方的义务分别是什么？

2. 上述争议应作何处理？

随着世界经济的发展，国与国之间的经济联系日益紧密和频繁，国际贸易发挥的作用越来越大，对调节各国市场的供求关系，提高生产效率和生产技术水平，促进世界各国经济技术交流、物质资料的流通和资源的优化配置，以及世界和平都起着非常重要的作用。

2.1　国际贸易的概念与分类

2.1.1　国际贸易的概念

国际贸易泛指世界各国或地区（仅限单独关税地区）之间所进行的以货币为媒介

的商品交换活动。

国际贸易既包含有形商品（实物商品）的交换，也包含无形商品（劳务、技术、咨询等）的交换，它是世界各国或地区之间劳动分工的表现形式，反映了各国或地区在经济上相互依赖、相互依存的关系。

2.1.2　国际贸易的分类

随着经济的全球化发展，世界各国间的贸易往来越来越频繁，贸易范围越来越广泛，交易方式越来越多样，使国际贸易具有了不同的性质，形成了不同种类的国际贸易。

1. 按照商品的形态，国际贸易分为有形贸易和无形贸易

（1）有形贸易。

有形贸易是指有实物形态的商品的进出口活动。有形贸易的交易对象是实物产品，如粮食、原材料、机器、车辆、船舶、飞机等，它们具有可触摸的、可视的、外在的物理特性。传统意义上的国际贸易就是指这类贸易，海关对进出口的监管和征税措施也主要是针对这类贸易商品的。

（2）无形贸易。

无形贸易是指没有实物形态的技术和服务的进出口活动。无形贸易的交易对象不是物质产品，而是技术和服务，如运输、保险、银行、旅游等企业提供的跨国服务，专利使用权的转让等。随着生产力和经济的发展，第三产业在整个经济中的比重不断提高，无形贸易在现代国际经济关系中的地位在不断上升。

2. 按照商品的移动方向，国际贸易分为出口贸易、进口贸易、转口贸易和过境贸易

（1）出口贸易。

出口贸易是指把本国或本地区生产的商品或服务输往其他国家或地区进行销售的交易活动。

（2）进口贸易。

进口贸易是指把其他国家或地区生产的商品或服务引入该国市场进行销售的交易活动。

（3）转口贸易。

转口贸易是指国际贸易中的商品买卖，不是在生产国与消费国之间直接进行，而是通过第三国的交易者来完成，这种贸易对于第三国来说就是转口贸易。

转口贸易的商品可以由出口国运往第三国，在第三国不通过加工再销往消费国；也可以不通过第三国而直接由生产国运往消费国，但生产国与消费国之间并不发生贸易联系，而是由第三国分别同生产国和消费国发生贸易。

相关链接

转口贸易的产生与作用

转口贸易的发生主要是有些国家（或地区）由于地理、历史、政治或经济因素，适合作为货物的中转中心。这些国家（或地区）输入大量货物，除了部分供本国或本地区消费外，又再出口到邻近国家和地区。如新加坡、香港、伦敦、鹿特丹等，都是国际著名的中转地，拥有数量很大的转口贸易。这些国家或地区通过转口贸易除了可以得到可观的转口利润和仓储、运输、装卸、税收等收入外，同时也推动了当地金融、交通、电讯等行业的发展。

作为一种重要的贸易形式，转口贸易的发展可以拉动交通运输、港口物流等现代服务业的发展，能够促进产业结构的优化升级。对于企业来说，转口贸易因其两头在外的特点，可以规避进口国对出口国征收反倾销税、进口国对出口国某些商品的配额管理，以及出口国禁止向进口国出口某些商品等限制，或获得进口国的关税优惠等。另外，近年来以人民币结算的转口贸易日益增多，则加快了人民币“走出去”的进程，也推动了我国对外经济的发展，以及改革开放的进一步深化。

（资料来源：http：//news. hexun. com/2018 - 03 - 23/192689420. html）

（4）过境贸易。

过境贸易是指商品由生产国运往消费国途中，途经其他国家，对途经国家来说，即为过境贸易。

商品入境后不存放海关仓库就直接运出国境的，称为直接过境贸易；若存放海关仓库后未经加工整理又运往另一国的，称为间接过境贸易。

提示

转口贸易和过境贸易的区别

转口贸易和过境贸易最主要的区别在于商品的所有权是否转移，在转口贸易中商品的所有权先从生产国出口商那里转移到第三国的中间商手中，然后再从第三国的中间商手中转移到最终消费国的进口商那里；而在过境贸易中商品的所有权不需要向第三国的商人进行转移，而是直接转移到消费国的进口商手中，国际贸易商品只是通过了第三国的国境。

（资料来源：https：//www. andcaifu. com/news/show - 8372. html）

3. 按照清偿方式，国际贸易分为现汇贸易、易货贸易和协定贸易

（1）现汇贸易。

现汇贸易是指在国际贸易中以货币作为清偿工具的贸易。其特点是通过银行逐笔支付货款以结清债权债务，目前国际贸易中能作为支付工具的货币，主要有美元、欧元、日元、英镑、人民币等。

（2）易货贸易。

易货贸易是指贸易双方交换的商品经过计价以后，用等值的不同商品互相交换的贸易。易货贸易可以实现贸易双方在外汇不足的情况下达到交易的目的。

（3）协定贸易。

协定贸易是指两个国家（或地区）签订贸易协定，通过记账方式交易，而不是直接动用外汇，在一定时期内（通常为一年）进行结算。贸易差额结转到下一年的账户。

4. 按照国境与关境不同，国际贸易分为总贸易和专门贸易

（1）总贸易。

总贸易是指以国境为标准划分的进出口贸易，凡进入国境的商品算作进口，离开国境的商品算作出口，则一定时期内的进出口额之和便为该国的总贸易。

（2）专门贸易。

专门贸易是指以关境为标准划分的进出口贸易，凡进入关境的商品算作进口，运出关境的商品算作出口，则一定时期内的进出口额之和便为该国的专门贸易。

相关链接

国境与关境的关系

国境是指一个国家行使全部国界主权的国家空间，包括领陆、领海和领空。

关境是“海关境界”的简称，亦称“关税国境”，是指实施同一海关法规和关税制度的境域，即国家（或地区）行使海关主权的执法空间。

一般情况下，一国的关境与其国境的范围是一致的，关境等于国境。但是，第二次世界大战后，由于关税同盟和自由区、自由港大量出现，国境等于关境的原则被突破，出现了一些国家和地区的关境与国境不一致的情况。在设有自由区、自由港、保税区的国家，这些自由港、自由区及保税区不属于该国的关境范围之内，这部分地区被称为“关境以外的本国领土”，此时，关境小于国境。相反，在缔结关税同盟的国家之间，相互不征收进出境货物的关税，关境包括几个缔约国的领土，所包括的这一地区被称为“关境以内的外国领土”，这种情况下，关境则大于国境。有关关境的法律条文一般会在各国的海关法中予以载明。

（资料来源：https：//baike. baidu. com/item/% E5% 85% B3% E5% A2% 83/1647480？ fr = aladdin）

2.2 国际贸易术语

2.2.1 国际贸易术语的概念

国际贸易术语，也被称为价格术语，是在长期的国际贸易实践中产生的，用三个英文字母来表示商品的价格构成，说明交货地点，确定买卖双方风险、责任、费用划分等问题的专门用语。

国际贸易术语所表示的贸易条件，主要分两个方面：一是说明商品的价格构成，是否包括成本以外的主要从属费用，即运费和保险费用；二是确定交货条件，即说明买卖双方在交接货物方面彼此所承担的责任、费用和风险的划分。

2.2.2 国际贸易术语的作用

国际贸易术语是国际贸易中表示价格的必不可少的内容，报价中使用贸易术语，明确了买卖双方在货物交接方面各自应承担的责任、费用和风险，说明了商品的价格构成。贸易术语在国际贸易中起着积极的作用，主要表现在下列几个方面。

1. 有利于买卖双方简化洽商交易和订立合同的手续

由于每种贸易术语都有其特定的含义，因此，买卖双方只要商定按何种贸易术语成交，即可明确彼此在交接货物方面所应承担的责任、费用和风险。这就简化了交易手续，缩短了洽商交易的时间，从而有利于买卖双方迅速达成交易和订立合同。

2. 有利于买卖双方核算价格和成本

由于贸易术语表示价格构成因素，对于成本、运费和保险费等各项费用由谁负担都有明确的界定，所以买卖双方确定成交价格时，必然要考虑采用的贸易术语中包含哪些从属费用，这就有利于买卖双方进行比价和加强成本核算。

3. 有利于解决合同履行当中的争议

买卖双方商订合同时，如对合同条款考虑欠周，使某些事项规定不明确或不完备，致使履约当中产生的争议不能依据合同的规定解决，在此情况下，可以援引有关贸易术语的一般解释来处理。因为贸易术语的一般解释已成为国际惯例，它是大家所遵循的一种类似行为规范的准则。

4. 有利于其他有关机构开展业务活动

国际贸易活动中，离不开船公司、保险公司和银行等机构，而贸易术语及有关解释贸易术语的国际惯例的相继出现，便为这些机构开展业务活动和处理业务实践中的问题提供了客观依据和有利条件。

2.2.3 国际贸易术语解释通则2020

不同国家对贸易术语的多种解释引起的误解阻碍着国际贸易的发展，基于便利国际贸易买卖双方使用，在进行涉外买卖合同所共同使用的贸易术语的不同国家，有一个准确的贸易术语解释出版物是很有必要的。鉴于此，国际商会于1921年在伦敦举行的第一次大会上就授权搜集各国所理解的贸易术语的摘要。准备摘要的工作是在贸易术语委员会的主持下进行的，并且得到各个国家委员会的积极协助，同时广泛征求了出口商、进口商、代理人、船东、保险公司和银行等各行各业的意见，以便对主要的贸易术语作出合理的解释，使各方能够共同适用。经过十几年的磋商和研讨，最终于1936年制定了具有历史性意义的贸易条件解释规则，定名为"INCOTERMS 1936"，副标题为 *International Rules for the Interpretation of Trade Terms*（国际贸易术语解释通则）。

国际商会自1936年制定了第一部国际贸易术语解释通则以来，就不断定期对其进行修改以适应国际贸易的发展趋势，目前已更新至2020年版本，新版于2020年1月1日生效施行。

1.《国际贸易术语解释通则2020》的分类

《国际贸易术语解释通则2020》将国际贸易术语分为2类、4组、11个贸易术语，如表2－1所示。

表2－1　国际贸易术语的分类

组别	国际贸易术语		适用的运输方式
E组：启运	EXW	工厂交货	适用于任一或多种运输方式
F组：主运费未付	FCA	货交承运人	适用于任一或多种运输方式
	FAS	装运港船边交货	适用于海运和内河水运
	FOB	装运港船上交货	适用于海运和内河水运
C组：主运费已付	CPT	运费付至	适用于任一或多种运输方式
	CIP	运费和保险费付至	适用于任一或多种运输方式
	CFR	成本加运费	适用于海运和内河水运
	CIF	成本、保险费加运费	适用于海运和内河水运
D组：到达	DAP	目的地交货	适用于任一或多种运输方式
	DPU	目的地卸货后交货	适用于任一或多种运输方式
	DDP	完税后交货	适用于任一或多种运输方式

（1）2类：适用于任一或多种运输方式的术语（EXW、FCA、CPT、CIP、DAP、DPU、DDP）；适用于海运和内河水运的术语（FAS、FOB、CFR、CIF）。

（2）4 组：E 组、F 组、C 组、D 组。

（3）11 个术语：EXW、FCA、FAS、FOB、CPT、CIP、CFR、CIF、DAP、DPU、DDP。

2.《国际贸易术语解释通则 2020》的主要内容

（1）EXW（EX Works）——工厂交货。

EXW 是指当卖方在其所在地或其他指定的地点（如工场、工厂或仓库）将货物交给买方处置时，即完成交货，卖方不办理出口清关手续或将货物装上任何运输工具。EXW 贸易术语下费用和风险划分如图 2－1 所示。

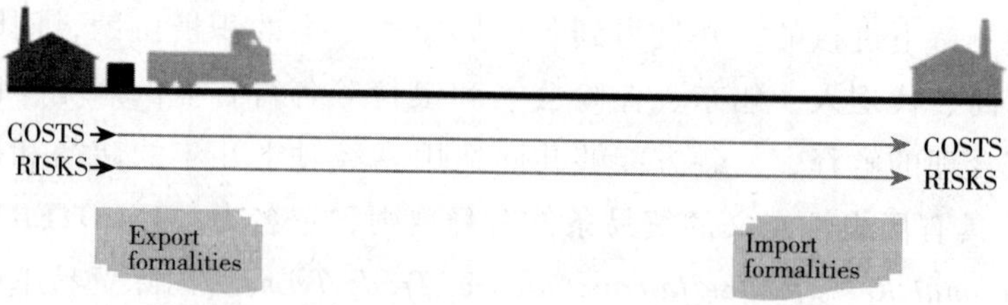

图 2－1 EXW 贸易术语下费用和风险划分

解释说明：

①交货。

卖方必须按照合同约定的日期或期限，或如果未约定日期或期限，按照交付此类货物的惯常时间，在指定的地点将未置于任何运输工具上的货物交给买方处置。

特别建议买卖双方应尽可能清楚地指明精确交货点，精确交货点会让双方均可清楚货物交付的时间和风险转移至买方的时间；该精确交货点还标志着买方承担费用的地点。如果双方不指定交货点，则视为留待由卖方选择“最适合卖方目的”的交货点。

②风险转移。

当货物置于交货地点、尚未装载，但已交由买方处置时，交货即告完成，风险随之由卖方转移到买方。

有时，应买方要求，货物装载可能是由卖方操作，但装载操作中发生的货物灭失或损坏的风险则由没有实际参与货物装载的买方承担。

③运输。

卖方对买方没有订立运输合同的义务；应由买方负责自费签订运输合同或安排自指定交货地起的货物运输。

④清关。

此贸易术语下卖方没有义务办理出口清关、进口清关或货物经由第三国过境的清关；应由买方办理出口国/过境国/进口国所要求的所有出口/过境/进口清关手续，并支付该类费用。

当买方提出要求并承担风险和费用时，卖方有义务及时向买方提供或协助买方取得货物进出口相关单证和信息。

⑤查验/包装/标记。

卖方必须支付按照交货要求所需的查验操作费用（如查验品质、丈量、计重、点数的费用）。

卖方必须自付费用包装货物，除非该特定贸易运输的所售货物通常无须包装。

除非双方已经约定好具体的包装或标记要求，否则，卖方必须以适合该货物运输的方式对货物进行包装和标记。

（2）FCA（Free Carrier）——货交承运人

FCA 是指卖方只要将货物在指定的地点交给买方指定的承运人，并办理了出口清关手续，即完成交货。FCA 贸易术语下费用和风险划分如图 2－2 所示。

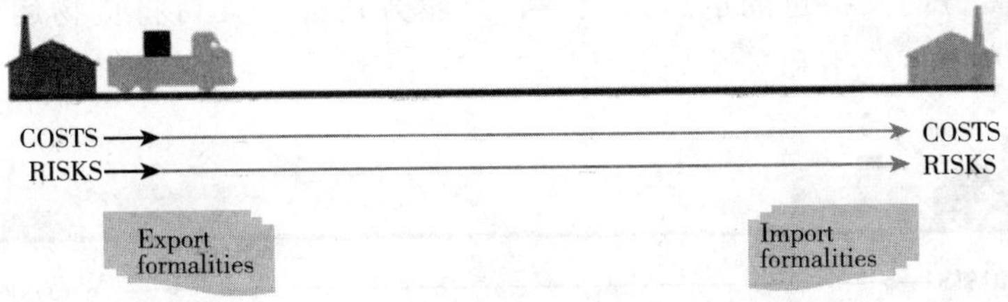

图 2－2　FCA 贸易术语下费用和风险划分

解释说明：

①交货和风险转移。

“货交承运人（指定地点）”是指卖方通过以下两种方式之一向买方完成交货：

一是如果指定地点是卖方所在地，则货物完成交付是当货物装上了买方的运输工具之时。

二是如果指定地点是另一地点，则货物完成交付是：货物已抵达该指定的另一地点，并且交由买方指定的承运人或其他人处置之时。

特别建议双方应尽可能清楚地指明指定地方范围内的详细交货点。详细的交货点会让双方均清楚货物交付的时间和风险转移至买方的时间；该详细交货点还标志着买方承担费用的地点。

②运输。

买方必须自付费用订立运输合同或安排从指定交货地开始的货物运输。卖方对买方没有订立运输合同的义务，但是，在应买方要求并由其承担风险和费用的情况下，卖方必须向买方提供卖方拥有的买方安排运输所需的任何信息，包括与运输有关的安全要求。

③出口/进口清关。

FCA 贸易术语下要求卖方必须办理出口国要求的所有出口清关手续，并支付相关费用；应买方要求并由其承担风险和费用，卖方必须协助买方获取任何过境国或进口国需要的所有过境/进口清关手续有关的任何单据及/或信息，包括安全要求和装运前的检验。

买方必须办理货物进口清关或经由第三国过境的清关、支付任何进口关税或办理任何进口海关手续。

买方办理过境国和进口国所要求的所有过境和进口清关手续，并支付该类费用。

④查验/包装/标记。

卖方必须支付按照交货要求所需的查验操作费用（如查验品质、丈量、计重、点数的费用）。

卖方必须自付费用包装货物，除非该特定贸易运输的所售货物通常无须包装。

除非双方已经约定好具体的包装或标记要求，否则，卖方必须以适合该货物运输的方式对货物进行包装和标记。

（3）CPT（Carriage Paid To）——运费付至。

CPT 是指卖方向其指定的承运人交货，且卖方还必须支付将货物运至目的地的运费。CPT 贸易术语下费用和风险划分如图 2－3 所示。

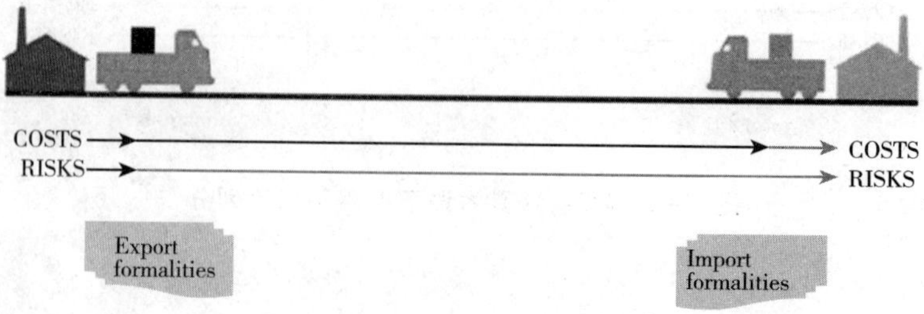

图 2－3　CPT 贸易术语下费用和风险划分

解释说明：

①交货。

卖方必须在约定日期或约定期限内将货物交给其（卖方）指定的承运人。

在 CPT 规则中，两个地点很重要：货物的交货地或交货点（如有）——用于确定风险转移；以及约定为货物终点的目的地或目的点——作为卖方承诺签订运输合同运至的地点，并且是卖方承担运费直到该地点为止的地点。特别建议双方在销售合同中尽可能精准地确定交货地和目的地，或交货地和目的地内的具体地点。

②风险转移。

卖方将货物移交给其指定的承运人时，即完成对买方的交货，风险即从卖方转移到了买方。

③运输。

卖方必须签订或取得运输合同，将货物自交货地内的约定交货点（如有），运送至指定目的地，或位于该目的地的任何交货点（如已约定）。运输合同必须按照惯常条款订立，由卖方承担费用，经由通常路径，按照所售货物类型的惯常运输方式运送货物。如果该具体地点未经约定，也未根据实务确定，则卖方可以选择最符合其目的的交货点和位于指定目的地内的交货点。

④目的地卸货费用。

如果卖方在其运输合同项下承担了在指定目的地相关卸货费用，除非双方另有约定，卖方无权另行向买方追偿该费用。

⑤出口/进口清关。

CPT 贸易术语下要求卖方必须办理出口国要求的所有出口清关手续，并支付相关费用；应买方要求并由其承担风险和费用，卖方必须协助买方获取任何过境国或进口国需要的所有过境/进口清关手续有关的任何单据及/或信息，包括安全要求和装运前的检验。

买方必须办理货物进口清关或经由第三国过境的清关、支付任何进口关税或办理任何进口海关手续。

买方办理过境国和进口国所要求的所有过境和进口清关手续，并支付该类费用。

⑥查验/包装/标记。

卖方必须支付按照交货要求所需的查验操作费用（如查验品质、丈量、计重、点数的费用）。

卖方必须自付费用包装货物，除非该特定贸易运输的所售货物通常无须包装。

除非双方已经约定好具体的包装或标记要求，否则，卖方必须以适合该货物运输的方式对货物进行包装和标记。

（4）CIP（Carriage and Insurance Paid To）——运费和保险费付至。

CIP 是指卖方向其指定的承运人交货，卖方必须支付将货物运至目的地的运费，并且办理货物在运输途中灭失或损坏风险的保险。CIP 贸易术语下费用和风险划分如图 2－4 所示。

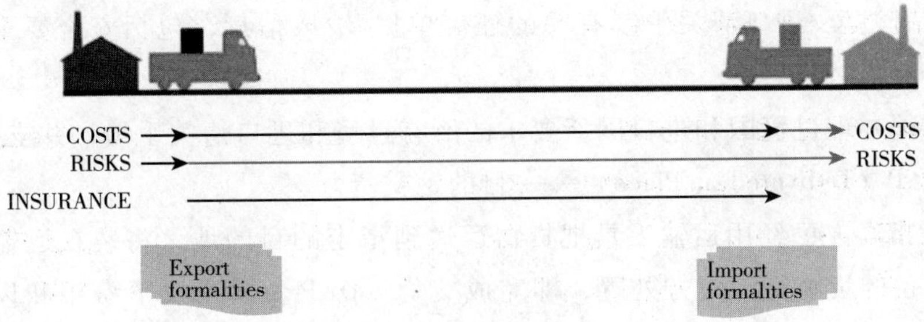

图 2－4　CIP 贸易术语下费用和风险划分

解释说明：

①交货。

卖方必须在约定日期或约定期限内将货物交给其（卖方）指定的承运人。

在 CIP 规则中，两个地点很重要：货物的交货地或交货点（如有）——用于确定风险转移；以及约定为货物终点的目的地或目的点——作为卖方承诺签订运输合同运至的地点，并且是卖方承担运费直到该地点为止的地点。特别建议双方在销售合同中尽可能精准地确定交货地和目的地，或交货地和目的地内的具体地点。

②风险转移。

卖方将货物移交给其指定的承运人时，即完成对买方的交货，风险即从卖方转移到了买方。

③保险。

卖方必须签订从交货点起至少到目的地应由买方承担的货物灭失或损坏风险的保险合同并支付保险费。

买方还应注意，在 CIP 贸易术语下，卖方需要投保符合《伦敦保险协会货物保险条款》（A）款或其他类似条款下的范围广泛的险别，而不是符合《伦敦保险协会货物保险条款》（C）款下的范围较为有限的险别。但是，双方仍然可以自行约定更低的险别。

④运输。

卖方必须签订或取得运输合同，将货物自交货地内的约定交货点（如有），运送至指定目的地，或位于该目的地的任何交货点（如已约定）。运输合同必须按照惯常条款订立，由卖方承担费用，经由通常路径，按照所售货物类型的惯常运输方式运送货物。如果该具体地点未经约定，也未根据实务确定，则卖方可以选择最符合其目的的交货点和位于指定目的地内的交货点。

⑤目的地卸货费用。

如果卖方在其运输合同项下承担了在指定目的地相关卸货费用，除非双方另有约定，卖方无权另行向买方追偿该费用。

⑥出口/进口清关。

CIP 贸易术语下要求卖方必须办理出口国要求的所有出口清关手续，并支付相关费用；应买方要求并由其承担风险和费用，卖方必须协助买方获取任何过境国或进口国需要的所有过境/进口清关手续有关的任何单据及/或信息，包括安全要求和装运前的检验。

买方必须办理过境国和进口国所要求的所有过境和进口清关手续，并支付费用。

（5）DAP（Delivered at Place）——目的地交货。

DAP 是指卖方已经用运输工具把货物运送到指定的目的地，将装在运输工具上已做好卸载准备的货物交由买方处置，即完成交货。DAP 贸易术语下费用和风险划分如图 2－5 所示。

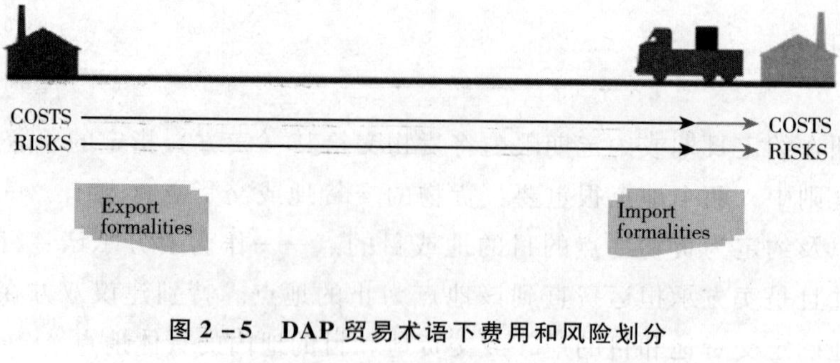

图 2－5　DAP 贸易术语下费用和风险划分

解释说明：

①交货。

卖方必须在约定日期或约定期限内，在约定目的地的约定地点（如有），以将放置在抵达的运输工具上并做好卸货准备的货物交由买方处置的方式交货。

②风险转移。

卖方在约定目的地将放置在抵达的运输工具上并做好卸货准备的货物交由买方处置时，风险即从卖方转移到了买方。

③运输。

卖方必须自付费用签订运输合同或安排运输，将货物运至指定目的地或者指定目的地内的约定交货点（如有）。如果该具体地点未经约定，也未根据实务确定，则卖方可以选择最符合其目的的指定目的地内的交货点。

④卸货费用。

卖方不需要将货物从抵达的运输工具上卸载。但是，如果卖方按照运输合同在交货地/目的地发生了卸货相关的费用，除非双方另有约定，卖方无权另行向买方追偿该费用。

⑤出口/进口清关。

DAP 贸易术语下要求卖方必须办理出口国和任何过境国（除了进口国之外）要求的所有出口和过境清关手续，并支付相关费用；应买方要求并由其承担风险和费用，卖方必须协助买方获取进口国所需的所有与进口清关手续有关的任何单据及/或信息，包括安全要求和装运前的检验。

买方必须办理进口国要求的所有进口清关手续，并支付费用。

（6）DPU（Delivered at Place Unloaded）——目的地卸货后交货。

DPU 是指卖方在指定目的地将货物从已抵达的运输工具上卸下，并交由买方处置即完成交货。DPU 贸易术语下费用和风险划分如图 2－6 所示。

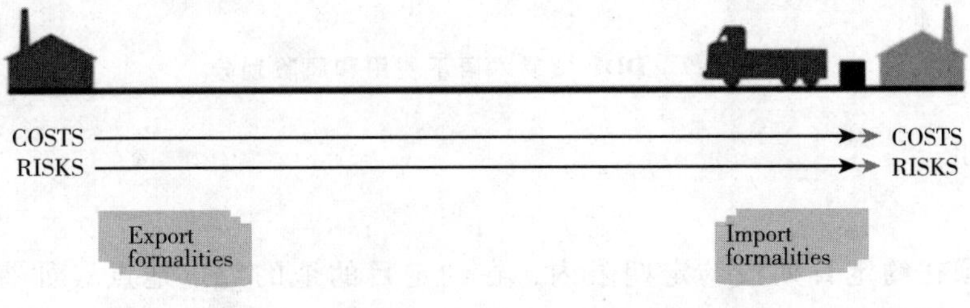

图 2－6 DPU 贸易术语下费用和风险划分

解释说明：

①交货。

卖方必须在约定日期或约定期限内，在约定目的地的约定地点（如有），以将货物从抵达的运输工具上卸下并交由买方处置的方式交货。

DPU 是唯一要求卖方在目的地卸货的 Incoterms 规则，因此，卖方应当确保其可以在指定地组织卸货。

②风险转移。

卖方在约定目的地将货物从抵达的运输工具上卸下并交由买方处置时，风险即从卖方转移到了买方。

③运输。

卖方必须自付费用签订运输合同或安排运输，将货物运至指定目的地或者指定目的地内的约定交货点（如有）。如果该具体地点未经约定，也未根据实务确定，则卖方可以选择最符合其目的的指定目的地内的交货点。

④出口/进口清关。

DPU 贸易术语下要求卖方必须办理出口国和任何过境国（除了进口国之外）要求的所有出口和过境清关手续，并支付相关费用；应买方要求并由其承担风险和费用，卖方必须协助买方获取进口国所需的所有与进口清关手续有关的任何单据及/或信息，包括安全要求和装运前的检验。

买方必须办理进口国要求的所有进口清关手续，并支付费用。

（7）DDP（Delivered Duty Paid）——完税后交货。

DDP 是指卖方在指定的目的地，将已办理进口清关手续，装在运输工具上已做好卸载准备的货物交由买方处置，即完成交货。DDP 贸易术语下费用和风险划分如图 2－7 所示。

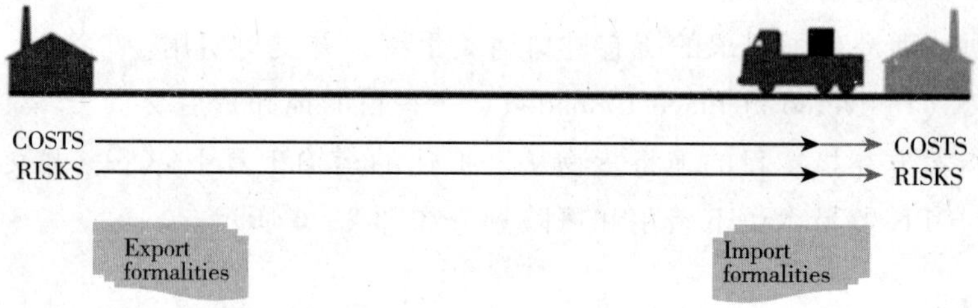

图 2－7 DDP 贸易术语下费用和风险划分

解释说明：

①交货。

卖方必须在约定日期或约定期限内，在约定目的地的约定地点（如有），以将放置在抵达的运输工具上并做好卸货准备的货物交由买方处置的方式交货。

②风险转移。

卖方在约定目的地将放置在抵达的运输工具上并做好卸货准备的货物交由买方处置时，风险即从卖方转移到了买方。

③运输。

卖方必须自付费用签订运输合同或安排运输，将货物运至指定目的地或者指定目解释说明：

①交货。

卖方必须在约定日期或约定期限内，在约定目的地的约定地点（如有），以将放置在抵达的运输工具上并做好卸货准备的货物交由买方处置的方式交货。

②风险转移。

卖方在约定目的地将放置在抵达的运输工具上并做好卸货准备的货物交由买方处置时，风险即从卖方转移到了买方。

③运输。

卖方必须自付费用签订运输合同或安排运输，将货物运至指定目的地或者指定目的地内的约定交货点（如有）。如果该具体地点未经约定，也未根据实务确定，则卖方可以选择最符合其目的的指定目的地内的交货点。

④卸货费用。

卖方不需要将货物从抵达的运输工具上卸载。但是，如果卖方按照运输合同在交货地/目的地发生了卸货相关的费用，除非双方另有约定，卖方无权另行向买方追偿该费用。

⑤出口/进口清关。

DAP 贸易术语下要求卖方必须办理出口国和任何过境国（除了进口国之外）要求的所有出口和过境清关手续，并支付相关费用；应买方要求并由其承担风险和费用，卖方必须协助买方获取进口国所需的所有与进口清关手续有关的任何单据及/或信息，包括安全要求和装运前的检验。

买方必须办理进口国要求的所有进口清关手续，并支付费用。

（6）DPU（Delivered at Place Unloaded）——目的地卸货后交货。

DPU 是指卖方在指定目的地将货物从已抵达的运输工具上卸下，并交由买方处置即完成交货。DPU 贸易术语下费用和风险划分如图 2－6 所示。

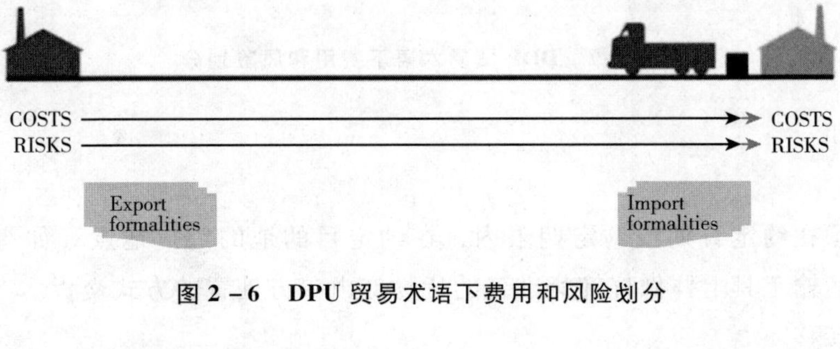

图 2－6　DPU 贸易术语下费用和风险划分

解释说明：

①交货。

卖方必须在约定日期或约定期限内，在约定目的地的约定地点（如有），以将货物从抵达的运输工具上卸下并交由买方处置的方式交货。

DPU 是唯一要求卖方在目的地卸货的 Incoterms 规则，因此，卖方应当确保其可以在指定地组织卸货。

②风险转移。

卖方在约定目的地将货物从抵达的运输工具上卸下并交由买方处置时，风险即从卖方转移到了买方。

③运输。

卖方必须自付费用签订运输合同或安排运输，将货物运至指定目的地或者指定目的地内的约定交货点（如有）。如果该具体地点未经约定，也未根据实务确定，则卖方可以选择最符合其目的的指定目的地内的交货点。

④出口/进口清关。

DPU 贸易术语下要求卖方必须办理出口国和任何过境国（除了进口国之外）要求的所有出口和过境清关手续，并支付相关费用；应买方要求并由其承担风险和费用，卖方必须协助买方获取进口国所需的所有与进口清关手续有关的任何单据及/或信息，包括安全要求和装运前的检验。

买方必须办理进口国要求的所有进口清关手续，并支付费用。

（7）DDP（Delivered Duty Paid）——完税后交货。

DDP 是指卖方在指定的目的地，将已办理进口清关手续，装在运输工具上已做好卸载准备的货物交由买方处置，即完成交货。DDP 贸易术语下费用和风险划分如图 2－7 所示。

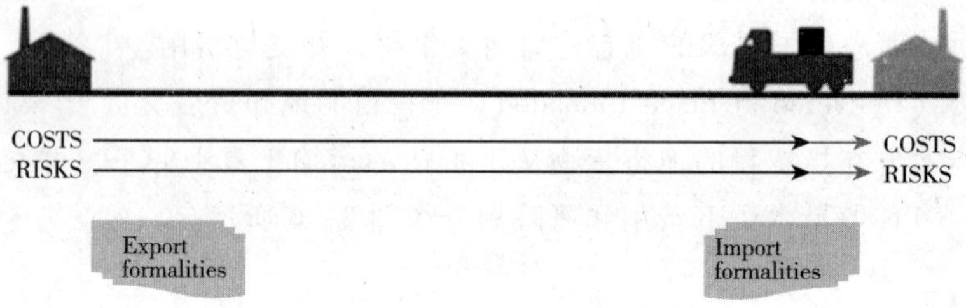

图 2－7　DDP 贸易术语下费用和风险划分

解释说明：

①交货。

卖方必须在约定日期或约定期限内，在约定目的地的约定地点（如有），以将放置在抵达的运输工具上并做好卸货准备的货物交由买方处置的方式交货。

②风险转移。

卖方在约定目的地将放置在抵达的运输工具上并做好卸货准备的货物交由买方处置时，风险即从卖方转移到了买方。

③运输。

卖方必须自付费用签订运输合同或安排运输，将货物运至指定目的地或者指定目的地内的约定交货点（如有）。如果该具体地点未经约定，也未根据实务确定，则卖方可以选择最符合其目的的指定目的地内的交货点。

④卸货费用。

卖方不需要将货物从抵达的运输工具上卸载。但是，如果卖方按照运输合同在交货地/目的地发生了卸货相关的费用，除非双方另有约定，卖方无权另行向买方追偿该项费用。

⑤出口/进口清关。

卖方必须办理出口国、过境国和进口国要求的所有出口/过境/进口清关手续，并支付费用。

买方应卖方要求并由其承担风险和费用，买方必须协助卖方办理出口国/过境国/进口国需要的所有与出口/过境/进口清关手续有关的单据及/或信息。

（8）FAS（Free Alongside Ship）——船边交货。

FAS 是指当卖方在指定的装运港将货物交到买方指定的船边（例如，置于码头或驳船上）时，即为交货。FAS 贸易术语下费用和风险划分如图 2－8 所示。

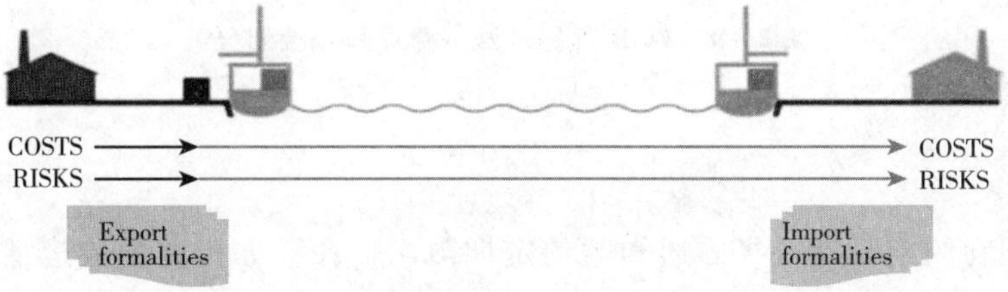

图 2－8　FAS 贸易术语下费用和风险划分

解释说明：

①交货。

卖方必须在约定日期或买方通知的约定期限内，在买方指定的装运港内的装货点（如有），以将货物置于买方指定的船舶旁边的方式交货。

由于卖方承担在特定地点交货前的费用和风险，而且这些费用和相关作业费可能因各港口惯例的不同而发生变化，特别建议买卖双方尽可能清楚地约定指定装运港内的装货点，货物将在此装货点从码头或驳船装上船舶。

②风险转移。

货物灭失或损坏的风险在货物交到船边时发生转移，卖方承担完成交货前货物灭失或损坏的一切风险，买方承担交货时起货物灭失或损坏的一切风险。但买方指定的船舶未准时到达，致使卖方未能按时交货，或买方未按要求向卖方发出船舶名称、装货地点以及交货时间导致卖方无法交货的情况除外。

③运输。

买方必须自付费用订立自指定装运港起的货物运输合同。卖方对买方没有订立运输合同的义务。但是，应买方要求并由其承担风险和费用，卖方必须向买方提供卖方所拥有的买方安排运输所需的任何信息，包括与运输有关的安全要求。

④出口/进口清关。

FAS 要求卖方必须办理出口国要求的所有出口清关手续并支付费用，应买方要求并由其承担风险和费用，卖方必须协助买方取得与所有过境/进口清关手续有关的任何单据及/或信息，包括任何过境国或进口国需要的安全要求和装运前检验。

买方必须办理任何过境国和进口国要求的所有手续并支付费用。

(9) FOB（Free On Board）——船上交货。

FOB 是指当卖方在指定的装运港将货物装上买方指定的船上时，即为交货。FOB 贸易术语下费用和风险划分如图 2－9 所示。

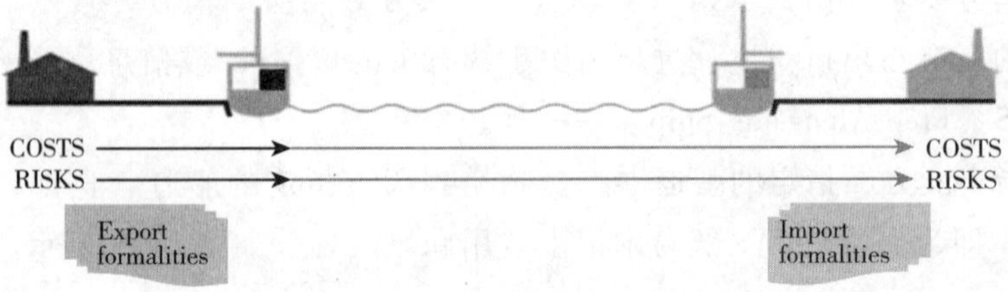

图 2－9　FOB 贸易术语下费用和风险划分

解释说明：

①交货。

卖方必须在约定日期或买方通知的约定期限内，在买方指定的装运港内的装货点（如有），以将货物置于买方指定的船上的方式交货。

②风险转移。

货物灭失或损坏的风险在货物交到船上时发生转移，卖方承担完成交货前货物灭失或损坏的一切风险，买方承担交货时起货物灭失或损坏的一切风险。但买方指定的船舶未准时到达，致使卖方未能按时装船，或买方未按要求向卖方发出船舶名称、装货地点以及交货时间导致卖方无法交货的情况除外。

③运输。

买方必须自付费用订立自指定装运港起的货物运输合同。卖方对买方没有订立运输合同的义务。但是，应买方要求并由其承担风险和费用，卖方必须向买方提供卖方所拥有的买方安排运输所需的任何信息，包括与运输有关的安全要求。

④出口/进口清关。

FOB 要求卖方必须办理出口国要求的所有出口清关手续并支付费用，应买方要求并由其承担风险和费用，卖方必须协助买方取得与所有过境/进口清关手续有关的任何单据及/或信息，包括任何过境国或进口国需要的安全要求和装运前检验。

买方必须办理任何过境国和进口国要求的所有手续并支付费用。

(10) CFR（Cost and Freight）——成本加运费。

CFR 是指卖方在装运港船上交货，卖方需要支付将货物运至指定目的港所需的费用，但货物的风险是在装运港船上交货时转移。CFR 贸易术语下费用和风险划分如图 2－10 所示。

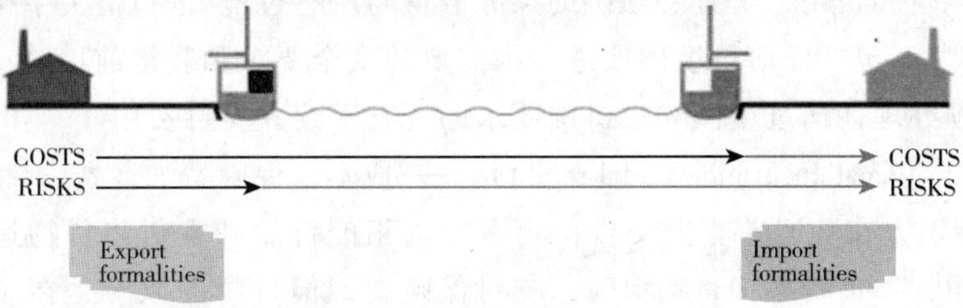

图 2－10　CFR 贸易术语下费用和风险划分

解释说明：

①交货。

卖方必须在约定日期或期限内，将货物置于约定的装运港由其指定的船上的方式交货。

②风险转移。

货物灭失或损坏的风险在货物交到船上时发生转移，卖方承担完成交货前货物灭失或损坏的一切风险，买方承担交货时起货物灭失或损坏的一切风险。在此贸易术语规则中，卖方对买方没有购买保险的义务，因此，特别建议买方为其自身购买一定的保险。

③运输。

卖方必须签订或取得运输合同，将货物自交货地内的约定交货点（如有），运送至指定目的港，或位于该港内的任何交货点（如已约定）。运输合同必须按照惯常条款订立，由卖方承担费用，经由通常航线，用通常用于运输该类所售货物的船舶运送货物。

特别建议双方尽可能精准地指定目的港的特定地点，因为卖方需承担将货物运往该地点的费用。

④多个承运人。

海运的不同航段可能由不同的承运人负责，例如，货物先由承运人驾驶支线船舶从香港运到上海，再由远洋船舶从上海运到南安普顿。此时产生的问题在于，风险是在香港还是上海从卖方转移到买方，交货发生在哪里？买卖双方很可能已在销售合同中约定。但是，如果无此约定，则默认的立场是风险在货物交付给第一个承运人时转移，即香港，这就延长了买方承担货物灭失或损坏风险的时间。如买卖双方希望风险晚些转移的话（此例的上海），则他们需要在销售合同中予以明确。

⑤卸货费用。

如果卖方根据运输合同产生了在目的港内指定地点与卸货相关的费用，除非双方另有规定，卖方无权另行向买方追偿该项费用。

⑥出口/进口清关。

CFR要求卖方必须办理出口国要求的所有出口清关手续并支付费用，应买方要求并由其承担风险和费用，卖方必须协助买方取得与所有过境/进口清关手续有关的任何单据及/或信息，包括任何过境国或进口国需要的安全要求和装运前检验。

买方必须办理任何过境国和进口国要求的所有手续并支付费用。

(11) CIF (Cost Insurance and Freight) ——成本、保险费加运费。

CIF是指卖方在装运港船上交货，卖方负责租船订舱和支付将货物运至指定目的港所需的费用，并负责办理货运保险，支付保险费，但货物的风险是在装运港船上交货时转移。CIF贸易术语下费用和风险划分如图2-11所示。

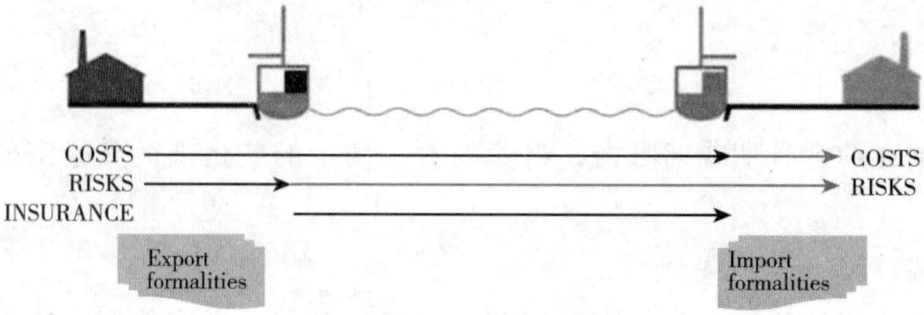

图2-11 CIF贸易术语下费用和风险划分

解释说明：

①交货。

卖方必须在约定日期或期限内，以将货物置于约定的装运港由其指定的船上的方式交货。

②风险转移。

货物灭失或损坏的风险在货物交到船上时发生转移，卖方承担完成交货前货物灭失或损坏的一切风险，买方承担交货时起货物灭失或损坏的一切风险。

③运输。

卖方必须签订或取得运输合同，将货物自交货地内的约定交货点（如有），运送至指定目的港，或位于该港内的任何交货点（如已约定）。运输合同必须按照惯常条款订立，由卖方承担费用，经由通常航线，用通常用于运输该类所售货物的船舶运送货物。

特别建议双方尽可能精准地指定目的港的特定地点，因为卖方需承担将货物运往该地点的费用。

④保险。

卖方必须签订保险合同，以对由买方承担的从装运港至少到目的港过程中货物灭失或损坏的风险投保。在CIF贸易术语规则下，买方应注意卖方需要投保符合《伦敦保险协会货物保险条款》（C）款或其他类似条款下的范围较为有限的险别，而不是《伦敦保险协会货物保险条款》（A）款下的较高险别。但是，双方仍然可以自行约定较高的险别。

⑤卸货费用。如果卖方根据运输合同产生了在目的港内指定地点与卸货相关的费用，除非双方另有约定，卖方无权另行向买方追偿该项费用。

⑥出口/进口清关。

CIF 要求卖方必须办理出口国要求的所有出口清关手续并支付费用，应买方要求并由其承担风险和费用，卖方必须协助买方获取与所有过境/进口清关手续有关的任何单据及/或信息，包括任何过境国或进口国需要的安全要求和装运前检验。

买方必须办理任何过境国和进口国要求的所有手续并支付费用。

2.3　国际贸易票据

国际贸易中，会涉及货款及其从属费用如何计价、结算以及在什么时间、地点、采用什么方式收付等支付问题。简单说，国际贸易中的支付涉及两个方面的内容，即支付工具和支付方式。

国际贸易结算使用的支付工具主要是现金和票据。一般来说，用现金直接支付的很少，较多的是以票据结算。

2.3.1　国际贸易票据的概念

国际贸易票据有广义和狭义之分。

广义的国际贸易票据是指商业上的权利单据即商业凭证。如商业发票、海运提单、保险单等都属于广义的国际贸易票据。

狭义的国际贸易票据是指以支付一定金额为目的，用于债权债务的清偿和结算的凭证。这些特殊的凭证是由出票人签名于票据上，无条件约定由自己或另一个人支付一定金额的、可以流通的证券。如约定由出票人本人付款的本票、约定由另一人付款的汇票或支票等。

2.3.2　国际贸易票据的种类

国际贸易中使用的票据包括汇票、本票、支票，以使用汇票为主。

1. 汇票

（1）概念。

汇票是由一人向另一人签发的，要求对方（接受命令的人）即期或定期或在可以确定的将来时间，无条件向某人或指定人或持票人支付一定金额的书面支付命令。

从当事人方面来看，汇票在出票时，其基本当事人有三方：出票人、付款人和收款人。出票人是签发汇票的人；付款人是受出票人委托支付票据金额的人；收款人是凭汇票向付款人请求支付票据金额的人。

（2）汇票的分类。

①按出票人的不同，分为银行汇票和商业汇票。

银行汇票是出票人和付款人均为银行的汇票。银行汇票具有适用范围广、使用灵活、票随人到、信用度高、兑现性强等特点，适用于先收款后发货或钱货两清的商品交易。

商业汇票是出票人为企业法人、公司、商号或者个人，付款人为其他公司、商号、个人或者银行的汇票。与银行汇票相比，商业汇票的适用范围相对较窄、使用对象相对较少，且必须经过承兑才具有法律效力。

②按有无附属单据，分为光票汇票和跟单汇票。

光票汇票是本身不附带货运单据的汇票。银行汇票多为光票汇票。

跟单汇票又称信用汇票、押汇汇票，是需要附带提单、仓单、保险单、装箱单、商业发票等单据，才能进行付款的汇票。商业汇票多为跟单汇票，在国际贸易中经常使用。

③按付款时间，分为即期汇票和远期汇票。

即期汇票是持票人向付款人提示后对方立即付款的汇票，又称见票即付汇票。

远期汇票是在出票一定期限后或特定日期付款的汇票。在远期汇票中，记载一定的日期为到期日，于到期日付款的，为定期汇票；记载于出票日后一定期间付款的，为计期汇票；记载于见票后一定期间付款的，为注期汇票；将票面金额划为几份，并分别指定到期日的，为分期付款汇票。

④按承兑人的不同，分为商业承兑汇票和银行承兑汇票。

商业承兑汇票是以银行以外的任何商号或个人为承兑人的远期汇票。

银行承兑汇票是指承兑人是银行的远期汇票。

2. 本票

（1）概念。

本票是一人向另一人签发的，保证即期或在可以确定的将来时间，由自己无条件支付给某人或指定人或持票人一定金额的书面承诺。

本票只有两个基本当事人，即出票人和收款人。本票的出票人即付款人，自行承担付款责任。正因为出票人本人承担付款责任，所以才称为本票。

（2）本票的分类。

本票可分为商业本票和银行本票。

①商业本票。

商业本票是指由工商企业或个人签发的本票，也称为一般本票。

商业本票又可分为即期商业本票和远期商业本票，商业本票一般不具备再贴现条件，特别是中小企业或个人开出的远期本票，因信用保证不高，所以很难流通。

②银行本票。

银行本票是指由银行签发的本票。

银行本票都是即期的，在国际贸易结算中使用的本票大多是银行本票。

提示

本票与汇票的区别

1. 基本当事人不同：本票有两个基本当事人，即出票人和收款人；汇票有三个基本当事人，即出票人、付款人、收款人。

2. 付款方式不同：本票的出票人自己出票自己付款；汇票是出票人要求对汇票已承兑的付款人无条件地付款给收款人。

3. 名称的含义不同：本票的英文直译是“承诺券”，它包含一笔交易的结算；汇票的英文直译是“汇兑券”，它包含着两笔交易的结算。

4. 主债务人不同：本票的主债务人是出票人；汇票的主债务人，承兑前是出票人，承兑后是承兑人。

5. 国际本票遭到退票，不需作成拒绝证书；国际汇票遭到退票，必须作成拒绝证书。

6. 本票不允许出票人与收款人作成相同的一个当事人；汇票允许出票人与收款人作成相同的一个当事人。

（资料来源：https：//www. 66law. cn/laws/377597. aspx）

3. 支票

（1）概念。

支票是出票人（银行存款人）对银行（受票人）签发的，要求银行见票时即从其账户中无条件地支付一定金额给指定收款人或持票人的书面支付命令。

支票的基本当事人有三个：一是出票人，就是签发支票的票据关系人；二是付款人，就是受出票人委托，付款给收款人的银行或金融机构；三是收款人，就是接收支票的票据关系人。

支票是以银行为付款人的即期汇票。出票人签发支票时，应在付款行存有不低于票面金额的存款。如存款不足，持票人提款会遭拒付，这种支票称为空头支票。开出空头支票的出票人要负法律责任。

（2）支票的分类。

①记名支票。

记名支票是在支票的收款人一栏，写明收款人姓名，取款时须由收款人签字盖章，才能支取。

②不记名支票。

不记名支票也称空白支票，支票上不记载收款人姓名，只写“付来人”。取款时持票人无须在支票背后签章就可以支取，此项支票仅凭交付而转让。

③划线支票。

划线支票是在支票正面划两道平行线的支票。划线支票必须委托银行，由银行领取票款入账。目的是在支票遗失或被人冒领时，还有可能通过银行代收的线索追回票款。

④保付支票。

保付支票是指为了避免出票人开出空头支票，保证支票付款。支票的收款人或持票人可要求银行对支票“保付”。保付是由付款银行在支票上加盖“保付”戳记，以表明在支票提示时一定付款。支票一经保付，付款责任即由银行承担，出票人、背书人都可免于追索。付款银行对支票保付后，票款就从出票人的账户转入一个备付账户，保证支票能够兑付，不会退票。

⑤现金支票。

现金支票是专门制作的用于支取现金的一种支票。当客户需要使用现金时，随时签发现金支票，向开户银行提取现金，银行在见票时无条件支付给收款人确定金额的现金的票据。

⑥银行支票。

银行支票是由银行签发，并由银行付款的支票，也是银行即期汇票。银行代顾客办理票汇汇款时，可以开立银行支票。

⑦旅行支票。

旅行支票是银行或旅行社为旅游者发行的一种固定金额的支付工具，是旅游者从出票机构用现金购买的一种支付手段。

2.4 国际贸易结算

国际贸易结算是国际贸易的一种支付手段，是国际贸易过程中必须涉及的一个环节，也是影响国际贸易双方利益的一个重要环节。国际贸易结算方式的实践与发展，对于国家与国家之间的贸易往来活动而言，具有积极的促进和推动作用。而且，随着国际贸易实践的深入发展，国际贸易结算方式也变得日趋完善起来，各种类型的国际贸易结算方式确保了国际贸易在支付方式上的多样选择性，从而更好地适应不同的国际贸易发展环境。

2.4.1 国际贸易结算的概念

国际贸易结算是指国际贸易中经常发生的，以结清买卖双方间的债权债务关系的货款结算。它是建立在交易货物与外汇两清基础上的结算，又称为有形贸易结算。

国际贸易中，货物和货款的相对给付是不可能由买卖双方当面完成的。卖方发货交单，买方凭单付款，以银行为中介，以票据为工具进行结算，是当代国际结算的基本特征。结算过程中买卖双方所承担的手续费用、风险和资金负担则是双方选择结算方式所考虑的主要因素。

2.4.2　国际贸易结算方式

国际贸易结算方式是通过货币收付结清国际贸易中产生的债权债务的具体方式。国际贸易结算方式主要有信用证、汇付、托收、银行保证函以及各种结算方式的结合使用等。

1. 信用证

（1）信用证的概念。

信用证是指银行（开证行）依照申请人（买方）的要求和指示，在符合信用证条款的条件下，凭规定单据保证立即或将来某一时间内向第三者（卖方或受益人）进行付款的书面文件。

凭规定单据指的是卖方（受益人）得到这笔钱的条件是向银行（议付行）提交信用证中规定的单据。例如，商业、运输、保险、政府和其他用途的单据。也就是说，信用证是一种银行开立的有条件的承诺付款的书面文件。

信用证方式是银行信用介入国际贸易货物价款结算的产物，它的出现不仅在一定程度上解决了买卖双方之间互不信任的问题，而且还能使双方在使用信用证结算货款的过程中获得银行资金融通的便利，从而促进国际贸易的发展。因此，信用证被广泛应用于国际贸易，以至于成为当今国际贸易中的一种主要的结算方式。

相关链接

信用证中的关联方

1. 开证人：是指向银行申请开立信用证的人，即买方或进口商。

2. 受益人：是指信用证上所指定的有权使用该证的人，即卖方或出口商或实际供货人。

3. 开证行：是指接受开证申请人的委托开立信用证的银行，它承担保证付款的责任。

4. 通知行：是指受开证行的委托，将信用证转交给卖方（出口商）的银行，它只证明信用证的真实性，不承担其他义务，是卖方（出口商）所在地银行。

5. 议付行：是指根据信用证开证行的付款保证和受益人的请求，按信用证规定对受益人交付的跟单汇票垫款或贴现，并向信用证规定的付款行索偿的银行（一般就是通知行）。

6. 付款行：是指对符合信用证的单据向受益人付款的银行。在多数情况下，付款行就是开证行。

7. 承兑行：是指对受益人提交的汇票进行承兑的银行。

8. 偿付行：是指受开证行在信用证上的委托，代开证行向议付行或付款行清偿垫款的银行（又称清算行）。

（资料来源：https：//baike. baidu. com/item/% E4% BF% A1% E7% 94% A8% E8% AF% 81/180360? fr）

（2）信用证的分类。

①以信用证项下的汇票是否附有货运单据，可以分为跟单信用证和光票信用证。

跟单信用证是指凭跟单汇票或仅凭单据付款的信用证。此处的单据是指代表货物所有权的单据（如海运提单等），或证明货物已交运的单据（如铁路运单、航空运单、邮包收据等）。

光票信用证是指凭不随附货运单据的光票付款的信用证。银行凭光票信用证付款，也可要求受益人附交一些非货运单据，如发票、垫款清单等。

在国际贸易的货款结算中，绝大部分使用跟单信用证。

②以开证行所负的责任为标准，可以分为不可撤销信用证和可撤销信用证。

不可撤销信用证是指信用证一经开出，在有效期内，未经受益人及有关当事人的同意，开证行不能片面修改和撤销，只要受益人提供的单据符合信用证规定，开证行必须履行付款义务。

可撤销信用证是指开证行不必征得受益人或有关当事人同意有权随时撤销的信用证，应在信用证上注明“可撤销”字样。但最新的“UCP600”（跟单信用证统一惯例，国际商会第600号出版物）规定银行不可开立可撤销信用证，常用的都是不可撤销信用证。

③以有无另一银行加以保证兑付，可以分为保兑信用证和不保兑信用证。

保兑信用证是指开证行开出的信用证，由另一银行保证对符合信用证条款规定的单据履行付款义务。

对信用证加以保兑的银行，称为保兑行。

不保兑信用证是指开证行开出的信用证没有经另一家银行保兑。

④根据付款时间不同，可以分为即期信用证、远期信用证和假远期信用证。

即期信用证是指开证行或付款行收到符合信用证条款的跟单汇票或装运单据后，立即履行付款义务的信用证。

远期信用证是指开证行或付款行收到符合信用证条款的跟单汇票或装运单据后，在规定期限内履行付款义务的信用证。

假远期信用证是指买卖双方在签订合同时规定，用即期信用证方式付款，而实际上由进口商开来远期信用证，要求受益人（出口商）开具远期汇票，由进口商负担贴现利息和手续费，出口商（受益人）能即期收到全部货款的一种信用证。

提示

假远期信用证与远期信用证的区别

1. 开证基础不同。假远期信用证是以即期付款的贸易合同为基础；而远期信用证是以远期付款的贸易合同为基础。

2. 信用证的条款不同。假远期信用证中有“假远期”条款；而远期信用证中只有利息由谁负担条款。

3. 利息的负担者不同。假远期信用证的贴现利息由进口商负担；而远期信用证的贴现利息由出口商负担。

4. 收汇时间不同。假远期信用证的受益人能即期收汇；而远期信用证要汇票到期才能收汇。

（资料来源：https：//www. cifnews. com/article/72261）

⑤根据受益人对信用证的权利可否转让，可以分为可转让信用证和不可转让信用证。

可转让信用证是指经出口商请求，进口商同意，由开证银行开立的，并载明授权受益人（即原信用证受益人）有权将信用证所列金额的全部或部分转让给出口商以外的第三者，即第二受益人有权使用转让后的权利的信用证。开证行在信用证中要明确注明“可转让”，且只能转让一次。

不可转让信用证是指受益人不能将信用证的权利转让给他人的信用证。凡信用证中未注明“可转让”，即是不可转让信用证。

⑥依信用证的作用，可以分为循环信用证、对开信用证、对背信用证、预支信用证和备用信用证。

循环信用证是指信用证被全部或部分使用后，其金额又恢复到原金额，可再次使用，直至达到规定的次数或规定的总金额为止。它通常在分批均匀交货情况下使用。在按金额循环的信用证条件下，恢复到原金额的具体做法有：

自动式循环。每期用完一定金额后，不需等待开证行的通知，即可自动恢复到原金额。

非自动循环。每期用完一定金额后，必须等待开证行通知到达，信用证才能恢复到原金额使用。

半自动循环。每期用完一定金额后若干天内，开证行未提出停止循环使用的通知，自第 × 天起即可自动恢复至原金额。

对开信用证是指两张信用证申请人互以对方为受益人而开立的信用证。两张信用证的金额相等或大体相等，可同时互开，也可先后开立。它多用于易货贸易或来料加工和补偿贸易业务。

对背信用证，又称转开信用证，是指受益人要求原证的通知行或其他银行以原证为基础，另开一张内容相似的新信用证，对背信用证的开证行只能根据不可撤销信用证来开立。

对背信用证的开立通常是中间商转售他人货物，或两国不能直接办理进出口贸易时，通过第三者以此种办法来沟通贸易。原信用证的金额（单价）应高于对背信用证的金额（单价），对背信用证的装运期应早于原信用证的规定。

预支信用证是指开证行授权代付行（通知行）向受益人预付信用证金额的全部或一部分，由开证行保证偿还并负担利息，即开证行付款在前，受益人交单在后，与远期信用证相反。预支信用证凭出口人的光票付款，也有要求受益人附一份负责补交信用证规定单据的说明书，当货运单据交到后，付款行在付给剩余货款时，将扣除预支货款的利息。

备用信用证，又称商业票据信用证、担保信用证，是指开证行根据开证申请人的请求对受益人开立的承诺承担某项义务的凭证。即开证行保证在开证申请人未能履行其义务时，受益人只要凭备用信用证的规定并提交开证人违约证明，即可取得开证行的偿付。它是银行信用，对受益人来说是备用于开证人违约时，取得补偿的一种方式。

2. 汇付

（1）概念。

汇付又称汇款，是指付款人（进口商）通过银行采用某种支付工具将货款汇交收款人（出口商）的结算方式。

汇付业务通常有四个基本当事人：汇款人（即付款人）、收款人、汇出行和汇入行。其中汇款人（通常为进口商）与汇出行（委托汇出汇款的银行）之间订有合约关系，汇出行与汇入行（汇出行的代理行）之间订有代理合约关系。

在办理汇付业务时，需要由汇款人向汇出行填交汇款申请书，汇出行有义务根据汇款申请书的指示向汇入行发出付款书；汇入行收到付款书后，有义务向收款人（通常为出口商）解付货款。

（2）汇付的分类。

根据汇出行向汇入行转移资金发出指示的方式，分为电汇、信汇和票汇三种。

①电汇。

电汇是指汇出行应汇款人的申请，拍发电报或电传给在另一个国家的分行或代理行（即汇入行）解付一定金额给收款人的一种汇款方式。

电汇方式的优点在于速度快，收款人可以迅速收到货款。随着现代通信技术的发展，银行与银行之间使用电传直接通信，快速准确。电汇是目前使用较多的一种方式，但其费用较高。

②信汇。

信汇是指汇出行应汇款人的申请，用航空信函的形式，指示出口国汇入行解付一定金额的款项给收款人的一种汇款方式。

信汇的优点是费用较低廉，但收款人收到货款的时间较迟。

③票汇。

票汇是指汇出行应汇款人的申请，代汇款人开立以其分行或代理行为解付行的即期汇票，支付一定金额给收款人的一种汇款方式。

票汇与电汇、信汇的不同之处在于票汇的汇入行无须通知收款人取款，而由收款人持票登门取款，这种汇票除有限制流通的规定外，经收款人背书，可以转让流通，而电汇、信汇的收款人则不能将收款权转让。

3. 托收

托收是出口商（债权人）为向国外进口商（债务人）收取货款，开具汇票委托出口地银行通过其在进口地银行的联行或代理行向进口商收款的结算方式。

托收方式的基本当事人有委托人、托收行、代收行和付款人。委托人，即开出汇票委托银行向国外付款人（进口商）代收货款的人，也称为出票人，通常为出口商；托收行，即接受出口商的委托代为收款的出口地银行；代收行，即接受托收行的委托代委托人收取货款的进口地银行；付款人，汇票上的付款人即托收的付款人，通常为进口商。

上述当事人中，委托人（出口商）与付款人（进口商）是买卖业务中的债权人与债务人的关系；委托人与托收行之间是委托代理关系，委托书是他们之间的契约；托收行与代收行之间是委托代理关系，协议是他们之间的法律协议；付款人与代收行之间仅仅是银行业务关系，不存在任何协议或法律约束性文件，因此，委托人能否收到货款，完全视进口商的信誉好坏，代收行与托收行均不承担责任。

4. 银行保证函

银行保证函，又称银行保证书、银行保函或简称保函，它是指银行应委托人的申请向受益人开立的一种书面凭证，保证申请人按规定履行合同，否则由银行负责偿付债款。

也就是说，银行保证函是银行开立的具有担保性质的书面承诺文件，一旦申请人未按其与受益人签订的合同的约定偿还债务或履行约定义务时，由银行履行担保责任。

银行保函业务中涉及的主要当事人有三个：委托人（要求银行开立保证书的一方）、受益人（收到保证书并凭此向银行索偿的一方）、担保人（保函的开立人）。

相关链接

银行保证函业务中当事人间的法律关系

银行保函业务中涉及的主要当事人有三个：委托人（Principal）、受益人（Beneficiary）和担保人（Guarantor）。这些当事人之间形成了一环扣一环的合同关系，他们之间的法律关系如下：

1. 委托人与受益人之间基于彼此签订的合同而产生的债权债务关系或其他权利义务关系。此合同是他们之间权利和义务的依据，相对于保函协议书和保函而言是主合同，它是其他两个合同产生和存在的前提。如果此合同的内容不全面，会给银行的担保义务带来风险。因而银行在接受担保申请时，应要求委托人提供他与受益人之间签订的合同。

2. 委托人与银行之间的法律关系是基于双方签订的《保函委托书》而产生的委托担保关系。《保函委托书》中应对担保债务的内容、数额、担保种类、保证金的交存、手续费的收取、银行开立保函的条件、时间、担保期间、双方违约责任、合同的变更、解除等内容予以详细约定，以明确委托人与银行的权利义务。《保函委托书》是银行向委托人收取手续费及履行保证责任后向其追偿的凭证。因此，银行在接到委托人的担保申请后，要对委托人的资信、债务及担保的内容和经营风险进行认真的评估审查，以最大限度地降低自身风险。

3. 担保银行和受益人之间的法律关系是基于保函而产生的保证关系。保函是一种单务合同，受益人可以以此享有要求银行偿付债务的权利。在大多数情况下，保函一经开立，银行就要直接承担保证责任。

（资料来源：http：//www.yinhangbaohan.com/？p＝405）

5. 各种结算方式的结合使用

在国际贸易业务中，一笔交易的货款结算，可以只使用一种结算方式（通常如此），也可根据需要（如不同的交易商品、不同的交易对象、不同的交易做法），将两种以上的结算方式结合使用，或有利于促成交易，或有利于安全及时收汇，或有利于妥善处理付汇。常见的不同结算方式结合使用的形式有：信用证与汇付结合、信用证与托收结合、汇付与银行保函或信用证结合。

（1）信用证与汇付结合。

信用证与汇付结合是指一笔交易的货款，部分用信用证方式支付，余额用汇付方式结算。这种结合形式的结算方式常用于允许交货数量有一定机动浮动的某些初级产品的交易。对此，经双方同意，信用证规定凭装运单据先付发票金额或在货物发运前预付一定金额，余额待货到目的地（港）后或经再检验的实际数量用汇付方式支付。

使用这种结合形式，必须首先订明采用的是何种信用证和何种汇付方式以及按信用证支付金额的比例。

（2）信用证与托收结合。

信用证与托收结合是指一笔交易的货款，部分用信用证方式支付，余额用托收方式结算。这种结合形式的具体做法通常是：信用证规定受益人（出口商）开立两张汇票，属于信用证项下的部分货款凭光票支付，而余额则将货运单据附在托收的汇票项下，按即期或远期付款交单方式托收。这种做法，对出口商收汇较为安全，对进口商可减少垫资，容易为双方接受。但信用证必须订明信用证的种类和支付金额以及托收方式的种类，也必须订明“在全部付清发票金额后方可交单”的条款。

（3）汇付与银行保函或信用证结合。

汇付与银行保函或信用证结合使用的形式常用于成套设备、大型机械和大型交通运输工具（飞机、船舶等）等货款的结算。这类产品交易金额大、生产周期长，往往要求买方以汇付方式预付部分货款或定金，其余大部分货款则由买方按信用证规定或开加保函分期付款或迟期付款。

此外，还有汇付与托收结合、托收与备用信用证或银行保函结合等形式。贸易各方在开展对外经济贸易业务时，究竟选择哪一种结合形式，应酌情而定。

2.5　国际贸易与国际物流的关系

2.5.1　国际贸易对国际物流的影响与作用

1. 国际贸易是国际物流产生、发展的基础和条件

国际物流是随着国际贸易的发展而产生和发展的，可以说，没有国际贸易就没有国际物流。国际贸易的范围和规模越大，对国际物流的需求就越大，国际物流发展的速度就越快，国际贸易的发展有效地保证了国际物流的持续发展。因此，国际贸易是国际物流产生、发展的基础和条件。

2. 国际贸易促进了物流的国际化发展

之所以这么说，是因为国际贸易为物流的国际化发展提供了环境和机遇。随着全球经济一体化进程的不断推进，加上交通运输、信息技术、通信技术等近些年的快速发展，促进了货物、服务和信息在世界范围内的流动、交换越发广泛和频繁，物流的国际化也就成为国际贸易和世界经济发展的必然趋势。物流也必须朝着国际化、现代化方向发展，从而来适应国际贸易结构和商品流通形式的变革。

3. 国际贸易的发展促进了国际物流技术的进步与发展

随着国际贸易活动的进一步发展，其涉及的领域越来越广泛，管理难度越来越大，这就要求物流技术与管理水平要与时俱进，跟上国际贸易发展的步伐。因此，国际贸易的发展在一定程度上对物流技术和管理水平提出了更高的要求，这个要求极大地促进了物流技术的创新，成为国际物流技术进步与发展的重要因素。

4. 国际贸易对国际物流提出了新要求

全球经济的发展和人类生活需求层次的不断提高，带动了国际贸易规模的增长和商品种类的丰富，使国际贸易获得了长足发展。国际贸易的发展及其结构的变化对国际物流的服务质量、效率、安全等提出了新的要求。这些新要求也将国际物流推向了更低成本、更优质量和更高效率。

从前面几点可以看出，国际贸易的发展为国际物流的发展营造了良好的环境、创造了条件。与此同时，国际物流的发展也为国际贸易的发展提供了保障和便利条件，对促进国际贸易发展起到了积极的作用。

2.5.2 国际物流对国际贸易的影响与作用

1. 高效的国际物流系统为国际贸易发展提供条件和保障

国际物流的目的和目标是为国际贸易提供更好的服务，为此，国际物流要充分调动和利用国际化的物流网络、物流设施和物流技术，以最低的费用和最小的风险，精准高效地实现货物在国际间的流动与交换，在优化配置世界资源的基础上，为国际贸易提供更多更好的便利条件，保障国际贸易的进一步发展。可以说，国际贸易的实现和发展过程离不开国际物流。例如，国际贸易中货物交付离不开运输与仓储，机械化、自动化、标准化的物流设施设备适应着当今世界经济和国际贸易快节奏的特点，集装箱、托盘等现代化物流手段和方式的运用无疑让国际贸易更加便捷和顺畅。

2. 有利于提高国际贸易效益，降低成本

现阶段，国际贸易的业务范围日益扩大，过去传统的国际贸易对象主要是产成品。而在现代供应链管理思想下，国际贸易对象则涵盖了生产和销售环节的各种原材料、零配件、半成品、产成品等，使国际贸易规模大大增加。在国际物流快速发展背景下，由于先进物流技术的应用、物流效率的提高、交付货物的准确性和安全性提高等，不仅使货物的物流时间大幅减少，而且使货物的物流费用显著下降，从而使国际贸易效益得到了提高。基于目前全球的贸易量，国际贸易效益的增加显然是非常可观的。

3. 促进了国内产品的国际竞争力

我们知道，对于一些商品来说，时间与质量是影响其国际竞争力的两大因素，如冷鲜食品、快消商品等。高效的国际物流系统，一方面提高了产品的周转速度，缩短了产品的生产、流通和销售时间，降低了包括时间成本在内的各种成本；另一方面，也保证了商品的品质不因时间的延长而降低，从而可以较好满足国际消费者的需要，促进国内产品国际竞争力的提高。

4. 国际物流助力国际贸易进一步发展

随着越来越先进的物流技术与高水平的物流服务系统被应用到国际贸易活动中，使国际贸易的硬软件环境大为改善，国际贸易活动开展更为便利和快捷。

例如，物流公共信息平台的完善使贸易各方在交流和沟通上更加及时、高效和安全，进一步降低了贸易各方之间由于物流信息的不及时、不准确对国际贸易的不良影响，实现了贸易各方之间的信息透明和共享，推动了国际贸易中商流、资金流和信息流的最大效能发挥，从而促进国际贸易的进一步发展。

综上所述，国际贸易与国际物流两者之间存在着密切的联系，可谓是相辅相成、相互促进。一方面，国际贸易是国际物流产生、发展的前提和基础，国际贸易发展的速度和规模决定着国际物流的发展速度和规模；另一方面，随着国际物流的不断发展与完善，其为国际贸易发展提供了更多便利和支撑条件，国际物流的科学化、合理化是国际贸易发展的有力保障。因此，我们在实践中要重视国际贸易与国际物流两者的共同发展，正确处理好两者的关系，从而推动国际贸易与国际物流的持续健康发展。

重要概念

国际贸易术语　信用证　托收　银行保证函　汇票　本票　支票

本章小结

本章介绍了国际贸易的概念与分类，国际贸易术语的作用及其主要内容；阐述了国际贸易结算的方式和国际贸易票据的种类；归纳总结了国际贸易与国际物流之间的相互关系。

复习思考题

一、判断题

1. 专门贸易是指以国境为标准划分的进出口贸易。(　　)
2. EXW 是对卖方规定的义务最少的国际贸易术语。(　　)
3. FCA 要求买方办理货物出口清关。(　　)
4. 按照《UCP600》的规定银行可以开立可撤销信用证。(　　)
5. 商业本票一般不具备再贴现条件。(　　)

6. 出票人签发支票时，可以在付款行存有低于票面金额的存款。（ ）

二、单项选择题

1. 在 FOB 贸易术语下，卖方须将货物装上（ ）指定的船上。

A. 买方 B. 卖方

C. 买方或卖方均可 D. 买卖双方共同

2. 在 CIP 贸易术语规则下，买方应注意卖方需要投保符合《伦敦保险协会货物保险条款》（ ）款或其他类似条款下的范围广泛的险别。

A. D B. C C. B D. A

3. （ ）结合使用的形式常用于成套设备、大型机械和大型交通运输工具（飞机、船舶等）等货款的结算。

A. 备付信用证与汇付 B. 汇付与银行保函

C. 信用证与托收 D. 汇付与托收

4. （ ）是指两张信用证申请人互以对方为受益人而开立的信用证。

A. 预支信用证 B. 对背信用证 C. 对开信用证 D. 循环信用证

5. （ ）是卖方承担最大义务的国际贸易术语。

A. DAP B. DDP C. DPU D. CIF

三、多项选择题

1. 按照清偿方式，国际贸易分为（ ）。

A. 现汇贸易 B. 协定贸易 C. 有形贸易

D. 无形贸易 E. 易货贸易

2. 根据付款时间不同，信用证可以分为（ ）。

A. 跟单信用证 B. 光票信用证 C. 即期信用证

D. 远期信用证 E. 假远期信用证

3. 根据汇出行向汇入行转移资金发出指示的方式，汇付分为（ ）。

A. 现汇 B. 电汇 C. 信汇 D. 托收 E. 票汇

4. 按出票人的不同，汇票可以分为（ ）。

A. 商业承兑汇票 B. 银行承兑汇票 C. 银行汇票

D. 商业汇票 E. 跟单汇票

5. 狭义的国际贸易票据包括（ ）。

A. 商业发票 B. 汇票 C. 本票

D. 支票 E. 海运提单

四、问答题

1. 国际贸易术语具有什么作用？

2. 国际物流对国际贸易的影响与作用主要体现在哪些方面？

3. 转口贸易和过境贸易的区别是什么？

4. 适用于任一或多种运输方式的国际贸易术语有哪些？

5. 在有关国际贸易术语中，为什么要建议买卖双方尽可能精准确定交货地或交货点/目的地或目的点？

五、案例分析

泰国风帆公司（下称买方）与海信公司（下称卖方）以 FOB 价格签订一笔 8000 台的 65 英寸液晶电视贸易合同，合同约定该批商品于 2017 年 11 月 30 日前在青岛港装船。2017 年 11 月 10 日卖方收到买方转来的其与中国远洋运输有限公司签订的装运期为 2017 年 11 月 22 日至 11 月 28 日的运输合同副本。卖方随后准备好了合同商品及办理了合同商品的出口报关相关手续，并于 2017 年 11 月 23 日在买方指定的船舶抵达青岛港时将合同商品装船，至 25 日中午 12 点，合同商品装船完毕。26 日凌晨 5 点左右，值班船员向船长报告，装载该批商品的货舱出现火情。船长随即组织船员启用二氧化碳系统灭火，但约 5 分钟后仍不见火情减弱，才发现该灭火系统已失灵。船长只好下令用消防水系统灭火，才将火扑灭。

事故发生后，经商检部门鉴定，8000 台液晶电视中已有 4000 台被烧毁，剩余 4000 台液晶电视也因严重水湿而丧失原有商业价值。卖方立即将情况通报买方。次日，买方来电称，鉴于该批电视已丧失原商业价值，要求卖方负责将电视卸下，并重新备齐货物装船。否则，拒收已损毁电视，并将拒绝支付货款。

针对此情况，在国际贸易术语解释规则下，就买卖双方而言，

1. 买方可否要求卖方负责替换合同商品？

2. 买方可否拒绝向卖方支付货款？

请阐述理由。

第 3 章　国际物流系统

学习目标

1. 掌握国际物流系统的概念、构成
2. 掌握国际物流网络的构成、节点的功能
3. 掌握国际物流信息的特征
4. 理解国际物流的连线、国际物流标准化的方法和具体内容
5. 了解国际物流信息化及标准化的作用

导入案例

通用汽车公司在全球生产和销售包括别克、雪佛兰、凯迪拉克、GMC、五菱、宝骏以及霍顿等一系列品牌车型并提供服务。2014 年，通用汽车旗下多个品牌全系列车型畅销于全球 120 多个国家和地区，包括电动车、微车、重型全尺寸卡车、紧凑型车及敞篷车。2018 年世界品牌实验室编制的《2018 世界品牌 500 强》中通用汽车公司排名第 59 位。2021 年 5 月 26 日，美国通用汽车公司将与美国洛克希德－马丁公司开发一款月球车。

世界上最大的公司之一通用公司要从分布在世界各地的众多供应商那里获取零配件，而后配送给分布在世界各地的工厂用来组装汽车，最后销往世界各地。

一辆简单的汽车，就由数千个零部件组成，来自不同的地区。那么，有 100 种不同的车型，包括轿车、货车及其他机动车等。如何把恰当的产品在恰当的时间、以恰当的价格送到恰当的地方，满足企业或顾客的需要？

（资料来源：根据 http：//www.doc88.com/p－9039712514277.html 修改得到）

思考题

跨国企业如何建立适应自身要求，满足企业经营需要的国际物流系统？

提示

国际物流是一个复杂的系统工程，它是由多个节点和连线构成，这些节点和连线在国际物流的整个过程中，各自起着不同的作用。同时，这些节点和连线构成了国际物流系统网络，为了使整个国际物流系统能高效有序的运转，必须建立起与之对应的物流信息系统，推进物流标准化进程。

3.1 国际物流系统概述

物流本身就是一个大系统，包含很多子系统，国际物流系统属于整个物流大系统的一个子系统。

3.1.1 国际物流系统的概念

1. 系统的概念

人类在早期并没有系统的概念，往往把很多事物看作彼此独立的、互不相关的。但是随着社会和科学的发展，人们逐渐改变了这种观念，认为很多事物间是相互联系、相互制约的，由此就产生了系统的概念。关于系统的定义，有很多种，以下是几种经典的阐述。

《一般系统论》的创始人贝塔朗菲（L. V. Bertalanffy）认为："系统可以定义为相互关联的元素的集合。"苏联学者 A. N. 乌约莫夫关于系统的定义是："系统是客体的集合，在这个集合上实现着带有固定性质的关系。"韦氏辞典把系统定义为："系统是有组织的或是组织化了的总体，以及构成总体的各种概念、原理和规则的相互作用及相互依赖诸要素的集合。"钱学森等学者对系统的定义是："系统是由相互作用和相互依赖的若干组成部分结合成的、具有特定功能的有机整体。"

对于这些定义，尽管表述不同，但是共同地指出了系统的三个基本特征：（1）系统是由元素所组成的；（2）元素之间相互影响、相互作用、相互依赖；（3）由元素及元素间关系构成的整体具有特定的功能。

2. 国际物流系统的概念

国际物流系统是指由国际运输、仓储、包装、装卸搬运、配送、流通加工、商品检验、通关和国际物流信息管理等要素构成的具有特定功能的有机整体。这个系统可以实现物品的时间效应和空间效应，与国内物流系统是相互衔接的。

3.1.2 国际物流系统的构成

国际物流是一个复杂而巨大的系统工程，国际物流系统的基本要素包括一般要素、功能要素、支撑要素和物质基础要素。

1. 国际物流系统的一般要素

国际物流系统的一般要素主要由劳动者、资金和物三个方面构成。

（1）劳动者要素。劳动者要素是现代物流系统的核心要素和第一要素。提高劳动者的素质，是建立一个合理化的国际物流系统并使其有效运转的根本。

（2）资金要素。交换是以货币为媒介的，实现交换的国际物流过程，实际也是资金的运动过程。同时，国际物流服务本身也需要以货币为媒介，国际物流系统建设是资本投入的一大领域，离开资金这一要素，国际物流就不可能实现。

（3）物的要素。物的要素包括国际物流系统的劳动对象、劳动工具、劳动手段，如各种物流设施、工具、各种消耗材料（燃料、保护材料）等。

2. 国际物流系统的功能要素

国际物流系统的功能要素指的是国际物流系统所具有的基本能力，这些基本能力有效地组合、联结在一起，形成了国际物流系统的总功能，由此，便能合理、有效地实现国际物流系统的总目的，实现其自身的时间和空间效益，满足国际贸易活动和跨国公司经营的要求。

国际物流系统的功能要素一般包括商品的包装、储存、运输、检验、外贸加工和其前后的整理、再包装以及国际配送、物流信息处理等。其中，储存和运输子系统是物流的两大支柱。如果从国际物流活动的实际工作环节来考察，国际物流也主要由上述几项具体工作完成，这几项工作也相应地形成各自的一个子系统。

（1）运输子系统

运输的作用是将商品使用价值进行空间移动，物流系统依靠运输作业克服商品生产地和需要地之间的空间距离，创造商品的时空效益。国际货物运输是国际物流系统的核心，有时就用运输代表物流全体，通过国际货物运输作业使商品在交易前提下，由卖方转移给买方。在非贸易物流过程中，通过运输作业将物品由发货人转移到收货人。这种国际货物运输具有路线长、环节多、涉及面广、手续繁杂、风险性大、时间性强、内外运两段性和联合运输等特点。

所谓外贸运输的两段性，是指外贸运输的国内运输段（包括进口国、出口国）和国际运输段。

①国内运输段。对于出口货物而言，国内运输段是指出口商品由生产地或供货地运送到出运港（站、机场）的国内运输，是国际物流中不可缺少的重要环节。离开国内运输，出口货源就无法从产地或供货地集运到港口、车站或机场。同样，进口商品

也需要从目的港口码头或站、机场分运至各购货单位或供应部门，最终实现进出口商品的空间位置转移。

②国际货物运输段。国际（国外）货物运输段是国内运输的延伸和扩展，同时又是衔接出口国运输和进口国货物运输的桥梁与纽带，是国际物流畅通的重要环节。出口货物被集运到车站、机场，办完出口手续后直接装船发运，便开始国际段运输。有的则需暂进港口仓库储存一段时间，等待有效泊位，或有船后再出仓装船外运。国际段运输可以采用由出口国转运港直接到进口国目的港卸货，也可以采用中转经过国际转运点，再运给用户。

跨国公司如果要想把自己公司生产出来的产品销往全世界，就需要依靠运输子系统。国际运输主要涉及运输方式的选择、运输单据的处理以及货运保险等方面的内容。产品通过该子系统就可以从一国转移到另一国，从而使产品的使用价值发生空间的转移，创造了空间价值。

（2）储存子系统

外贸商品的储存、保管使商品在其流通过程中处于一种或长或短的相对停滞状态。因为外贸商品流通是一个由分散到集中，再由集中到分散的源源不断的流通过程。例如，外贸商品从生产商或供应部门被集中运送到装运出口港（站、机场），以备出口，有时需临时存放一段时间，再从装运港转运出口，是一个集和散的过程。为了保持不间断的商品往来，满足出口需要，必然要有一定量的周转储存。有些出口商品需要在流通领域内进行出口商品贸易前的整理、组装、再加工、再包装或换装等，形成一定的贸易前的准备储存。有时，由于某些出口商品在产销时间上的背离，如季节性生产但常年消费的商品和常年生产但季节性消费的商品，则必须留有一定数量的季节储备。当然，有时也会出现一些临时到货，货主一时又运不走，更严重的是进口商品到了港口或边境车站，但通知不到货主或无人认领，形成特殊的临时存放保管，即所谓的压港、压站现象，给贸易双方或港方、船方等都带来损失。因此，国际货物的库存量往往高于内贸企业的货物库存量。

外贸商品一般在生产厂家的仓库存放，或者在收购供应单位的仓库存放，必要时再运达港口仓库存放，在港口仓库存放的时间取决于港口装运与国际运输作业的有机衔接，也有在国际转运站点存放的。从物流角度讲，希望外贸商品不要太长时间停留在仓库内，要尽量减少储存时间、储存数量，加速物资和资金周转，实现国际贸易系统的良性循环。

由此可见，储存保管是克服外贸商品使用价值在时间上的差异，物流部门依靠储存保管创造商品的时间价值。

（3）包装子系统

由于国际物流运输距离长、运量大、运输过程中货物堆积存放、多次装卸，在运输过程中货物损伤的可能性大，因此在国际物流中包装活动非常重要。集装箱的出现为国际物流活动提供了安全便利的包装方式。

美国杜邦化学公司提出的“杜邦定律”认为：63%的消费者是根据商品的包装装潢进行购买的，国际市场和消费者是通过商品来认识企业的，而商品的商标和包装就是企业的面孔，它反映了一个国家的综合科技文化水平。

商标就是商品的标志。商标一般都需经过国家有关部门登记注册，并接受法律保护，以防假冒，保护企业和消费者的利益。顾客购买商品往往十分看重商标，因此，商标关系着一个企业乃至一个国家的信誉和命运。国际进出口商品商标的设计要求有标识力；要求表现一个企业（或一个国家）的特色产品的优点，简洁明晰并易看、易念、易听、易写、易记；要求有持久性和不违背目标国际市场和当地的风俗习惯；出口商品商标翻译要求传神生动；商标不得与国旗、国徽、军旗、红十字会章相同；不得与正宗标记或政府机关、展览性质集会的标记相同或相近。

在考虑出口商品包装设计和具体作业过程中，应把包装、储存、装搬和运输有机联系起来统筹考虑、全面规划，实现现代国际物流系统所要求的“包、储、运一体化”，即从商品一开始包装，就要考虑储存的方便、运输的快速、减少物流费用等现代物流系统设计的各种要求。

（4）装卸搬运子系统

装卸搬运在国际物流系统中起到衔接作用，是货损货差发生的主要环节，也是导致物流过程延缓的重要因素。装卸搬运夹杂在运输、储存等物流要素中，是国际物流系统的又一个重要子系统。这个子系统主要由装卸搬运工具、装卸搬运经营人、相关法规和监管部门等所构成。做好装卸搬运这个环节，不仅可以加快物流速度，而且可以降低物流成本。

（5）商品检验子系统

由于国际贸易和跨国经营具有投资大、风险高、周期长等特点，使商品检验成为国际物流系统中重要的子系统。通过商品检验，确定交货品质、数量和包装条件是否符合合同规定。如发现问题即可分清责任，向有关方面索赔。在买卖合同中，一般都订有商品检验条款，其主要内容有检验时间与地点、检验机构与检验证明、检验标准与检验方法等。

根据国际贸易惯例，商品检验时间与地点的规定可概括为三种做法：

一是在出口国检验。可分为两种情况：一种是在工厂检验，卖方只承担货物离厂前的责任，对运输中品质、数量变化的风险概不负责；另一种是装船前或装船时检验，其品质和数量以当时的检验结果为准。买方对到货的品质与数量原则上一般不得提出异议。

二是在进口国检验。包括卸货后在约定时间内检验和在买方营业处所或最后用户所在地查验两种情况。其检验结果可作为货物品质和数量的最后依据。在此条件下，卖方应承担运输过程中品质、重量变化的风险。

三是在出口国检验、进口国复验。货物在装船前进行检验，以装运港双方约定的商检机构出具的证明作为议付货款的凭证，但货到目的港后，买方有复验权。如复验结果与合同规定不符，买方有权向卖方提出索赔，但必须出具卖方同意的公证机构出具的检验证明。

在国际贸易中，从事商品检验的机构很多，包括卖方或制造厂商和买方或使用方的检验单位，有国家设立的商品检验机构以及民间设立的公证机构和行业协会附设的检验机构。此外，商品检验证也是议付货款的单据之一。商品检验可按生产国的标准进行检验，或按买卖双方协商同意的标准进行检验，或按国际标准或国际习惯进行检验。商品检验方法概括起来可分为感官鉴定法和理化鉴定法两种。理化鉴定法对进出口商品检验更具有重要作用。理化鉴定法一般是采用各种化学试剂、仪器器械鉴定商品品质的方法，如化学鉴定法、光学仪器鉴定法、热学分析鉴定法、机械性能鉴定法。

（6）通关子系统

世界各国为了保护国家主权和国内经济，一般都设有海关，货物要进出某个国家，必须得到当局的同意，而履行这个监管职能的部门往往就是海关。国际物流的一个重要特征就是货物要跨越关境，由于各国海关的规定并不完全相同，因此，对于国际货物的流通而言，各国海关很有可能成为国际物流中的“瓶颈”。

（7）国际配送子系统

配送是指在经济合理区域内，根据用户要求，对物品进行拣选、加工、包装、分割、组配等作业，并按时送达指定地点的物流活动。

无论多么庞大、复杂的物流过程，最终与服务对象（或者称为物流服务需求者）“见面”的就是配送环节。服务对象满意与否，也只是通过对这段配送的直观感受的评价，即只有在他所希望的时间内，以他所希望的方式，配送到达他所需要的物品，他才会认同整个物流过程。因此配送功能完成的质量及其达到的服务水平，直观而具体地体现了顾客对物流服务的满意程度。整个物流系统的意义和价值的体现，最终完全依赖于其终端——配送功能的价值实现程度。

建立高效的配送系统，必须以信息技术和自动化技术为手段，以良好的交通设施为基础，不断优化配送方式，而这又必然会推动物流新技术的应用和开发。配送系统可以直接利用计算机网络技术构筑，如建立EDI系统，以快速、准确、高效的传递、加工和处理大量的配送信息；利用计算机技术，建立计算机辅助进货系统、辅助配送系统、辅助分拣系统、辅助调度系统、辅助选址系统等。另外，在配送系统中利用自动装卸机、自动分拣机、无人取货系统和搬运系统以及相应的条码技术，与信息管理系统相配合，可以使配送中心的效率发挥到最大。

（8）国际物流信息子系统

国际物流信息子系统的主要功能是采集、处理及传递国际物流和商流的信息情报。没有功能完善的信息系统，国际贸易和跨国经营将寸步难行。国际物流信息主要包括进出口单证的作业过程信息、支付方式信息、客户资料信息、物流运作过程信息、市场行情信息和供求信息等。国际物流信息的特点是信息量大、交换频繁、传递量大、时间性强。因此要建立技术先进的国际物流信息系统。

国际物流的以上八个子系统是相互联系、相互影响的，必须统筹考虑、全面规划，才能建立适应国际竞争要求的国际物流系统。

3. 国际物流系统的支撑要素

国际物流系统的运行需要有许多支撑手段，尤其是处于复杂的社会经济系统中，要确定国际物流系统的地位，要协调与其他系统的关系，这些要素就更加必不可少。它们主要包括以下内容。

（1）体制、制度

物流系统的体制、制度决定了物流系统的结构、组织、领导和管理的方式。国家对其控制、指挥和管理的方式，是国际物流系统的重要保障。

（2）法律、规章

国际物流系统的运行不可避免地涉及企业或人的权益问题，法律、规章一方面限制和规范物流系统的活动，使之与更大的系统相协调；另一方面则是给予保障。合同的执行、权益的划分、责任的确定都要靠法律、规章来维系。各个国家和国际组织的有关贸易、物流方面的安排、法规、公约、协定、协议等也是国际物流系统正常运行的保障。

（3）行政、命令

国际物流系统和一般系统的不同之处在于，国际物流系统关系到国家的军事、经济命脉，所以行政、命令等手段也常常是国际物流系统正常运转的重要支持要素。

（4）标准化系统

标准化系统是保证国际物流各环节协调运行、保证国际物流系统与其他系统在技术上实现联结的重要支撑条件。

4. 国际物流系统的物质基础要素

国际物流系统的建立和运行，需要有大量的物质基础要素，主要包括以下内容。

（1）物流设施

物流设施是组织国际物流系统运行的基础物质条件，包括物流站、场，物流中心、仓库，国际物流线路，建筑物，公路，铁路，口岸（如机场、港口、车站）等。

（2）物流设备

物流设备是保证国际物流系统运行的条件，包括仓库货架、进出库设备、加工设备、运输设备、装卸机械等。

（3）物流工具

物流工具是国际物流系统运行的物质条件，包括包装工具、维修保养工具、办公设备等。

（4）信息技术及网络

信息技术及网络是掌握和传递国际物流信息的手段，根据所需信息水平的不同，包括通信设备及线路、传真设备、计算机及网络设备等。

（5）组织及管理

组织及管理是国际物流系统的“软件”，起着联结、调运、运筹、协调、指挥其他各要素以保障国际物流系统目的的实现等作用。

3.1.3 国际物流系统模式

国际物流系统的一般模式包括：系统的输入部分、系统的输出部分以及将系统的输入转换成输出的转换部分。在系统运行过程中或一个系统循环周期结束时，有外界信息反馈回来，为原系统的完善提供改进信息，使下一次的系统运行有所改进，如此循环往复，使系统逐渐达到有序的良性循环。国际物流系统，遵循一般系统模式的原理，构成自己独特的物流系统模式。下面以出口为例，其国际物流系统模式如图 3－1 所示。

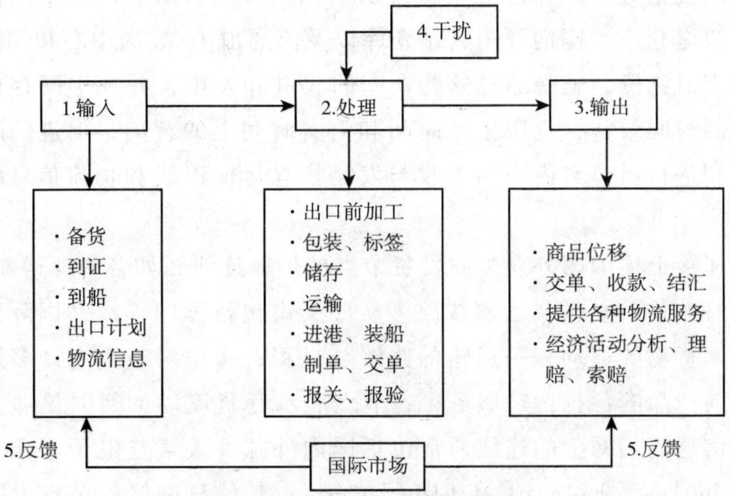

图 3－1 国际物流系统模式

国际物流系统输入部分的内容有：备货、货源落实；到证，接到买方开来的信用证；到船，买方派来船舶；编制出口货物运输计划；其他物流信息。国际物流系统的处理部分包括：商品出口前的加工整理；包装、标签；储存；运输（国内、国际段）；商品进港、装船；制单、交单；报关、报验；现代管理方法、手段和现代物流设施的介入。国际物流系统输出部分的内容有：商品实体从卖方经由运输过程送达买方手中；交齐各项出口单证；结算、收汇；提供各种物流服务；经济活动分析及理赔、索赔。

除了上述三项主要功能外，还有许多外界不可控因素的干扰，使系统运行偏离原计划内容。这些不可控因素可能是国际的、国内的、政治的、经济的、技术上的和政策法令、风俗习惯等的制约，这是很难预计控制的，对物流系统的影响很大，如果物流系统具有很强的应变能力，遇到这种情况，马上能提出改进意见，变换策略，那么，这样的系统具有很强的生命力。

3.2 国际物流网络

国际物流系统通过各子系统发挥各自的功能，相互协同实现国际物流系统整体效益最大的总体目标。为此，建立完善的国际物流网络十分重要。

3.2.1 国际物流网络的概念与构成

1. 国际物流网络的概念

国际物流网络是由多个收发货的“节点”和它们之间的“连线”所构成的物流抽象网络以及与之相伴随的信息流动网络的集合。

收发货节点是指进、出口过程中所涉及的国内外的各层仓库、中间商仓库、货运代理人仓库、口岸仓库、国内外中转站仓库以及流通加工/配送中心和保税区仓库。国际贸易商品和交流物资，就是通过这些仓库的收进和发出，并在中间存放保管，实现国际物流系统的时间效益，克服生产时间和消费时间上的背离，促进国际贸易系统和国际交往的顺利进行。节点内商品的收与发是依靠运输连线和物流信息的沟通、输送来完成的。

连线是指连接上述国内外众多收发货节点的运输连线，如各种海运航线、铁路线、飞机航线以及海、陆、空联合运输线路。从广义讲包括国内连线和国际连线。这些网络连线代表仓库货物的移动——运输的路线与过程；每一对节点有许多连线以表示不同的路线、不同产品的各种运输服务；各节点表示存货流动的暂时停滞，其目的是更有效地移动；信息流动网上的连线通常包括国内外邮件或某些电子媒介（如电话、电传、电报以及 Internet、E－mail 和 EDI 报文等）；其信息网络的节点，则是各种物流信息汇集及处理之点，如员工处理国际订货单据、编制大量出口单证，或准备提单，或电脑对最新库存量的记录。

国际物流网络的结构如图 3－2 所示。

2. 国际物流网络的构成

国际物流网络可以分为三个部分：物流节点、物流通道和信息网络。全部物流活动是依托信息网络，在物流节点和物流通道上进行的。包装、装卸、保管、分货、配送、流通加工等物流功能依托物流节点完成；集货运输、干线运输、配送运输等运输活动利用物流通道完成。国际物流网络是依靠物流节点来组织和联系，因此，物流节点是物流系统中非常重要的组成部分。信息网络为国际物流系统的正常运转、经营决策提供支持和保障。国际物流信息网络也可以理解为由“信息节点”和它们之间的“信息通道”构成，前者是各种物流信息汇集和处理的点，如处理国际订货单据、编

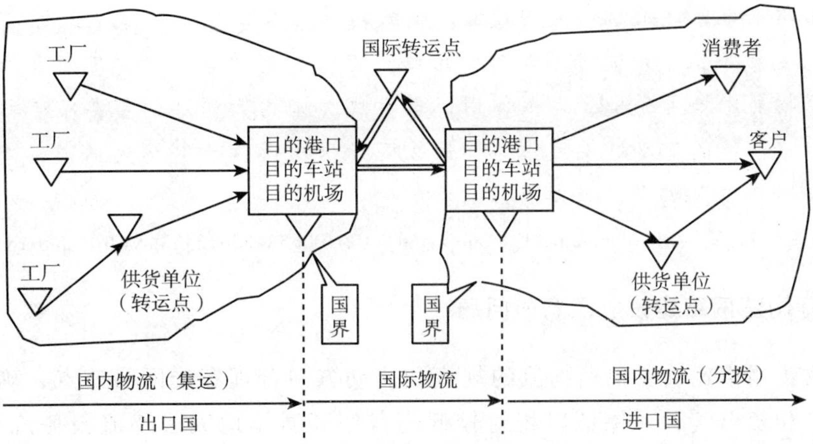

图 3－2　国际物流网络

制出口单证、准备提单等，后者则包括国内外的邮件和其他电子媒介，如电话、电传、电报、EDI 等。

信息在国际物流网络中更重要，这主要是因为国际物流比国内物流流程更长、运作更复杂。与国内物流相比，国际物流节点和通道较多，节点间的通道组合选择较多，通道中还有丰富多样的路径组合选择，这就需要根据实际情况进行路线和载体的规划。同时，各通道之间还必须在相关的节点进行转换，这就导致信息量多而复杂。因此，信息的传递、反馈必须及时、准确。只有这样，企业才能根据实际情况做出决策，并在决策执行过程中不断调整物流运作策略，对物流运作过程进行及时的调节和控制，避免国际物流活动出现混乱局面，保证整个物流系统高效有序运转。

相关链接

100 辆日本汽车“坐船”经过武汉阳逻港，再通过中亚班列运抵蒙古国乌兰巴托。2021 年 6 月 18 日，“日本—中国（武汉）—蒙古”海铁联运国际新通道首次贯通。通过武汉这一中转站，一条江海直达对接中亚班列、横跨东亚的国际物流新通道形成。据介绍，“日本—中国（武汉）—蒙古”海铁联运整个行程预计 20 天。此前，日本货物进入蒙古国，需通过水路穿越俄罗斯，至少需要 25 天时间。

武汉新港委相关负责人介绍，阳逻铁水联运二期预计 8 月 1 日投入使用。日本至阳逻的货物上岸后直接上火车，从名古屋到阳逻需要 6 天时间，从武汉至乌兰巴托市需要 10 天时间，届时，从日本至乌兰巴托，仅需 17 天时间。

武汉新港委负责人介绍，将武汉至日本集装箱直达航线与中亚班列（武汉）联通，构建集直航、中转、过境运输于一体的全新物流大通道，具有时效性强、稳定性高、辐射面广和综合成本低等优势，有助于提升武汉综合运输的服务水平及武汉对外开放水平。

这位负责人说，这条新通道的贯通，是武汉落实长江经济带发展战略和“一带一路”倡议的重要举措，是促进湖北对外开放的重大标志性事件，标志着武汉在融入双循环新发展格局中抢占先机、发挥作用，努力成为国内大循环的重要节点和国内国际双循环的战略链接的重要抓手，作为连通东亚地区国际铁水联运大通道，有机衔接和辐射了“一带一路”与长江经济带。

（资料来源：https：//baijiahao. baidu. com/s? id = 1703006584626124538&wfr = spider&for = pc）

3. 国际物流网络建设应注意的问题

国际物流网络建设要根据物流的规模和流动方向合理布局网络节点，确定进出口货物的买进和卖出流程，保证以相对较低的费用高质量地完成物流服务流程。因此，国际物流网络建设时应注意以下问题。

（1）合理布局物流网络系统要素

在规划网络内的建库数目、地点及规模时，物流网络系统要素的布局要紧密围绕着商品交易计划进行。

（2）确保物流网络系统节点存货均衡

明确各级仓库的供应范围，使各级仓库间能够有机衔接：如使生产厂家仓库与各中间商仓库、港（站、机场）区仓库以及出口装运能力配合和协同，尽可能地减少某一级仓库储存过多并持续过长时间的不均衡状态，保证国际物流畅通。

（3）注重物流技术发展，网络建设留有余地

随着经济的全球化发展，越来越多的企业走向全球化经营，以加强其在国际市场上的竞争力；而国际市场的一体化，必将使国际贸易额不断扩大。现实的要求一方面使国际物流规模不断扩大；另一方面必将推动物流技术的发展，以使物流网络能够承载扩张的物流规模。因此，物流网络建设必须留有余地，保证各节点和通道能够适应新技术的需要，又留有足够的拓展空间，保持适应现实需要、持续高效的国际物流体系。

（4）注意国际物流网络接口的无缝化

在一个经由许多环节、由不同国家不同物流主体组成的国际物流渠道中，各物流运作环节之间都需要转换，并耗费大量时间，如从海运、空运到陆运的转换，从托盘到集装箱的转换等。国际物流网络的构建应尽量使这些转换自动化、标准化，以节省物流时间。物流接口无缝化就是对物流网络构成要素中的流动要素、生产要素、机制要素等进行内部和外部的连接，使物流系统要素之间、物流系统之间成为无缝连接的整体过程，其目的在于提高系统的集成度。

相关链接

实现国际物流网络结构的无缝化有以下几种办法：

(1) 建立方便转换的接口系统。不同类型的运输方式和运输工具之间有接口的问题，如不同国家的铁路轨距不同，两条连通的公路有不同的车道数等都是接口问题。公路、铁路、航空、水路运输使用的基础设施不同，它们之间也需要转换。建立方便转换的标准化接口系统，将大大地缩短转换时间。

(2) 直拨。是指制造出来的产品直接运到站台或码头，而不是先运到仓库进行储存再发运。采用直拨的方式可以避免“入库—出库—再发运”这样繁琐的流程，以站台或配送中心为临时储存场所，在收货工具和发货运输工具之间建立一个快速转运或配送的平台。大型跨国公司推行的现代直拨业务更多地将它与柔性制造系统结合在一起。

(3) 接口信息及管理。接口信息需要通过管理信息系统进行管理。EDI就是专门用于管理这些跨越接口的信息的一种信息交换标准和技术。条形码也可作为一种跨越系统边界的商品识别标志，其背后的数据库在跨越边界时常有障碍，因此需要在一定范围内通过授权共享机制共享数据库。商品物流包装上的一些通用语言、符号、代码等都可以作为接口信息来处理，当从一个系统的边界到另一个系统的边界时，相关的信息通过接口能够被识别、认同。

3.2.2 国际物流系统网络节点与连线

国际物流网络是由节点与连线所构成的，物流节点是物流网络中连接物流线路的结节之处，物流节点的产生和发展，是社会分工深化和协作加强的结果。物流线路上的活动也是靠节点组织和联系的，如果离开节点，物流线路上的活动就会陷入瘫痪。

1. 国际物流网络节点

(1) 国际物流节点的功能

①衔接功能。国际物流节点将各个物流线路连接成一个系统，使各个线路通过节点变得更为贯通而不是互不相干，这种作用称为衔接作用。在物流未系统化之前，不同线路的衔接有很大困难。例如，轮船的大批量输送线和短途汽车的小批量输送线，两者的输送形态、输送装备都不相同，再加上运量的巨大差异，所以往往在两者之间有很长时间的间隔，然后才能逐渐转换，这就使两者不能贯通。物流节点利用各种技术和管理方法，可以有效地起到衔接作用，将中断转化为通畅。

②信息功能。国际物流节点是整个物流系统或与节点相接的物流信息的传递、收集、处理和发送的集中地，这种信息功能在国际物流系统中起着非常重要的作用，也是复杂的国际物流能连接成有机整体的重要保证。在国际物流系统中，每一个节点都是物流信息的一个点，若干个这种信息点和国际物流系统中的信息中心连接起来，便形成了指挥、调度、管理各系统的信息网络，这是一个国际物流系统建立的前提条件。

③储存功能。货物在国际物流节点停滞，通过储存和储备来调整各物流系统的运行。国际物流主要为国际贸易服务，由于时空上的差异和一些客观因素，一般情况下

货物在起运之前和到港之后都需要地方进行暂时存放，存放的地点通常就位于物流节点。

④管理功能。国际物流系统的管理设施和指挥机构大多设置于物流节点之处。实际上，物流节点大多是集管理、指挥、调度、衔接及货物处理为一体的物流综合设施。整个物流系统的运转有序化、正常化和整个物流系统的效率高低都取决于物流节点的管理水平。

（2）国际物流节点的类型

在国际物流中，由于各个物流系统的目标不同以及节点在网络中的地位不同，节点的主要作用往往也不同，因此迄今尚无明确的分类。这里仅根据其主要功能分为以下几类。

①转运型节点。转运型节点是以连接不同运输方式为主要职能的节点。例如，铁道运输线上的货站、编组站、车站等；公路运输线上的车站、货场等；航运线上的机场；海运线上的港口、码头等；不同运输方式之间的转运站、终点站、口岸等。货物在这类节点上停滞的时间较短。

②储存型节点。储存型节点是以存放货物为主要职能的节点，如储备仓库、营业仓库、中转仓库、口岸仓库、港口仓库及货栈等。国际货物在这类节点上停滞的时间较长。

③流通型节点。流通型节点是以国际货物在系统中运动为主要职能的节点，如流通仓库、流通中心、配送中心就属于这类节点。

④综合性节点。综合性节点是指在国际物流系统中集中于一个节点全面实现两种以上主要功能，并且在节点并非独立完成各项功能，而是将各项功能有机结合成一体的集约型节点，如国际物流中心。国际物流中心是指国际物流活动中商品、物资等集散的场所。就大范围而言，某些小国家或地区可能成为物流中心，如新加坡、中国香港地区等就具有国际物流中心的地位。而自由贸易区、保税区、出口加工区等则具有一般意义上的物流中心的功能。

（3）常见的国际物流节点

①口岸。口岸是国家指定的对外往来的门户，是国际货物运输的枢纽。从某种程度上说，它是一种特殊的国际物流节点。许多企业都在口岸设有口岸仓库或物流中心，口岸物流是国际物流的组成部分。口岸原来的意思是指由国家指定的对外通商的沿海港口，但现在，口岸已不仅仅是经济贸易往来（即通商）的商埠，还是政治、外交、科技、文化、旅游和移民等方面的港口，同时口岸也已不仅仅只设在沿海的港口。随着陆、空交通运输的发展，对外贸易的货物、进出境人员及其行李物品、邮件包裹等，可以通过铁路，公路和航空直达一国腹地。因此，在开展国际联运、国际航空、国际邮包邮件交换业务以及其他有外贸、边贸活动的地方，国家也设立了口岸。改革开放以来，我国外向型经济由沿海逐步向沿边、沿江和内地辐射，使口岸也由沿海逐渐向边境、内河和内地城市发展。现在，除了对外开放的沿海港口之外，口岸还包括：国

际航线上的飞机场；山脉国境线上对外开放的山口；各国际铁路、国际公路上对外开放的火车站、汽车站；国际河流和内河上对外开放的水运港口。因此，口岸是由国家指定对外经贸、政治、外交、科技、文化、旅游和移民等来往，并供往来人员、货物和交通工具出入国（边）境的港口、机场、车站和通道。简单地说，口岸是国家指定对外往来的门户。

②港口。港口是水陆空交通的集节点和枢纽，工农业产品和外贸进出口物资的集散地，船舶停泊、装卸货物、上下旅客以及补充给养的场所。正由于港口是联系内陆腹地和海洋运输的一个天然界面，因此人们也把港口作为国际物流的一个特殊节点。

港口之所以能在现代国际生产、贸易和物流系统中发挥战略作用，主要是由港口的以下特点决定的：第一，港口在整个物流供应链上是大量货物的集节点，经济全球化使国际贸易量急速增加，港口作为海洋运输的起点与终点，无论是集装箱货还是散货，远洋运输总是承担着其中最大的运量，因而港口在整个物流供应链上总是最大货物的集节点。当需要从事附加的工业、商业和技术活动时，选择在港口这样的集节点进行往往最能取得规模经济效益。第二，港口往往是生产要素的最佳结合点，如果两个大陆之间，或者两个相距甚远的国家之间在生产要素方面有着最大的禀赋差异，那么，要把这些生产要素以最有利的方式结合起来，港口往往是最合乎逻辑的选址。许多国家依赖于进口原材料的钢铁厂往往都建在港口地区，其原因也在于此。在港口地区建设出口工业，利用钢铁作为原材料生产汽车和机械，就可以节省大量成本，增强在国际市场上的竞争力。第三，港口往往是最重要的信息中心，对于国际物流来说，港口仍然是不同运输方式汇集的最大、最重要的节点。在港口地区落户的有货主、货运代理行、船东、船舶代理行、商品批发商、零售商、包装公司、陆上运输公司、海关、商品检验机构及其他各种有关机构，因此港口就成为一个重要的信息中心。

港口的功能主要体现在以下几个方面：第一，物流功能。港口既是水陆空运输工具的衔接点，又是水运货物的集散地。港口虽然主要供船舶停靠使用，但为了客货的运输，港口又必须与陆路（有时包括航空）交通相接，它实际上是把水上运输、陆上运输和航空运输连接在一起，并因此出现了一种新概念，认为港口是交通运输的"综合体"。第二，工业功能。目前世界上大多数工业基地都建在港口附近，这是因为港口能够通过水运为工业生产提供大量廉价的原料并运送其产品，临港工业区已成为各国和各地区经济发展的龙头。第三，商业功能。凭借港口十分活跃的货物转运和旅客运输，国际贸易及金融业务都伴随港口发展起来，目前，世界上大部分的商业城市都是世界著名的港口就是这个原因。

相关链接

如果说开放是青岛的最大优势，那么海陆空"三位一体"的立体口岸交通布局，则是支撑这一优势的基础。海向，山东港口青岛港（以下简称"青岛港"）以 200 余条互连互通的航线、每个月近700个航班构建起了国际物流大通道；陆向，青岛建设的上合示范区多式联运中心，串联起一条陆海内外联动、东西双向互济的新纽带；空中，通达世界的密集航线，架设起青岛快速连接世界的新桥梁……

2021年5月18日，船长350米的“中远希腊”轮驶离青岛港自动化码头108泊位，标志着中远海运AWE6欧洲北美钟摆航线在青岛港正式上线。这是青岛港今年新开通的第10条外贸航线。密集开行的航线是青岛港快速建设国际航运中心的写照。数据显示，截至目前青岛港开通203条外贸航线。其中，仅2020年一年青岛港就开通新航线20条，航线数量和密度稳居中国北方港口第一位。这些航线实现了青岛对“海上丝绸之路”沿线国家的全覆盖，为国内外贸企业与东南亚、欧洲、地中海、中东以及非洲等地区的贸易往来，提供了全面畅通的国际物流通道。

青岛海关通过量身打造的一套智慧监管模式，实现了港口货物无干扰监管、空箱智慧验放、卡口无人值守，现场监管“零干预”、卡口监管“零驻守”、实货监管“零待时”，大幅压缩了货物通关时间。

（资料来源：http：//news. qingdaonews. com/qingdao/2021－05/27/content_22732175. htm）

③保税仓库。保税仓库是指海关核准的专门存放保税货物的专用仓库。根据国际上通行的保税制度要求，进境存入保税仓库的货物可暂时免纳进口税款，免领进口许可证或其他进口批件，在海关规定的存储期内复运出境或办理正式进口手续。

我国保税仓库是指经海关批准设立的专门存放保税货物及其他未办结海关手续货物的仓库。我国的保税仓库根据使用对象分为公用型和自用型两种。公用型保税仓库由主营仓储业务的我国境内独立企业法人经营，专门向社会提供保税仓储服务；自用型保税仓库由特定的我国境内独立企业法人经营，仅存储供本企业自用的保税货物。根据所存货物的特定用途，公用型保税仓库和自用型保税仓库下面还衍生出一种专用型保税仓库，即专门用来存储具有特定用途或特殊种类商品的保税仓库，包括液体危险品保税仓库、备料保税仓库、寄售维修保税仓库和其他专用保税仓库。其中液体危险品保税仓库是指符合国家关于危险化学品存放规定的，专门提供石油、成品油或者其他散装液体危险化学品保税仓储服务的保税仓库。

④保税区。保税区与经济特区、经济技术开发区等特殊区城一样，都是经国家批准设立的实行特殊政策的经济区城。我国为了更进一步扩大对外开放，吸引国外资金和技术，借鉴了国际上的先进管理经验，从20世纪90年代开始在沿海地区陆续批准设立保税区。保税区具有政策特殊、经济功能强、封闭式管理的特点。

我国的保税区具有出口加工、转口贸易、商品展示、仓储运输等功能。海关对进出保税区的货物、物品、运输工具、人员及区内有关场所，有权依照《海关法》的规定进行检查、查验。在保税区内设立的企业，必须向海关办理注册手续，区内企业必须依照国家有关法律、行政法规的规定设置账簿，编制报表，凭合法、有效凭证记账并进行核算，记录有关进出保税区货物和物品的库存、转让、转移、销售、加工、使用和损耗等情况。区内企业必须与海关实行电子计算机联网，进行电子数据交换。进出保税区的运输工具的负责人，必须持保税区主管机关批准的证件连同运输工具的名称、数目、牌照号码及驾驶员姓名等清单，向海关办理登记备案手续。未经海关批准，从保税区到非保税区的运输工具和人员不得运输、携带保税区内的免税、保税货物。从非保税区进入保税区的货物，按照出口货物办理手续，企业在办结海关手续后，可办理结汇、外汇核销、加工贸易核销等手续。出口退税必须在货物实际报关离境后才能办理。保税区内的转口货物可以在区内仓库或者区内其他场所进行分级、挑选、印刷运输标志，改换包装等简单加工。

⑤出口加工区。出口加工区是指专为发展加工贸易而开辟的经济特区。出口加工区的产生和发展是国际分工的必然结果，是全球经济一体化的重要表现。第二次世界大战后，西方工业国家的经济出现了相对稳定的发展时期，特别是科学技术的巨大进步，使西方工业国家的生产力和对外贸易空前发展，并导致了资本与技术过剩。同时，国际分工从过去的产业间分工发展为产业内部的分工；劳动密集型产业从发达国家逐步向发展中国家（地区）转移。一些工业发达国家和地区从输出商品到输出资本，进而发展到在东道国开办工厂。20 世纪 60 年代前后，不少发展中国家（地区）大力发展出口加工制造业，以增加外汇收入，出口加工区由此应运而生。1959 年，爱尔兰在香农国际机场创建了世界上第一个出口加工区。此后出口加工区在全球遍地开花，成为所在国或地区吸引外资最多、对外贸易最为活跃的区域，有力地促进了各国或地区经济的发展。80 年代以来，全球出口加工区出现了新的发展趋势。部分出口加工区的出口加工业由劳动密集型转向技术密集型，纷纷建立新的技术型出口加工区。部分出口加工区的企业和高等院校、科研机构密切结合，形成雄厚的科技力量，以科技为先导，大力开发技术，知识密集型的新兴产业和高附加值的尖端产品，成为引起世界瞩目的知识型出口加工区——科学工业园区。科学工业园区同出口加工区一样，通过划出一个地区，提供多方面的优惠待遇，吸引外国的资本和技术，但其从事的是高技术产品的研制，促进技术、知识密集型产品的发展和出口。

⑥自由贸易区。自由贸易区也称为对外贸易自由区、工商业自由贸易区等。自由贸易区是划在关境以外，对进出口商品全部或大部分免征关税，并且准许在港内或区内开展商品自由储存、展览、拆散、改装、重新包装、整理、加工和制造等业务活动，以便于本地区的经济和对外贸易的发展，增加财政收入和外汇收入。自由贸易区是国际物流中多功能的综合物流节点。在自由贸易区内，可以提供仓储、再加工、展示及各种服务，未售出的各种商品可以前来储存，或针对市场需要对商品进行分类、分级和改装，或进行商品展销，以便选择有利时机，就地销售或改临近市场销售。许多自由贸易区都直接经营转口贸易，因其具有优越的地理位置和各种方便及优惠的条件，所以大量货物是在流经自由贸易区后投放世界市场的。最重要的是，各国的自由贸易区普遍豁免关税和减免其他税收，还在土地使用、仓库、厂房租金、水电供应及劳动工资等方面采取低收费的优惠政策。这是大量商品物品聚集于此的重要原因。自由贸易区各种功能的发挥，促进了国际贸易的发展。自由贸易区的方便与商品进出、储存

及整理的条件，以及可以降低产品成本并增加市场竞争能力的优惠措施，吸引了广大的投资者，极大地促进了国际贸易和国际物流的发展。截至目前，我国内地自贸区数量已达到21个，如表3-1所示。

表3-1　　我国内地自贸区一览表

时间	自由贸易试验区
2013年9月27日	上海自由贸易试验区
2015年4月20日	扩展上海自由贸易试验区实施范围
2015年4月20日	广东、天津、福建共3个自由贸易试验区
2017年3月31日	辽宁、浙江、河南、湖北、重庆、四川、陕西共7个自由贸易试验区
2018年10月16日	海南自由贸易试验区
2019年8月2日	山东、江苏、广西、河北、云南、黑龙江共6个自由贸易试验区
2020年9月21日	北京、湖南、安徽共3个自由贸易试验区

资料来源：http：//www. southmoney. com/redianxinwen/202010/7236332. html.

相关链接

全球首个自贸试验区绿色发展指标体系在青岛发布

2021年6月24日，全球首个自贸试验区绿色发展指标体系在青岛自贸片区绿色发展大会上对外发布，标志着青岛自贸片区在制度创新领域取得又一重要突破，引领全球自贸试验区“绿色低碳生态发展新模式”。

围绕“打造东北亚国际航运枢纽、东部沿海重要创新中心、海洋经济发展示范区”的定位，青岛自贸片区绿色发展指标体系突出四新四化，强调本地贸易、物流、金融与生态的融合发展，包含经济、环境、社会、治理4大维度，设置了绿色贸易、绿色港航物流、绿色产业、绿色创新、绿色金融、绿色环境、绿色资源与能源、绿色建设、绿色生活、绿色智能、绿色交流、绿色机制体制共12类、40个大项。

指标体系突出“绿色”主旋律，制定高水平“双碳”目标。以2027年为时间节点，在指标体系“提前”模式下，片区碳排放强度目标较国家平均水平将降低74%，提前实现“双碳”目标。

（资料来源：https：//baijiahao. baidu. com/s？id = 1703433211135573961&wfr = spider&for = pc）

2. 国际物流的连线

国际物流连线是指连接国内外众多收发货节点间的运输线，如各种海运航线、铁路线、飞机航线以及海、陆、空联合运航线。这些网络连线是库存货物移动（运输）轨迹的物化形式。

国际物流连线实际上也是国际物流流动的路径，主要包括国际远洋航线及海上通道、国际航空线、国际铁路运输线与大陆桥、国际主要输油管道等。

（1）国际远洋航线及海上通道

世界各地水域，在港湾、潮流、风向、水深及地球球面距离等自然条件的限制下，可供船舶航行的一定路径，称为航路。海上运输承运人在许多不同的航路中，根据主客观的条件，为达到最大的经济效益所选定的营运航路被统称为航线。航线的分类如表 3－2 所示。

表 3－2　　航线的分类

分类标准	类型	说明
按照船舶经营方式分	定期航线（又称班轮航线）	使用固定的船舶，以固定的船期，航行固定的航线，靠泊固定的港口，以相对固定的运价经营客货运输的远洋航运事业
	不定期航线	使用不固定的船舶，以不固定的船期，行驶不固定的航线，靠泊不固定的港口，以租船市场的运价，经营大宗、低价货物业务为主的航线
按照航程远近分	远洋航线	使用船舶或其他水运工具跨越大洋的运输航线
	近洋航线	本国各港至临近国家港口间的海上运输航线
	沿海航线	本国沿海各港口间的海上运输路线

国际大洋航线是指贯通一个或数个大洋的航线，它包括太平洋航线、大西洋航线、印度洋航线、北冰洋航线以及通过巴拿马运河或苏伊士运河连接两大洋的航线等，又称远洋航线，如由我国各港出发跨越大洋航行至欧洲、非洲、美洲和大洋洲等地的航线。

（2）国际航空线

国际航空运输不仅可以有效地完成运输，还可以加快货物的周转，缩短存货积压的时间，迅速收回资金，对国际贸易的发展起到了很大的作用。另外，国际航空运输是国际多式联运的重要组成部分。国际航空运输与其他运输方式的配合，使各种运输方式各显其长，相得益彰。

（3）国际铁路运输线与大陆桥

国际货物运输中的主要铁路干线：西伯利亚大铁路、加拿大连接东西两大洋的铁路、美国连接东西两大洋的铁路、中东—欧洲铁路。

大陆桥是指把海与海连接起来的横贯大陆的铁路。大陆桥运输则是利用大陆桥进行国际集装箱海陆联运的一种运输方式。目前广泛使用的大陆桥有西伯利亚大陆桥、新西欧大陆桥和北美大陆桥。

（4）国际主要输油管道

国际主要输油管道是一种长距离输送原油或成品油的管道。输送距离可达数百、数千公里，单管年输油量在数百万吨到数千万吨之间，个别有达 1 亿吨的，管径多在 200 毫米以上，如今最大的为 1220 毫米。其起点与终点分别与油田、炼油厂等其他石油企业相连。世界管道运输网分布很不均匀，主要集中在北美和欧洲，如美国和俄罗斯的管道运输。

相关链接

中俄东线天然气管道中段正式投产运营

中俄东线天然气管道在我国境内北起黑龙江省黑河市，南至上海，途经9个省（自治区、直辖市），全长5111公里，全线分北段（黑龙江黑河—吉林长岭）、中段（吉林长岭—河北永清）、南段（河北永清—上海）三段核准和建设。其中，北段（黑龙江黑河—吉林长岭）已于2019年12月投产通气；南段（河北永清—上海）于2020年7月启动建设。

2020年12月3日，中俄东线天然气管道中段（吉林长岭—河北永清）正式投产运营，意味着京津冀地区可以直接使用俄罗斯的天然气。国家管网集团有关负责人表示，中俄东线天然气管道中段的建成投产有利于改善环渤海地区空气质量，拉动沿线地区经济发展，完善区域能源结构。中俄东线天然气管道中段与已建的东北管网、华北管网、陕京管道系统及大连LNG、唐山LNG、辽河储气库等互联互通，将有效增强京津冀地区天然气供应能力和调峰应急保障能力，提升供气能力2700万立方米/日。来自国家管网集团的数据显示，截至目前，中俄东线天然气管道已安全平稳输送俄罗斯天然气近40亿立方米。全线投产通气后，年最大输气能力可达380亿立方米，惠及沿线4亿人口。

据悉，中俄东线天然气管道是我国首条建设的1422毫米超大口径、12兆帕高压力等级的天然气管道，从建设期到运营期采用数字化、网络化、智能化管理，是我国智能管道的试点工程。

（资料来源：http：//www. cwestc. com/newshtml/2020 - 12 - 5/648167. shtml）

3.3 国际物流信息系统

国际物流信息系统是国际物流系统的重要组成部分，其主要功能是采集、处理和传递国际物流和商流的信息情报。

3.3.1 国际物流信息的特征

国际物流信息是国际物流活动的反映，也是组织、调控国际物流活动的依据。国际物流中的信息流是指信息在供给方与需求方之间的流动与交换过程，在国际物流组织和管理过程中具有独特的重要作用。与国内物流信息相比，国际物流信息具有以下特点。

1. 国际物流信息多而复杂

物流本身的功能要素、系统与外界的沟通已经很复杂，而国际物流又在这一复杂系统上增加了国家和地域差异的要素。国际物流不仅表现为地域和空间的广阔，而且涉及的内外因素更多，物流过程延续的时间更长，其直接后果是信息更加复杂和信息处理难度更大。

2. 国际物流信息有更强的时效性

国际物流流程相对较长，这种连续的过程必须在对多种因素的预测基础上进行。而整个流程涉及不同的国家和地区，不仅受各国政治和经济因素的影响，而且受各种不同的自然因素的影响。相对而言，短时期的政治和经济状况相对确定，容易预测，但具体的物流设施状态、物流环节运作状态和自然因素，尤其对运输有重大影响的天气因素则难以提前预料，它们具有更强的及时性要求。因此，影响物流流程的各种因素的时效性对于物流过程高效运营具有重要的意义。必须根据流程，准确了解运输、存储、配送、搬运及生产、销售的各个环节的及时性信息，才能有效地组织国际物流。

3. 国际物流信息具有明显的动态回馈性

国际物流跨地域作业，其运作环节多而复杂，只有取得各有关国家和地域的各个物流环节之间的协助与配合，才能使整个物流过程顺畅进行，这就需要相关的信息跟踪和反馈。这种信息的跟踪和反馈就形成了动态的信息流。以国际海运为例，在物品的载体——国际货船离港的次日，相应信息便分别向发运国和到货国发出，通知货物发出、提交海运保险申请书和制作运费报告等。当货物运送完毕时，将不同港口的集装箱海运日程及时报告，并预报到港地点、时间和各种服务。如果发生问题，立刻发出警告信息，通过动态跟踪和反馈的信息流，经营者可以随时掌握国际物流的流动状态，及时调整和处理相关的业务。这样，既可以根据事态的变化，及时采取应对和防护措施，将环境和条件变化所造成的损失降低到最低限度，又可以合理配置人力、物力和设备等物流资源，以达到最大限度地降低国际物流总成本，提高经济效益的目的。

4. 国际物流要求信息高度标准化

国际物流运作所面对的物流环境非常复杂，不同国家在物流设施、人员的运作能力、技术水平和宏观物流环境等方面存在着较大的差异。不同国家的生产力和科技发展水平的不同，会造成国际物流处于不同科技条件的支撑下，甚至有些地区根本无法应用某些技术，同时不同国家有不同的物流标准，如技术标准、运作标准、新型系统的运作环境等，这些都会导致各环节间协调困难。此外，不同的语言也会造成对信息的曲解。信息标准化可以保证不同国家和地区人们对同一信息的统一认知和理解，保证国际物流流程中信息的准确传递，从而保证国际物流的正常运行。

相关链接

交通运输部：成立国际物流工作专班，推动国际物流供应链信息系统建设

2020年4月18日，按照党中央、国务院的部署要求，在国务院复工复产机制下，交通运输部会同外交部、工信部、商务部等12个部门成立了国际物流工作专班，全面协调解决国际物流中存在的问题。

专班成立以来，研究制定出台了提高国际货运能力的政策措施，推动解决国际货运机组人员的检验隔离问题，全面做好抗疫物资外援的运输保障工作，着力解决国际邮件的积压问题。交通运输部积极协调中国邮政集团与中远海运集团开展需求对接，合作开展海运邮件的寄递业务，目前中远海运已运送部分海运邮件集装箱，运往日本、新西兰、以色列等国家，下一步，将不断扩展航线，增加运载量。

为全面提升货运能力，交通运输部会同相关部门，从四个方面重点发力。一是增加国际航空货运能力，鼓励航空公司用客运飞机直飞货运运输；二是提高中欧班列运输保障能力，主要是增加班次密度；三是开辟国际快船运输，通过减少挂港、提高航速、缩短运输时间，为解决邮政快件的积压开辟了新的渠道；四是加强运力调配，通过口岸接驳运输等方式，保障国际道路运输正常进行。下一步，交通运输部将及时推动出台相关政策，强化落实，加强与重点部门、重点企业的需求对接和运输保障，推动国际物流供应链信息系统建设。

（资料来源：根据 http：//www. chinaports. com/portlspnews/4447 修改得到）

3.3.2　国际物流信息系统的重要性与作用

国际物流系统是由多个子系统组成的复杂系统，国际物流信息系统是各个子系统之间沟通的关键，在国际物流活动中起着中枢神经的作用。

1. 信息在国际物流中的重要性

信息在国际物流中的重要性主要体现在以下三个方面。

（1）在国际物流中，有关订货状况、产品可靠性、交货计划表以及发票等信息是整个顾客服务的必要因素。与国内物流相似，顾客服务在国际物流中同样起着重要的作用。

（2）在国际物流中，合理利用信息能够有效地降低存货，从而降低库存总成本。利用新的信息制订国际物流货物的需求计划，能够通过减少需求的不确定性来减少库存。

（3）从战略优势出发对物流资源利用问题进行决策时，充足的信息既可以增加决策的灵活性，也可以增强决策的准确性。因此，及时而又准确的信息对国际物流信息系统的构建和完善有着不可估量的重要作用。

2. 国际物流信息及其系统的具体作用

（1）信息具有资源性作用。信息在国际物流系统中是一种重要资源。国际物流活动中存在很多不确定因素，信息的缺失或失真往往会导致预测和决策的不准确，从而给企业带来很大的风险。为减少风险，企业往往会通过增加库存、储备等方式，来保证物流业务的需要，这就增加了经营资金的占用。准确及时的信息能够保证企业根据实际需要调节和控制物流设施设备以及相关的人力，保证按任务要求合理安排和使用资源，从而减少因业务量波动而必须设置的安全库存、储备和设施设备。

（2）信息系统的支持保障作用。国际物流是一个多环节、多层次、多因素的、各子系统相互制约的复杂大系统，没有信息系统对信息进行及时处理和传递，物流活动就无法进行。每一个子系统信息的输入与输出，都是下一个子系统运行的前提和基础，也是整个大系统相互沟通、调节、运转的支持与保障，因此，信息系统的正常运行是国际物流大系统能否有规律运行的关键。

（3）信息系统的反馈与控制作用。信息反馈就是控制系统把信息输送出去又把其作用的结果返送回来，并把调整后的决策指令信息再输出，从而起到控制作用，以达到预期目的。信息反馈的目的在于调节和控制物流过程，防止物流过程的中断和失控。因此，在国际物流大系统中，对信息流的灵敏、正确、及时反馈是非常重要的。它如同人体的中枢神经一样，如果信息反馈作用失灵，则国际物流系统可能会混乱、瘫痪；反之，有了高效灵敏的信息反馈，必然能指挥、协调国际物流系统，使其更加活跃和高效。

3.3.3　国际物流信息管理系统

国际物流信息管理系统是针对国际物流信息的计算机化管理而开发的系统。它能够进行手工操作所无法胜任的、繁乱复杂的国际物流信息的处理工作，能及时、准确地提供管理和决策需要的有关国际物流的各类动态信息资源。因此，国际物流管理信息系统的质量直接影响到国际物流运行的效益。为此，国际物流信息管理系统必须具备以下基本条件。

1. 系统开发周期要短，并具有通用性和可移植性

随着经济全球化的步伐加快，物流产业发展速度也明显加快。物流信息系统的开发必须能够适应这种状态，尽可能地缩短开发周期，这既有利于系统的推广使用，又便于开发商对系统的更新换代，确保信息系统能够与物流业的需求变化相适应。此外，通用性和可移植性，可以为用户的使用提供便利，有助于拓展系统的使用范围。

2. 系统信息覆盖面广，适应性强

管理信息不是数据、资料、报表的简单组合和传递，而是一个经过分析、筛选、加工后的全新的、门类齐全的、具有智能特性的信息网，通过该信息网能及时掌握国际物流系统运行的状态，如物品运行的路径、运送方式、运输数量、品种规格以及销售网点的库存状态和市场需求等，从而进行管理和控制。

3. 系统的信息处理功能要强

国际物流本身的特性决定了信息源量大而复杂，又跨越不同的国家和地区，自然因素和社会因素差异非常大，国际物流市场瞬息万变，物流过程充满了不确定性，容易造成信息的不准确和不完整，这必然增加信息处理的难度，因而要求国际物流信息系统具有更强的信息处理功能。

3.4 国际物流标准化

国际物流活动是改变物品的时间和空间效用的活动，标准化建设是提升国际物流服务质量的重要环节。

3.4.1 国际物流标准化的概念

标准化是对产品、工作、工程、服务等普遍活动规定统一的标准，并且对这个标准进行贯彻实施的过程。标准化的内容，实际上就是经过优选之后的共同规则。在国际上，设在日内瓦的国际标准化组织（ISO）负责协调世界范围内的标准问题。

相关链接

ISO 制定的标准很多，其中 ISO 9000 标准已经成为世界认可的重要国际标准。ISO 9000 系列是 1987 年国际标准化组织制定颁布的国际通用的“质量管理和质量保证”系列标准，它由 5 个标准组成，即 ISO 9000 至 ISO 9004，已被认证使用的有 3 个标准，ISO 9001、ISO 9002、ISO 9003。ISO 9000 是用于选择和使用 ISO 9001、ISO 9002、ISO 9003 各项标准的指南。ISO 9001 是从设计、开发、生产、安装到用户服务的质量保证模式，ISO 9002 是生产、安装和服务的质量保证模式，ISO 9003 是最终检验和试验的质量保证模式。以上三个质量保证标准，可作为质量认证中审核评定企业质量体系的依据。ISO 9004 是有关质量管理和质量体系要素的指南，为非合同环境下企业内部质量管理模式。

对于物流及其相关的流通企业，更适合在充分考虑需要、风险，费用、利益和使用范围的基础上取得初期设计开发阶段的 ISO 9002 认证。首先，ISO 9002 认证的是企业能够达到的质量管理和质量保证的能力。因为它不仅规范了产品质量检验的认定方法，而且能帮助整个生产经营过程、服务等质量保证模式的内容；它不仅是产品质量认证，而且能帮助企业建立健全有效的质量体系。其次，当上游企业多数已取得 ISO 9002 后，必然要求包装、运输、配送等物流活动也达到相应的质量标准和要求。作为供应链中重要环节的物流企业，也应取得 ISO 标准质量体系的认证。最后，物流企业的宗旨是为用户提供优质服务，满足用户要求，而 ISO 9002 系列标准具有系统性、实用性和规范性，能指导用户选购满意的商品，使供方更容易取得需方的信任。

国际物流标准化是指以国际物流为一个大系统，制订系统内部设施、机械装备、专用工具等各个子系统的技术标准；制订系统内各分领域如包装、装卸、运输、仓储等方面的工作标准；以国际物流大系统为出发点，研究各分系统与分领域中技术标准与工作标准的配合性，按照配合性要求，统一整个国际物流系统的标准；研究国际物流系统与其他相关系统的配合性，进一步谋求国际物流大系统的标准统一。

3.4.2　国际物流标准化的作用

随着全球经济一体化进程的加快，标准化工作所涉及的领域越来越广泛，发挥的作用也越来越大，国际物流标准化的作用主要表现在以下几个方面。

1. 国际物流标准化是企业进入国际市场，促进全球贸易的保障

随着全球经济的发展，国际交往和对外贸易对各国经济发展的作用越来越重要，而国际贸易最终要靠国际物流来完成，所以各个国家都很重视本国物流和国际物流的衔接。在本国物流管理发展初期，就力求使本国物流标准和国际物流标准化体系一致。若国际物流标准不统一，不但会加大国际交往技术难度，更重要的是在本来就很高的关税和运费基础上又会增加因标准不统一所造成的效益损失，使外贸成本增加。同时，在运输、包装、装卸、仓储和信息，甚至资金结算等方面均采用国际标准，实现国际物流标准统一化之后，能够打破各国或地区标准不统一造成的技术贸易壁垒，从而加速国际贸易的物流过程。

2. 国际物流标准化是降低物流成本，提高物流效益的有效措施

物流标准化能够为多式联运以及物流与生产、销售等环节的有效衔接提供重要手段，可以使企业获得直接或间接的物流效益。国际物流标准化可以带来运输、装卸搬运的时间节约，中间环节的压缩以及货差货损的减少，仓储货物周转加快和库存降低、仓储时间缩短所带来资金占用减少等，从而达到降低物流成本、提高物流效益的目的。

3. 国际物流标准化是促进世界整体物流管理现代化的重要手段和必要条件

由于经济的不同步发展及其他因素的影响，世界各国物流发展水平并不一致。对美国和欧洲、日本等一些国家与地区，较早开始进行物流理论和实践的探索，物流发展水平相对比较高。可是从世界范围来看，各个国家的物流体系标准化都还是处于初始阶段。在此时推行国际物流标准化，不仅有利于世界各国贸易的发展，而且有利于新的物流技术和物流理念、物流管理方法等在世界各国与各行业的同步推广，同时能够快速推进世界各国整体物流管理现代化水平的提高。

3.4.3 国际物流标准化的方法和具体内容

从世界范围来看，物流体系的标准化，各个国家都还处于初始阶段，在这一阶段，标准化的重点在于通过制定标准规格尺寸来实现全球物流系统的贯通，取得提高物流效率的初步成果。

1. 确定物流的基础模数尺寸

基础模数一旦确定，设备的制造、设施的建设、物流系统中各环节的配合协调、物流系统与其他系统的配合就有依据。目前 ISO 中央秘书处及欧洲各国基本认定 600mm×400mm 为基础模数尺寸。这个尺寸是采取“逆推法”推算出来的，也就是由现在各种输送设备的尺寸，综合推算出来的最佳基础模数尺寸。当然，在确定基础模数尺寸时也考虑到了现在已通行的包装模数和已使用的集装设备，并从行为科学的角度研究了人及社会的影响。从其与人的关系看，基础模数尺寸是适合人体操作的最高限尺寸。

2. 以分割及组合的方法确定系列尺寸

物流模数作为物流系统各环节标准化的核心，是形成系列化的基础。依据物流模数进一步确定有关系列的大小及尺寸，再从中选择全部或部分，确定为定型的生产制造尺寸，这就完成了某一环节的标准系列。由物流模数体系，可以确定各环节系列尺寸。目前，全球物流模数尺寸的标准化正在研究和制定中，但与物流有关的许多设施、设备的标准化大多早已发布，并由专门的专业委员会负责制定新的国际标准。国际标准化组织已建立了与物流有关的技术委员会及技术处，每个技术委员会或技术处都有国际标准化组织指定负责常务工作的秘书处，我国也明确了标准的归口单位。

ISO 对物流标准化工作非常重视，对于物流标准化的重要模数尺寸已大体取得了一致意见。作为物流标准化的基础和物流标准化首先要拟订的数据，几个基础模数尺寸如下：

（1）物流基础模数尺寸：600mm×400mm。

（2）物流模数尺寸（集装基础模数尺寸）：以 1200mm×1000mm 为主，也允许 1200mm×800mm 及 1100mm×1100mm 两种尺寸。

（3）物流基础模数尺寸与集装基础模数尺寸的配合关系。

许多国家都以上述模数尺寸为基准修改本国物流的有关标准，与国际发展趋势相吻合。例如，英国、美国、加拿大、日本等国家都已经放弃国内原来使用的模数尺寸，而改用国际的模数尺寸。日本等一些国家在用 1200mm×1000mm 的模数尺寸系列的同时，还发展了 1100mm × 1100mm 正方形的集装模数尺寸，并已形成本国的物流模数系列。

我国目前也正在积极推动物流标准化工作，并已经制定了一些分系统的标准。其中汽车、叉车、吊车等已全部实现了标准化，包装模数及包装尺寸、联运平托盘也制定了国家标准。参照国际标准，还制定了运输包装部位的标示方法的国家标准。其中，联运平托盘外部尺寸系列规定优先选用两种尺寸，分别为 TP2 – 800mm × 1200mm 和 TP3 – 1000mm × 1200mm；还可选用一种尺寸为 TP1 – 800mm × 1000mm。托盘高度基本尺寸为 100mm 与 70mm 两种。

3. 识别与标志标准技术

（1）传统的识别与标志标准。以货物运输包装为例，包装标志一般分为三类，即识别标志、储运指示标志和危险货物标志。

①识别标志。包括主要标志、批数与件数号码标志、目的地标志、体积重量标志、输出地标志、附加标志和运输号码标志。

②储运指示标志。包括向上标志、防湿防水标志、小心轻放标志、由此起吊标志、由此开启标志、重心点标志、防热标志、防冻标志及其他诸如“切勿用钩”“勿近锅炉”“请勿斜放、倒置”标志等。

③危险货物标志。包括爆炸品标志、氧化剂标志、无毒不燃压缩气体标志、易燃压缩气体标志、易燃物品标志、自燃物品标志、遇水燃烧物品标志、有毒品标志、剧毒品标志、腐蚀性物品标志、放射性物品标志等。

在实际工作中，可以按我国国家标准《危险货物包装标志》《包装储运指示标志》等为依据。如果是涉及进出口的国际海运，可依据国际标准化组织发布的《国际海运危险品标志》识别。

标志必须牢固、明显、醒目、简要、方便阅视和标志正确，以便及时掌握要领或易于发现错误而及时纠正。标志一般由人去识别，往往容易出现识别错误造成处置失当，难以对大量、快速、连续运动中的货物做出准确识别等问题。

（2）自动识别与条码标志。“自动识别 + 条码”是“人工识别 + 标志”的一大进步，这种技术手段识别速度提高几十倍甚至上百倍，使识别的准确率接近 100%，是提高识别效率的重要手段。“自动识别 + 条码”之所以能广泛实施，关键在于条码的标准化，使自动识别的电子数据可以成为共享的数据，这样才能提高效率。与一般的图记标志不同的是，条码数据存储量大，可以将很多物流信息包含在内，这是图记标志所不能比拟的。

条码的主要缺点是缺乏直观性，只能与自动识别系统配套使用，而无法人工识别，因此条形码的提示、警示作用远不如图记的标志。

4. 自动化仓库标准

自动化仓库标准主要有以下几个部分。

（1）名词术语的统一解释。这是自动化仓库的基础标准，统一使用词汇之后，可以避免设计、建造和使用时的混乱。一般而言，主要由以下几部分组成：

①自动化仓库的设施、建筑、设备的统一名称，包括种类、形式、构造、规格、尺寸、性能等。

②自动化仓库内部定位名称，例如，日本工业标准（HSB8940）用以下语言定位：

W 方向：与巷道机运行方向垂直的方向；

L 方向：与巷道机运行方向平行的方向；

排：沿 W 方向货位数量定位；

列：沿 L 方向货位数量定位；

层；沿货架高度方向货位数量定位。

③操作、运行的指令、术语等。

（2）立体自动化仓库设计通用规则，包括通用范围、用语含义解释、货架、堆垛起重机、全自动装置、尺寸、性能计算、表示方法等。

（3）立体自动化仓库安全标准。这部分规定了安全设施、措施、表示符号等。例如，防护棚网标准、作业人员安全规则、操作室安全规则、设备自动停止装置、设备异常时的保险措施、紧急停止装置、禁止入内等表示符号。

（4）立体自动化仓库建设设计标准。与一般建筑设计标准的区别在于，要根据物流器具特点确定模数尺寸，标准还包括面积、高度、层数的确定，建筑安全、防火、防震规定，仓库门、窗尺寸及高度的确定等。

案例

在服装业这种季节性很强的行业中，物流所具有的决定性作用正得到加强。NIKE 公司非常注重其物流系统的建设，跟踪国际先进的物流技术的发展，及时对其系统进行升级。NIKE 的物流系统在 20 世纪 90 年代初期就已经非常先进，近年来更得到了长足的发展，可以说其物流系统是一个国际领先的、高效的货物配送系统。

NIKE 在全球布局物流网络。NIKE 在美国有三个配送中心，其中在孟菲斯有两个。在田纳西州孟菲斯市的 NIKE 配送中心，运行于 1983 年，是当地最大的自有配送中心。作为扩张的一部分，NIKE 建立了三层货架的仓库，并安装了新的自动补货系统，使 NIKE 能够保证在用户发出订单后 48 小时内发出货物。NIKE 公司在亚太地区生产出的产品，通过海运经西海岸送达美国本土，再利用火车经其铁路专用线运到孟菲斯，最后运抵 NIKE 的配送中心。所有的帽子、衬衫等产品都从孟菲斯发送到美国各地。每天都要发送 35 万到 50 万单位的衣物。

除在美国外，NIKE 在欧洲也加强了物流系统建设。NIKE 在欧洲原有 20 多个仓库，分别位于 20 多个国家。这些仓库之间是相互独立的，这使 NIKE 的客户服务无法做到非常细致。另外，各国的仓库只为本国的消费进行准备，也使其供货灵活性大打折扣。经过成本分析，NIKE 决定关闭其所有的仓库，只在比利时的 Meerhout 建造一个配送中心，负责在整个欧洲和中东的配送供给。

另外，由于面临着同样的问题，NIKE 决定巩固其在日本的配送基础，以此来支持国内的市场。公司在选址之后，设计了世界上最先进的设施，建造高密度的配送中心，这样更适合采取先进的配送中心控制系统 ASRS。同时也巩固了韩国的配送中心，以支持其在国内的市场。

（资料来源：https：//www. docin. com/p－1502870024. html）

思考题：

请分析跨国经营企业应如何建立高效的国际物流网络体系？

重要概念

国际物流系统　　节点　　连线　　国际物流信息系统　　标准化

本章小结

本章阐述了国际物流系统的概念、组成要素，介绍了国际物流网络的构成、节点和连线的概念和分类，同时强调了国际物流信息系统的作用以及国际物流系统标准化的方法和具体内容。

复习思考题

一、判断题

1. 国际物流体系与国内物流体系相互独立，互不关联。（　）
2. 信息在国际物流系统中是一种重要资源。（　）
3. 物流网与信息网相互独立，互不关联。（　）
4. 航线按照船舶经营方式区分，有定期航线和不定期航线。（　）
5. 国际物流连线是指连接国内外众多收发货节点间的运输线。（　）

二、单选题

1. （　）子系统是物流的支柱。

A. 包装和检验　　B. 储存和运输

C. 储存和加工　　D. 包装和运输

2. （　）是国际物流活动的反映，也是组织、调控国际物流活动的依据。

A. 国际物流信息　　B. 国际物流运输

C. 国际物流通道　　D. 国际物流港口

3. （　）是现代物流系统的核心要素和第一要素。

A. 劳动者要素　　B. 资金要素　　C. 物的要素　　D. 信息要素

4. （　　）的作用是将商品使用价值进行空间移动。

A. 包装　　B. 储存　　C. 运输　　D. 检验

5. 国家指定的对外往来的门户被称为（　　）。

A. 港口　　B. 保税区　　C. 口岸　　D. 贸易区

三、多选题

1. 信息子系统的主要功能是（　　）国际物流和商流的信息和情报。

A. 生成　　B. 采集　　C. 处理　　D. 传递　　E. 删除

2. 国际物流系统的一般要素主要由（　　）组成。

A. 劳动者　　B. 资金　　C. 物　　D. 信息　　E. 物流设施

3. 国际物流系统的物质基础要素主要包括（　　）。

A. 物流设施　　B. 物流设备　　C. 物流工具

D. 信息技术及网络　　E. 组织及管理

4. 航线按照航程远近可分为（　　）。

A. 远洋航线　　B. 近洋航线　　C. 沿海航线

D. 定期航线　　E. 不定期航线

5. 国际物流网络可以分为（　　）部分。

A. 物流节点　　B. 物流设施　　C. 物流通道

D. 物流工具　　E. 信息网络

四、问答题

1. 什么是国际物流网络？

2. 进行国际物流网络建设时应注意哪些问题？

3. 国际物流节点根据其主要功能分为哪几种类型？

4. 常见的国际物流节点主要有哪些？

5. 信息在国际物流中的重要性主要体现哪几个方面？

五、案例分析

新加坡自由贸易园区是全球公认的国际货物转运枢纽。早在1969年，新加坡首个自由贸易园区即在裕廊港码头设立。截至目前，新加坡共有近10个自由贸易园区、30多个工业区和70多个保税仓库。新加坡自由贸易园区从性质上属于海关的特殊监管区域，功能较为简单，主要以发展转口贸易、提供物流服务为目的。

作为一个自贸港，新加坡的消费税和进口关税相对较少。自由贸易政策是新加坡国际贸易战略的核心，几乎所有的货物可以零关税进入新加坡。当前新加坡的关税税率从0%~4%不等，应税的商品项目仅有酒类、烟草制品、汽车和石油产品，消费税税率为7%，依据货物的价值进行计算。进入新加坡境内的国外货物，有90%以上会再次转运出口。货物可以在同一自由贸易园区内自由运送，海关不多加以干涉。货物在进入新加坡自由贸易园区的储存区时，可以直接凭过境提单办理通关。

有专家指出，新加坡自由贸易园区的建设有两个方面值得借鉴。首先是健全的法治保障。为保障自由贸易园区的有序发展，新加坡制定了《自由贸易园区法》，作为管理自由贸易园区的主要法规，该法详细说明了自由贸易园区的位置和政策，并规定了自由贸易园区的主要监管部门和职责，有助于保障自由贸易园区各项政策的稳定性和投资者的合法权益。其次是管理体制。新加坡自由贸易园区的管理体制主要涉及政府和主管机构两块。政府主要负责招商、规划，主管机构主要负责具体的开发。

（资料来源：http：//newpaper. dahe. cn/hnrb/html/2019－08/16/content_361987. htm）

思考题：

新加坡自贸区对我国自贸区的建设有何启示？

第4章 国际海洋货物运输

学习目标

1. 了解国际海洋货物运输的特点
2. 熟悉船舶吨位、船舶载重线、船级、船籍等内容
3. 熟悉班轮运输的特点
4. 掌握班轮运费的计算
5. 掌握租船运输的特点
6. 掌握滞期费和速遣费的计算
7. 掌握国际海洋货物运输的主要货运单证

导入案例

甲（租船人）、乙（船东）双方经协商达成定程租船合同，合同规定利用乙方的“东方号”货轮将7万吨小麦由A港口运往B港口，并约定装卸费用适用“班轮条件”。“东方号”货轮到达B港口时却发现在该港区的入口处有一座大桥，由于该轮的吊杆过高无法通过该桥，进而无法进入B港口卸货。最后，虽然借助驳船将小麦卸在B港口，但双方对驳船费用的负担问题产生争议。

请思考：该由甲、乙哪一方来承担这笔驳船费用，为什么？

4.1 国际海洋货物运输基础知识

4.1.1 国际海洋货物运输的概念

国际海洋货物运输是指使用船舶通过海上航道在不同的国家和地区的港口之间运送货物的一种运输方式。它是国际物流中最主要的运输方式。

海洋货物运输是一种历史悠久的国际贸易运输方式。在我们生存的地球上，海洋面积占地球表面积的70%以上，这种自然地理条件决定了海洋货物运输具有得天独厚

的优势，其在国际贸易中占有非常重要的地位。目前全球国际贸易中实体商品运输量的三分之二以上是通过海洋运输实现的，尤其是我国，90% 以上的进出口贸易都是通过海洋运输来完成的。

4.1.2 国际海洋货物运输的特点

1. 运输量大，通过能力强

随着科学技术的进步和造船业的发展，海洋运输船舶逐渐向着专业化和大型化方向发展，目前已有载重量达 40 万吨的散货船（如矿砂船“ORE TIAN－JIN”号），巨型油轮的满载排水量已达到 50 万吨（如 TI 超级油轮），巨型集装箱船的载箱能力已达 10000TEU。另外，海洋运输利用天然航道，能够四通八达，不像火车、汽车要受轨道和道路的限制，且有些航道很深，通过能力很强。

2. 运输成本低

海洋运输主要利用天然水域和航道，除了在港口建设和船舶的购置方面需要一定的投资外，在水域和航道建设上几乎不需要投资。加之海洋运输是能源效率最高的运输方式，运载量大、运输距离远体现出规模经济和距离经济等原因，使海洋运输成为各种运输方式中运输成本最低的运输方式。据统计，海洋运输的单位成本一般约为铁路运输的五分之一，公路运输的十分之一，航空运输的三十分之一，这就为大宗低价值货物的运输提供了有利的竞争条件。

3. 海洋运输的适货性强

从事海洋货物运输的船舶能够适应固体、液体和气体等多种货物运输的需要。各种专业化运输船舶如油轮、液化气船和集装箱船等的出现为国际贸易货物采用海运的方式提供了条件。同时，海运船舶的货舱容积大，可装载体积大、份量重的货物，对于超长、超大、超重货物的运输也有很强的适应性。

4. 海洋运输的风险较大

一是容易受天气气候等因素的影响，海洋运输受自然条件尤其是季节、气候条件的影响较大，船舶长时间在远离大陆的海洋上航行，海洋环境复杂，气象多变，随时都有可能遇上狂风、巨浪、暴雨、雷电、海啸等人力难以抗衡的海洋自然灾害，遇险的可能性比陆地要大。

二是国际海洋货物运输还会受到港口装卸质量的影响，以及航行沿途政治局势的影响，这些都会导致国际海洋货物运输的外来风险加大。

5. 海洋运输速度慢

由于船舶体积大，受水流的影响大，航行的速度慢，常规货轮的航行速度在 15～20

节（28 ~ 37 公里/小时）之间。加之海洋运输普遍运输距离较长，运输过程中装卸、转船作业时间长，所以海洋运输的速度较慢。

4.1.3 海洋货物运输基本要素

1. 港口

港口是国际海洋运输的一个重要环节。船舶货物的装卸、补给、修理工作和船员的休整等都要在港口进行。因此，可以说港口是海洋运输工作的关键所在。

（1）概念

港口是指具有船舶进出、停泊、靠泊，旅客上下、货物装卸、驳运、储存等功能，具有相应的码头设施，由一定范围的水域和陆域组成的区域。

（2）组成

港口有港口水域、港口陆域和港口设备组成。

①港口水域。

港口水域是指供船舶进出港，以及在港内运转、锚泊和装卸作业使用的水域。因此要求港口水域要有足够的水深和面积，水面基本平静，流速和缓，以便船舶的安全操作。

港口水域通常包括进港航道、锚泊地和港池。

进港航道要保证船舶安全方便地进出港口，一般要求进港航道要有足够的深度和宽度、适当的位置、方向和弯道曲率半径，避免强烈的横风、横流和严重淤积，尽量降低航道的开辟和维护费用。

锚泊地是指有天然掩护或人工掩护条件能抵御强风浪的水域，船舶可在此锚泊、接受边防检查、卫生检疫等手续，引水员也在这里上下（海港）；有时也供编组、解体大型船队之用（河港）。

港池是指直接和港口陆域毗连，供船舶靠离码头、临时停泊和调头的水域。

②港口陆域。

港口陆域是指供旅客上下船，以及货物的装卸、堆存和转运使用的陆上区域。

港口陆域包括进港陆上通道、码头前方装卸作业区和港口后方区。

进港陆上通道，如铁路、公路、运输管道等。

码头前方装卸作业区供分配货物，布置码头前沿铁路、道路、装卸机械设备和快速周转货物的仓库或堆场（前方库场）及候船大厅等之用。

港口后方区供布置港内铁路、道路、货物堆存时间较长的仓库或堆场（后方库场）、港口附属设施（车库、停车场、机具修理车间、工具房、变电站、消防站等）以及行政、服务房屋等。

③港口设备。

港口设备主要包括装卸机械设备、供电照明设备、通讯设备、给水排水设备、防火设备等。

相关链接

上海洋山深水港

上海洋山深水港位于杭州湾口外的崎岖列岛，行政区划属于浙江省舟山市的嵊泗县，但业务上属于上海港港区。洋山港西北距上海市南汇芦潮港约32公里，南距宁波北仑港约90公里，距国际航线仅84公里，是难得的深水良港，目前已成为上海国际航运中心的新坐标。

洋山港于2005年12月10日开港，包括东、西、南、北四个港区，港区总面积超过25平方公里。得益于洋山深水港的规划、建设和多年发展，国际班轮航线遍及全球各主要航区，目前已成为全球规模最大、自动化程度最高的集装箱码头。2020年，洋山港集装箱吞吐量达到2020多万标箱，位居上海港第一，助力上海港连续11年集装箱吞吐量领跑全球。

（资料来源：https：//baike. baidu. com/）

2. 船舶

（1）概念

船舶是能航行或停泊于水域进行运输或作业的交通工具，按不同的使用要求而具有不同的技术性能、装备和结构型式。

（2）船舶吨位

船舶吨位是表示船舶大小和运输能力的标识，分为重量吨位和容积吨位两大类。

①重量吨位。

船舶的重量吨位是表示船舶重量的计量单位，包括排水量吨位和载重量吨位两种。

排水量吨位是船舶在水中所排开水的吨数。根据船舶装载状态的不同，排水量吨位可分为空船排水量、满载排水量和实际排水量三种。

空船排水量又称轻排水量，是船舶在空载时的排水量，包括船舶自身、船员和必要的给养物品的重量，是船舶最小限度的重量。

满载排水量又称重排水量，是船舶在装货和载客后吃水达到最高载重线时的重量，是船舶最大限度的重量。

实际排水量，是船舶各个航次装货、载客后的排水量。

载重量吨位是表示船舶在营运中能够使用的载重能力。载重量吨位可分为总载重吨和净载重吨。

总载重吨是指船舶根据载重线标记规定所能装载的最大限度的重量，是船舶所载运的货物、船上所需的淡水、燃料和其他储备物品重量的总和。

净载重吨是指船舶所能装载货物的最大限度的重量，即从船舶总载重吨中减去船船所需储备的燃料、淡水和其他储备品的重量所得的差数。

②容积吨位。

船舶的容积吨位又称注册吨位，是表示船舶容积的单位，反映船舶的规模大小。这种吨位是各海运国家为船舶注册而规定的一种以“吨”为单位的计算和丈量方法，以100立方英尺或2.83立方米为1容积吨（或1注册吨）。

容积吨位分为容积总吨和容积净吨两种。

容积总吨，又称注册总吨，是指船舱内及甲板上所有关闭的场所的内部空间（或体积）的总和，是以100立方英尺或2.83立方米的一吨折合所得的商数。容积总吨的用途很广，它可以用于国家对商船队的统计；表明船舶的大小；用于船舶登记；用于政府确定对航运业的补贴或造船津贴；用于计算保险费用、造船费用以及船舶的赔偿等。

容积净吨，又称注册净吨，是指从容积总吨中扣除那些不供营业用的空间后所剩余的吨位，也就是船舶可以用来装载货物的容积折合成的吨数。容积净吨主要用于船舶的报关；作为船舶向港口交纳的各种税收和费用的依据；作为船舶通过运河时交纳运河费的依据。

（3）船舶载重线

①概念。

船舶载重线是指船舶满载时的最大吃水线，以载重线标志的形式绘制在船舶左右两侧船舷中央，指明船舶入水部分的限度。船级社或船舶检验机构根据船舶的用材、结构、船型、适航性、抗沉性，以及船舶航行的区域与季节变化等因素制定船舶载重线标志。此举是为了保障航行的船舶、船上承载的财产和人身安全，且已得到各国政府的认同，并用法律加以约束。

②船舶载重线标志的组成。

船舶载重线标志包括甲板线、载重线圈和各条载重线。船舶载重线标志如图4－1所示。

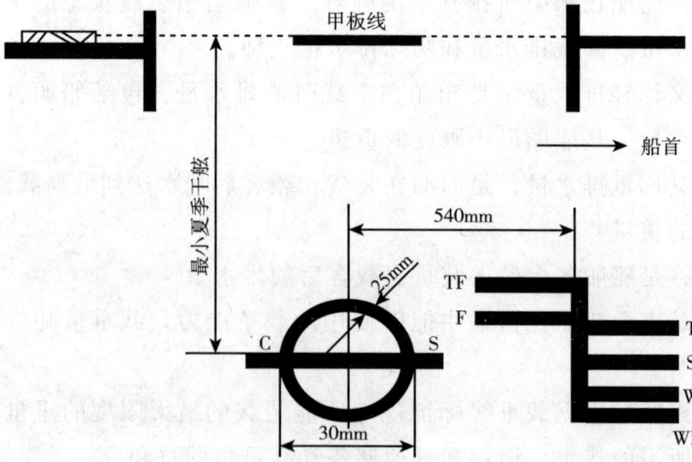

图4－1 船舶载重线标志

③各条载重线的含义。

S（Summer Load Line）表示夏季海水载重线，即船舶在夏季航行时，总载重量不得超过此线。

W（Winter Load Line）表示冬季海水载重线，即船舶在冬季航行时，总载重量不得超过此线。

T（Tropical Load Line）表示热带海水载重线，即船舶在热带地区航行时，总载重量不得超过此线。

F（Fresh Water Load Line）表示淡水载重线，即船舶在淡水中行驶时，总载重量不得超过此线。

TF（Tropical Fresh Water Load Line）表示热带淡水载重线，即船舶航行于热带地区淡水中总载重量不得超过此线。

WNA（Winter North Atlantic Load Line）表示北大西洋冬季载重线，指船长为100.5 米以下的船舶，在冬季月份航行经过北大西洋（北纬 36 度以北）时，总载重量不得超过此线。

（4）船级

船级是表示船舶技术状况的一种指标。在国际航运界，凡是注册总吨在 100 吨以上的海运船舶，在其建造完毕后，由船级社或船舶检验机构对船体、船上机器设备、吃水标志等项目和性能进行鉴定，鉴定合格，该船即在该船级社或船舶检验机构入级，颁发船舶入级证书。证书有效期一般为 5 年，期满后需重新予以鉴定。

船舶入级可保证船舶航行安全，有利于国家对船舶进行技术监督，便于租船人和托运人选择适当的船只，以满足货物运输的需要，以及便于为保险公司决定船只、货物的保险费率提供参考依据。

（5）船籍和船旗

船籍是指船舶的国籍。船籍是由船舶所有人向本国或外国的船舶管理部门办理所有权登记，在取得本国或登记国国籍证书后取得的。

船旗是指商船在航行中悬挂的其所属国的国旗。船旗是船舶国籍的标志。

按国际法规定，商船是船旗国浮动的领土，因此船舶无论是在公海还是在其他国海域中航行，均需悬挂船籍国国旗。船舶有义务遵守船籍国法律的规定，并受船籍国法律的保护。任何一艘船舶，建造之后或者被购买之后，船舶所有人必须向一个国家的政府主管机关进行登记注册，取得登记国的国籍，悬挂登记国的国旗，并以登记国的某一个港口作为船籍港，由船舶登记国家主管机关颁发船舶登记证书。船舶只有注册登记，取得登记证书，才具有合法性。

相关链接

船舶的登记方式

船舶的登记主要有两种方式：一种是在本国进行登记，如中国的船舶所有人在中国境内进行登记，悬挂中国国旗，注册港口一般为船公司所在地，中国船舶登记的政府主管机关是中华人民共和国海事局。

还有一种登记方式是船舶所有人不在本国境内登记，而是将船舶在境外某一国家进行登记注册，悬挂登记注册国的国旗，受登记注册国的相关法律制约，向登记注册国政府交纳营业税。这样登记的船舶在国际上有个专用名称，称为权宜船，也称为方便旗船。这样登记的船舶一般出于两种目的：一是船舶所有人为了规避本国较高的税率，因为接受这样船舶登记的国家，一般征收的税率较低；二是船舶所有人为了某些政治上的原因，例如，由于某些政治上的原因，悬挂本国国旗不能去的国家和地区，换成另一个国家的国旗就可以去。

此外，某些国家规定，本国的船舶不准雇用其他国家的船员，但在本国以外的国家进行注册登记的船舶，就可以雇用本国以外的船员，支付较低的工资，从而降低运营成本、增强船舶的竞争能力。

公开允许外国船舶在本国登记的国家和地区主要有利比里亚、塞浦路斯、巴拿马、新加坡、巴哈马、百慕大等。对于这些接受登记的国家和地区来说，通过这种登记收取登记费用，可以为本国（地区）增加外汇收入。所以直到现在，方便旗船仍然十分盛行。

（资料来源：https：//baike. baidu. com/）

（6）船舶主要文件

船舶文件是证明船舶所有权、性能、技术状况和营运必备条件的各种文件的总称。船舶只有通过法律登记和技术鉴定并取得各类有关的文件证书后，才能参加运营。在国际上航行的船舶需要具备的船舶文件证书主要有：船舶国籍证书、船舶所有权证书、船舶入级证书、船舶吨位证书、船舶载重线证书、船舶最低安全配员证书、船员名册、航行日志、轮机日志、卫生日志、无线电日志和船舶电台执照等。

（7）船舶的分类

船舶分类方法很多，可按用途、航行状态、船体数目、推进动力等分类。

在这里，我们主要按照海洋运输船舶的用途不同对其进行分类：

①杂货船。杂货船，又称普通货船，是最早出现的，也是目前最基本的一种货船，主要装载一般包装、袋装、箱装和桶装等普通货物。杂货船的优点是对货物种类与码头条件的适应性强，缺点是装卸效率不高。

②散货船。散货船是用以装载无包装的、散装大宗货物的船舶。散货如煤、矿砂、

谷物、盐等。与杂货船不同的是，散货船运输的货物品种相对单一、装载量大，其单船最大载重量已达到 40 万吨。

③集装箱船。集装箱船是指以装运集装箱货物为主，用来专门装运规格统一的标准货箱的船舶。

④冷藏船。冷藏船是专门用于装载冷冻易腐货物或处于某种低温条件下的货物的船舶。货物如鱼、肉、水果、蔬菜等。船上设有冷藏系统，能调节多种温度以适应各舱货物对不同温度的需要。

⑤油轮。油轮主要装运液态石油类货物。为取得较大的经济效益，第二次世界大战以后油轮的载重吨位不断增加，目前世界上最大的油轮载重吨位已达到 50 万吨。

⑥滚装船。滚装船主要用来运送汽车和集装箱。这种船本身无需装卸设备，一般在船侧或船的首、尾有开口斜坡连接码头，装卸货物时，或者是汽车，或者是集装箱（装在拖车上的）直接开进或开出船舱。这种船的优点是不依赖码头上的装卸设备，装卸速度快，可加速船舶周转。

⑦液化天然气船。液化天然气船专门用来装运经过液化的天然气。

⑧木材船。木材船是专门用以装载木材或原木的船舶。这种船舱口大，舱内没有梁柱及其他妨碍装卸的设备。船舱及甲板上均可装载木材。

3. 航线

（1）概念

海运航线是指船舶在两个或多个港口之间，从事海上旅客和货物运输的线路。

海运航线是连接国际物流各要素的纽带，是船舶运行或行进所循的轨迹，在海运空间系统中起着承上启下作用。海洋运输的航线分布于各大洋之间，这也是海洋运输较其他运输方式的优势所在。

（2）影响海运航线形成的因素

航线的形成主要取决于以下几个方面的因素：

①安全因素。安全因素是指船舶航行的路线须考虑到自然界的种种现象，如风向、波浪、潮汐、水流、暗礁及流冰等。因为上述种种现象会影响到船舶航行的安全。

②货运因素。货运因素是指航线沿途货运量的多寡。货运量多，航行的船舶多，则必定是繁忙的航线。

③港口因素。港口因素是指船舶途经和停靠的港口水深是否适宜，气候是否良好，航道是否宽阔，有无较好的存储装卸设备，内陆交通条件是否便利，港口使用费是否低廉，以及燃料供应是否充足。

④技术因素。技术因素是指船舶航行时从技术上考虑选择最经济且快速的航线航行。

除上述因素外，国际政治形势的变化，有关国家的经济政策、航运政策等也会对航线的选择和形成产生一定的影响。航线选择的好坏，直接关系到航运业的经济效益，因此，航运公司都十分重视航线的选择。

（3）海运航线的类型

海上运输的路线同其他各种运输方式相比，具有投资少、天然形成的特点，同时也更多地受到自然条件的影响和制约，这种影响和制约明显地表现在航线分类上。根据不同的分类标准可以将海上运输路线分为不同的类型。

①根据行径水域，可分为远洋航线、近洋航线、沿海航线和环球航线。

远洋航线又称为大洋航线，是指国与国之间或地区间经过一个或数个大洋的国际海上运输，如中国至美国、欧洲一些国家的海上运输，统称远洋运输航线。

近洋航线是指一国各海港至邻近国家海港间的海上运输航线，如中国至日本、韩国各港口的海上运输航线。

沿海航线是指一国沿海区域各港口间的运输线，如上海港至大连港的海上运输线。

环球航线是指将太平洋、大西洋和印度洋连接起来进行航行的航线。

②根据航线有效时间，可分为季节性航线、常年航线。

季节性航线是指随季节的改变而改变的航线。随着季节的变化，洋流的方向、流量，风的方向、风力也会随之发生变化。为了借助风力和洋流，节省运力，加快速度，船舶通常在不同的季节走不同的航线。

常年航线是指不随季节的改变而改变的航线。

③根据运力、运程和运量，可分为主干航线、分支航线。

主干航线，又称干线，是连接枢纽港口或中心港口的海上航线，主要指的是世界主要的集装箱班轮航线。这类航线连接世界各集装箱枢纽港口，航行大型集装箱船舶。如全球集装箱班轮的主干航线有：远东/北美、远东/欧洲、欧洲/北美航线，世界主要集装箱枢纽港大多坐落在这 3 条航线上。

分支航线，又称支线，是连接分流港口或称交流港口的海上航线，这是为主干航线提供服务的海上运输线。支线上运行的船舶多为小型船舶，连接的港口多为地方枢纽港或分流港口。

④根据组织形式，可分为直达航线、中转航线。

直达航线是指在水运范围内，船舶从起运港（始发港）到终点港，不在中途挂靠港口、装卸货物或增减驳船的运输航线。直达航线具有运输速度快、船舶周转快、节省费用等优点，但它要求在两港口之间有较稳定的货流。这类航线在班轮运输中多为主干航线。

中转航线是指在水运范围内，船舶从始发港至终点港，在中途挂靠港口、装卸货物或使用驳船的运输航线。

⑤根据发船时间，可分为定期航线、不定期航线。

定期航线是指在水运范围内，船舶定线、定点、定期的航线。这类航线现在多为集装箱班轮航线，通常是指定时间、定航线、定船舶、定货种、定港口的“五定”航线。在设定航线特别是班轮干线航线时，不仅要考虑到货物的情况、航线情况等，还要考虑到港口的综合条件，包括自然条件、腹地状况、装卸能力、仓储能力、装卸效率等一系列因素。

不定期航线是指追随货源，依据船舶所有人和承租人双方签订的租船合同安排船舶航行的航线，如谷物、石油、矿石、煤炭、木材、砂糖、化肥、磷矿石等大宗货物的运输。

相关链接

全球主要海运航线

1. 太平洋航线

(1) 远东—北美西海岸航线

该航线包括从中国、朝鲜、韩国、日本、俄罗斯远东海港到加拿大、美国、墨西哥等北美西海岸各港的贸易运输线。

(2) 远东—加勒比、北美东海岸航线

该航线经夏威夷群岛至巴拿马运河后到达。

(3) 远东—南美西海岸航线

从我国北方沿海各港出发的船只多经琉球、威克岛、夏威夷群岛穿越赤道进入南太平洋，至南美西海岸各港。

(4) 远东—东南亚航线

该航线是中国、朝鲜、韩国、日本货船去东南亚各港，以及经马六甲海峡去印度洋、大西洋沿岸各港的主要航线。

此外，还有远东—澳大利亚、新西兰航线，澳新—北美东西海岸航线等。

2. 大西洋航线

(1) 西北欧—北美东海岸航线

该航线是西欧、北美两个世界工业最发达地区之间的原燃料和产品交换的运输线，两岸拥有世界的重要港口，运输极为繁忙，船舶大多走偏北大圆航线。

(2) 西北欧、北美东海岸—加勒比航线

西北欧—加勒比航线多半出英吉利海峡后横渡北大西洋。

(3) 西北欧、北美东海岸—地中海、苏伊士运河—亚太航线

此航线是北美、西北欧与亚太海湾地区间贸易往来的捷径。

(4) 南美东海—好望角—远东航线

此航线是一条以石油、矿石为主的运输线。该航线处在西风漂流海域，风浪较大。

此外，还有西北欧、地中海—南美东海岸航线，西北欧、北美东海—好望角、远东航线。

3. 印度洋航线

印度洋航线以石油运输线为主，此外有不少是大宗货物的运输。

(1) 波斯湾—好望角—西欧、北美航线

该航线主要航行超级油轮，是世界上最主要的海上石油运输线。

(2) 波斯湾—东南亚—日本航线

该航线东经马六甲海峡（20万吨以下船舶可行）或龙目、望加锡海峡（20万载重吨以上超级油轮可行）至日本。

(3) 波斯湾—苏伊士运河—地中海—西欧、北美运输线

该航线目前可通行载重量达30万吨级的油轮。

（资料来源：https：//www. sohu. com/a/239610273_99920745）

4.2 班轮运输

为了适应不同货物和不同贸易合同对运输的不同要求，同时也为了使船公司合理利用船舶运力，获得更好的经济效益，对船舶运输采取了不同的经营方式。当前国际航运中，国际海洋货物运输的营运方式主要有两种：班轮运输和租船运输。

4.2.1 班轮运输的概念

班轮运输，又称定期船运输，是指船公司将船舶按事先制定的船期表，在特定海上航线的若干个固定挂靠的港口之间，定期为非特定的众多货主提供货物运输服务，并按事先公布的费率或协议费率收取运费的一种船舶经营方式。

班轮运输适合于货流稳定、货物种类多、批量相对小的杂货运输和集装箱运输。

4.2.2 班轮运输的特点

1. 班轮运输具有“四固定”的特点

船舶按照固定的船期表，沿着固定航线和固定的挂靠港口来往运输，并且按照相对固定的运费率收取运费。这是班轮运输的最基本特征。由于运输时间上有保证且运价固定，为贸易双方洽谈价格和装运条件提供了方便，有利于国际贸易的开展。

2. 无需签订运输合同

班轮运输有时也称提单运输，之所以称为提单运输，是因为在承运人和托运人之间仅用班轮公司签发的订有承运人与托运人双方权利和义务条款的提单，而不是双方签订的运输合同，来处理运输中发生的纠纷和问题。提单条款中会明确规定发货人、收货人必须按照船期提交和接受货物，否则应赔偿承运人因此造成的损失。

3. 指定交接货地点

在杂货班轮运输中，除非订有协议可允许托运人在船边交货和收货人在船边提货

外，通常承运人是在装货港指定的码头或仓库接收货物，并在卸货港指定的码头或仓库向收货人交付货物；在集装箱班轮运输中，通常承运人是在装货港指定的集装箱堆场接收货物，并在卸货港指定的集装箱堆场交付货物。即班轮运输会指定交接货地点。

4. 船方负担装卸费、理舱费

班轮运输是根据班轮运价表向货方收取班轮运费的，班轮运费不仅包括货物从启运港至目的港的海上运输费用，还包括货物在启运港的装船费用、目的港的卸船费用以及理舱费用。因此，货物在港口有关装卸和理舱的费用应由船方负责，不能再另行向货方计收。

5. 不计算滞期费和速遣费

班轮公司与货主之间不规定装卸时间，也不计算滞期费和速遣费。在堆场或货运站交接货物的情况下，会约定交接时间，而不规定装卸船时间；在船边交货或提取货物时，也仅约定托运人或收货人需按照船舶的装卸速度交货或提取货物。

6. 承托双方的权利义务以班轮提单为依据

班轮公司与货主双方的权利义务和责任豁免以班轮公司签发的提单为依据，并受统一的国际公约的制约。

4.2.3　班轮运费

1. 班轮运价

（1）概念

班轮运价是指经营班轮的承运人为运输货物向托运人收取运费而规定的单位货物的运输价格和计算规则，是计算运费的单价或费率。

（2）班轮运价的分类

根据费率结构，班轮运价可分为：

①等级费率运价：是将全部货物按价值的高低分为若干等级，并根据不同的航线分别为每一个等级的货物制定一个基本费率。

等级运价表一般有 20 个等级，等级越高则运价越高。

②单项费率运价：又称商品费率运价，它是对各种不同的货物在不同的航线上分别制定的一个基本费率。

实际业务中，采用等级费率运价的居多。

（3）运价表

运价表也称费率本或运价本，是船公司承运货物向托运人收取运费的费率表的汇总。

班轮运价表是承运人与托运人之间收取和支付运费的依据。不同的班轮公司或不同的船公司有不同的运价表，但它都是按照各种商品的不同的性质、不同积载系数、不同的价值结合不同的航线加以确定的。

班轮运价表一般包括以下内容：

①说明及有关规定。主要是该运价表的适用范围、计价货币、计价单位及其他的有关规定。

②港口规定及条款。主要是将一些国家或地区的港口的规定列入运价表内。

③货物分级表。列明各种货物所属的运价等级和计费标准。

④航线费率表。列明不同的航线及不同等级货物的基本运费率。

⑤附加费率表。列明各种附加费及其计收的标准。

⑥冷藏货费率表及活牲畜费率表。列明各种冷藏货物和活牲畜的计费标准及费率。

（4）班轮运价的主要特点

①班轮运价水平较高。导致班轮运价水平较高的原因主要有：一是从事班轮运输的船舶性能较好、船龄较低、船速较高，即从事班轮运输的船舶投资较大、折旧较小；二是不管舱位是否满载都要按照船期表定期开航，船舶吨税、引航费、拖轮费、系解缆费等费用不会因船舶没有满载而减少，这样就增加了营运费用；三是班轮公司为了开展揽货业务，保证装载率，要在各挂靠港口委托代理机构进行揽货，增加了营运费用。由此，就使班轮运输的单位成本较高，只有运价较高才能持续运营并取得合理利润。

②班轮运价在一定时期内相对固定。班轮运输服务的客户一般不是特定的客户，而是众多货主。因此，无论班期、航线、挂靠港口、运价等都是以货物的普遍运输需求为依据制定的，如果经常变动，会让托运人对运价没有一个稳定的预期，将导致货源流失。因此，班轮运价在一定时期内通常会保持相对固定。

③班轮运价的制定以运输成本和负担能力相结合为原则。班轮运输不但要考虑运输成本，还要考虑货物对运价的承受能力，若只按照成本或负担能力单独定价都有失合理，所以在运输成本基础上，再按货物的不同价值来确定不同的运价。

④班轮运价历史上曾经是一种垄断价格。很长一段时期内，班轮运输都是由班轮公会所控制。班轮公会通常都有统一运价。目前，班轮公会的实力已大大被削弱。

2. 班轮运费

（1）概念

班轮运费是承运人为承运货物而收取的报酬，是按照班轮运价表规定计算的，包括基本运费和各种附加费。

（2）班轮运费的构成

班轮运费由基本运费和附加费两部分组成。

第一，基本运费。

基本运费是指班轮公司为一般货物在航线上各基本港口间进行运输所规定的运费。

基本运费的确定主要反映了成本定价原则，如船舶的折旧或租金、正常的燃油费用、船员工资、管理费用等常规成本都是通过基本运费的收取得以补偿的。

基本运费是根据基本运价和计费标准计算得出的。

第二，附加费。

附加费是在收取基本运费的基础上，对一些需要特殊处理的货物，或者由于突然事件的发生或客观情况的变化等原因而需要另外加收的费用。

附加费是为了保持在一定时期内基本运费的稳定，又能正确反映出各种货物的航运成本，班轮公司在基本运费之外，为了弥补损失额外加收的费用。

附加费包含以下几种：

①超重附加费。超重附加费是指单件货物的重量超过了一定的标准，需要特殊设备（如重型吊机）或者特殊操作（如需要垫料、加固材料和人工进行捆绑或加固），装卸作业比较困难，或在船舶积载上需要特殊处理，为了弥补增加的操作成本而收取的一个附加费。

超重附加费按照重量计收，超重越大，附加费越高，如果要转船，则每转船一次，加收一次。

②超长附加费。超长附加费是指单件货物的长度超过了一定的标准，需要特殊设备或者特殊操作，装卸作业比较困难，或在船舶积载上需要特殊处理，为了弥补增加的操作成本而收取的一个附加费。

不同船公司或货运代理公司所规定的标准可能不一样，件杂货一般为超过 9 米就算超长，如果是集装箱货物一般规定大于 6 米就算超长，费率根据长度分级递增。

③直航附加费。班轮公司对于其经营的航线上设备条件好、货源多且稳定的港口，一般都在运价表中规定船舶定期挂靠。这种运价表所规定的船舶定期挂靠的港口，称为基本港，如上海、香港、新加坡、鹿特丹、纽约等有相对规模的港口。而基本港以外的港口称为非基本港。

对于运往非基本港口的货物，当运输的货量达到一定的标准时，船方可以安排直航卸货，这种情况下会增加一些费用，船方为此加收的费用，称为直航附加费。

④转船附加费。对于运往非基本港口的货物，需要在中途某个港口换装到另一艘船舶转运至目的港，船公司必须在转船港口办理换装和转船手续，由于上述作业所增加的费用，称为转船附加费。

⑤港口附加费。船方由于有些港口费用高或由于港口设备差、装卸效率低，使船舶滞留在港时间长，导致成本增加而向货方加收一定的费用，这种费用称为港口附加费。

⑥选港附加费。由于买卖双方贸易上的原因，有些货物在办理托运时尚不能确定具体的卸货港，需要在预先选定的两个或两个以上的卸货港中进行选择，会给船方配装配载带来困难，船方为此而加收的费用称为选港附加费。

一般船方会要求，所选港口限定为该航次规定的挂靠港，并按所选港口中收费最高者计收选港附加费。而且货主必须在船舶抵达第一选卸港口前（一般规定为 24 小时或 48 小时）通知船方最后确定的卸货港。

⑦燃油附加费。由于国际市场原油价格上涨，使船公司船用燃料价格大大超过了核定成本中燃油费的比例。为了弥补此项额外开支，船公司向货方征收一定金额或为基本运费一定百分比的费用，这种费用称为燃油附加费。

⑧货币贬值附加费。当运费的计收货币发生明显贬值时，船公司会因为货币贬值而受到较大损失。船东为了弥补损失，就会通过加收货币贬值附加费的方式把损失转嫁给托运人或货主。

⑨港口拥挤附加费。港口拥挤或特别繁忙时，船舶的等待时间和船期就会延长、拖轮费等靠港费用也可能增加，这会造成运输成本大幅增加，船公司为了弥补这个成本损失，就会向托运人收取港口拥挤附加费。

除上述各种附加费外，船公司有时还根据各种不同情况临时决定增收某种费用，如绕航附加费、旺季附加费、苏伊士运河附加费、洗舱费、熏舱费、破冰费等。

各种附加费是对基本运费的调节和补充，可灵活地对各种外界不测因素的变化做出反应，是班轮运费的重要组成部分。

值得注意的是，有些附加费，如港口拥挤附加费，占运费的比例很大，与基本运费相比，少则是基本运费的百分之十，多则达百分之百，甚至两倍以上。因此，在计算运费时，不可忽视对附加费的计算。

附加费的计收方法主要有两种：第一种是以基本运费率（基本运价）的一定百分比的方式来计收，例如，每运费吨按基本运价的 15% 加收港口拥挤附加费；第二种是以附加费额的形式计收，例如，每运费吨以 7 美元的价格加收苏伊士运河附加费。

（3）班轮运费的计算标准及其符号

①按货物的毛重计收运费，在运价表中用字母“W”表示。

②按货物的体积（或尺码吨）计收运费，在运价表中用“M”表示。

③按货物的毛重或体积计收运费，计收运费时取两者数值较高者作为计算依据，在班轮运价表中用“W/M”表示。

如果采用重量作为计费标准的话，计费重量指的是货物的毛重，即包括包装在内的重量。如果采用体积作为计费标准的话，计费体积指的是该货物外形（包装）尺寸的最长×最宽×最高得出的数值。即：计费体积（m^3）=外形尺寸的最长×最宽×最高。

在这种计费标准下，规定 1 运费吨 = 1 吨 = 1m^3，计费重量就是比较两个数值的大小。

即：计费重量 = max {毛重数值，计费体积数值}。

例题

在件杂货班轮运输中，一件货物，毛重 2 吨，外形尺寸的长、宽、高分别是 1.5

米、1.5米、1米，那么按照W/M这种计费标准，其计费重量是多少运费吨？

解：计费毛重 = 2吨 = 2运费吨

计费体积 = $1.5\times1.5\times1=2.25m^3$ = 2.25运费吨

计费重量 = max {2, 2.25} = 2.25运费吨

④按货物的价格计收运费，在运价表中用“Ad. Val”或“A. V”表示。

由于运费是根据货物的价格确定的，因此又称为从价运费。这种计费标准一般是按照商品的FOB价的一定百分比来计收运费的，适用于高价值的货物。

⑤按货物重量或体积或价值三者中最高的一种计收运费，在班轮运价表中用“W/M or Ad. Val”。

⑥按货物的件数计收运费，在运价表中用“per unit”表示。一般只对包装固定、包装内的数量、重量、体积也是固定不变的货物，才按每箱、每捆或每件等特定的运费计收。

⑦大宗低值货物按议价计收运费，在运价表中以“Open”表示，如粮食、豆类、煤炭、矿砂等。大宗货物在班轮运价表内一般不被规定具体费率，在订舱时，由托运人和船公司临时洽商议定。

⑧起码运费。起码运费是指按每一提单上所列的重量或体积所计算出的运费，尚未达到运价表中规定的最低运费额时，则按最低运费计收。

（4）班轮运费的计算

①计算公式。

根据班轮运费计算标准的不同，运费计算公式也不尽相同。通常，班轮运费的计算公式为：

$$\begin{aligned}\text{单位运费(每运费吨)运费} &= \text{基本运费率} + \text{附加费}\\ &= \text{基本运费率} + \text{基本运费率} \times \sum \text{附加费率} + \sum \text{附加费额}\\ &= \text{基本运费率} \times (1 + \sum \text{附加费率}) + \sum \text{附加费额}\end{aligned}$$

班轮运费 = 单位运费 × 总运费吨

其中，附加费有以附加费率的形式表现出来的，也有以附加费额的形式表现出来的。

②计算基本步骤：

第一步，查明货物所属航线；

第二步，了解货物名称/特性等；

第三步，根据货物名称查货物分级表，确定计算标准；

第四步，查所属航线的等级费率表，根据货物等级和计费标准在航线等级费率表中查出货物的基本运费费率；

第五步，查附加费率（额）表；

第六步，计算班轮运费。

例题

某公司从上海港采用班轮运输出口某商品100箱到英国普利茅斯港，要求直航，每箱货物外包装尺寸为30cm×60cm×50cm，每箱毛重40公斤，查运费表知该货物为9级，计费标准为W/M，基本运费率为每运费吨109美元。同时，查附加费率表可知，普利茅斯港直航附加费每运费吨为18美元，另加收燃油附加费20%、港口附加费10%。计算该批货物的班轮总运费。

解：

1. 确定计费重量

该批货物每箱的毛重=40公斤=0.04吨=0.04运费吨

该批货物每箱的计费体积=30×60×50=90000cm^3=0.09m^3=0.09运费吨

因为计费标准为W/M，max{0.04，0.09} =0.09

故每箱货物的计费重量=0.09（运费吨）

2. 计算单位运费

单位运费=基本费用+附加费用=109+109×（20%+10%）+18=159.7（美元）

3. 计算总运费

总运费=单位运费×计费重量

=159.7×0.09×100=1437.3（美元）

（5）班轮运费的支付

①预付运费。

预付运费是指在签发提单前即须支付全部运费。大多班轮公司在提单和合同条款中，不但规定运费预付，而且还规定即使船舶或货物在整个运输过程中沉没或灭失，承运人仍要全额收取运费，任何情况下都不退还，因此，预付运费对货主而言要承担运费损失的风险。为避免风险，货主通常将已付运费追加到货物的货价中，一并向保险公司投保货物运输险。

②到付运费。

到付运费是指货物运到目的港后，在交付货物前付清运费。对于到付运费的情况，承运人要承担一定的风险，如果货物灭失再追收运费会很困难。为避免风险，承运人除了可将应收的到付运费作为可保利益向保险公司投保外，通常还可以在提单条款或合同条款中附加类似“收货人拒付运费或其他费用时，应由托运人支付”的条款。

③计费币种。

计费的币种是指运费费率表中用以表示费率的货币种类。一般来说，计费时使用货物装船地通用的货币最为方便，但在运输实务中，以美元结算最为普遍。

由于计费币种的汇率变动会直接影响船公司运费收入，因此，在班轮运输提单条款和合同条款中不但要规定运费支付的时间和地点，而且还要规定应该按哪一天的汇率计算运费。通常规定，在运费预付时按签发提单当天的汇率计算；在运费到付时按船舶抵港当天的汇率计算。

4.3　租船运输

4.3.1　概念

租船运输又称不定期船运输，是指根据国际租船市场行情和租船人的实际需要，租船人向船舶出租人租赁船舶用于货物运输，并按商定运价向船舶出租人支付运费或租金的运输方式。

租船有租赁整船和租赁部分舱位两种方式，实际业务中以租赁整船居多。在租船运输中，船东出租的是船舶的使用权，故租船业务是一种服务贸易。

4.3.2　租船运输的特点

相对于班轮运输，租船运输主要有以下几个特点：

1. 不定航线、不定船期、不定装卸港、不定费率

租船运输中船舶的航线、船期、货载种类和装卸港口等是船舶出租人根据租船人的不同需要并结合租船市场上的各种因素而确定的。对于出租人来说，由于船舶航行的航次、航线和船期取决于租船市场上揽到的业务，因此船舶的营运组织工作要比班轮运输更为复杂。此外，租船运输不像班轮运输那样有固定的运价表，其租金率和运费率是由合同双方在每一笔租船交易洽商时，根据租船市场的行情来决定的。费率标准主要受船货供求关系的影响，同时，世界经济状况、季节不同以及国际政治形势等，都会影响到运费或租金水平的高低。

2. 租船合同条款由合同双方自由商定

在租船市场上，由于船、货的供求关系存在于整个世界范围之内，没有人或者没有哪个公司能够垄断和控制世界船舶和货源的供应。因此，从总体上来看，租船合同双方无论就专业知识，还是议价实力都处于同等地位，因而没有必要像班轮运输那样，需要通过指定国际公约或订立国的国内法去强制规定双方的责任和义务，合同双方完全可以凭借其谈判实力，在租船合同中订入保护自己利益的条款。

3. 通过租船经纪人洽谈成交租船业务

在国际租船市场上，租船交易通常都不是由船舶出租人和承租人亲自到场直接洽谈，也不像班轮运输由船务代理或货运代理为承运人和托运人促成运输合同，而是通过租船经纪人代为办理并签约的。之所以这样，是因为租船经纪人熟悉租船市场行情，精通租船业务，并且有丰富的租船知识和经验，在整个租期交易过程中起着桥梁和中间人的作用，对顺利成交起着十分重要的作用。

4. 船舶营运中有关费用的支出，由租船双方议定，并在合同条款中订明

如港口费用、装卸费及船期延误等责任费用的划分就由租船双方议定。装卸费用条款若是F. I. O（船方不负责装卸费）的话表示租船人负责装卸费，若写明Liner Term（班轮条款），则表示船舶出租人负责装卸费。

5. 租船运输适宜大宗低价值货物运输

大宗货物运输量大，一般需要用整艘甚至多艘船舶进行运输。此外，大宗货物本身价值较低，对运输费用的承受能力也相对较低，班轮运输无法提供足够、适宜的舱位，也不可能以过低的运费来承运大宗货物。但租船运输却可以满足大宗货物运输的需要。例如，煤炭、矿砂、粮食、水泥、化肥、木材、石油等的运输。

在国际航运中，租船运输承运的多是低价值货物，其价值仅占货运总价值的20%左右，但却占到货运总量的80%，由此可见租船运输在大宗低价值货物运输中的作用多么重要。

6. 各种租船合同均有相应的标准合同格式

标准租船合同格式是专门提供给有关出租人和承租人洽租船舶时参考和使用的，因租船方式不同、货物种类不同、航线不同，租船合同的标准格式也有所不同。例如，航次租船合同中就有“统一杂货租船合同”“斯堪的纳维亚航次租船合同”“巴尔的摩班轮条件粮谷租船合同”“澳大利亚粮谷航次租船合同”“东海岸煤炭租船合同”“大河区粮谷租船合同”“古巴食糖租船合同”“毛里求斯食糖租船合同”“缅甸大米租船合同”“太平洋海岸糖谷租船合同”“南非煤炭租船合同”等。

相关链接

通常使用的标准定期租船合同格式

1.《统一定期租船合同》（Uniform Time Charter），代号为“波尔的姆”（BALTIME），由波罗的海国际航运公会——BIMCO（Baltime and International Maritime Conference）于1909年制定。该格式在很多条款上对出租人比较有利。

2.《定期租船合同》（Time Charter），代号为“土产格式”（Produce Form），由美国纽约土产交易所——NYPE（New York Produce Exchange）于1913年制定，因此，航

运界也称此格式为“NYPE”或“纽约格式”。该格式经过 1921 年、1931 年、1946 年、1981 年和 1993 年五次修订。该格式的条款对双方比较公正，是目前最为常用的一种格式。

3. 英国伦敦牌石油公司制定的适用于液体货物的《定期租船合同》(TIME Charter Party)，代号为“SHELL FORM4”，现使用的是 1984 年版本。

4. 由中国租船公司制定的《定期租船合同》(TIME Charter Party)，代号为“中租 1980”(SINOTIME1980)。该格式对承租人比较有利。

(资料来源：https：//china. findlaw. cn/hshs/dzcht/jztk/720. html)

4.3.3 租船运输的种类

当前在国际租船业务中，广泛使用的租船方式主要有两种，即定程租船和定期租船。此外，还有光船租船、包运租船等形式。

1. 定程租船

(1) 概念

定程租船又称程租船、航次租船，是由船舶所有人负责提供船舶，在指定港口之间进行一个航次或数个航次航行且运输指定货物的船舶经营方式。

定程租船是租船市场上最活跃，且对运费水平的波动最为敏感的一种租船方式，在国际租船业务中被广泛采用。当前国际现货市场上成交的绝大多数散装货物（主要有液体散货和干散货两大类）都是通过定程租船方式运输的。

(2) 定程租船的分类

定程租船中，根据承租人对货物运输的需要，而采取不同的航次数来约定定程租船合同。据此，定程租船又可分为单航次租船、来回航次租船、连续单航次租船、连续往返航次租船等形式。

单航次租船，只租一个航次的租船。船舶出租人负责将指定货物由一个港口运往另一个港口，货物运到目的港卸货完毕后，合同即告终止。

来回航次租船，洽租往返航次的租船，一艘船舶在完成一个单航次后，紧接着在上一航次的卸货港装货，驶返原装货港卸货，货物卸毕合同即告终止。

连续单航次租船，这一运输形式要求在同一去向的航线上连续完成多个单航次运输，而且船舶必须是一程运货，一程空放，船东不能利用空船揽载其他货物，一般航程较近。

连续往返航次租船是指船舶出租人与承租人约定，提供船舶连续完成几个往返航次的租船运输方式。被租船舶在相同两港之间连续完成两个以上往返航次运输后，航次租船合同结束，船舶出租人的合同义务完成。由于作为承租人的货方很难同时拥有较大数量的往程和回程货载，这种运输经营方式在实务中较少出现。

(3) 船方和承租人的责任

采用定程租船这种方式，船方必须按照合约规定的航程完成货物运输任务，船舶的营运调度由船舶所有人负责，船舶的燃料费、物料费、修理费、港口费、淡水费等营运费用也由船舶所有人负担，船舶所有人还须负责配备船员，负担船员的工资、伙食费。而货主或承租人负责完成货物的组织，支付运费及相关的费用。

由于定程租船并不规定完成一个航次或几个航次所需的时间，因此船舶出租人对完成一个航次所需的时间最为关心，他特别希望缩短船舶在港停泊时间。而承租人对船舶的装卸速度并不是太关心，所以在签订租船合同时，承租双方还需约定船舶的装卸速度以及装卸时间，并相应地规定滞期费和速遣费率的标准和计算方法。

关于装卸时间以及滞期费和速遣费的条款是定程租船合同的显著特征。如今由于港口拥挤等原因导致数万乃至数十万美元的滞期费实属常事，因此，在有关定程租船合同的争议中，最多的就是关于装卸时间以及滞期费、速遣费的计算。

(4) 滞期费和速遣费

所谓滞期费，是指在定程租船运输中，如果由于承租人的原因，致使未能在租船合同规定的时间内完成装船或者卸货，导致船舶滞港时间增加，使船舶出租人港口费用的负担增加和遭受船期损失，此时，承租人应当按照实际滞延的时间向船舶出租人支付补偿金，即为滞期费。

与滞期费相对应的就是速遣费，即在合同规定的装卸时间届满之前，船舶承租人提前完成货物装卸作业，使船舶可以提前离港并使船舶出租人节省在港费用和获得船期利益，船舶出租人按合同规定向承租人支付一定金额作为奖励的费用。

例题

已知某轮船航次出租，并知：

1. 定程租船合同规定：

(1) 装货时间和卸货时间分别为3个和4个“良好天气工作日，星期日、节假日除外”(即：WWD SHEX，weather working days，sundays and holidays excepted)。

(2) 如果在上午12：00以前递交装卸准备就绪通知书（NOR或N/R)，装卸时间从下午13：00时起算；如果在下午18：00时以前递交，装卸时间则从次日上午08：00时起算。

(3) 滞期费10000美元/天；速遣费6000美元/天。

2. 装货港和卸货港港口的规定：星期日和节假日前一日下午18：00时以后及次日上午08：00时以前的时间不工作。租船合同规定该时间不计入装卸时间。

根据该轮船在装货港和卸货港的装卸时间事实记录资料，按“一旦滞期，永远滞期”原则，分别计算装卸两港滞期时间和速遣时间，以及滞期费和速遣费。

该轮船在装货港和卸货港的装卸时间事实记录资料分别见表 1 和表 2。

表 1 装货港装船事实记录

日期	星期	时间		说明
		开始时间	终止时间	
5/3	二	16：00		船舶抵港
5/3	二	16：40		递交装船准备就绪通知书
5/3	二	16：40		接受装船准备就绪通知书
6/3	三	08：00		装货时间起算
6/3	三	08：00	24：00	装货开始
7/3	四	00：00	04：00	因雨停工
7/3	四	04：00	24：00	装货
8/3	五	00：00	24：00	装货
9/3	六	00：00	18：00	装货
9/3	六	18：00	24：00	停工
10/3	日	00：00	24：00	停工
11/3	一	00：00	08：00	停工
11/3	一	08：00	24：00	装货
12/3	二	00：00	12：00	装货完毕

表 2 卸货港卸船事实记录

日期	星期	时间		说明
		开始时间	终止时间	
20/3	三	08：00		船舶抵港
20/3	三	10：00		递交卸船准备就绪通知书
20/3	三	10：00		接受卸船准备就绪通知书
20/3	三	13：00		卸货时间起算
20/3	三	13：00	24：00	卸货
21/3	四	00：00	06：00	卸货
21/3	四	06：00	08：00	起货机故障停工
21/3	四	08：00	24：00	卸货
22/3	五	00：00	11：00	卸货完毕

解：根据该轮船在装货港和卸货港的装卸时间事实记录资料和“一旦滞期，永远滞期”原则，计算出装货港装船时间表（见表 3）和卸货港卸船时间表（见表 4）。

表 3　　装货港装船时间表

日期	星期	时间		说明	可用时间			实用时间			节省/滞期时间		
		起	止		D	H	M	D	H	M	D	H	M
5/3	二	16：40		递交 N/R									
6/3	三	08：00	24：00	装卸时间起算		16			16				
7/3	四	00：00	24：00	因雨停工，装货		20			20				
8/3	五	00：00	24：00	装货	1			1					
9/3	六	00：00	12：00	可用时间结束		12		1				12	
10/3	日	00：00	24：00					1			1		
11/3	一	00：00	24：00					1			1		
12/3	二	00：00	12：00	装货完毕					12			12	
合计：					3			6			3		

表 4　　卸货港卸船时间表

日期	星期	时间		说明	可用时间			实用时间			节省/滞期时间		
		起	止		D	H	M	D	H	M	D	H	M
20/3	三	10：00		递交 N/R									
20/3	三	13：00	24：00	卸货时间起算		11			11				
21/3	四	00：00	24：00	故障，卸货		22			22				
22/3	五	00：00	24：00	卸货完毕	1				11			13	
23/3	六	00：00	12：00			18						18	
24/3	日												
25/3	一	08：00	24：00			16						16	
26/3	二	00：00	05：00	可用时间结束		5						5	
合计：					4			1	20		2	4	

注："D"代表"Day（天）"，"H"代表"Hour（小时）"，"M"代表"Minute（分钟）"。

根据表 3 和表 4，可以得出：

装货港滞期时间为 3 天，滞期费 $=3\times10000=30000$（美元）

卸货港速遣时间 2 天 4 小时，速遣费 $=(2+4/24)\times6000=13000$（美元）

相关链接

"一旦滞期，永远滞期"的含义

"一旦滞期，永远滞期"就是说，如果滞期了，那么从滞期的时点开始，不论是否节假日，不论是否刮风下雨，不论是否机械故障，到装卸完毕之前的每一个小时都在滞期费计算范围之内。即超过合同规定的装卸时间后的装卸时间，该扣除的星期日、节假日及坏天气等因素就不再扣除，而按自然日有一天算一天，均作滞期时间计算。

（资料来源：https：//zhidao. baidu. com/）

（5）租船合同中有关装卸费的条款

①船方不负担装船费用，英文：Free in，简称：F. I.；

②船方不负担卸船费用，英文：Free out，简称：F. O.；

③船方不负担装卸费用，英文：Free in and out，简称：F. I. O.；

④船方不负担装、卸、理仓费用，英文：Free in and out stowed，简称：F. I. O. S.；

⑤船方不负担装、卸、理仓、平仓费用，英文：Free in and out stowed and trimmed，简称：F. I. O. S. T.。

2. 定期租船

（1）概念

定期租船又称期租船，是指由船舶所有人将特定的船舶，按照租船合同的约定，在约定的期限内租给承租人使用的一种租船方式。

这种租船方式以约定的使用期限为船舶租期，而不以完成航次数多少来计算。租赁期限由船舶所有人和承租人根据实际需要约定，短则几个月，长则几年、十几年，甚至到船舶报废为止。在租期内，承租人利用租赁的船舶既可以进行不定期船货物运输，也可以投入班轮运输，还可以在租期内将船舶转租，以取得运费收入或谋取租金差额。

（2）定期租船的主要特点

①船舶所有人负责配备船员，负担其工资和给养。船长由船舶所有人任命，船员也由船舶所有人配备，并负担他们的工资和给养，但船长应听从承租人的指挥，否则承租人有权要求船舶所有人予以撤换。

②船舶承租人负责船舶的调度和营运工作，并负担船舶营运中的变动费用，如船舶的燃料费、港口费、货物装卸费、运河通行费等与营运有关的费用；而船舶所有人对船舶的维护、修理、机器正常运转负责，并负担船舶的折旧费、维修保养费、船用物料费、润滑油费、船舶保险费等船舶维持费用。

③船舶租赁以整船出租，租金按船舶的载重吨、租期长短及商定的租金率计算。

④租船合同中订有关于交船、还船以及关于停租的规定。

⑤较长期的定期租船合同中常订有租金的“自动递增条款”以保护船舶所有人在租期中因部分费用上涨而使船舶所有人的盈利减少或发生亏损的损失。

提示

定程租船与定期租船的区别

1. 租船方式不同

定程租船以船舶航程为租用对象；而定期租船以船舶租用期限为租用对象。

2. 租金计算不同

定程租船按装运货物的种类、数量、重量等计算租金，租金可直接体现出货物运输成本；而定期租船是按每月或按每日租金额计算租金，租金一般不直接表现为货物运输成本。

3. 费用负担不同

定程租船的承租人只负担运费、滞期费等几项费用，其他大部分费用如航线所需的燃料费、港口费用、船员工资、管理费用等均由船舶出租人负担；而定期租船船舶出租人只负担船舶维持费用，其他大部分费用如航行所需燃料费、港口费用、装卸费、平舱费和理舱费等均由船舶承租人负担。

4. 船舶调度权不同

定程租船由船舶出租人掌握船舶的调度权，所以适用于货物单一，装卸港较少的大宗货物运输；而定期租船由承租人掌握船舶的调度权，承租人可按需要选择任何航线挂靠任何港口。

5. 船舶技术管理不同

定程租船的船舶管理和技术工作均由船舶出租人负责；而定期租船承租人要全面了解和掌握船舶性能和基本技术知识，掌握船舶动态，如为船舶加油、审查航海日记和机房日记。

3. 光船租船

光船租船又称船壳租船，是指船舶所有人将船舶出租给承租人使用一定期限，但船舶所有人提供的是空船，承租人要自己任命船长、配备船员，负责船员的给养和船舶经营管理所需的一切费用。

这种租船方式实质上是一种财产租赁方式。在租期内，船舶所有人只提供一艘空船给承租人使用，船舶的船员配备、营运管理以及一切固定或变动的营运费用都由承租人承担。船东在租期内除收取租金外，对船舶和其经营不再承担任何责任和费用。由于这种租船方式对承租人来说使用起来比较麻烦，在当前国际贸易中很少使用。

4. 包运租船

包运租船是指船舶所有人向承租人提供一定吨位的运力，在确定的港口之间，按事先约定的时间、航次周期和每航次较为均等的运量，完成合同规定的全部货运量的租船方式。

这种租船方式是在连续单航次租船营运方式的基础上发展而来的，与连续单航次租船相比，包运租船不要求非得是一艘固定的船舶完成运输，可以是两艘或几艘船舶来完成运输。只要是在规定的时间，满足包运合同对航次的要求就行。

4.4　国际海洋货物运输主要货运单证

在国际海洋货物运输中，不仅仅有货物的移动，同时还伴随着大量的信息流动，其中包括商务和货运方面的信息，在国际海洋货物运输业务中各种货运单证（纸质和电子单证）就是这类信息的载体。从办理货物托运手续开始，到货物装船、卸货直至货物交付的整个过程，都需要编制各种单证。这些单证在货方（托运人和收货人）与船方之间转接，作为货物交接的证明，同时也是货方、港方、船方等有关单位作业的凭证，是划分货方、港方、船方责任的必要依据。

4.4.1　托运单（Booking Note，B/N）

托运单是托运人根据贸易合同和信用证条款内容填制的，向承运人或其代理人办理货物托运的单证。

托运单是船公司缮制提单的主要背景资料，若缮制错漏就会影响运输单据的正确缮制和快速流转，影响安全收汇。

托运单的主要内容包括：托运人、收货人的名称，货物的名称、重量、尺码、件数、包装、运输标志等，目的港，装船期限，能否分批装运，对运输的要求及对签发提单的要求等。海运出口托运单如图 4－2 所示。

<table>
<tr><td colspan="5">海运出口托运单
SHIPPING LETTER OF INSTRUCTION</td></tr>
<tr><td colspan="5">托运人 Shipper:</td></tr>
<tr><td colspan="5">编号 No.:　　船名 S/S:　　目的港 For:</td></tr>
<tr><td rowspan="3">标记及号码
Marks & Nos.</td><td rowspan="3">件数
Quantity</td><td rowspan="3">货名
Description of Goods</td><td colspan="2">重量公斤 Weight Kilos</td></tr>
<tr><td>净 Net</td><td>毛 Gross</td></tr>
<tr><td colspan="2">运费付款方式 Method of Freight Payment</td></tr>
<tr><td colspan="5">共计件数（大写） Total Number of Packages in Writing</td></tr>
<tr><td colspan="3">运费计算 Freight</td><td colspan="2">尺码 Measurement</td></tr>
<tr><td colspan="5">备注 Remarks</td></tr>
<tr><td colspan="2">抬头 ORDER OF</td><td colspan="2">可否转船 Whether transshipment allowed</td><td>可否分批 Whether partial shipment allowed</td></tr>
<tr><td colspan="2">通知 Notice</td><td>装运期 Period of shipment</td><td>效期 Period of validity</td><td>提单份数 No. of B/L</td></tr>
<tr><td colspan="2">收货人 Receiver</td><td colspan="2">银行编号 Bank No.</td><td>信用证号 L/C No.</td></tr>
</table>

图 4－2　海运出口托运单

4.4.2 装货单（Shipping Order，S/O）

装货单是接受了托运人提出装运申请的船公司，签发给托运人，凭以命令船长将承运的货物装船的单据。

装货单既可作为装船依据，又是货主凭以向海关办理出口申报手续的主要单据之一，所以装货单又称“关单”。

对托运人而言，装货单是办妥货物托运的证明。对船公司或其代理而言，装货单是通知船方接受装运该批货物的指示文件。

4.4.3 收货单（Mates Receipt，M/R）

收货单是指某一票货物装上船后，由船上大副签署给托运人的，作为证明船方已收到货物并装上船的凭证，所以又称大副收据。

船上大副根据理货员在理货单上所签注的日期、件数及舱位，并与装货单进行核对后，签署大副收据。托运人凭大副签署过的大副收据，向承运人或其代理人换取已装船提单。

由于上述三份单据的主要项目基本一致，我国一些主要口岸的做法是将托运单、装货单、收货单、运费通知单等合在一起，制成一份多达9联的单据。一次制单，既可减少工作量，又可减少差错的发生。

各联作用如下：第一联由订舱人留底，用于缮制船务单证；第二联、第三联为运费通知联，其中一联留存，另一联随账单向托运人托收运费；第四联装货单经海关加盖放行章后，船方才能收货装船；第五联收货单及第六联由配舱人留底；第七联、第八联为配舱回单；第九联是缴纳出口货物港务费申请书。

4.4.4 装货清单（Loading List，L/L）

装货清单是承运人根据装货单留底，将全船待装船货物按目的港和货物性质归类，依航次、靠港顺序排列编制的装货单汇总清单。

其内容包括装货单编号、货名、件数、包装形式、毛重、估计尺码及特种货物对装运的要求或注意事项的说明等。它既是船上大副编制配载计划的主要依据，又是供现场理货人员进行理货，港方安排驳运、进出库场的业务单据。

4.4.5 舱单（Manifest，M/F）

舱单是按照货物逐票列明全船载运货物的汇总清单，又称载货清单。它是在货物装船完毕之后，由船公司根据收货单或提单编制的。其主要内容包括货物详细情况，装卸港、提单号、船名、托运人和收货人姓名、标记号码等，此单作为船舶运载所列货物的证明。

提示

装货清单与舱单的区别

一、作用不同

1. 装货清单的作用：为积载计划提供依据；是理货等业务的单据。

2. 舱单的作用：是整艘船舶出口报关的必备单据；是出口退税单据之一；是卸货港安排卸货的单据；是卸货港海关放行的凭据。

二、汇总信息不同

1. 装货清单是对待装船货物信息的汇总。

2. 舱单是对已装船货物的汇总。

三、汇总依据不同

1. 装货清单是待装船货物的清单，是承运人根据装货单留底编制的汇总清单。

2. 舱单是已经装船的货物清单，是大副根据收货单或提单编制，编妥后再送交船长签认。

（资料来源：http：//www. jctk56. com/wap_doc/18284959. html）

4.4.6 货物积载图（Cargo Plan）

货物积载图是指标明货物装在船上具体位置的示意图，又称船舶积载图，简称积载图。

货物积载图有计划积载图和实际积载图两种。

通常在船舶积载计划确定后，即绘制出计划积载图。在积载图上标明船舶计划装载的各票货物的名称、装货单号、卸货港、包装形式、件数、吨数、货位，以及标明船舶本航次的起运港、中途港及终点港，离港及预计到港的日期，装货后的船舶首、尾吃水，本航次装运各港口货物的数量及其在船上各货舱（包括甲板）的配置情况，装卸货的特殊要求及应注意事项等。计划积载图是港口承装货物的指导文件，货物的装舱位置和顺序均应按图进行，未经船方同意，不得随意变更。

在货物装舱过程中，装货港口应及时标明货物装舱的实际位置，装船完毕即绘制实际积载图，供卸货港口安排卸船作业计划用。实际积载图的形式、内容与计划积载图原则上应相同。

4.4.7 提货单（Delivery Order，D/O）

提货单又称小提单，是收货人凭正本提单或副本提单随同有效的担保向承运人或其代理人换取的，可向港口装卸部门提取货物的凭证。

实际业务中由收货人或其代理人先向船公司在卸货港的代理人交出正本提单，再由船公司的代理人签发一份提货单给收货人或其代理人，然后再到码头仓库（仓库交货）或船边（船边交货）提取货物。

提货单的性质与提单不同，它是船公司或其代理人指令仓库或装卸公司向收货人交付货物的凭证，不具备流通或其他作用。为了慎重起见，一般都在提货单上记有“禁止流通”的字样。

4.4.8 海运提单（Ocean Bill of Lading）

1. 概念

海运提单，简称提单（Bill of Lading，B/L），是由船公司或其代理人在收到其承运的货物后签发给托运人，证明托运的货物已经收到或已装船并约定将该项货物运往目的地交与提单持有人的物权凭证。它体现了承运人与托运人之间的相互关系。

2. 海运提单的性质

（1）海运提单是证明承运人（或其代理人）已接收货物的收据

提单上记载的是有关货物的种类、数量、重量、外表状况等一些情况，一旦承运人签发提单，就证明其已按提单的记载收到了托运人的货物。

（2）海运提单是物权凭证

海运提单是代表货物所有权的凭证，提单的持有人拥有支配货物的权利。因此，提单的合法持有人有权凭提单向承运人或其代理人提取货物，也可以在货物到达前办理转让，或者凭提单向银行办理抵押贷款。

（3）海运提单是运输合同的证明

海运提单是承运人和托运人双方订立的运输合同的证明。由于运输合同是在装货前商定的，而海运提单一般是在装货后签发的，而且海运提单上只有承运人单方面的签章，因此海运提单本身不是运输合同，而只是运输合同的证明。

3. 海运提单的种类

（1）按货物是否已装船，可分为：

①已装船提单。

已装船提单是指货物装船后由承运人或其授权代理人根据大副收据签发给托运人的提单。

在国际贸易合同中，买方一般要求卖方提供已装船提单，因为已装船提单上有装运货物船舶的名称和货物实际装船完毕的日期，对收货人按时收货有保障。

②收货待运提单。

收货待运提单又称待装提单，是指承运人在收到托运人交来的货物但还没有装船时，应托运人的要求而签发的提单。

签发收货待运提单时，说明承运人确认货物已交由承运人保管并存于其所控制的仓库或场地，但还未装船。因此，这种提单未载明所装船名和装船时间，在跟单信用证支付方式下，银行一般都不肯接受这种提单。但当货物装船，承运人在这种提单上加注装运船名和装船日期并签字盖章后，待运提单即转为已装船提单。

（2）按有无不良批注，可分为：

①清洁提单。

清洁提单是指承运人在签发提单时，未在提单上加注任何有关货物残损、包装不良或其他有碍结汇的批注的提单。

②不清洁提单。

不清洁提单是指承运人在提单上加注有货物残损、包装不良或其他方面存在缺陷等批注的提单。

例如，有包装破损、水湿、油渍、污损、锈蚀等批注的提单。承运人通过批注，声明货物是在外表状况不良等情况下装船的，在目的港交付货物时，发现货物损坏可归因于已批注的范围，从而减轻或免除自己的赔偿责任。

在对外贸易中，不清洁提单通常买方不接受，银行也会拒收。因此，在货物装船时，如果发现包装或货物不良，托运人必须及时采取措施进行整理或调换，力求取得清洁提单。

（3）按提单收货人抬头，可分为：

①记名提单。

记名提单是指在提单上“收货人”栏内具体填写某一特定的人或公司名称的提单。

由于记名提单只能由提单上指定的收货人提取货物，因此，记名提单不能转让、流通。记名提单在国际海运贸易中使用并不广泛，一般只在运送个人物品、展览品时使用。这是因为，在信用证结算方式下，开证行容易失去对货物所有权的控制和掌握。一旦买方信誉不好不支付货款，虽然买方也无法提货，但在记名提单情况下别人也无法提货，这样对于开证行、卖方来说都会有损失。当然，如果对买方有信心和对收到货款有把握，则另当别论。

②不记名提单。

不记名提单是指在提单上“收货人”栏内不填写收货人名称而留空，又称空名提单。

使用不记名提单，谁持有提单，谁就有权提货，承运人只需向提单持有人交付货物。因此，不记名提单可随意流通、转让，但是风险也较大。

③指示提单。

指示提单是指在提单上“收货人”栏内载明“凭指示”或“凭某人指示”字样，承运人依照该指示交付货物的提单。这是当前国际贸易中通常使用的提单。

例如，凭银行指示，即提单收货人栏填写为“to the order of xx Bank”。

凭收货人指示，即提单收货人栏填写为“to the order of A. B. C. Co. Ltd”。

凭发货人指示，即提单收货人栏填写为“to the order of shipper”，并由托运人在提单背面空白背书。

指示提单经背书后，可转让给第三者，因而又称为可转让提单。

（4）按运输方式，可分为：

①直达提单。

直达提单是指货物从装货港装船后，中途不经转船，直接运至目的港卸船交与收货人的提单。

使用直达提单，货物由同一船舶直运目的港，对买方来说比中途转船有利得多，它既可以节省费用、减少风险，又可以节省时间、及早到货。

②转船提单。

转船提单是指在装运港装货的船舶，不直接驶往目的港，而需要中途转船，由第一承运人在装运港签发运往目的港的提单，称为转船提单。在转船提单中，应注明“在某港转船”的字样，且转船提单的责任由第一承运人全程负责。

③联运提单。

联运提单是指需要经两种或两种以上运输方式（海陆、海空、海河等）联运的货物，由第一承运人（第一程船运输的承运人）收取全程运费后，在启运地签发运往最终目的地的全程运输提单。

联运提单虽然包括全程运输，但各程承运人只对自己运输的一段运程中所发生的货损负责。

（5）按签发提单的时间，可分为：

①倒签提单。

由于货物实际装船完毕日期迟于信用证规定的装运日期，为了符合信用证装运日期的规定，承运人或其代理人在签发提单时，应托运人的要求，签发日期较该批货物实际装船完毕日期为早，这种提单称为倒签提单。

签发这种提单，尤其当倒签时间过长时，收货人有可能推断承运人没有使船舶尽快速遣，因而承担货物运输延误的责任。特别是市场上货价下跌时，收货人可以以“伪造提单”为借口拒绝收货，并向法院起诉要求赔偿。因此，承运人签发这种提单是要承担一定风险的。

②顺签提单。

顺签提单是指在货物装船完毕后，承运人或其代理人应托运人的要求，以晚于该票货物实际装船完毕的日期作为提单签发日期的提单。因该日期为顺填日期，故称为“顺签提单”。

如果货物实际装船完毕的日期早于有关合同中装船期限的规定，按实际装船日期签发提单会影响合同的履行时，托运人就可能要求承运人签发顺签提单。

③预借提单。

预借提单是指由于信用证规定的装运期和交单结汇期均以到期，货主因故未能及时备妥货物或尚未装船完毕，或由于船公司的原因船舶未能在装运期内到港装船，应托运人要求而由承运人或其代理人提前签发的已装船提单。

签发这种提单承运人要承担更大的风险，可能构成承、托双方合谋对善意的第三者收货人进行欺诈。

④过期提单。

过期提单是指出口商取得提单后未能及时到银行，或过了银行规定的交单期限未议付而形成过期提单，习惯上也称为滞期提单。

《UCP600》（跟单信用证统一惯例第 600 号出版物）规定，向银行交单时间超过提单签发日期 21 天，即为过期提单。

此外，还有按照其他方法划分的提单，如全式提单、简式提单等。

重要概念

船舶载重线　　班轮运输　　定程租船　　定期租船　　海运提单

本章小结

本章内容介绍了国际海洋货物运输的特点，与海洋货物运输船舶相关的船舶吨位、船舶载重线、船级、船籍等，详细阐述了包括班轮运费计算在内的班轮运输的内容和包括滞期费和速遣费计算在内的租船运输的内容，以及详细介绍了国际海洋货物运输主要货运单证。

复习思考题

一、判断题

1. W 表示冬季淡水载重线。(　　)

2. 班轮运输船舶的折旧或租金是通过基本运费的收取得以补偿的。(　　)

3. 定期租船不需要船舶所有人负责给船舶配备船长和船员。(　　)

4. 在对外贸易中，不清洁提单通常能被买方和银行接受。(　　)

5. 记名提单不能转让、流通。(　　)

二、单项选择题

1. 船舶入级证书有效期一般为（　　）年，期满后需重新予以鉴定。

A. 3　　B. 4　　C. 5　　D. 6

2. 等级运价表一般有（　　）个等级，等级越高则运价越高。

A. 5　　B. 10　　C. 15　　D. 20

3. 从价运费这种计费标准一般是按照商品的（　　）价的一定百分比来计收运费的。

A. FOB　　B. FAS　　C. CIF　　D. CFR

4.（　　）是租船市场上最活跃，且对运费水平的波动最为敏感的一种租船方式。

A. 定期租船　　B. 定程租船　　C. 光船租船　　D. 包运租船

5.（　　）是指在货物装船完毕后，承运人或其代理人应托运人的要求，以晚于该票货物实际装船完毕的日期作为提单签发日期的提单。

A. 倒签提单　　B. 顺签提单　　C. 预借提单　　D. 过期提单

6. 根据《UCP600》的规定，向银行交单时间超过提单签发日期（　　）天，即为过期提单。

A. 7　　B. 14　　C. 21　　D. 28

三、多项选择题

1. 排水量吨位分为（　　）。

A. 重量吨位　　B. 容积吨位　　C. 空船排水量

D. 满载排水量　　E. 实际排水量

2. 1 注册吨（或 1 容积吨）等于（　　）。

A. 10 立方英尺　　B. 50 立方英尺　　C. 100 立方英尺

D. 2. 83 立方米　　E. 28. 3 立方米

3. 属于通过技术鉴定取得的船舶文件证书有（　　）。

A. 船舶入级证书　　B. 船舶国籍证书　　C. 船舶吨位证书

D. 船舶载重线证书　　E. 船舶所有权证书

4. 按提单收货人抬头，海运提单可分为（　　）。

A. 清洁提单　　B. 不清洁提单　　C. 记名提单

D. 不记名提单　　E. 指示提单

5. 船舶载重线标志包括（　　）。

A. 甲板线　　B. 载重线圈　　C. 载重线框

D. 一条载重线　　E. 多条载重线

四、问答题

1. 国际海洋货物运输具有哪些特点？

2. 班轮运输的特点是什么？

3. 租船运输的特点有哪些？

4. 定程租船与定期租船的区别主要表现在哪些方面？

5. 海运提单的性质是什么？

五、计算题

1. 某公司从青岛港采用班轮运输出口某商品5000箱到法国波尔多港，要求直航，每箱体积50cm×60cm×90cm，每箱毛重250kg，查运费表知该货物为5级，计费标准为W/M，基本运费为每运费吨100美元。同时，查附加费率表可知，波尔多港直航附加费，每运费吨计费为20美元，另加收燃油附加费10%，港口附加费20%。请计算该批货物的总运费。

2. 已知中海运输集团某轮船航次出租，并知：

（1）航次租船合同规定：

①装货时间和卸货时间分别为2个WWD SHEX和3个WWD SHEX。

②如果在上午12：00以前递交装卸准备就绪通知书，装卸时间从下午14：00起算；如果在下午18：00以前递交，装卸时间则从次日上午08：00起算。

③滞期费10000美元/天；速遣费5000美元/天。

（2）装货港和卸货港港口的规定：星期日和节假日前一日下午18：00以后及次日上午08：00以前的时间不工作。租船合同规定上述时间不计入装卸时间。

根据该轮船在装货港和卸货港的装卸时间事实记录资料，按“一旦滞期，永远滞期”原则，请计算：装货港和卸货港的滞期时间和速遣时间，以及对应的滞期费和速遣费。

该轮船在装货港和卸货港的装卸时间事实记录资料分别见表1和表2。

表1　装货港装船事实记录

日期	星期	时间		说明
		开始时间	终止时间	
5月4日	三	15：00		船舶抵港
5月4日	三	16：00		递交装船准备就绪通知书
5月4日	三	16：00		接受装船准备就绪通知书
5月5日	四	08：00		装船时间起算
5月5日	四	08：00	24：00	装货开始
5月6日	五	00：00	06：00	因雨停工
5月6日	五	06：00	24：00	装货
5月7日	六	00：00	18：00	装货
5月7日	六	18：00	24：00	停工
5月8日	日	00：00	24：00	停工
5月9日	一	00：00	08：00	停工
5月9日	一	08：00	14：00	装货，装货完毕

表 2　　卸货港卸货事实记录

日期	星期	时间		说明
		开始时间	终止时间	
5 月 22 日	三	10：00		船舶抵港
5 月 22 日	三	10：50		递交卸货准备就绪通知书
5 月 22 日	三	10：50		接受卸货准备就绪通知书
5 月 22 日	三	14：00		卸货时间起算
5 月 22 日	三	14：00	24：00	卸货
5 月 23 日	四	00：00	24：00	卸货
5 月 24 日	五	00：00	14：00	卸货完毕

第5章 国际铁路货物联运

学习目标

1. 理解国际铁路货物联运的概念
2. 掌握国际铁路货物联运的特点
3. 了解国际铁路货物联运管理制度
4. 掌握国际铁路货物联运组织形式
5. 了解国际货协运单的作用及其流转

导入案例

2020年，中欧班列年开行1.24万列、发送113.5万标准箱，同比分别增长50%和56%，综合重箱率达98.4%。中欧班列年度开行数量首次突破1万列，单月开行均稳定在1000列以上。2020年是不平凡的一年，一场突如其来的新冠肺炎疫情，扰乱了人们生活节奏，使全球经济受到巨大的打击。在这样严峻的经济形势下，中欧班列不论是开行数量还是发货数量都屡创新高，展现出逆势增长的强劲势头，频频获社会各界“点赞”。

当初中欧班列只是海运和空运以外的“新选择”，疫情暴发后，很多国家都被迫关闭了港口和机场，而铁路运输具有“无需人员跨境流动”的特点，这使部分空运和海运转向了铁路货运。中欧班列摇身一变，成为企业发展的“稳定器”。如今的中欧班列，以安全高效、运距长、运量大、全天候、货物损耗小等运输优势，成为稳定国际供应链运转、保障国际贸易运行有序的“定心丸”。

中欧班列始于2011年开行的惠普班列，目的是改善内陆地区交通基础设施，提升商贸交易便利化水平，发展外向型经济。开通初期，只从中国重庆一个城市出发，到达德国的杜伊斯堡，在“一带一路”倡议下，越来越多国家加入中欧班列的抵达版图。2019年随着国家推进西部陆海新通道建设，中欧班列具备了向南与东南亚贯通的条件，让“内陆地区沿海化”成为可能，一条贯通欧洲与东盟的国际运输走廊正在形成。目前，全国已有60多个城市开行中欧班列，可通达欧洲21个国家97座城市，“朋友圈”越来越大。

中欧班列作为一种铁路货运的新模式，从单一路线发展到密集的货运网络，从开行数量不到20列发展到超过1.2万列。数字攀升表明中欧班列对于相关国家经济贸易合作做出的重要贡献。如今，西班牙红酒、荷兰奶酪、波兰水果等越来越多的欧洲农产品走进老百姓的日常生活，摆上中国人的餐桌。除此之外，机电产品、化工产品、零部件等在中国拥有庞大的市场需求，能够长期刺激欧洲对中国的出口增长。而服饰、小商品以及医疗物资用品都是目前欧洲市场热衷的“中国制造”。中欧班列的开行让供需双方得到了更好衔接，也通过贸易往来带动沿线经济复苏，促进新的经济活动的产生，为形成高质量持续发展的国内国际双循环贡献铁路力量。

（资料来源：https：//www.163.com/dy/article/G60NNS4N0514R9KE.html）

思考题

随着中欧班列“朋友圈”的不断扩大，中欧班列除了是货物运输的载体外，还有何其他优势?

> **提示**
>
> 中欧班列不仅是货物运输的载体，更是丝路贸易的新纽带，将各个国家、各种商品联系在一起。人们通过这条纽带可以方便快捷地进行商品交换，拉动经济发展。作为海运业务的重要补充和替代，国际铁路运输在构建国内国际双循环的新发展格局下将发挥更好的优势和作用，提升国际物流服务水平，本章将带领大家认识国际铁路联运。

5.1 国际铁路货物联运概述

5.1.1 国际铁路货物联运的基本知识

1. 国际铁路运输组织

世界上许多国家国界相连、铁路相通。但各国铁路的技术设备、运载工具不同，各自适用的规章运输组织方法、运送费用的计收以及货运事故处理等方面也不尽相同。通过有关国家铁路之间的联运公约、协定或协议，制定出参加运送的铁路共同遵守的统一的规章制度，使货物在相关国家铁路能够直通运输，为国际物流提供经济、便捷和安全的铁路运输通道。

在欧洲、亚洲、非洲大陆的国际铁路货物联运中，存在两大国际铁路运输组织。

一是国际铁路运输政府间组织（简称“国际铁路运输组织”），以欧洲、北非国家为主，常设机构设在伯尔尼。其使用的运输法规为《国际铁路货物运送公约》（简称《国际货约》），《国际货约》1890 年于瑞士伯尔尼签订，自 1893 年 1 月 1 日起生效。1924 年 10 月在伯尔尼修订了《国际货约》，同时制定了《国际铁路旅客和行李运送公约》（简称《国际客约》），自 1928 年 10 月 1 日起施行，故又称“伯尔尼公约”。1980 年 5 月 9 日在伯尔尼第八次修订会议上将客货 2 个公约合为 1 个，即《国际铁路运送公约》。原《国际货约》成为该公约的附件 B——国际铁路货物运送协约统一法律规定（中文简称《国际货约》）。

目前《国际货约》成员有 49 个国家铁路。参加《国际货约》的国家在欧洲有阿尔巴尼亚、德国、奥地利、比利时、波黑、保加利亚、克罗地亚、丹麦、西班牙、芬兰、法国、希腊、匈牙利、爱尔兰、意大利、列支敦士登、立陶宛、卢森堡、摩纳哥、挪威、荷兰、波兰、葡萄牙、罗马尼亚、英国、斯洛伐克、斯洛文尼亚、瑞典、瑞士、捷克、南斯拉夫；亚洲有伊朗、伊拉克、叙利亚、黎巴嫩、土耳其；非洲有突尼斯、摩洛哥、阿尔及利亚等国家，如图 5－1 所示。

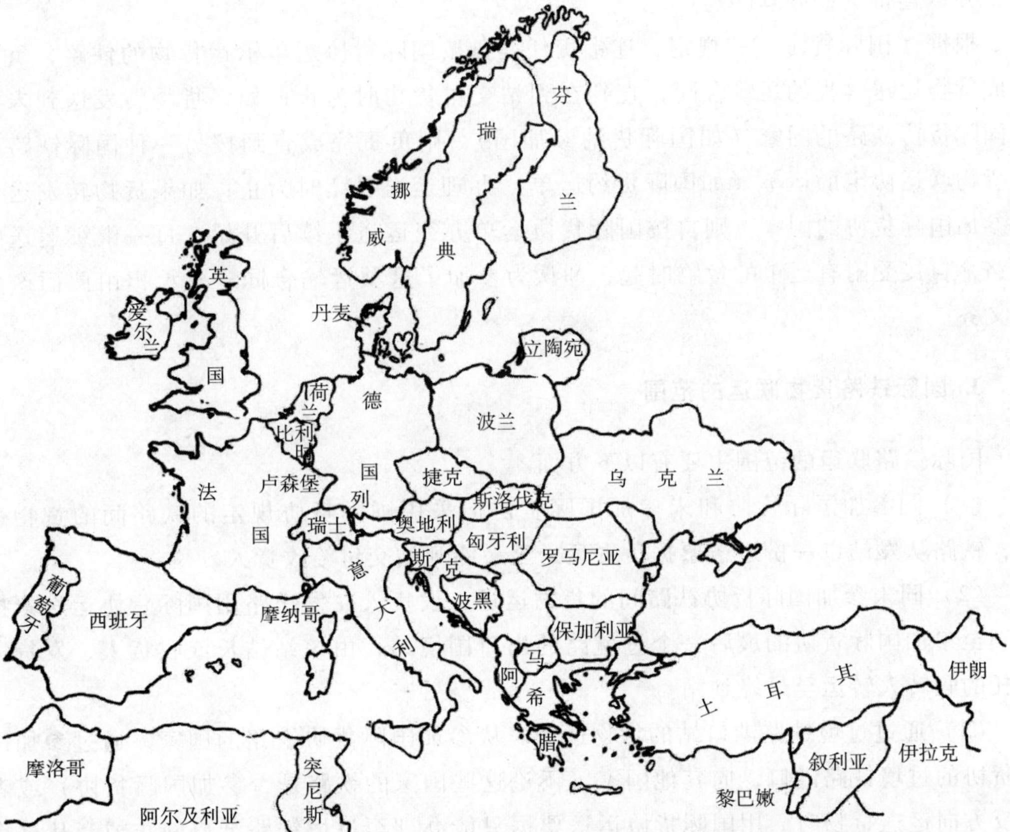

图 5－1　国际货约参加国地理位置示意图

二是铁路合作组织（简称“铁组”），采用的运输法规为《国际铁路货物联运协定》。1950 年 12 月 5 日至 18 日在华沙举行了国际铁路货物联运协定代表大会。协定的创始成员为苏联东欧集团的 8 个国家铁路，自 1951 年 11 月 1 日起生效。我国于 1954 年 1 月 1 日正式参加《国际货协》协定。经过多年的历史政治变迁，目前“铁组”参加国有 28 个，参加《国际货协》有包括东亚、中亚和独联体国家铁路成员 25 个。

参加《国际货协》的国家在欧洲有阿尔巴尼亚、保加利亚、波兰、俄罗斯、白俄罗斯、拉脱维亚、立陶宛、摩尔多瓦、乌克兰、爱沙尼亚；亚洲有中国、朝鲜、越南、蒙古国、哈萨克斯坦、乌兹别克斯坦、吉尔吉斯斯坦、塔吉克斯坦、土库曼斯坦、阿塞拜疆、格鲁吉亚、伊朗等国。

不参加但适用《国际货协》规定的国家有匈牙利、罗马尼亚和斯洛伐克等。

2. 国际铁路货物联运的概念

所谓国际铁路联运是指在两个或两个以上国家铁路全程运送中，使用一份运送票据，并以连带责任办理的运送。

根据《国际货协》的规定，连带责任是指按国际货协运单承运货物的铁路，负责完成货物运送全程的运输合同，直到在到站交付货物时为止；如将货物转发送到未参加国际货协铁路的国家（如国际货约参加国），则负责完成直到按另一种国际铁路直通货物联运协定的运单（如国际货约运单）办理运送手续时为止；如果货物转发送自未参加国际货协的国家，则自按国际货协运单办完运送手续后开始。每一继续运送的铁路，自接受附有运单的货物时起，即认为参加了这项运输合同，并承担由此而产生的义务。

3. 国际铁路货物联运的范围

国际铁路联运的范围主要有以下方面。

（1）同参加国际货协和未参加国际货协但采用国际货协规定的铁路间的货物运送，铁路从发站以一份运送票据负责运送至最终到站交付给收货人。

（2）同未参加国际货协铁路间的货物运送，发货人在发送路用国际货协运送票据办理至参加国际货协的最后一个过境路的出口国境站，由该站站长或收货人、发货人委托的收转人转运至最终到站。

（3）通过过境铁路港口站的货物运送。从参加国际货协铁路的国家，通过参加国际货协的过境铁路港口，向其他国家（不论这些国家的铁路是否参加国际货协）或者相反方向运送货物时，用国际货协运送票据只能办理至过境铁路港口站止或者从这个站起开始办理，由港口站的收转人办理转发送。

4. 国际铁路货物联运的特点

国际铁路联运参加运送国多，运输距离长，因此铁路必须高标准、高质量地办理货物联运，对其质量、包装严格按照各有关规定办理。其主要特点如下。

(1) 必须由两个及以上的国家铁路参加运送。

国际铁路联运，要考虑到各参加国家铁路的设备条件、组织方式和相关法规，因此其运输票据、货物、车辆及有关单证都要符合各参加国家的规定和要求。

(2) 运输方法采用一单到底制。

国际铁路联运采用一次托运、一次付费、一单到底、统一理赔、全程负责的运输业务方法。这种运输业务方法能提高联运的管理水平，最大限度地发挥现有设备的作用，选择最佳的运输路线，组织合理化运输。

(3) 运输责任采用统一责任制。

自承运到交付的全过程，无论货物的灭失、毁损、短件或延迟交付的责任是在哪个联运国铁路段发生的，均按有关规定对发货人或收货人负责。

此外，集装箱国际铁路联运以集装箱为载体，是一种高效率的运输方式，可以实现“门到门”运输。在运输途中不需拆箱、装箱，减少了中间环节及换装可能带来的货损、货差，缩短运输时间，降低运输成本，提高运输质量。

相关链接

全国铁路实施95306“数字口岸”铁路国际联运更高效便捷

在前期试点运行基础上，95306“数字口岸”系统自2020年7月起在全国铁路各口岸站投入应用，铁路国际联运各方将实现数据网上共享、快速申报查询、中外文信息自动翻译，铁路国际联运将更加高效便捷，对于推动“一带一路”沿线国家铁路合作、促进国际贸易便利化具有重要意义。

95306“数字口岸”系统能够自动抓取集成铁路进出口货物、企业、运输工具等信息，并通过铁路数据专线连接海关总署和俄罗斯、哈萨克斯坦、蒙古国等周边国家铁路公司。货物列车自中国铁路各相关车站出发后，列车、货物、发运人、收货人等信息可实时传递到海关部门、口岸站、代理企业和国外铁路公司，自动完成海关申报；货物列车自境外铁路车站出发后，中国铁路和代理企业也可获取列车、货物、发运人、收货人等信息，提前做好国内段运输方案，及时办理相关手续。

95306“数字口岸”系统上线运用后，改变了传统通关方式，实现铁路与海关部门信息互联互通、高度协同作业，取消了人工申报和纸质单据，货主足不出户即可完成海关申报、铁路流向变更等手续，口岸便利化程度和通关效率显著提升，从申报到海关放行的时间由原来的半天左右缩短至30分钟以内，最快只需几分钟。同时，在与周边国家铁路公司数据交换过程中，首次引入中文规范、语言标识，建立了中外文代码字典，实现了中外文信息的自动翻译，有效促进了国际联运信息的标准化，也有助于提升中国铁路的国际影响力。

（资料来源：人民交通网，全国铁路实施95306“数字口岸”，http：//www.rmjtxw.com/news/tl/120149.html）

5.1.2　国际铁路货物联运管理制度

1. 办理国际铁路货物联运时主要适用的规章

各铁路局和国境站，以及发、收货人在办理国际铁路货物联运业务时，必须遵守国际铁路货物运输有关规章。下面介绍与国际铁路货运有关的规定。

（1）《国际铁路货物联运协定》（简称《国际货协》）。

1952年制定的《国际铁路货物联运协定》规定了货物运送条件、运送组织、运送费用计算核收办法，以及与发、收货人间的权利与义务等问题。《集装箱运送规则》《危险货物运送规则》《敞车类货车货物装载和加固规则》《易腐货物运送规则》等都是《国际货协》的附件。

（2）《国际铁路货物联运统一过境运价规程》（简称《统一货价》）。

1991年《统一货价》不再从属于《国际货协》，具有独立的法律地位，计算单位由卢布变为瑞士法郎。其主要规定了过境参加《统一货价》的铁路办理货物运送手续、过境运送费用和杂费的计算、过境铁路里程表、货物品名分等表、货物运费计算表等。

（3）《国际铁路货物联运协定办事细则》（简称《货协细则》）。

《货协细则》规定了参加《国际货协》的铁路及其工作人员在办理货物联运业务时所应遵守的铁路内部的办事程序，即调整各参加国铁路内部往来业务关系的规则，适用于铁路内部工作关系的处理，但不能用于调整发货人（收货人）同铁路间法权上的相互关系。

（4）《国境铁路协定》和《国境铁路会议议定书》。

《国境铁路协定》规定了办理联运货物交接的国境站、车站及货物交接条件和方法、交接列车和机车运行办法及服务方法等。

《国境铁路会议议定书》是通过两相邻国家铁路定期召开国境铁路会议，对执行协定中的有关问题协商而签订的，主要内容为双方铁路间关于行车组织、旅客运送、货物运送、车辆交接等有关问题。

中朝、中越、中蒙、中俄、中俄蒙铁路签订的国境铁路协定和议定书是我国与朝鲜、越南、蒙古国、俄罗斯、俄蒙铁路间签订的双边协定或协议，规定了有关国境站联运货物、车辆交接条件和方法及交接列车、机车运行办法，适用于国境铁路，部分内容适用于发、到站和发、收货人。

（5）《关于国际联运车辆使用规则的协定》及其附件《国际联运车辆使用规则》（简称《车规》）。其规定了参加国铁联运的一切客车、货车、集装箱、托盘和运送工具在有关国家国际联运中的交接要求及内容。该内容主要对铁路车辆部门和国境站适用。

（6）《关于国际旅客和货物联运清算规则的协定》及《国际旅客联运和货物联运清算规则》（简称《清算规则》）。这两项规则规定了参加国铁路间费用清算办法及其修改、补充和争议的解决办法。从 1991 年 9 月起具有独立的法律地位，不再从属于《国际货协》。

（7）《国际铁路货物联运办法》（简称《联运办法》）。

该办法是铁道部根据我国铁路货物联运的实际，为了便于开展国际联运工作，方便执行上述有关联运规章，将上述联运规章简化并作了补充规定，供我国国内各站办理国际铁路货物联运时使用，该国际联运规章不具有法律效力。

（8）其他规定。

《国际货协》内还有其他规定，如《国际铁路联运危险货物运送特定条件》《敞车类货车货物装载和加固规则》以及各种轨距铁路的装载限界、运单格式、表示牌和标记样式、《铁路集装箱运送规则》《国际铁路联运易腐货物运送规则》《国际铁路联运托盘货物运送规则》《不属于铁路车辆的运送规则》等。

在上述国际联运规章、补充规定及《联运办法》内未规定的事项，均适用国内铁路规章的规定。国际联运和国内铁路都有规定时，适用国际联运规章。

我国铁路货物运输适用的有关规章有《铁路货物运输规程》《铁路货物运价规则》《铁路危险货物运输管理规则》《铁路鲜活货物运输规则》《铁路超限货物运输规则》《铁路货物装载加固规则》《铁路月度货物运输计划编制办法》《铁路集装箱运输办法》《货运日常工作组织办法》《快运货物运输办法》《铁路货物保价运输办法》《铁路货物运输杂费管理办法》《货车延期使用费核收办法》《铁路国际联运办法》等。

2.《国际铁路货物联运协定》的内容

《国际铁路货物联运协定》签订于 1951 年 11 月 1 日（我国在 1954 年 1 月 1 日加入），目前，参与签字国有中国、俄罗斯等 22 个国家，铁路总长 26 万多公里。《国际铁路货物联运协定》是缔约各国发货人、收货人以及过境办理货物联运所共同遵循的基本文件。《国际铁路货物联运协定》共设 8 章 40 条。主要内容包括：适用范围、运输契约缔结、托运人的义务和权利、承运人权利和义务、赔偿请求与诉讼时效等。下面重点介绍《国际铁路货物联运协定》的主要内容。

（1）适用范围。

《国际铁路货物联运协定》适用于缔约国铁路方面之间的国际直通货物联运，协定对铁路部门、发货人、收货人都有约束力。但不适用：①发、到站都在同一国内，而用发送国列车只通过另一国家过境运送货物；②两国车站间，用发送国或到达国列车通过第三国过境运送的；③两邻国车站间，全程都用某一方列车，并据这一铁路的国内规章办理货物运送时。

（2）运输契约缔结。

发货人托运时，要填写运单和运单副本。

运单是发货人与铁路之间缔结的运输契约，是铁路向收货人收取运杂费用和点交货物的依据。它规定了铁路、发货人和收货人在货运中的权利、义务和责任，因此，运单对上述当事人均有法律约束力。同时，运单又是铁路运输的凭证。但运单不是物权凭证，不能转让，亦不能凭此提货。运单随同货物从始发站至终点站全程附送，最后交给收货人。联运运单副本是贸易双方结算货款的依据。当所运货物或票据丢失时，副本可作为向铁路索赔的证件。运单副本加盖戳记后，证明铁路运输合同订立，并交付发货方凭以结汇。

（3）托运人的权利、义务。

托运人包括发货人和收货人，其主要权利和义务如下。

①发货人对运单记载和声明事项的正确性承担义务，否则，承担相应的一切后果。

②发货人对货物包装、标记符合要求负责。

③按规定计算、支付运费。即发送路铁路国内运价由发货人支付；到达路发生的运费按到达国国内运价由收货人在到站支付；过境铁路运费按《国际铁路联运协定》统一的过境运价规程计算，在发站或到站由收货人支付。

④货到站后，收货方应付清运费并领取货物。

⑤货物发生重大质变，不能按原用途使用时，收货人有拒绝领取货物的权利。

⑥发货人和收货人都有对运送契约变更一次的权利。发货人在发站领回货物；变更到站；将货物返还发站。收货人也可在到达国范围内变更到站或收货人，但变更申请必须在货物尚未从到达国境站上发出时作出，否则，一旦从国境站发出，申请变更无效。变更运输合同应在国内（发出或到达国）按规定交纳一定费用。

（4）铁路（承运人）的权利和义务。

铁路（承运人）的权利和义务主要如下。

①收取运送费用和其他费用，并交付货物和运单。

②有权检查运单中记载事项的正确性，并对不完全、不准确记载和声明核收罚款。

③对非承运人过失而引起的货物灭失、损坏、短量不负责任。

④铁路对于按《国际铁路联运协定》办妥联运手续的货物负全程运输责任。

⑤如果货物发往非《国际铁路联运协定》国，铁路应负责按另一种有关协定的运单要求办理运送手续。

（5）赔偿请求与诉讼时效。

对赔偿请求和诉讼时效的规定如下。

①托运人有权据合同提出赔偿请求。赔偿请求应采用书面形式。由全权代理人、

代表提出时，应有发货人或收货人的委托证明书方可。

②列明具体赔偿金额。当请求人是发货人时，则向发送路局提出；如由收货人提赔，则应向到达站提出。

③提出赔偿不能得到合理解决时，可起诉。

④发货人或收货人根据运输合同向铁路提出的赔偿请求和诉讼，可在 9 个月内提出。关于货物部分灭失、重量不足、毁损、腐坏或因其他原因降低质量的赔偿请求，自货物交付收货人之日起计算；关于货物全部灭失的赔偿请求，自货物运到期限期满后 30 天起计算。

5.1.3　国际铁路货物联运运费及其计收

国际铁路货物联运运费应该按照《国际货协统一过境运价规程》（以下简称为《统一货价》）和《铁路货物运价规则》的有关规定计收。国际铁路货物联运费用包括联运货物的运费、押运人的乘车费、杂费和其费用。联运货物运费应按以下规定的计收。

1. 运输费用计收的规定

运输费用的计收分以下几种情况。

（1）参加《国际货协》的各铁路间运输费用的计收原则。发送站的运输费用按发送站所在国家的国内运价规定，并以发送站所在国家的货币在发送站向发货人计收。到达站的运输费用按到达站所在国家的国内运价规定，并以到达站所在国家的货币在到达站向收货人计收。国境站的运输费用按《统一货价》的规定在发送站向发货人计收或在到达站向收货人计收。

（2）参加《国际货协》与未参加《国际货协》铁路间运输费用的计收原则。发送站和到达站的运输费用仍按所在国家的国内运价规定，并以所在国家的货币在发送站向发货人计收和在到达站向收货人计收。

参加《国际货协》并实行《统一货价》的过境站和过境铁路运输费用，在发送站向发货人（相反方向运输时则在到达站向收货）计收。对过境未参加《国际货协》的铁路站的运输费用，在到达站向收货人（相反方运输时向发货人）计收。

（3）通过过境铁路站港口运输费用的计收原则。参加《国际货协》并实行《统一货价》的国家，通过另一个实行《统一货价》的过境铁路站港口，向其他不论是否参加《统一货价》的国家（或相反方向）运输货物，并用国际货协票据办理货物运输时，只能办理到过境港口站为止，或从该站开始办理。

从参加《国际货协》的铁路发送站到港口站的输费用，在发送站向发货人计收；相反方向运输时，在到达站向收货人计收。

在港口站所发生的杂费和其他费用，在任何情况下，都在港口站向收转人计收。

过境铁路的运输费用按《统一货价》规定计收。

2. 国际铁路货物联运国内段运输费用的计算

根据《国际货协》的规定，我国通过国际铁路货物联运运输的进出口货物，其国内段运输费用按我国《铁路货物运价规则》计收。国际铁路货物联运国内段运输费用的计收原则为：

（1）根据货物运价里程表确定从发送站至到达站的里程。

（2）根据运单上填写的货名查找货物品名检查表，确定适用的运价号。

（3）根据里程和运价号，在运价表中查出相应的运价率。

（4）以《铁路货物运价规则》确定计费重量。

（5）运输费用等于计费重量与适用运价的乘积。

其计算公式为：

运费 = 运价率 × 计费重量

3. 国际铁路货物联运过境运费的计算

国际铁路货物联运过境运费按《统一货价》的规定计收。其计算原则为：

（1）根据运单记载的应通过的过境站，在《统一货价》过境里程表中查找出货物运输所通过的各个国家的过境里程。

（2）根据货名，查找《统一货价》中的通用物品名表，确定所运输货物适用的运价等级。

（3）根据货物运价等级和各过境站的运输里程在《统一货价》中查出适用的运价。

（4）由于《统一货价》对过境货物运费的计算是以慢运整车货物的运费为基础的，即以此为基本运费。

其计算公式为：

基本运费额 = 货物运费率 × 计费重量

其他类别的货物应在基本运费的基础上分别乘以不同的加成率，加成率系指运费总额应按托运类别在基本运费额基础上所增加的百分比。

其计算公式为：

运费 = 基本运费 ×（1 + 加成率）

5.2 国际铁路联运的运输组织

5.2.1 国际铁路联运运输组织的特点

国际铁路货物联运具有运输形式多种、操作严格、货物品类繁多、程序复杂、运输环节多、牵扯面广、涉及专业多等特点。除了要执行我国铁路运输规章、《国际货协》外，还要严格遵守国家外贸法规、海关商检规定，以及相关贸易国的有关规定。在亚欧铁路直通运输中，还要考虑《国际货约》的相关规定（见 2015 年版《国际货协》附件第 6 号《国际货约/国际货协运单指导手册》）。此外，除了经济性因素外，还要受到国与国之间的政治影响。

随着我国经济的迅速发展和国力的日益增强，以及“一带一路”倡议方针的实施，我国与周边国家开展的互利合作进一步深入，经贸关系不断扩大。同时，大力促进国外经济带和开发区的建设，中国企业海外投资、能源和原料基地建设会越来越多，这为国际铁路货物联运的发展提供了新的机遇。同时，国际铁路货物联运也越来越大型化、成套化、多种化，这就需要对国际铁路货物运输有更严密、更完整、更细致、更规范的组织工作，对铁路运输的组织安排、货物包装、装载加固、发送、运送票据办理、联检部门查验、口岸文件准备、口岸站货物交接和换装，以及货物的运到期限、货物的交付等各个环节进行统筹安排。

综合来看，国际铁路联运的运输组织具有以下三个方面的特点。

（1）国际铁路联运货物的繁杂多样性。既有正常的国际贸易，也有境外旅游者的旅游采购商品、国家的对外经援物资、海外投资项目的设备材料、国际工程项目的机械设备等，包括日轻杂货、食品粮食、矿石建材、工程机械、化工品、危险品、超限超重货物等。我国铁路和《国际货协》对这些货物的运输装载要求是复杂和严格的。

（2）整个运输组织工作涉及铁路运输的所有环节，包括铁路运送车辆的选择、货物的装载加固、承运、行车组织、口岸站货物的交接和换装、到达路货物的交付等。同时，各种货物对运输条件的要求也不尽相同，而各国铁路对此规定也有差异。例如，中俄两国铁路对敞车装载木材高度的限制就有所不同。此外，国际货物运输又有较严格的时间、空间要求，要保证货物在口岸及时查验、顺利通关。所有这些对运输组织者（发货人、运输代理人和铁路承运人）都要有较强的运输组织能力、较高的专业素质和敬业精神。

（3）需要熟悉和掌握更多相关国家的法律法规。由于是跨越国界的进出口货物运输，除了要知道铁路运输的运输规定和基本要求外，还要了解国家的外贸政策法规及海关、商检规定，货物的到达国和运输经过国的法规和运输限制，以及境外铁路运输组织的规定。特别是在“一带一路”倡议下，完善与沿线国家互联互通物流通道的建设和运输组织，是国际铁路货物联运发展的必要环节。

5.2.2　国际铁路联运“一批货物”的概念

2015 年修订的《国际货协》取消了国际铁路货物联运中整车货物、零担货物、集装箱货物和轮式集装箱货物的概念，扩大了一批货物概念的内涵，将“一批货物”定义为“一个发站按一份运单从一个发货人处承运、发往一个到站一个收货人的货物”。它可以是一车装运的货物、一个集装箱装运的货物或空集装箱，也可以是成组或整列装运的货物。

1. 按一批货物直接办理承运的条件

在国际铁路货物联运中，下列货物可按一批货物直接办理承运。

（1）装入一辆车（跨装车组）的货物，如托运的货物需要装入单独车辆运送，或者需要装入两辆或两辆以上连挂车辆（跨装车组）。

（2）装入多式运输单元、汽车运输工具的货物，或者空的多式运输单元、汽车运输工具。

（3）自轮运转货物（铁路机车车辆、铁路起重机、铁路养路机械和建筑机械等）。

上述货物均为原《国际货协》中的整车货物，它们是国际铁路联运中的基本运输单元，在实际的国际铁路联运工作中占有重要位置。

2. 经商定后可按一票办理运送的条件

在国际铁路联运工作中，经发货人与承运人商定，对从同一发站、同一发货人发往同一到站、同一收货人的下列货物，可按一份运单办理运送。

（1）使用两辆或两辆以上车辆（跨装车组除外）运送的同一品名的货物。

（2）超过一件的同一品名的自轮运转货物。

此项规定多适用于大宗货物如矿石、煤炭货物的运输，可大大减少运送票据的办理数量，简化口岸运送票据交接和查验的手续，节省相应的费用支出，加快货物的运送。目前，在中俄两国铁路的国际货物联运中，对由俄罗斯到中国的铁矿和煤炭运输中广泛采用。例如，由俄罗斯经后贝加尔—满洲里口岸运往中国同一到站、同一收货人的金属矿石和煤炭，可按一份运单办理运送，每份编组不超过 64 辆。

3. 集装箱货物办理运送的条件

在国际铁路货物联运中，按一批货物的定义，对集装箱装运的货物，通常一个大英尺集装箱为一批货物，办理一张运单。对组织集装箱班列而言，需办理的运送票据极为繁多。为简化国际铁路集装箱运输，新修订的《国际货协》特别做了如下规定。

（1）由同一发货人装载到一辆车，并从同一发站发往同一到站、同一收货人，且在运送途中不进行换装和换轮作业的数个集装箱装运的货物或空集装箱，可按一票办理运送。

（2）经发货人与承运人商定，从同一发站、同一发货人发往同一到站、同一收货人的数个集装箱装运的货物或空集装箱，无论所需车辆数量多少，均可按一票办理运送。

此项规定使一票办理成组或整列集装箱运送成为可能，极大地减少了集装箱班列办理的运送票据的数量，为促进集装箱班列的开行创造了有利的条件。以组织开行编组 40 辆的集装箱班列为例，若装运 80 个 20 英尺集装箱，按原来的规定，需办理 80 份国际货协运单，共需打印 480 张基本运单，还不包括补充运行报单，再加上办理口岸报关报验手续所需的单证，开行一列集装箱班列，需要办理的各种票据都在 1000 多张。利用该项规定，对同一发站、同一发货人到同一到站、同一收货人的所有集装箱，可按一张运单办理运送，这大大简化了运送票据的办理。

5.2.3　国际铁路联运计划和组织发运程序

1. 运输组织准备工作（主要是发货人）

国际铁路运输组织准备工作是重要的环节，它主要是指发货人应在托运前做好的各项准备工作。根据铁路运输规定，发货人应安排货物的装运地点、计划申报、配载方案。同时，依据国家外贸政策（包括海关商检等）和外贸合同要求，制定出有效的运输方案。其具体细节如下。

（1）制订运输组织方案和设计货物装载技术方案。根据客户提出的货物发运批次、发运地、运输时间要求，运输商或货运代理人要制定运输组织方案和设计货物装载技术方案。注意要提前向客户预报上述工作的准备时间。

要求货主提前提供货物清单，包括货物名称、规格、数量、包装、采购地点、运输批次、运输时间。以便提前做好货物配载、装载加固方案制定、国际联运计划申报、特种货物和超限超长集重货物国联商定、境外及第三国过境运输、口岸交接换装等准备工作。审核货主提供的运输资料，是否符合我国铁路运输限制，符合所通过国境口岸、所到达和过境运输的国家限制。

按照货物品类，如是超限、超长、超重、危险品货物，需要提出装载加固或包装方案。在铁路规定的时间内在始发站提报国际联运计划，待铁路总公司与国外铁路商定批准后执行。一般情况下，普通货物提前 10 天左右，超限、超长、超重、危险品货物应提前 1 个月左右。如有特殊要求或工程急需货物运输，需向铁路总公司提报临时加急，特批计划的时间，以及各发运地运抵到达站的运输时间，最好列出明确的时间表。如大型成套工程设备，请业主提供工程方案或进度表，以便根据现场工程进度和供货地距离设计组织最佳方案。

以上资料按出境国家规定，要使用中、俄两种文字填制。需要货主准确、详细填制国际铁路货物联运委托书（见图 5－2）。注意在发运亚欧铁路直通运输时，因为跨越两个运输组织和多个国家，所以要提前 1 个月提报运输商定。

（2）制订车辆配载方案。根据客户提出的货物清单，要制订车辆配载方案，确定各发运地发运车数量和批次、供货商供货时间，各发运地发运组织安排，做出各批次货物装车清单和相应报关单据（报关单、装箱单、商务发票等）的准备安排。各发运地申报国际联运计划和货物装载技术方案申报的准备安排和明确负责人员。

国际铁路货物联运委托书

Письмо поручения на международное сообщение №:

发货人通讯地址 Отправитель, почтовый адрес	合同号 Контракт №
	发　站 станция отправления
收货人通讯地址 Получатель, почтовый адрес	
	货物金额 Стоимость грузов
通过的国境站 Пограничные станции перехода	装期 дата погрузки ／ 有效期 Срок действии
到达路和到站 Дорога и станция назначения：	

唛头 Марка	件数 Число мест	包装种类 Род упаковки	货物名称 наименование груза	重量 Вес	立方米 Кубометр

发货人添附的文件 Документы, приложенные отправителем	运费付至何地 Перевозка оплачена до
发货人有何特殊要求 Особые требования отправителя	发货人签字 Подпись отправителя 姓名： Фамилия и имя 电话： Телефон 日期： Дата

图 5－2　国际铁路货物联运委托书

选择合适的发运车站，即按照货物的采购、生产、存储地点，集散送货运输条件，我国铁路规定的发运车站的装运条件（即中铁规定的危险货物发运站、集装箱发运站、超限大型货物发运站等），确定国内的发运站。同时还要根据到达国和过境国铁路的运输条件，确定国际运输路径和到达站。

各车站的接发条件可查阅相关铁路里程表和《国际货协》有关规定。

（3）商定国际铁路货物运输计划。按《国际货协》的规定：所有使用“国际货协运单”和“国际货约/国际货协运单”全程运输的货物，缔约承运人要与所有参加运送的承运人（包括到达国承运人和过境国承运人）提前商定国际铁路货物运输计划。缔约承运人将要发运的货物名称、数量（车数）和货物到站，通知到达国承运人和过境国承运人，后者将根据本国铁路运输能力、口岸站接车能力、车辆安排，以及其他接运条件，审查是否可以接运所商定的货物，并复函缔约承运人。缔约承运人接到同意复函后，将向发站下达发运计划。

现行的国联计划报批手续：已经从纸质计划报批、车站电子报批发展到电子网络报批。即符合规定的国际铁路货物联运发运人（具有国际货运代理资格或具有外贸进出口资质的企业），登录“95306”中国铁路客户服务中心网站的中国铁路货运电子商务平台，直接报请。发货人将计划输入“95306”中国铁路货运电子商务平台。在到站栏中填写所经过的国境口岸车站后加“境”字，如“阿拉山口（境）”。即作为国际联运计划报上，国际联运商定确定后批下，发货人即可办理发货。

特种货物（危险货物、超限货物、超长货物、超重货物）和需要过境第三国铁路的货物，需要报请铁路总公司单独办理本批货物国际联运商定，在国际联运商定回复和计划批复后，才可组织发运。

（4）要求业主提供准备运输及报关单证所需要文件资料，主要是缮制国际联运运单和箱单、发票的注意事项。例如，发往越南、朝鲜的货物只需填写中文即可，发往俄罗斯、蒙古国或中亚国家的货物需填写中、俄两种文字，且必须用打印机打印等。协助货主缮制报关单据，即报关单、装箱单、商务发票等，以及按规定应由生产厂家去做的机械设备出口商检。在发运亚欧直通运输时，还要提供《国际货协》铁路所需要的文字（英、法、德文），以及到达车站的编码。

（5）缮制“国际货协运单”（即国际联运运单）准备，要求货主提供对运输委托事项的明确表示，如收货人、收货人地址、联系方法、企业代码、货名、规格、包装、数量、到站、到站编码、出口合同号码等缮制运单的必要指示，用中、俄两种文字写明。关于“国际铁路货协运单”填制办法请阅第四章国际铁路货物运输单据。

亚欧铁路直通运输运单，需要加添《国际货约》工作语言（英、法、德文）。

（6）协助货主审核准备出口报关报检单据和需返运回国设备的临时出口手续，并提前协办需报请商检。关于海关商检手续，请阅第九章海关商检与运输记录。

（7）提前调查发运站、集散站的装卸、储运能力，并做好准备工作。提前与货主商定零散货物集中发运的集散车站和储运。

（8）提前准备欧盟海关区和俄白哈联盟所需要的提前预报海关资料。

①欧盟海关提前舱单规则（ENS）。

欧盟海关提前舱单规则（ENS）旨在确保任何进口商品进入欧盟（EU）之前需进行安全风险评估。此规则于 2011 年 1 月 1 日开始执行，并适用于全部 27 个欧盟成员国。

ENS 主要是要求海运承运商在载货船舶进入欧盟之前，需提前 24 小时提交货物申报单，即入境摘要报关单或 ENS。根据此规则，托运人应当在出口装货港集装箱堆场截收之前至少 48 小时向承运商提交完整准确的装船须知（SI）。装船须知必须包含所有提交 ENS 所需的数据（参见以下列举的元素），随后承运商负责按时向欧盟海关提交电子版 ENS。

提单样本必须包含如下 ENS 必要元素：

——发货人（要求完整信息，包括公司名称、联系方式、邮编、城市、国家等。如有 EORI 编号，请提供）。

——收货人（接受“To Order”。如不是“To Order”提单，则要求提供完整收货人信息，包括公司名称、联系方式、邮编、城市、国家等。如有 EORI 编号，请提供）。

——通知人（收货人为“To Order”时，必须提供完整信息，包括公司名称、联系方式、邮编、城市、国家等。如有 EORI 编号，请提供）。

——集装箱号和封号。

——准确清晰的货物描述。

——包装数量和类型代码。

——六位 HS 代码（必须一一对应）。

——危险品的 UN 代码（如果货物是危险品需提供）。

——运输费用支付方式代码（如现金、信用卡；仅在适用时提供）。

如果未能遵守此规则，最严重时可能导致停止装卸货物，以及货流和供应链的中断。另外，海关当局将会向负责提交货物申报单的承运商和其他方强制征收罚款或其他罚金。

②欧亚经济联盟（关税同盟）预先通报规定。

2013 年 9 月 17 日欧亚经济委员会 196 号决议“关于铁路运输货物进入关税同盟关境实行强制性预先通报的决议”，规定自 2014 年 10 月 1 日起铁路运输货物进入关税同盟关境（俄罗斯、哈萨克斯坦、白俄罗斯）实行强制性预先通报。

2. 承运人（发运车站）的发运工作

（1）发运车站货运工作人员，应详细了解国际铁路货物联运的规定：包括国际铁路货物联运的应用范围（我国及《国际货协》各国的国际货物到发车站、集装箱办理站、危险货物办理站、超限长大货物办理站）、国际铁路货物联运办理种别、我国与各铁路接轨口岸的运输限制和规定、国际货协运单的正确填制方法，以及我国铁路对于上述货物的运输规定等。

（2）发运前，发运车站货运工作人员要对所运货物和货物包装按铁路现行货物运输规则进行详细检查，是否符合我国铁路运输规定、符合《国际货协》的运输规定、符合所经国境接轨口岸的限制和规定。并协助发货人制作货物装载加固方案。

（3）对国际联运货物使用的票据检查。国际联运货物使用的票据有：运输单据，包括国际货协运单（国际联运货物运单）、补充运行报单和补充清单；外贸商务单据，包括海关报关单据、商检单据、外贸进出口单据。

铁路货运人员主要检查运输单据，外贸商务单据名称和份数应填写在运单第 24 栏“发货人添附的文件”栏目中，“注明发货人在运单上添附的所有文件（如出口货物明细单、出口货物报关单、运单的补充清单、动植物检疫证书、出口许可证、品质证明书、商品检验证书、卫生检疫证书、植物检疫证书和其他货物出口所必需的文件）及数量。根据《国际货协》的规定，如运单上附有补充清单，记载添附补充清单的张数。”

添附文件应随同运单一起至国境站，货物在国境站的通关手续，由发货人委托口岸站代理人代为办理。铁路无义务检查发货人在运单上所附的文件是否正确和齐全。由于没有添附文件或文件不齐全、不正确而产生的后果，发货人应对承运人（铁路）负责。由于没有添附文件或文件不齐全、不正确，以致使货物运送或交付发生滞留时，则对滞留时间核收车辆滞留费或货物保管费。

如由于承运人（铁路）的过失而使发货人在运单上已作记载的添附文件丢失，则铁路应对其后果负责。

（4）国际货协运输单据（详见 5.3 节）。

（5）请报日装车计划。国际铁路联运计划商定完并下达发站后，发货人凭编制好的国际货协运单向车站请报日装车计划（现在可通过“95306”中国铁路货运电子商务平台申报）。货运调度批准装车后，即可配车发运。装车时，如在发运站已报关货物，需在国际货协运单加盖海关监管戳记。如不在发运站报关而在国境口岸站报关，则只需按规则填写运单后，即可发送。此时发货人即按约定发出时间，准备货物短运上站及报关报检工作。国际联运货物在装车时要严格按中铁货物运输规则和报请批准的装载加固方案进行装车和加固工作。

（6）需押运的货物准备押运人员，办理押运手续。押运规定每组二人，需穿着规定押运服装，持押运证。危险货物押运人员需经过危险货物运输培训的持证人员。

（7）装车后交纳运费。车辆应于当日 18 时前开出，车站货运室在第二日将加盖车站发运戳记的国际货协运单第 4 联发还。

5.3 国际铁路货物运输单证

5.3.1 国际货协运单概述及其流转

1. 国际货协运单概述

国际货协运单是国际铁路货物联运最重要的文件之一。国际铁路货物联运必须使用《国际货协》统一制定的国际货协运单。国际货协运单由《国际货协》参加国铁路统一制定使用，填写时使用发运国文字和《国际货协》工作语言填写（现工作语言是中文、俄文）。

（1）运单是发、收货人（货主）与铁路间缔结的运送合同，具有法律效力，发货人填制好运单，盖上发货人章，发运站盖上带有日期的发运章后，即运输合同签订。

（2）运单是国际铁路货物联运铁路连带责任的确认。发运国铁路、通过国铁路和到达国铁路（应都是《国际货协》适用路）在接受运单后，都应对运输承担连带责任的义务。

（3）运单是用以银行议付货款、信用证核销的法律文件。

（4）运单是发货人支付铁路运费的证明文件。

（5）运单是办理货物进出口手续的法律文件。

2. 国际货协运单的组成和流转

（1）运单正本由五张组成。

1—运单正本（随同货物至到站，并连同第5张和货物一起交收货人）；

2—运行报单（随同货物至到站，并连同第4张一起留存到达路）；

3—运单副本（货物发运后交发货人与收货人通过银行结算贸易款的凭据）；

4—货物交付单（随同货物至到站，并连同第2张一起留存到达路）；

5—货物到达通知单（随同货物至到站，并连同第1张和货物一起交收货人）。

运单第1、2、4、5各张随货物附送至到站。运输合同缔结后，运单第3张（运单副本）退还发货人。运单副本不具有运单正本（运单第1张）的效力。

另外，每一过境铁路需加制一份不带编码的补充运行报单，由过境铁路留存。

（2）发货车站带号码的补充运行报单，必须由发站填写，现在使用电子单据，自动留存。带号码的补充运行报单上的编号即批号（也即“运单号”），应填入运单和不带号码的补充运行报单“批号”栏内。

出口过境站应对带号码的补充运行报单同运单记载的运送费用核对、检查。

（3）铁路内部用无号码的补充运行报单。

无号码的补充运行报单的用途是每通过一个过境国加抄一份作为清算单，其程序是发站到出口国境站再到过境站。

各张运单和补充运行报单以及慢运和快运票据都不得相互代用。各类票据的作用及其流转程序见表 5－1。

表 5－1　　货协运单和补充运行报单的用途和流转

名称	张别		主要用途	流转程序
运单	1. 运单正本		运输合同凭证。发、收货人与铁路之间的运输合同的凭证	发货人——发站——到站——收货人（连同第 5 张）
	2. 运行报单		运输货物依据。联运各国铁路办理货物交接、划分运送责任、清算有关费用、统计运量和运输收入的原始依据	发货人——发站——到站——到达路
	3. 运单副本		铁路接受货物的凭证。发货人可凭此作为向收货人结算货款的依据之一，也可据此行使变更运输要求，也是索赔证件	发货人——发站——发货人
	4. 货物交付单		铁路已履行运输合同的凭证。随同货物到站，并留存到站	发货人——发站——到站——到达路
	5. 货物到达通知单		随同货物到站，收货人存查	发货人——发站——到站——收货人（连同第 1 张）
补充运行报单	带号码	第一份	留发站存查	发站填写存查
		第二份	报发局审查	发站——发局
		第三份	出口国境站截留	发站——发送路出口国境站
	不带号码	每一过境路各一份	作为过境路清算运杂费的依据	发货人——发站——每一过境路截留一份
		运单抄件一份	发货人报销用	发货人——发站——发货人
		我国港口运人过境多编一份	我国出口国境站截留以清算过境运费	港口站——我国出口国境站
		每一继续运送路一份，并填制带号码的三份	超过车辆最大载重量多出的货物补送	发站——每一继续运送的铁路截留一份
		补送货物二份	换装时未装下等原因补送货物	换装站（编制站留存一份）——到站（一份）
		补编缺少的份数	缺页时出口国境站补编	过国境站——过境路截留
		每一摘下的车辆一份	一份运单直达运送的数个车辆，由于技术等原因摘下的车辆	摘车站——到站
		补编一份	缺带号码的补充运行报单时出口国境站补编	国境站——发送局财务

5.3.2 国际货协运单的填制

1. 联运货物运单和补充运行报单

运输合同按统一格式的运单办理。运单是发、收货人及其代理人与铁路之间的运输合同，对双方均有法律约束效力。

运单分慢运和快运两种。快运运单的正面和背面的上下边带有一厘米宽的红边以示区别。

各份补充报单中，第一份（存根）留存发站，一份留存发送路的出口国境站，参加运送的每一过境路的出口国境站各留存一份。发货人可在运单中添附途中或到达路海关规章所需的补充运行报单。

带号码的补充运行报单由发站填制，我国特定一式三份，一份留站存查，一份报自局，一份随同货物至出口国境站截留。

我国对国际联运经铁路口岸运送的进、出口（过境）货物，国内段填写货票。

2. 运单的填写要求

运单和补充运行报单，用发送国文字填写，并在每行下附俄文译文。

运单中规定由发货人填写的各栏和不带号码的补充运行报单中相应各栏，均由发货人填写并添附俄文译文。运单中由铁路填写的各栏和补充运行报单中相应各栏由铁路添附译文。车站和私人发货如无添附译文条件时，可不添附，由出口国境站补附译文。

中朝、中越铁路间运送的货物，可以仅用本国文字填写，不附俄文译文。我国经满洲里或绥芬河国境站运到俄罗斯的货物可以仅用中文填写，不再另附俄文译文。我国铁路自用的带号码的补充运行报单可仅用中文。

运单各栏内容按照“国际货协运单填写说明”规定填写。

（1）根据各有关铁路间的商定，可准许承运在国际货协参加路中的一个或数个参加路上随旅客列车挂运的整车货物和大吨位集装箱货物（在不换装运送中）。关于这种运送，发货人应在托运货物的8天以前，将此事通知发送路。

发货人取得随旅客列车运送货物的同意后，必须在运单“发货人特别声明”栏内注明：“货物在……铁路（铁路简称）随旅客列车运送”，这种运送用快运运单办理。

（2）在运单中，发货人必须注明货物应通过的发送国和过境国的出口国境站。如果有可能从出口国境站通过邻国几个进口国境站办理货物运送，则在运单上还应注明运单所要通过的进口国境站。

发货人应尽可能注明从发站至到站的最短路径所通过的国境站。对于过境路，发货人只应注明适用于该种国际运送的过境运价规程所载的国境站。

往朝鲜运送时，发货人应在运单“到达路和到站”栏内，除站名外，还应填写该铁路和车站的代号；而从朝鲜发送时，则在“发站”栏内填写。

(3) 收货人或发货人可以是一个自然人或法人。如果有关铁路对该国际联运所采用的过境运价规程未规定其他办法，则在运单“收货人，通信地址”栏内，不得列入没有收货人名称及通信地址的事项。

往越南、中国和朝鲜及相反方向运送时，在运单“发货人，通信地址”栏内或“收货人，通信地址”栏内，准许填写这些国家中规定的发货人或收货人及其通信地址的代号。

(4) 货物名称应按下列方法在运单上填写：

①国际货协运单上的货物名称，应符合国际货协附件第 2 号和本项②～④款的规定。

②过境参加国际货协铁路运送的货物，其名称应按适用于该种国际运送的过境运价规程的品名表填写。

除上述名称外，发货人可以在括弧内按发送路或到达路现行的国内运价规程品名表填写货物的名称，或按发送路和到达路现行的国内运价规程品名表填写两种名称。

③两邻国间运送的货物，如这些国家铁路间定有直通运价规程，则应按直通运价规程的品名表填写名称。

④在其他所有情况下，均应按发送路或发送路和到达路现行的国内运价规程品名表填写货物名称，此外，在运单中应注明货物的特征和状态，以确定其运价等级。

本项①～④款未列的货物，均按贸易上通用的名称填写。

⑤托运木柴和木材时，发货人可以在运单“发货名称”栏内，填写货物的垛数和以“cm”为单位的高度或以“m^3”为单位的体积等。

⑥如用标有“ABC”标记的车辆装载整车货物，则应在运单中“标记载重（t）”栏内填写字母“C”和该字母下所标的最大重量。

⑦重量以及确定重量的方法，均按发送路现行的国内规章，记载在运单相应栏内。

⑧如运单篇幅不足，不能将有关货物的记载事项记入第 9～13 栏内，以及有关集装箱和运送用具的记载事项记入第 18 和第 19 栏时，则应在运单第 1～5 张和每份补充运行报单上，各添附一份篇幅相当于运单的补充清单。在补充清单上，按每栏分别记载其所需的有关事项。在第 9～11 栏或第 18 和第 19 栏内，记载：“记载事项见补充清单”。在运单第 12 和第 13 栏内，注明货物共计件数和共计重量。

如运单篇幅不足，不能将车辆的记载事项——记入第 27～30 栏内时，其余事项应记入补充清单。在运单第 1～5 张和每份运行报单上，应添附一份上述补充清单。在第 27～30 栏最后一行，记载：“续见补充清单”。

发货人还可以在运单“发货人的特别声明”以及“发货人添附的文件”栏内添附补充清单。

发货人均应在补充清单上签名，并在运单“发货人添附的文件”栏内注明添附补充清单的份数。

⑨如根据发送路现行的国内规章，补充运行报单应由发站填写，则发货人应按发站要求，向发站提出必要份数的补充清单，以便添附在补充运行报单上。

添附的补充清单应按规定的文字填写。

⑩发货人在运单“对铁路无约束力的记载”栏内，可以填写有关这批货物的记载。这项记载只供收货人参考，对铁路并不附加任何义务和责任，例如：

属于……“合同项下”；

“按照第……号发货单（第……号运输单或第号定货单）”；

“继续发往……”。

⑪运输合同可以使用电子运单办理。电子运单即履行作为运输合同的纸质运单功能的整套电子数据。电子运单输入办法由铁路和发货人商定。运送快运货物时，在电子运单纸质副本右上注明“快运”字样，以代替红条。

⑫运输合同可以使用国际货约/国际货协运单代理，运单样式及其填写的指导手册载于附件第 22 号（国际货约/国际货协运单指导手册）。

⑬铁路不得修改或补充发货人在指定由其填写的运单各栏中的记载事项，但下列情况除外：根据适用于该种国际运送的过境运价规程规定，在“货物名称”栏内注明货物在产品分类表中的类项号或项目号，以及执行发货人或收货人关于变更运送合同或发生货物运送或交付阻碍时的申请或指示，在运单中填写修改事项。需要划销原记载事项时，应保证在划销后仍能辨认。

⑭运单填写不全或没有发货人签字的运单应退回发货人按要求填补。填写的不正确或不清楚，在运单记载事项中出现前后不符，有修改（划消、粘贴等）擦改或涂抹的运单，应由车站退还发货人，要求其重新填写，但根据国际货协第 7 条第 5 项准许在运单中所做的修改除外。

⑮从国际货协参加国向非参加国并且不适用国际货协规定的国家运送货物时，按照国际货协附件 12 号、6 号填写。

⑯我国对经铁路口岸运送的进出口货物，其国内段运送费用货票核收。

货票的发站（对进口货物）填写口岸站，记事栏内填写“国际铁路联运”。

对国际联运过境货物，其过境我国铁路的运送费用用货票核收。货票发站填入境铁路口岸站（或港口站），到站填写出境铁路口岸站（或港口站），货票记事栏内填写“国际铁路联运过境货物”。

使用货票核收国际联运货物运送货物时，车站在将国际铁路联运运单和不带号码的补充运行报单第 91 栏内，填写中铁费用已收和货票号码，加盖车站戳记，背面运费计算和收费栏内不填写，加盖“不作报销凭证”红色戳记，并将货票丙联交发货人（或其代理人）或收货人（或其代理人）报销。

铁路运单正本如图 5 - 3 所示。

1 运 单 正 本 — Оригинал накладной

(给收货人) — (Для получателя)

29 批号—Отправка №

国际货协运单 — Накладная СМГС

缔约承运人 — Договорный перевозчик

1 发货人—Отправитель

签字—Подпись

2 发站—Станция отправления

3 发货人声明—Заявления отправителя

4 收货人—Получатель

5 到站—Станция назначения

8 车辆由何方提供—Вагон предоставлен / 9 载重量—Грузоподъёмность

10 轴数—Оси / 11 自重—Масса тары / 12 罐车类型—Тип цистерны

6 国境口岸站—Пограничные станции переходов

7 车辆—Вагон	8	9	10	11	12	换装后—После перегрузки	
						13 货物重量 Масса груза	14 件数 К-во мест

15 货物名称—Наименование груза

16 包装种类 Род упаковки

17 件数 К-во мест

18 重量（公斤） Масса (в кг)

19 封印—Пломбы

数量 К-во	记号—знаки

20 由何方装车—Погружено

21 确定重量的方法 Способ определения массы

22	承运人—Перевозчики	(区段自/至—участки от/до)	车站代码 (коды станций)

23 运送费用的支付—Уплата провозных платежей

24 发货人添附的文件—Документы, приложенные отправителем

25 与承运人无关的信息，供货合同号码 Информация, не предназначенная для перевозчика, № договора на поставку

26 缔结运输合同的日期 Дата заключения договора перевозки

27 到达日期—Дата прибытия

28 办理海关和其他行政手续的记载 Отметки для выполнения таможенных и других административных формальностей

图 5－3　铁路运单正本

相关链接

中欧班列（进口端）首次使用“统一运单”

近日，一趟中欧班列从德国巴伐利亚开往中国四川，与以往不同的是，这趟从欧洲发往中国的中欧班列首次应用了统一运单。国际运输途中不再需要更换运单，减少了作业时间及资金成本，实现跨境铁路联运“一单到底”，有利国际铁路物流降本提效，也为开展国际贸易结算融资服务提供有力支撑。

首趟中欧班列开行以来，德国（OTIF 成员国）向中国（OSJD 成员国）开行的国际班列，就需要在波兰境内将国际货约运单（CIM 单）换为国际货协运单（SMGS 单）。

为解决上述问题，两个铁路合作组织合作制定了“国际货约/国际货协运单”，简称“统一运单”，相当于亚欧大陆国际铁路运输“统一护照”。这本“护照”用两种以上语言记录，使用俄文和德文（或英文或法文）填写，发往中国的另用中文填写。

近日从德国开往中国四川的班列，即为欧洲发往中国的中欧班列首次使用统一运单。此前，中国重庆开往德国的中欧班列已经采用统一运单。

至此，中国铁路成都局集团公司成为全国铁路系统唯一在中欧班列往、返两端均使用了“统一运单”的铁路局集团。

（资料来源：https：//baijiahao. baidu. com/s? id = 1647980354316053435&wfr = spider&for = pc）

5.3.3 国际货约/国际货协运单

1. 国际货约/国际货协运单概述

欧洲、亚洲、非洲是连在一起的大陆，铁路运输是陆地物流的最佳渠道。原按规定自《国际货协》国家往参加《国际货约》国家运送货物时，先按国际货协运单办理至参加国际货协的最后一个过境路的出口过境站，由其用国际货约运单将货物转发送至国际货约参加国的最终到站。这就涉及《国际货协》和《国际货约》两个不同的国际铁路货物运输法规的适用，运价和外汇的差异，责任的划分等问题。这给货主和运输部门，尤其是给同时参加两个协定的国家，造成诸多不便。

早在 1953 年《国际货约》的执行机构“伯尔尼国际铁路联运中央事务局”就已经开始和《国际货协》接触，开始了两个铁路组织直通运输的联系。因此，在两者并存之初，东西方的一些国家和运输组织就提出有必要使其接近和统一，其间也有主张先制定统一运单的。其后联合国欧洲经济委员会秘书处在内陆运输委员会的几届会议期间也都提出了这个问题。总之，由于当时的政治形势和东西方之间意识形态分歧，制定统一运单和统一协定工作均未取得结果。

1982 年，铁组与国际铁路运输组织恢复了对话，成立了共同工作组，研究《国际货协》和《国际货约》中对实际办理运送业务有重要意义的条款接近或统一的可能性。1995 年 5 月在伯尔尼召开了铁组专家和国际铁路运输组织专家联席会议。双方决定继续就《国际货协》和《国际货约》接近问题进行合作。1997 年 6 月 3 日，铁组第二十五届部长会议在乌兹别克斯坦首都塔什干举行，签署了《亚欧多式联运的组织和运营问题协定》。

2003 年 2 月，铁组和国际铁路运输组织签署了“铁组和国际铁路运输组织间合作的共同观点”文件，这是铁组在不同运输法规体系——铁组和国际铁路运输组织体系共存的条件下开展合作的基本文件。2006 年 8 月 1 日，在联合国欧经委内陆运输委员会第 68 次会议上通过的《采用国际货协运单的铁路运输货物过境国际海关公约》，也是国际铁路运输简化过境手续的重要成果。为实现货物运送全程按一份运单办理，铁组与国际铁路运输组织成立了联合工作组，共同编制统一国际货约/国际货协运单。以后经过几年的工作，国际货约/国际货协运单制定完成，并在乌克兰首先进行了试运行。此后白俄罗斯、德国、捷克、乌克兰、波兰、俄罗斯等铁路在与《国际货约》间办理铁路货物运输时，均采用国际货约/国际货协运单。

2. 国际货约/国际货协运单指导手册

（1）亚欧铁路货物直通运输起步。

2011 年 12 月，我国原铁道部国际合作司将《国际货约/国际货协运单指导手册》（以下简称《运单指导手册》）作为《国际货协》附件第 22 号正式颁布。《运单指导手册》中对于亚欧直通铁路运输运单的样式、使用文字、填制内容说明、参加国家铁路、适用条件、费用支付、运输路径及转发地点、协议原则均做了详尽规定。参加《运单指导手册》的国家铁路成员由《国际货协》和《国际货约》两个国际铁路组织的成员国铁路组成。当时适用《运单指导手册》的《国际货约》成员有 22 个铁路，《国际货协》成员有 14 国铁路。

2015 年 7 月 1 日，我国铁路颁布了新版《国际货协》，《运单指导手册》作为新版《国际货协》第 6 号附件。《国际货约》适用成员增至 30 个铁路，《国际货协》适用成员增至 16 国铁路。我国仍在试验使用，没有正式进入适用名单。

适用《运单指导手册》的国际铁路运输委员会成员见表 5-2。

表 5-2　适用《国际货约/国际货协运单指导手册》的国际铁路运输委员会成员一览表

序号	国际铁路运输委员会成员	中文简称	拉丁字母简你	国际铁路编码
1	阿塞拜疆股份公司	阿塞铁	Az	57
2	波罗的海穆克兰港口铁路有限公司		BPRM	
3	保铁货运股份公司		BDZ TP	52
4	罗马尼亚铁路集团		CFR	53

续表

序号	国际铁路运输委员会成员	中文简称	拉丁字母简你	国际铁路编码
5	吉肖富铁路货运公司	吉肖富	GYSEV CARGO	55
6	爱沙尼亚 ERS 股份公司		ERS Railways	26
7	伊朗伊斯兰共和国铁路	伊铁	RAI	96
8	德国国际运输物流有限公司		ITL	80
9	德铁申克股份公司（德铁）		DB Schenker Rail Deutschland	80
10	德铁申克公司（波兰）		DB Schenker Rail Polska	
11	立陶宛海运股份公司		AB DFDS Seaways Lithuania	24
12	拉脱维亚铁路	拉铁	LDZ	25
13	立陶宛铁路股份公司	立铁	LG	24
14	波兰国家铁路	波铁	PKP AG	51
15	国际铁路运输股份公司		Railtrans international	
16	奥地利铁路货运股份公司		RCA	81
17	Carrier 铁路货运股份公司		RCC	
18	匈牙利铁路货运股份公司		RCH	55
19	比利时铁路		SNCB/NMBS	88
20	斯洛伐克铁路货运股份公司		ZSSK CARGO	56
21	意大利国家铁路		Trenitalia S. p. A. .	83
22	乌克兰国家铁路管理总局	乌克铁	UZ	22
23	卢森堡铁路货运公司		CFL Cargo	82
24	捷克铁路货运股份公司		CDC	54
25	罗马尼亚国有铁路货运股份公司		CFR Marfa	53
26	法国国有铁路公司		SNCF	87
27	南高加索铁路股份公司		SCR	
28	瑞士联邦铁路		SBB	85
29	斯洛文尼亚铁路		SZ	79
30	斯洛伐克铁路运输公司		C3C	56

适用《运单指导手册》的《国际货协》参加者如下：

阿塞拜疆共和国、白俄罗斯共和国、保加利亚共和国、匈牙利、格鲁吉亚、哈萨克斯坦共和国、吉尔吉斯共和国、拉脱维亚共和国、立陶宛共和国、摩尔多瓦共和国、蒙古国、波兰共和国、俄罗斯联邦、斯洛伐克共和国、乌克兰、爱沙尼亚共和国。

（2）两大政府间国际铁路合作组织各自范围内分别适用不同的运输法规，即《国际货协》和《国际货约》。

以前在两种运输法规体系间办理货物运输时存在的主要问题是：由《国际货协》参加路向《国际货约》参加路及回程方向发送货物时，必须在最后一个（或第一个）《国际货协》或《国际货约》参加路的国境站办理转发运手续，即重新办理另一运输法体系的运送票据，工作量巨大。这不仅大大延长了货物送达时间，还增加了运输费用。例如，2008 年开行的北京—汉堡集装箱示范列车，所有集装箱都在波兰的马拉舍维切国境站办理转发运手续，将国际货协运单改办为国际货约运单，致使列车在此多停留了时间。

目前，在白俄罗斯、德国、捷克、乌克兰、波兰、俄罗斯等铁路间部分经路上办理货物运输时，广泛采用国际货约/国际货协运单。主要有以下特点：一是近年来使用统一运单办理货物运输的数量大幅度增长。例如，2011 年前 7 个月，在过境波兰的运输中，有 39989 车货物采用了统一运单；乌克兰铁路 2011 年 1 ~7 月办理了 9500 车，比 2010 年全年办理的车数还多了 5010 车；俄铁在与德、罗、法、捷等路的运输中，2011 年 1 ~7 月，有 21780 车货物采用统一运单。二是采用统一运单的车站数量扩大。例如，俄罗斯铁路 2006 年刚采用统一运单时只规定了几个车站和限定的经路，目前已推广到全路各站。三是适用统一运单的国家增多。除东欧各国外，目前已有哈萨克斯坦、蒙古国、摩尔多瓦等 16 国铁路已确认适用统一运单。2017 年 5 月 12 日，中国国家铁路局发布通知，经满洲里、阿拉山口、二连、霍果斯、绥芬河铁路口岸开行的中欧及返程集装箱列车，可采用统一运单托运。据测算，与传统运单相比，采用统一国际货约/国际货协运单，每车可节省费用约 40 欧元，每列可缩短停留时间 16 小时以上。

（3）新运单的主要特点。

编制的统一国际货约/国际货协运单，是国际货协运单和国际货约运单的物理合并，保留了国际货协运单原有各栏内容，只是在次序上对部分栏进行了调整，同时新增了国际货约运单部分内容，以及与办理转发运手续相关的内容，共有 112 项。与国际货协运单相比，新运单主要有以下特点：

①增加了运单语文种类。新运单的印制和填写除中、俄文外，还可采用英文、德文或法文中的一种。

②统一了运送票据，并未改变运输法规的属性。在国际货协适用范围内采用时，新运单作为国际货协运单使用，适用国际货协的规定；在国际货约适用范围内采用时，作为国际货约运单使用，适用国际货约规定。

③采用新运单不改变国际货约和国际货协中关于责任、赔偿请求等相关规定。

（4）在中国的实施情况。

尽管中国与欧洲国家之间的贸易量很大，但实际经铁路运送的货物运量很小。因此，采用统一运单的问题一直未提到议事日程上来。铁组在实施的初期，在东欧一些国家进行试点推广，取得了很好的成效。在 2010 年 4 月乌兰巴托举行的铁组铁路总局长第二十五次会议上，请中国铁路研究采用国际货约/国际货协运单的可能性。

为落实铁组委员会的请求，并考虑到采用统一国际货约/国际货协运单，可大大简化亚欧间国际铁路货物联运办理手续、加快货物送达、降低运输费用，对促进亚欧间铁路集装箱运输发展具有积极意义，我国原铁道部决定在我国推广试验使用国际货约/

国际货协运单。

2010 年 8 月原铁道部致函海关总署和质检总局，征求对采用统一运单的意见。在征得海关等联检部门同意后，原铁道部正式通知铁组委员会，自 2012 年 1 月 1 日起，对由中国经满洲里、二连、阿拉山口三个口岸到欧洲国家的集装箱运输，试验采用国际货约/国际货协运单。至此，亚欧铁路货物运输使用直通运输单据工作基本完成，为进一步发展亚欧铁路直通运输奠定了良好的基础。

2012 年 10 月 31 日，第一次采用国际货约/国际货协统一运单的集装箱试验列车由重庆出发，11 月 16 日到达德国的杜伊斯堡，试验取得了圆满成功。

案例

越南铁路行业积极推动中越国际联运与中欧班列对接

自 2019 年起，越南铁路总公司和中国国家铁路集团公司签署《越中铁路联运对接中欧班列的合作备忘录》，促进两国铁路与被喻为“丝绸之路”的欧亚铁路之间铁路货运。但是，目前国际联运的运输量还无法满足双方需求和运能。尽管运输量在不断增加，但并未跟上越中贸易增速，具体是：2019 年，通过老街—山腰（河口）与同登—凭祥两个口岸的货运量为 82.83 万吨（相当于 2018 年的 116%）；而 2020 年上半年达 42.11 万吨（相当于同期的 110%）。

关于越中铁路运输与中欧班列的对接，2019 年，双方通过同登—凭祥边境口岸开行了 111 列集装箱班车，其中越南—中国是 60 列运送 1688 个标准箱，中国—越南是 51 列运送 1300 个标准箱，以及其他形式的集装运输，出口 2538 标准箱，进口 1482 标准箱。其中，过境中国至成都和重庆对接中欧班列的集装箱为 1524 标准箱。2020 年上半年，出口集装箱达 2895 标准箱，进口集装箱达 2858 标准箱。

铁路运输与贸易股份公司（Ratraco）代表称，货物从越南运到中国，然后从中国运到中亚和欧洲国家。由于疫情影响，国际联运旅客列车已于 2020 年 2 月 4 日停运，为纾解困境，Ratraco 每周仅对开 2～3 趟货运专列，每列 26～30 个集装箱。出口货物有 851 个集装箱，主要产品是电子产品、菠萝蜜、火龙果、芒果等。

除了同登—凭祥铁路线外，铁路行业还推出了河内—老街国际联运线路，并保持对开开远（中国）—海防的货运专列，使其每天从中国运 DAP 肥料到越南和从海防港将硫黄转运到中国。运往第三国的货物有越南的一些传统产品，如出口到中亚国家的茶叶和腌黄瓜。Ratraco 目前正在拓展从泰国、老挝到中国，及从中国到柬埔寨往返的铁路过境运输线路。

（资料来源：http：//www.mofcom.gov.cn/article/i/jyjl/j/202008/20200802996580.shtml）

请思考：1. 越中铁路运输与中欧班列的对接对我国“一带一路”倡议的建设有什么积极作用？

2. 基于以上出口货物品类，与海运相比，铁路运输具有哪些独特优势？

5.4 国际铁路货物联运的单货交接

国际铁路货物运输由于其运输形式和路径的特点，单据和货物的交接具有其专业性、独特性的程序。

1. 国际铁路货物发运时发货人与发运铁路承运人的交接

《国际货协》明确规定：货物运送参加方有发货人、承运人、收货人。这里的承运人指的是各国铁路承运人。在国际铁路运输中的铁路承运人分为缔约承运人、接续承运人。《国际货协》规定的运输单据和货物的交接程序（文中所提到的运输合同即是“国际铁路运单”）如下：

> 《国际货协》第 21 条货物的承运；
>
> 从发货人处承运货物，由缔约承运人办理。
>
> 《国际货协》第 14 条运输合同
>
> 第 1 项：根据运输合同，承运人应有偿将发货人托运的货物，按发货人同缔约承运人商定的经路运至到站并将其交付收货人。
>
> 第 3 项：运单为缔结运输合同的凭证。
>
> 第 37 条承运人的责任
>
> 第 1 项承运人按本协定规定的办法和范围，对发货人或收货人承担仅由运输合同产生的责任。
>
> 第 2 项承运人自承运货物时起，至交付货物时为止，对货物灭失、短少、毁损（腐坏）所造成的损失负责。对于承运人负有责任的货物灭失、短少、毁损（腐坏）情况，应以商务记录作为证明。
>
> 第 3 项承运人对货物运到逾期负责。

根据《国际货协》的规定，发货人与发运铁路承运人的交接的流程包括：

（1）发货人（包括货主和货运代理人）在货物送到发运车站，向车站铁路货运人员提交已填制好的国际铁路运单。铁路货运人员在核对无误后接收货物。发货人在交付铁路应收运费后，发运铁路车站在运单第 25 栏加盖铁路发运戳记。此发运戳记上有车站名称和发运日期。由于在运单第 1 栏发货人栏中，发货人在提交运单时已盖有发货人戳记，即完成“运输合同”的签认。需要注意的是，国际铁路运单是“运输合同”，其填制需正确、完整、合乎规定。

（2）完成国际铁路运单签署后，即进行货物装车。可以由发货人自行装车，也可以由车站货运装车。货物查验后即在集装箱加封。国际铁路运输可以在发运车站办理通关手续，也可以办理国际铁路运输手续后运至国境口岸车站通关。如在发运车站通过需提前 24 小时报请海关。通关后加封海关关封。完成以上程序后，货物在当日 18 时后发运。第 2 日发运车站把国际铁路运单第 4 联；4 运单副本（给发货人）交给发货人。此“运单副本（给发货人）”不是附属的附件，是正式运输合同给方为人一方的正本、是财务核销时的发运证明、是修改运单时代权力证明、是查阅运输状况的单证。

国际铁路运单只是“运输合同”，发运铁路在完成运单签署、货车发运后，即承担运输责任，负责把货物运抵国境口岸车站，向接续铁路承运人办理交接。但运输过程中没有货物处置权限，在运输途中和交接中，产生货物损失事故，需通知发货人，按发货人的指示处理事故。铁路车站人员只对货物查验负责，不负责其商务、关检文件的查验。此即为在发运铁路与“缔约铁路承运人”的单据与货物交接过程。

（3）行政手续的履行。

在《国际货协》文件中，对运输单据以外的文件单据，统称为“行政手续”和“行政文件”，包括商务合同、海关单据、外贸文件、质检文件、原产地证、进出口证明等。

第 1 项：发货人应将在货物运送全程为履行海关和其他行政手续所需要的添附文件附在运单上。这些文件应只限与运单中所记载的货物有关。如发货人未将履行行政手续所需的文件添附在运单中，而是寄往相应的行政检察机关，则发货人应在运单中记载此事项。

第 2 项：承运人没有义务检查发货人在运单上所附的添附文件是否正确和是否齐全。

第 3 项：由于没有添附文件或文件不齐全、不正确而产生的后果，发货人应对承运人负责。

第 4 项：发货人应在运单中注明其在运单上所附的添附文件。如发货人未履行本项规定，则缔约承运人应拒绝承运货物。

第 5 项：如因发货人未提出必要的添附文件或提出并记载在运单中的文件不齐全或不正确，以致使货物运送或交付发生滞留，则应按本协定第 31 条“运送费用和违约金的支付”规定的办法，向承运人支付由此产生的附加运送费用和杂费，以及国内法律规定的违约金。

第 6 项：为进行边防和海关检查及卫生、动植物和其他检验而将车辆、多式运输单元或汽车运输工具启封，由承运人编制启封记录。

第 7 项：进行边防和海关检查及卫生、动植物和其他检验后，由海关部门或承运人施加的完好封印，与最初施加的封印同样有效。

（4）单据的放行。国际铁路运单共 6 张，发货人与铁路承运人（即发运车站）签署后，将运单第 4 张“4 运单副本—给发货人”付给发货人。此“4 运单副本”不是正本运单的复印附件，是给发货人的正本运单收据，是确认出口、核销外汇的必要发运凭证。另每通过一个国家铁路，要添加一份“运行报单（补充）”即补充运单，留给参加全程运输的铁路承运人。将和其余5张运单随同货物运输一起运行。运单系一整套票据，由带编号的6联和必要份数的运行报单（补充联）组成。

运行报单（补充联）的份数应同参与运送的承运人数量一致（但将货物交付收货人的承运人除外）。

每一接续承运人自接收附有运单的货物时起，即参加了运输合同，并承担由此而产生的义务和连带责任，负责把货物运抵到达车站。

2. 各国铁路承运人的交接

由于国际铁路货物联运需经过多道国境口岸，多个国家铁路承运人负责运输。对于各国铁路承运人的交接，在《国际货协》及其附件第1号《货物运送规则》和《国际铁路货物联运协定办事细则（国际货协办事细则）》中都有明确、详细的规定。《国际货协》对于口岸交接规定如下：

> 发运国铁路承运人是负责与发货人办理货物接受和签署“国际铁路运单”（即运输合同）的缔约承运人。在经过国境铁路口岸时，分为“交付承运人”和“接受承运人”。缔约承运人是根据本协定同发货人缔结运输合同的承运人，在经过国际铁路口岸时，交付铁路承运人负责把单据和货物交付给接受铁路承运人。
>
> 《国际货协》第14条运输合同
>
> 第5项：每一接续承运人自接收附有运单的货物时起，即参加了运输合同，并承担由此而产生的义务。

根据《国际货协》的相关规定，国际铁路口岸单据与货物交接涉及以下几个方面的内容：

（1）货物交接地点。承运人之间的货物交接，在接收承运人所在国的交接站办理。因货物换装能力和运输组织，根据交付承运人和接收承运人之间的商定，货物移交可在交付承运人所在国的交接站办理。货物交接应每天办理，且昼夜进行，货物交接时双方的交接人员均需在场，我国铁路的交接人员应是国际铁路车站交接所的专业人员。

（2）货物交接单据。货物交接后，由交付承运人编制交接单一式六份。交付承运人和接收承运人各留存三份。应按交接单内填写的货物顺序，在交接单上添附与每批货物有关的所有票据。货物的移交由承运人在交接单上签字并加盖铁路日期戳予以证明，同时，接收承运人应在运单“货物移交记载”栏内加盖日期戳予以证明，即为铁路口岸货物交接完毕。接收承运人在交接单上签字的时间，即为货物交接时间。

（3）货物交接程序。由于中欧班列的主要铁路国境口岸规定在绥芬河、二连、阿拉山口和霍尔果斯，其境外铁路均为1520宽轨。在货物进出境运输时需要换装车辆。货物换装时，交付铁路和接收铁路的交接人员均需在场共同监管（此时双方海关人员也应在场）。在交接换装时，发现货物的品类、数量、包装有问题和货物损失，应编制“商务记录”。

《国际货协》第29条商务记录

第1项在货物运送中或交付时，如承运人对货物进行了检查并确认下述情况，则应编制商务记录：

1. 货物名称、重量或件数与运单中记载的事项不符；

2. 货件上的标记与运单中记载的货件记号（标记）、到站和到达路、收货人、件数等事项不符；

3. 货物毁损（腐坏）；

4. 有货无票、运单缺页或有票无货（灭失）。

交付铁路和接收铁路的交接人员应共同监管货物的换装，并对货物的状况了解，在发现事故时共同签署商务记录。

3. 货物运抵到达站与收货人的交接

国际铁路运单和其他国际运单（海运单、空运单）的规定是同样的，即货物运抵到达港站后，运输承运人把货物交付运单署名的收货人。在收货人提交自己的证明和交付铁路应交费用后，就必须把货物提走。

《国际货协》第26条货物的交付

第1项：货物到达到站后，承运人必须将运单和货物交付收货人，收货人必须领取货物和运单。

第3项：如相互间协议未另作规定，则在收货人向承运人付清一切应付的运送费用后办理运单和货物的交付。收货人应支付运单所载的所有货物的运送费用，即使是运单中所记载的货物部分短少时。

在国家铁路货物运输的到站交付环节中，只有运单署名收货人有接收货物权限，其他的单据（包括提单、多式联运提单、FIYTA提单、国际货运代理运输凭证）均是无效凭证。

重要概念

国际铁路货物联运　整车货物运输　零担货物运输　国际铁路集装箱运输
国际货协运单

本章小结

本章阐述了国际铁路联运的概念、特点、构成要素、管理制度，总结了国际铁路联运的组织形式，归纳了国际货协运单的作用及其流转，并对国际货协运单的填制作了阐述。

复习思考题

一、判断题

1. 铁路运输的货物，按货物的性质，可分为普通货物和特殊条件货物。（　　）

2. 货运站多设在大城市与工业区，以及河海港湾与不同轨距铁路的衔接地点。（　　）

3. 有些货物，其重量、体积不够一车，按性质与形状需要单独使用一辆货车时，应按整车运输。（　　）

4. 在换装运送中，可以将中吨位集装箱与其他零担货物同车运送。（　　）

5. 一件货物的重量，大于所装普通平车的负重面长度最大容许载重量的，称为集重货物。（　　）

二、单选题

1. 下列无需按整车运输办理的货物有（　　）

A. 需要冷藏、保温或加温运输的货物

B. 客户托运的小票散货

C. 规定限按整车办理的危险货物

D. 易于污染其他货物的污秽品

2. 凡是在运输、保管过程中，需要采取冷藏或加温，以防腐坏变质或死亡的货物，称为（　　）。

A. 超限货物　　B. 危险货物　　C. 超长货物　　D. 鲜活货物

3. 一件货物装车后，在直线上停留时，货物的高度和宽度有任何部位超出机车车辆限界或特定区段装载限界的，或行经半径为 300 米的曲线，货物任何部位的计算宽度超限时，称为（　　）。

A. 超限货物　　B. 危险货物　　C. 超长货物　　D. 鲜活货物

4. 以下不属于货运站的货运作业的有（　　）。

A. 运费核算　　B. 集装箱中转作业

C. 客运作业　　D. 装卸与换装作业

5. 以办理不同运输工具之间的货物换装作业为主的货运站为（　　）。

A. 装车站　　B. 卸车站　　C. 装卸站　　D. 换装站

三、多选题

1. 国际铁路货物联运具有（　　）的特点。

A. 涉及面广　　B. 运送距离远　　C. 流经环节多

D. 联运手续复杂　　E. 运输条件高

2. 办理国际铁路货物联运时主要适用的规章有（　　）。

A.《国际铁路货物联运协定》

B.《国际铁路货物联运协定办事细则》

C.《国际铁路货物联运统一过境运价规程》

D.《国际联运车辆使用规则》

E.《国际旅客联运和铁路货物联运清算规则》

3. 国际货协运单由（　）组成。

A. 运单正本　　B. 运行报单　　C. 运单副本

D. 货物交付单　　E. 货物到达通知单

4. 货运站办理的作业有（　）。

A. 运转作业　　B. 货运作业　　C. 机车整备作业

D. 车辆洗刷消毒作业　　E. 冷藏车的加冰作业

5. 铁路货场按办理的货运作业可分为（　　）。

A. 尽头式货场整车货场　　B. 零担货场　　C. 集装箱货场和兼办整车

D. 通过式货场　　E. 零担与集装箱作业的货场

四、问答题

1. 什么是国际铁路货物联运？

2. 国际铁路货物联运的主要特点是什么？

3. 国际铁路货物联运适用的规章有哪些？

4. 国际铁路货物联运的组织形式是怎样的？

5. 简述国际货协运单的组成和流程。

课后延伸阅读

铁路货运供给要提质增效

“十三五”时期，我国铁路基础设施建设稳步推进，货运结构不断优化，铁路货运量和货运周转量双双位居世界第一。铁路和交通行业的快速发展，为我国构建新发展格局提供了重要的通道支撑。

加快构建以国内大循环为主体、国内国际双循环相互促进的新发展格局，是“十四五”规划提出的一项关系我国发展全局的重大战略任务，也为我国现代化经济体系建设明确了路径，而保障经济循环的畅通无阻是构建新发展格局的关键环节。

交通运输连接生产和消费两端，是建设现代流通体系、畅通国民经济循环的基础环节和重要依托。作为综合交通运输体系的骨干，铁路是力保经济循环畅通无阻的重要力量。“十三五”期间，全国铁路新开通货运营业里程 1.1 万多公里，网络布局更加优化。铁路货运市场化定价机制不断完善，累计为客户节省物流成本 600 亿元。铁路货运量占全社会的比重由 2016 年的 7.7% 提高到 2020 年的 9.9%，铁路在综合交通运输体系中的骨干作用进一步提升。

货运量的增加和高效的货运周转效率，使国内循环高效运转，我们不仅看到“北煤南运”这样的大工程不断取得新突破，还感受到高铁快运等带来的便捷。特别是 2020 年在疫情冲击的情况下，铁路为保障国内交通运输作出了突出贡献，促进了复工复产复商复市，有效保障了经济的循环畅通。

在国内国际双循环相互促进方面，铁路更是发挥了突出作用。由于疫情影响，2020 年航空、海运等国际交通运输方式受到较大冲击，中欧班列在维护国际产业链供应链稳定方面发挥了积极作用。2020 年全国中欧班列共开行 1.24 万列，首次突破万列大关，是 2016 年开行量的 7.3 倍，相当于每 43 分钟就有一列班列开行。中欧班列物流组织日趋成熟，班列沿途国家经贸交往日趋活跃，国家间铁路、口岸、海关等部门的合作日趋密切，带动了“一带一路”沿线国家经贸往来，有效推动了国内国际双循环相互促进。

（资料来源：经济日报，铁路货运供给要提质增效，http：//www.gov.cn/xinwen/2021－01－27/content_5582835.htm 修改得到）

请思考：国际铁路货物联运要为构建新发展格局提供重要通道支撑，要解决哪些问题？应在哪个方面进行探索？

第6章 国际航空货物运输

学习目标

1. 了解航空运输的基本特点
2. 理解国际航空货运的构成要素
3. 掌握航空货运进出口的主要流程
4. 了解不同航空运输服务方式
5. 掌握航空运单的主要内容

导入案例

作为河南省打造国内大循环的重要支点和国内国际双循环的关键战略链接，郑州机场开启高质量发展新阶段，主动融入新发展格局，以融入“一带一路”和“空中丝绸之路”建设为契机，先试先行，打造推动国内国际机场货站链接，带动产业联通发展的全球航空物流网络节点布局。海外，通过链接国际货站，目前正在测试通过利用“郑州—布达佩斯”定期货运航班，在中东欧境外机场建设为郑州机场的货物提供专属地面操作服务的货运场站的方式，建立航空物流信息平台，提供智慧通关、境外“最后一公里”派送等物流服务，达到全航线单证电子化、物流过程可视化、货物通关便利化操作的效果。在推动海外货站项目的同时，郑州机场充分利用国内航空枢纽航点的区位和网络优势，在拓展海外航线网络的基础上，大力发展多式联运业务，开通“郑州⇋淮安”定期货运航班，建立“郑义联盟”战略合作，与货源地形成紧密联系，采用国内转国际、客机腹舱转全货机等中转业务模式，串联义乌、淮安、郑州和欧洲地区，将华东地区货物集聚郑州，联合国内货站与海外货站的保障资源优势，通过专线将货物运至海外货站再进行落地配送，打通了国外与国内货源地之间的联运渠道，将更多中国产品转移至“一带一路”国家的生产消费中，有效满足自身和其他国家需求，进一步带动国际国内双循环。复制推广此模式，在全球各大洲选择合适的枢纽机场货站作为链接郑州机场的合作点，从而建立起全球航空物流网络。

（资料来源：https：//www. sohu. com/a/468537862_121123680）

思考题

从郑州机场的发展举措看，国际航空货物运输在社会整体经济体系中起到哪些作用?

提示

航空货物运输是现代物流中的重要组成部分，其提供的是安全、快捷、方便和优质的服务。国际航空货物运输是随着国际贸易和民用航空运输的发展而发展起来的。国际货物运送速度快，商品和原材料的供应就及时，生产周期就能大幅度缩短，这对货主无疑具有巨大的吸引力。熟悉并掌握国际航空货物运输的知识，利用国际航空货物运输的比较优势，可以提高企业的竞争力，本章将围绕这些问题进行深入分析。

6.1　国际航空货物运输概述

6.1.1　国际航空货物运输的概念与特点

1. 国际航空货物运输的概念

国际航空货物运输（International Airline Transport）是指以航空器作为运输工具，根据当事人订立的航空运输合同，无论运输有无间断或者有无转运，运输的出发地点、目的地点或者约定的经停地点之一不在中华人民共和国境内，而将运送货物至目的地并收取报酬或提供免费服务的运输方式的统称。国际航空运输为较长距离的物流提供了快速、便捷的运输服务，或者通过与其他运输方式的联运，加快了物流的速度。随着人们对时间和效率的日益重视，航空运输在物流服务中的地位和作用也越来越重要。

航空运输是一种科技含量高而密集的运输方式。随着电子和信息技术的发展，航空运输飞行安全保障能力不断提高，航空运输的国际化使航空运输业的运行和管理模式日趋成熟、完善。随着科学技术的不断进步和标准规范的逐步完善，全世界的航空运输事业得到了迅猛的发展。

按照《华沙公约》和《海牙议定书》的定义，国际航空货物运输是指根据货物运输合同，不论运输中有无间断或转运，始发地和目的地是在两个缔约国的领土内；或者始发地和目的地都在一个缔约国的领土内而在另一个缔约国的领土内有一个约定的经停点的任何货物和邮件的运输。

2. 航空货物运输的优点

(1) 运送速度快

现代喷气运输机时速一般都在1450公里左右，在时速上是其他任何运输工具都不具备的。航空线路不受地面条件限制，一般可在两点间直线飞行，而且距离越远，快速的优点也越明显，省时是航空运输的最大优点。目前为止，飞机仍然是最为快捷的交通工具。

(2) 不受地面运输的投资限制

航空运输使一个城市与世界其他城市相连，对外的辐射面广，而且航空运输比公路运输与铁路运输占用土地少，对寸土寸金、地域狭小的地区发展对外交通无疑是十分适合的。

(3) 安全准时

虽说飞机失事所造成的损失大部分是无法挽回的，但飞机的事故率是最小的，相对的安全系数高。加上航空运输管理制度比较完善，法律法规健全以及航空运输的营运比较规范，因此，飞机货物运输的破损率低，被窃机会少，可保证运输质量，如果采用空运集装箱，则更加安全。

(4) 节省包装、保险、利息和存储费用

由于航空货物运输速度快，减少货物在途时间，提升了货物的周转，存货少，加快资金回收速度，从而相应地节省了托运人货款的利息费用。加之航空运输货损货差少，货物的包装可以相对简化，从而降低包装费用和保险费用。

(5) 办理运输手续简便，有利于实现“门到门”

航空运输为托运人提供了简便的托运手续，也可以由货运代理人上门取货及目的地的到门派送，因此可以实现快捷的“门到门服务”。

3. 航空货物运输的缺点

(1) 运价高

相同距离内的运价高于其他运输方式的数倍，无论其运输速度多么快捷，都无法抵消其运价高的这一劣势。所以只有那些价值高、体积小的货物或样品等急件才会采用航空运输。

(2) 运载量小

由于飞机本身载重与体积的局限，其货运量相对于其他运输载具来说要小得多。目前最常见的大型货机B747—200F最大载重90吨，相对于海运船舶几万吨、十几万吨甚至数十万吨的载重来说，航空货物的运输量在对外贸易的货物运输中只占很小的比重。

（3）受天气因素影响大

基于飞机的技术限制，大风、大雨、大雾、大雪等恶劣天气，航班的准时性不能得到保证，导致货物延期交付带来相应损失。

6.1.2　国际航空货物运输的构成要素

1. 航空器

（1）定义

航空运输所使用的运输工具（生产工具）是民用航空器（主要是指飞机）。"航空器"在 1967 年 11 月国际民航组织最终确定的定义是"大气层中靠空气的反作用力，而不是靠空气对地（水）面的反作用力作支撑的任何器械"，不包括凭借气态发射物产生冲力的火箭，也不包括靠空气对地面的反作用在大气中获得支撑的气垫船（器）等，虽然这一定义只对芝加哥公约的参加国具有法律约束力，但它事实上已被公认为国际习惯法而得到世界各国的广泛承认。而民用航空器则是指根据《民航法》第五条的规定，除用于执行军事、海关、警察飞行任务以外的航空器，它是作为所有权标的的动产，可成为抵押权的标的，它同时又是人格化的物，具有注册登记国的国籍，它只有在指定处所标明国籍标志和登记标志并具备航空器注册登记国颁发或核准的适航证、无线电台执照等相关必要文件后方可投入民用航空运输营运。

（2）分类

①按飞机的用途划分，有民用航空飞机和国家航空飞机之分。国家航空飞机是指军队、警察和海关等使用的飞机，民用航空飞机主要是指民用飞机和直升机，民用飞机指民用的客机、货机和客货两用机。

②按飞机发动机的类型分，有螺旋桨式飞机和喷气式飞机之分。螺旋桨式飞机，包括活塞螺旋桨式飞机和涡轮螺旋桨式飞机，飞机引擎为活塞螺旋桨式，这是最原始的动力形式。它利用螺旋桨的转动将空气向机后推动，借其反作用力推动飞机前进。螺旋桨转速越高，则飞行速度越快。喷气式飞机，包括涡轮喷气式和涡轮风扇喷气式飞机。这种机型的优点是结构简单，速度快，一般时速可达 500 ~ 600 英里，燃料费用节省，装载量大，一般可载客 400 ~ 500 人或 100 吨货物。

③按飞机的发动机数量分，有单机（动机）飞机、双发（动机）飞机、三发（动机）飞机、四发（动机）飞机之分。

④按飞行的速度分，有亚音速飞机和超音速飞机之分，亚音速飞机又分低速飞机（飞行速度低于 400 公里/小时）和高亚音速飞机（飞行速度马赫数为 0.8 ~ 8.9）。多数喷气式飞机为高亚音速飞机。

⑤按飞机的航程远近分，有近程、中程、远程飞机之别。远程飞机的航程为 11000 公里左右，可以完成中途不着陆的洲际跨洋飞行。中程飞机的航程为 3000 公里左右，近程飞机的航程一般小于 1000 公里。近程飞机一般用于支线，因此又称支线飞

机。中、远程飞机一般用于国内干线和国际航线，又称干线飞机。

我国民航总局是采用按飞机客座数划分大、中、小型飞机，飞机的客座数在 100 座以下的为小型，100～200 座之间为中型，200 座以上的为大型。航程在 2400 公里以下的为短程，2400～4800 公里之间为中程，4800 公里以上为远程。但分类标准是相对而言的。

相关链接

航空公司“客改货”成效显著，“中国制造”运往全球各地

随着新冠肺炎疫情在全球不断突破新高，航空客运基本停滞，客机腹舱运力大幅下降。但与此同时，伴随着全球防疫物资、生活物资缺乏，航空货运需求大幅增长。为了满足这一需求，许多家国内外航空公司相继“客改货”。无论是在疫情蔓延阶段运输应急物资，还是现阶段推进复工复产，保证物流畅通是打赢疫情防控阻击战的基础。

客机改装货机（Passenger To Freighter Conversions），又被称为“客改货”或 P2F，主要是指把民航客机的客舱改装来载运货物。

为了打赢这场战“疫”，民航也通过“客改货”、开通航线、异地配载等多种方式，大力增加航空货运运力供给，挪出许多大型机场高峰时刻，供全货机使用，为货运航班计划审批开辟“绿色通道”，鼓励中外航空公司执行货运加班包机，引导闲置客机执行货运航班。保障国内外物资、人员运输，持续降低航空物流成本，将“中国制造”运往全球各地。

（资料来源：https：//baijiahao. baidu. com/s？id = 1664637821612511554&wfr = spider&for = pc）

2. 航空集装器

航空集装器（Unit Load Device，ULD）是随着航空运输的发展而产生的一种货物集装设备。注册（Certified）集装器与飞机匹配，可以被看作飞机的一部分；非注册集装器未经有关部门授权生产，与飞机不匹配，不能看成飞机的一部分，一般不允许装入飞机的主货舱，仅适合特定机型的特定货舱。

航空集装器的种类主要有以下几种。

（1）集装板和网套。集装板（Pallet）有不同的型号，以适应不同的机型和飞机的不同部位，其四周带有卡锁轨和网带卡锁眼。网套用来固定板上的货物。

（2）集装棚。集装棚（Igloo）的作用是保护飞机的内壁，分结构式与非结构式。结构式集装棚带有固定在底板上的外壳设备，它实际上形成了一个完整的集装箱，非结构式集装棚就是在集装板和网套之间增加一个非结构的棚罩。

（3）集装箱。集装箱（Container）类似于结构式集装棚，主要有三种类型，即空陆联运集装箱、主货舱集装箱、下货舱集装箱。空陆联运集装箱尺寸相对固定，只能装于全货机或装于客机的主货舱内，主要有 20 英尺 ×8 英尺 ×8 英尺和 40 英尺 ×8 英尺 ×8 英尺两种规格；主货舱集装箱只能用于全货机或客机的主货舱内；下货舱集装箱只能用于宽体飞机的下货舱内。

相关链接

航空集装器的代码

每个集装器都有国际航空运输协会（IATA）的编号，航空集装器的代码（如 PAP2547CA）代表着集装器的类型、尺寸、外形及注册人等信息，一般位于集装器的面板或四周。常见的航空集装器如图 6－1 所示。航空集装器代码的含义如下。

第一位字母表示集装器的类型。集装器的类型中，A 表示注册集装箱，D 表示非注册集装箱，P 表示注册集装板，R 表示保温集装箱，U 表示非结构集装棚。

第二位字母表示底板尺寸。基本尺寸有七种，其中，A 为 224cm × 318cm，B 为 224cm × 274cm，E 为 224cm × 135cm，G 为 224cm × 606cm，K 为 153cm × 156cm，L 为 153cm × 318cm，M 为 244cm × 318cm。

第三位字母表示外形或适配性。

第四至第七位数字表示序号。

第八和第九位字母表示所有人或注册号码，一般为航空公司的 IATA 二字代码。

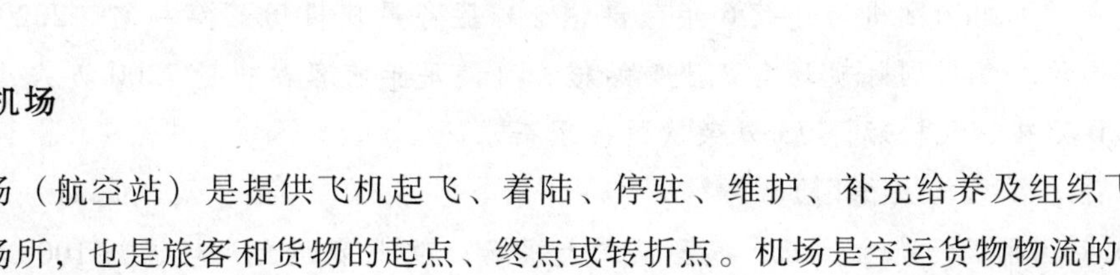

图 6－1　常见的航空集装器

3. 机场

机场（航空站）是提供飞机起飞、着陆、停驻、维护、补充给养及组织飞行保障活动的场所，也是旅客和货物的起点、终点或转折点。机场是空运货物物流的结点。

机场按航线性质分，可分为国际航线机场（国际机场）和国内航线机场；按机场在民航运输网络中所起作用划分，可分为枢纽机场、干线机场和支线机场；按机场所在城市的性质、地位划分，可分为Ⅰ类机场、Ⅱ类机场、Ⅲ类机场和Ⅳ类机场；机场按照最大起飞全重，分为一级、二级、三级、四级；按照年旅客吞吐量或货物运输吞吐量分小型、中小型、中型、大型、特大型五级。

相关链接

2020年全球十佳机场

（1）樟宜机场（新加坡）

2020年，新加坡樟宜机场再次蝉联桂冠，这也是其连续第8年被评为“全球最佳机场”。樟宜机场是新加坡主要的民用机场，也是亚洲重要的航空枢纽，其占地13平方公里，距离市区17.2公里。现樟宜机场为飞往约100个国家和地区、380个城市的120多家国际航空公司提供服务，每星期7400次航班。樟宜机场为新加坡制造了超过16万个就业机会，是世界最繁忙的国际机场之一。

（2）东京羽田国际机场（日本）

日本国家中心机场，全球十大国际机场之一，带动当地就业约30.42万人。机场建于1931年8月，最早是国营的民航机场，第二次世界大战后被美军所管。1952年再次开放，作为首都东京航空运输的出入门户，经营国内和少量国际航空客货运输业务。1978年新东京国际机场（成田国际机场）建成后，羽田机场改为日本国内的航空运输中心，同时兼营国际航班业务。

（3）多哈哈马德国际机场（卡塔尔）

全球最好机场之一，位于广受好评的国际中转站——多哈东部，是世界第一座可以起降任何商用机型的机场，包括目前世界上最大的客运飞机空中客车A380。机场还配有两条24小时运营的跑道，支持飞机的同时起降，还拥有世界最宽的自由跨度门幅的飞机修理库等世界一流的先进设施。此外，机场的餐饮设施面积达6.9万平方米，购物和休息区域超过4万平方米，规模均处于世界前列。

（4）仁川国际机场（韩国）

韩国最大的民用机场，亚洲最繁忙的国际机场之一，是韩国最大的两家航空公司大韩航空及韩亚航空的主要枢纽。在瑞士日内瓦国际机场协会（ACI）2005年到2010年的调查中，仁川国际机场连续6年获得“全球服务最佳机场”第一名。2020年4月机场官网显示，仁川国际机场有2座航站楼，可满足年旅客吞吐量7200万人次、货邮吞吐量500万吨、飞机起降73万架次的使用需求。

（5）慕尼黑机场（德国）

2020年世界机场排名第五，德国第二大机场，欧洲第九大机场，约100家航空运营商在此提供航班飞往全球69个国家的242个航点。对于汉莎航空和星空联盟成员而言，慕尼黑机场是一个重要的基地枢纽，其转机乘客平均占机场总客运量37%的份额。目前该机场不仅提供客机运输，空运货物也占了很大部分，由空运转运每年就有将近11.4万吨，由路运转运的货物也有10万吨，航空邮件也可达2.3万吨。

（6）香港国际机场（中国香港）

世界最繁忙的航空港之一，全球超过 100 家航空公司在此运营，客运量位居全球前十，货运量连续 18 年位居全球第一。作为 Skytrax 评选的全球十大国际机场之一，香港国际机场在 2006 年至 2008 年及 2010 年四度被知名商务旅游杂志《商旅》评级为最佳机场，于 2012 年的《旅游行业报》旅游大奖选举中，连续 10 届获选为最佳，获得国际机场协会推选为全球最佳。

（7）成田国际机场（日本）

日本国家中心机场，是日本最大的国际航空港，是日本航空、全日空、美国联合航空、美国西北航空公司、美国达美航空公司等的亚洲枢纽港。2019 年 9 月 5 日，机场第三航站楼的扩建工程完工。作为全球十大国际机场之一，成田国际机场是日本第二繁忙的客运机场，仅次于东京羽田机场之后，它大约占据了日本 50% 的国际客运和 60% 的国际航空货运，是世界最繁忙的空运中心之一。

（8）中部国际机场（日本）

日本五座"国家中心机场"之一，属于日本三大都市圈之名古屋都市圈的重要国际机场。其被建设在伊势湾上的一个人工岛上，于 2005 年 2 月 17 日正式启用。该机场是日本第三座填海造陆的机场，海拔高度 5 米，跑道长度 3500 米，宽度 60 米。该机场拥有一座客运航站楼，共有 3 条客运廊由中央伸展，楼内南北两边分别为进出机场的国际航班和国内航班服务，各设 14 个登机口和 13 个登机口。

（9）阿姆斯特丹史基浦机场（荷兰）

2020 年全球最佳机场，又名阿姆斯特丹国际机场，现已经成为欧洲连接亚洲、美洲、南美洲的重要交通枢纽。史基浦机场是到荷兰的第一站，是世界上地势最低的机场。机场设施完善，高效便捷，连续多年被评为"欧洲最佳机场"，被公认为全球最好机场之一。2005 年，机场与 91 个国家 260 个目的地建立直航，成为欧洲最主要的港口之一，其客运和货运吞吐量在全球名列前茅。

（10）关西国际机场（日本）

全球最好机场，日本国家中心机场，24 小时开放的国际航空枢纽，日本西部门户机场。关西国际机场是世界上第一座完全填海造陆的人工岛机场，于 1987 年动工兴建，1994 年 9 月 22 日正式通航。2020 年 3 月机场官网显示，机场现有 2 座航站楼，其中 T1 航站楼面积 30.39 万平方米，T2 航站楼 6.71 万平方米；站坪共设 105 个机位，其中 41 个为近机位；年旅客吞吐量可达 3335 万人次。

（资料来源：https://baijiahao.baidu.com/s?id=1671873778055813117&wfr=spider&for=pc）

4. 航线

空运航线是空运货物物流的路径。民航飞机从事运输飞行，必须按照规定的线路进行，这种路线叫作航空交通线，简称航线（Air Route）。航线由飞行的起点、经停点、终点、航路、机型等要素组成的航线按飞机飞行的路线分为国内航线和国际航线。

飞机飞行的线路起讫点、经停点均在国内的称为国内航线，飞机飞行的线路跨越本国国境，通达其他国家的称为国际航线。飞机按照民航管理当局批准的民航运输飞行班期时刻表由始发站起飞按照规定的航线经过经停站至终点站作运输飞行的称为航班（Flight Service）。

世界重要航空线可分为三种。

其一，西欧—北美的北大西洋航空线。主要往返于西欧的巴黎、伦敦、法兰克福与北美的纽约、芝加哥、蒙特利尔等机场。

其二，西欧—中东—远东航空线。该航线连接西欧各主要机场至香港、北京、东京等各机场。途经的主要航空站有雅典、开罗、德黑兰、卡拉奇、新德里、曼谷和新加坡等。

其三，远东—北美的北太平洋航线。这是远东的北京、香港、东京等主要国际机场经北太平洋上空至北美西海岸的温哥华、西雅图、旧金山和洛杉矶等国际机场，再连接北美大西洋岸的航空中心的航线。太平洋上的檀香山、阿拉斯加的安克雷奇国际机场是该航线的重要中间加油站。

此外，还有北美—南美、西欧—南美、西欧—非洲、西欧—东南亚—澳新、远东—澳新、北美—澳新等重要国际航空线。

目前，我国已有多条国际航线，从北京、上海、广州、昆明、大连、厦门等国际机场启程，可飞往亚洲、非洲、欧洲、大洋洲、北美洲等国家的城市。

6.1.3　国际航空货物运输管理制度

有关航空运输的管理制度，影响比较大的主要有1929年的《华沙公约》、1955年的《海牙议定书》和1961年的《瓜达拉哈拉公约》等。在这些文件中，《华沙公约》是最基本的，随后的各项议定书都是在其基础上进行补充或修改的，形成的文件合称为华沙体系。

《华沙公约》共计41条，全称为《统一国际航空运输某些规则的公约》。我国于1958年7月宣布参加该公约，同年10月，该公约对我国正式生效。公约主要条款涉及四个方面。

1. 运输凭证

运输凭证包括客票、行李票和航空货运单，分别适用于运送旅客、行李和货物。航空货运单（Air Consignment Note，ACN）是订立契约、接受货物和承运条件的证明，所以它也是双方当事人订立的运输合同。

2. 承运人的责任

《华沙公约》第18条第1款规定：“对于交运的行李或货物因毁灭、遗失或损坏而产生的损失，如果造成这种损失的事故发生在航空运输期间，承运人应负责任。《华

沙公约》所指的航空运输期间包括行李或货物在承运人保管的期间，不论在航空站内、航空器上或航空站外降停的任何地点”。

《华沙公约》第 22 条第 2 款规定：“如交运的行李或货物的一部分或者货物中任何物件发生遗失、损坏或者延误，以致影响同一份货运单所列的另一包装件或者其他包装件的价值，在确定责任限额时，另一包装件的总重量也应当考虑在内。”

《华沙公约》对承运人的责任限制也作了规定，并明确规定：“企图免除承运人的责任，或定出一个低于本公约规定的责任限制的任何条款，均不发生效力。”承运人对每一旅客的责任以 125000 法郎为限，对行李或货物的责任以每千克 250 法郎为限，对旅客自己保管的物品以每件 5000 法郎为限。

承运人在下列情况下，可免除或减轻责任：①证明承运人自己和代理人为了避免损失的发生，已经采取了一切必要的措施，或不可能采取这些措施时；②证明损失的发生是由于驾驶上、航空器的操作或领航上的过失；③证明损失的发生是由于受害人的过失引起或造成的，法院可按照法律规定，免除或减轻承运人的责任。

3. 托运人和收货人的权利和义务

托运人应对在航空货运单上所填写有关货物的各项说明和声明的正确性负责。托运人还应提供各种必需的资料，以便在货物交付收货人以前完成海关、税务或公安手续。这些必需的有关证件应附在航空货运单的后面。

托运人在履行契约规定的一切义务的条件下，有权在起运地航空站或目的地航空站将货物提回；或在途中经停时中止运输；或在目的地或运输途中将航空运单交给非航空货运单上所指定的收货人；或要求将货物退回起运地航空站。

收货人在货物到达目的地，并交付了应付款项和履行运单上规定的运输条件后，有权要求承运人移交货运单并发给货物。

4. 索赔和诉讼时效

对于索赔时效，《华沙公约》分货物损害和货物延迟的情况区别对待。前者的索赔时效是 7 天，后者为 14 天。以上任何异议应在规定的期限内写在运输凭证上或以书面提出，否则就不能再向承运人索赔。诉讼时效为两年。

相关链接

国际航空货物运输组织

(1) 国际航空货物运输协会

国际航空货物运输协会（International Air Transport Association，IATA），简称国际航协，是各国（地区）航空货物运输企业之间的联合组织，会员必须持有国际民用航空组织的成员颁发的定期航班运输许可证。国际航空货物运输协的总部设在加拿大蒙特利尔，执行总部设在瑞士日内瓦。国际航空货物运输协会有全体会议，并设有执行委员会和专门委员会等机构。全体会议是国际航空货物运输协会的最高权机构，每年举行一次会议，经执行委员会召集，也可随时召开特别会议。

经1978年国际航空货物运输特别大会决定，国际航空货物运输协会的活动主要分为两大类，即行业协会活动和运价协调活动。1988年，又增加了行业服务的内容。国际航空货物运输协会的会员分为正式会员和准会员类。申请加入国际航空货物运输协会的航空公司如果想成为正式会员，必须符合两个条件：①批准它的申请的政府是有资格成为国际民航组织成员的国家（地区）政府；②在两个或两个以国家（地区）间从事航空服务。

（2）国际民用航空组织

国际民用航空组织（International Civil Aviation Organization，ICAO）是政府间的国际航空机构，它是根据1944年芝加哥国际民用航空公约设立的，是联合国所属的专门机构之一。我国是该组织成员，是理事成员国。国际民用航空组织成立于1947年4月4日，总部设在加拿大的蒙特利尔，该组织的宗旨为发展国际航行的原则和技术，并促进国际航空货物运输的规划和发展。

（3）国际货运代理协会

国际货运代理协会联合会（International Federation of Freight Forwarders Association，FIATA）是国际货运代理的行业组织，于1926年5月31日在奥地利维也纳成立，总部设在瑞士苏黎世，创立的目的是解决由于日益发展的国际货运代理业务所产生的问题，保障和提高国际货运代理在全球的利益提高国际货运代理服务的质量。

6.1.4 航空货物运费的计算

1. 国际航空运费及计费重量

航空运价，又称航空费率，是指承运人将票货物自始发地机场运至目的地机场所应收取的航空货物运输费用。

（1）国际航空运费的概念

国际航空运费是指将一票货物自始发地机场运输到目的地机场所应收取的航空货物运输费用，不包括其他费用。货物的航空运费由两个因素组成，即货物适用的航空运价与货物的计费重量。

（2）计费重量

货物的计费重量可以是货物的实际毛重，或者货物的体积重量，具体如下：

实际毛重：包括货物包装在内的货物重量。

体积重量：体积重量的折算，换算标准为每6000立方厘米折合1千克。

计费重量：货物的实际毛重与货物的体积重量两者比较取高者。

国际航协规定，国际货物的计费重量以 0.5 千克最小单位，重量尾数不足 0.5 千克的，按 0.5 千克计算；0.5 千克以上不足 1 千克的，按 1 千克计算。

(3) 最低运费

按货物适用的航空运价与其计费重量计算所得的航空运费，在与货物最低运费相比时，应取高者。

2. 航空货物运价

目前国际航空货物运价按指定的途径划分，主要分为协议运价和国际航协运价。国际航协运价是指 IATA 在 TACT 运价资料上公布的运价。国际航空货物运价使用 IATA 的运价手册（TACT RATES BOOK），结合并遵守国际货物运输规则（TACT RULES）共同使用。按照 IATA 货物运价公布的形式划分，国际航空货物运价可以分为公布直达运价和非公布直达运价。

公布直达运价包括普通货物运价（general cargo rate）、指定商品运价（specific commodity rate）、等级货物运价（commodity classification rate）、集装货物运价（unit load device rate）。

(1) 普通货物运价，也称为一般货物运价，指的相对于其他运价而言的适用于普通货物运输的运价。根据货物的重量不同，分成若重量等级分界点运价，以量大价低为原则。

(2) 指定商品运价，也称为特种商品运价，适用于自规定的始发地至规定的目的地运输的特定品名货物。这种运价低于相应的普通货运价。实际上，指定商品运价相当于一种优惠运价，目的在于提高航空货物运输的竞争力，以具有竞争力的运价来吸引客户，使航空公司的运力得到充分利用。

(3) 等级货物运价，是用于指定地区内部或区之间的少数货物的运价。通常在普通货物运价的基础上增加或减少一定的百分比。减少的为附减运价，增加的为附加运价。

(4) 集装货物运价，是一种组成货物运价，适于于托盘或集装器、箱运输。

非公布直达运价包括比例运价和分段相加运价。

3. 普通货物运价（GCR）的计算步骤

(1) 术语

体积、体积重量、计费重量、适用运价、航空运费。

(2) 计算步骤

第一步：计算出航空货物的体积及体积重量。

体积重量的折算，换算标准为每 6000 立方厘米折合 1 千克。即

$$\text{体积重量} = \frac{\text{货物体积}}{6000\ \text{cm}^3/\text{kg}}$$

第二步：计算货物的总重量。

总重量＝单个商品重量×商品总数

第三步：比较体积重量与总重量，取大者为计费重量。根据国际航协规定，国际货物的计费重量以0.5千克为最小单位，重量尾数不0.5千克的，按0.5千克计算；0.5千克以上不足1千克的，按1千克计算。

第四步：根据公布运价，找出适合计费重量的适用运价。

①计费重量小于45千克时，适用运价为GCRN运价（GCR为普通货物运价，N运价表示重量在45千克以下的运价）。

②计费重量大于45千克时，适用运价为GCRQ4、GCRQ100、GCRQ300等与不同重量等级分界点相对应的运价（航空货运对于45千克以上的不同重量分界点的普通货物运价均用“Q”表示）。

第五步：计算航空运费。

航空运费＝计费重量×适用运价

第六步：若采用较高重量分界点的较低运价计算的费比第五步计算出的航空运费低则取低者。

第七步：比较第六步计算的航空运费与最低运费，取高者。

6.2 国际航空货物运输的组织形式

与其他运输方式相比，航空货物运输仍是目前最为快捷的运输方式。航空货物运输主要有以下几种运输方式。

6.2.1 班机运输（Scheduled Airline）

1. 班机运输的定义

班机运输（Scheduled Airline）指具有固定开航时间、航线和停靠航站的飞机运输。按业务对象不同，班机运输分为客运航班和货运航班。客运航班一般一部分搭载乘客，一部分使用客机腹仓承揽小批量货物；货运航班只承揽货物运输，一般使用全货机。到目前为止，由于国际贸易中由航空运输完成的货量有限，因而货运航线一般由一些规模较大的航空运输公司或者国际快递公司在货源充足的地方开辟。

2. 班机运输的特点

（1）迅速准确。班机有固定航线、固定停靠港和定期开航等优点，国际航空货物大多使用班机运输，能安全迅速地到达世界上各通航地点。

（2）方便货主。由于班机运输有固定的航线、挂靠港、固定的航期，并在一定时间内有相对固定的收费标准，对进出口商来讲可以在贸易合同签署之前预期货物的起运和到达时间，核算运费成本，合同的履行也较有保障，因此成为多数贸易商的首选航空货运形式。

（3）舱位有限。班机运输通常采用腹舱运输，货舱容量较小，对于大批量的货物不能及时出运，往往需要分期分批运输，这是班机运输不足之处。

（4）运价较贵。班机运输运价较贵，适合于客户安排鲜活商品或急需商品的运送。

6.2.2　包机运输（Chartered Carrier）

1. 包机运输的定义

包机运输（Chartered Carrier）是指航空公司按照约定的条件和费率，将整架飞机租给一个或若干个包机人（包机人包括发货人或航空货运代理公司），从一个或几个航空站装运货物至指定目的地。

包机运输适合于满足大批量货物或没有直达航班的货物运输需求，费率低于班机，但运送时间则比班机要长些。

2. 包机运输的分类

包机运输分为两类，整包机和部分包机。

（1）整包机：航空公司按照与包机人事先约定的条件和费用，将整架飞机租给包机人，从一个或者几个航空港装运货物至目的地的运输方式。

包机人一般在货物装货前一个月与航空公司联系，以便航空公司安排运载和向起降机场及有关政府部门申请办理过境或者入境的有关手续。包机的费用一次一议，一般按每一飞行千米固定费率核收费用，并按每一飞行千米费用的 80% 收取空放费。因此，使用包机运输时尽量往返都有货物，减少放空费用。

（2）部分包机：几家航空货运代理公司或发货人联合包租一架飞机或者航空公司把一架飞机的舱位分别卖给几家航空货运代理公司，也称包舱。这种适用于托运不足一架整飞机舱位，但货量又较多的运输。

3. 包机运输的优点

（1）解决班机舱位不足的问题；

（2）灵活性强，货物全部由包机运出，节省时间和多次发货的手续；

（3）弥补没有直达航班的不足，并且不需中转；

（4）减少货损货差；

（5）在空运旺季缓解航班紧张状况。

4. 包机运输的缺点

（1）与班机运输相比时间较长，虽部分包机有固定时间表，但是经常因其他原因不能起飞；

（2）受到航空公司各种限制。各国政府为了维护本国航空公司的利益，常对从事包机业务的外国航空公司实行各种限制。例如，申请入境、降落地点一般当地政府同意才能降落。

相关链接

包机业务成为航空公司新增值点

国际航协2020年报告显示，航空货运同比增幅15%，从2019年1024亿美元升至2020年1177亿美元。其中，防疫物资和线上电商的包机运输成为航空公司主营业务之一。航空货运收入逆势增长，倒逼航空公司改变疫情前的商业模式，开始扩大货运包机航班、增设货运包机航线、让"客改货"飞机承接包机业务等。

2020上半年，巴西政府派40多架包机航班从中国采购960吨防疫物资。海南航空在2020年11月19日前累计整年"客改货"包机航班执行总量突破1000架次，收入突破15亿元，在北京、上海等城市相继开通"客改货"包机航线56条。IAG Cargo（国际航空集团所属货运公司）在2020年一共使用了1000架包机航班，运输了数千吨医疗用品、新鲜的水果蔬菜和工业生产设备等。

疫情并没有打击到航空货运，并仍将成为航空公司的主要收入。随着新冠疫苗的成功研制，各国航空公司纷纷派包机航班来接运。例如，在2020年11月27日，联合航空首次安排包机运送美国辉瑞药厂和德国BioNTech合作研发的新冠疫苗。同年12月，南航首次安排包机把中国科兴疫苗运输到土耳其伊斯坦布尔。此前，麦肯锡公司发布白皮书报告显示，全球范围内对新冠疫苗的需求将超过100亿剂，这需要约20万次托盘装运、约1500万次冷却箱运送以及约1.5万架次满载的波音747全货机行动起来。因此可预料在2021年，疫苗运输将成为航空公司另一项包机运输的重点工作。

（资料来源：https：//3g.163.com/dy/article_cambrian/G437R4ER05148ALS.html）

6.2.3 集中托运（Consolidation）

1. 集中托运的含义

集中托运指集中托运人（Consolidator）将若干批单独发运的货物组成一整批，向航空公司办理托运，采用一份航空总运单集中发运到同一目的站，由集中托运人在目的地指定的代理收货，再根据集中托运人签发的航空分运单分拨给各实际收货人的运输方式，也是航空货物运输中开展最为普遍的一种运输方式，是航空货运代理的主要业务之一。

集中托运人通常是航空货运代理公司，但与货运代理人不同，集中托运人的地位类似多式联运中的多式联运经营人。他承担的责任不仅仅是在始发地将货物交给航空公司，在目的地提取货物并转交给不同的收货人，集中托运人承担的是货物的全程运输责任，而且在运输中具有双重角色。他对各个发货人负货物运输责任，地位相当于承运人；而在与航空公司的关系中，他又被视为集中托运的一整批货物的托运人。

2. 集中托运的流程

集中托运业务又称集拼业务，是指集中托运商将多个托运人的货物集中起来作为一票货物交付给承运人，用较低的运价运输货物。货物到达目的站，由分拨代理商统一办理海关手续后，再分别将货物交付给不同的收货人。其业务流程如图 6－2 所示。

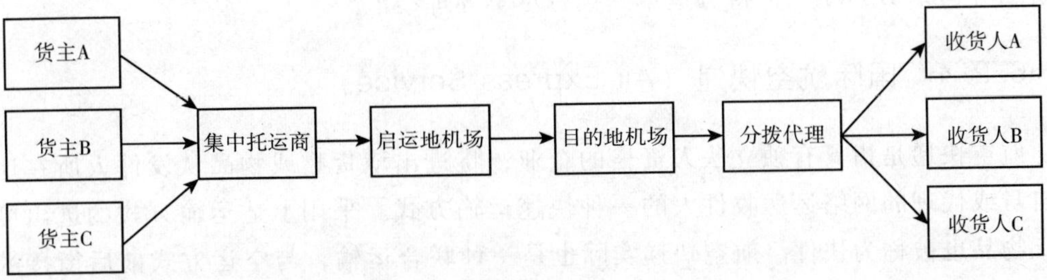

图 6－2　集中托运业务流程

（1）集中托运商在收到 A、B、C 三个货主运往同一目的国的货物之后，进行集中托运，即把来自三个不同的托运人的货物集中到一起，交给航空公司。

（2）集中托运商以托运人的名义向航空公司办理托运，集中托运商和航空公司之间需要一个凭证，这个凭证就是主运单。主运单是集中托运商与航空公司之间交接货物的凭证，同时又是承运人运输货物的正式文件。

（3）集运商同时以自己的名义，分别向 A、B、C 三个货主签发分运单。分运单是集运商与 A、B、C 三个货主之间交接货物的凭证，也是集运商承诺将货物运到指定目的地机场的文件。

（4）货物在到达目的地机场后，由集运商在目的地机场的分拨代理商统一办理进口报关和提取货物手续。

（5）集运商在目的地机场的分拨代理商凭借收货人 A、B、C 出示的各自的分运单，分别将各自的货物交付给不同的收货人。

3. 集中托运的限制

（1）集中托运只适合办理普通货物，对于等级运价的货物，如贵重物品、危险品、活动物以及文物等不能办理集中托运。

（2）由于集中托运的情况下，货物的出运时间不能确定，因而不适合易腐烂变质的货物、紧急货物或其他对时间要求高的货物的运输。

（3）目的地相同或临近的才可以办理集中托运。例如，不能把到日本与到欧洲的货集中托运。

4. 集中托运的优点

（1）节省运费：由于积少成多，集中托运人（航空货运代理公司）办理集中托运时运价一般都低于航空协会的运价，这样发货人可享受到低于自行向航空公司托运的运价，从而节省运输费用。

（2）提供方便：将货物集中托运，延伸了航空公司的服务，既方便了货主又方便了航空公司。

（3）提早结汇：发货人将货物交给航空货运代理公司（集中托运人）后，即可取得货物分运单 HAWB，可持分运单到银行尽早办理结汇。

6.2.4 国际航空快递（Air Express Service）

航空快递是指具有独立法人资格的企业，将进出境货物或物品从发件人所在地通过自身或代理的网络运达收件人的一种快速运输方式。采用上述运输方式的进出境货物、物品也被称为快件。航空快递实际也是一种联合运输，与空运方式前后衔接的一般是汽车运输。

快件业务从所发运快件的内容看，主要分成快件文件和快件包裹两大类，快件文件以商务文件、资料等无商业价值的印刷品为主，还包括银行单证、合同、照片、机票等。

快件包裹也称小包裹服务，包裹是指一些贸易成交的小型样品、零配件返修及采用快件运送方式的一些进口货物和物品。航空快递的业务性质和运输方式与普通航空货运有较多近似之处，可以看作航空货运的延续和发展。因而许多航空货运代理公司都兼营快件业务，同时也有一些经营快件业务的公司从事国际航空快递业务。

快件业务除了航空公司飞行承运之外，其全程运行必须置于快件公司的操作和控制之下。这样才能提高运送速率，减少差错，为跟踪查询提供条件，使快件运输较之于普通空运在服务水准上有质的提高。航空快递运输与普通空运货物相比，有其自身特点：

（1）快递公司有完善的快递网络。快递是以时间、递送质量区别于其他运输方式的，其高效运转建立在完善的网络之上。

（2）从收运范围看，航空快递以收运文件和小包裹为主。文件包括银行票据、贸易合同、商务信函、装船单据、小件资料等，包裹包括小零件、小件样品、急用备件等。快运公司对收件有最大重量和体积的限制。

（3）从运输和报关看，航空快递业务中有一种其他运输形式所没有的单据交付凭证。它由多联组成（各快运公司不尽相同），一般有发货人联、随货同行联、财务结算联、收货人签收联等，其上印有编号及条形码。交付凭证类似航空货运中的分运单，用途更广泛。

（4）从服务层次看，航空快递因设有专人负责，减少了内部交接环节，缩短了衔接时间，运送速度快于普通货运和邮递业务。

（5）从服务质量看，快件在整个运输过程中的信息都是可查询的，每经一个中转港或目的港，电脑都必须输入其动态信息（提货、转运、报关等）。派送员将货送交收货人时，让其在交付凭证上签收后，电脑操作员将送货情况输入电脑，这样，信息很快就能反馈到发货方。

6.3　国际航空货物运输单证

6.3.1　国际航空运单

1. 航空货运单概念

一般来说，航空货运单是由托运人或者以托运人的名义填制的，托运人和承运人之间在承运人的航线上运输货物所订立的运输合同的证明。《华沙公约》第十一条第一款规定："在没有相反的证据时，航空货运单是订立契约、接受货物和承运条件的证明。"我国《民航法》第一百一十八条规定："航空货运单是航空货物运输合同订立和运输条件以及承运人接收货物的初步证据。"航空货运单由承运人制定，托运人在托运货物时要按照承运人的要求进行填制，经承运人确认后，航空货物运输合同即告成立。

航空货运单既可用于单一种类的货物运输，也可用于不同种类货物的集合运输；既可用于单程货物运输，也可用于联程货物运输。航空运单与海运提单有很大不同，却与国际铁路运单相似。它是由承运人或其代理人签发的重要的货物运输单据，是承托双方的运输合同，其内容对双方均具有约束力。航空运单不可转让，持有航空运单也并不能说明可以对货物要求所有权。

2. 航空货运单构成

目前国际上使用的航空货运单（见图6-3）少的有9联，多的有14联。我国国际航空货运单一般由3联正本、6联副本和3联额外副本共12联组成。

正本单证具有同等的法律效力，副本单证仅是为了运输使用方便。航空货运单的3份正本中第一份注明"交承运人"，由托运人签字、盖章；第二份注明"交货人"，由托运人和承运人签字、盖章；第三份由承运人在接收货物后签字、盖章，交给托运人，作为托运货物及货物预付运费时运费的收据，同时也是托运人与承运人之间签订的具有法律效力的运输文件。

3. 航空货运单种类

（1）航空公司货运单和中性货运单。这是根据是否印有承运人标志来划分的。航空公司货运单是指印有出票航空公司（issuing carrier）标志（航徽、代码等）的航空货运单。中性货运单（neutral air waybill）是指无承运人任何标志、供代理人使用的航空货运单。

（2）航空主运单和航空分运单。这是根据航空货运单签发人的不同来划分的。

航空主运单（master air waybill，MAWB）。主运单是由航空运输公司签发的航空货运单。它是航空公司和航空货运代理公司之间订立的运输合同，是航空运输公司据以办理货物运输和交付的依据，每一批航空运输货物都有自己相对应的航空主运单。

航空分运单（house air waybill，HAWB）。航空分运单又称“小运单”，是航空货运代理公司在办理集中托运业务时签发的航空货运单。在集中托运的情况下，航空货运代理公司把从各个托运人那里收到的各小批量货物集中办理托运。代理公司为方便工作，就另发给委托人自己签发的分运单，即航空分运单。

4. 航空货运单性质和作用

（1）性质

航空货运单是航空货物运输合同订立和运输的条件，以及承运人接收货物的初步证据。航空货运单上关于货物的重量、尺寸、包装和包装件数的说明具有初步证据的效力。除经过承运人和托运人当面查对并在航空货运单上注明经过查对或者已书写关于货物的外表情况的说明外，航空货运单上关于货物的数量、体积和情况的说明不能构成不利于承运人的证据。

（2）作用

航空货运单是航空货物运输合同当事人所使用的最重要的货运文件，其作用归纳如下。

①航空运单是运输合同。AWB是发货人与航空承运人之间的运输合同。与海运提单不同，航空运单不仅证明航空运输合同的存在，而且航空运单本身就是发货人与航空运输承运人之间缔结的货物运输合同，在双方共同签署后产生效力，并在货物到达目的地交付给运单上所记载的收货人后失效。

②航空运单也是货物收据。航空运单是承运人签发的已接收货物的证明，在发货人将货物发运后，承运人或其代理人就会将其中一份交给发货人（即发货人联），作为已经接收货物的证明。除非另外注明，它是承运人收到货物并在良好条件下装运的证明。

③航空运单是承运人据以核收运费的账单。航空运单分别记载着属于收货人负担的费用，属于应支付给承运人的费用和应支付给代理人的费用，并详细列明费用的种类。

④航空运单是报关单证之一。出口时，航空运单是报关单证之一。在货物到达目的地机场进行进口报关时，航空运单也通常是海关查验放行的基本单证。

⑤航空运单同时可作为保险证书。如果承运人承办保险或发货人要求承运人代办保险，则航空运单也可用来作为保险证书。

⑥航空运单是承运人内部业务的依据。航空运单随货同行，证明了货物的身份。运单上载有有关该票货物发送、转运、交付的事项，承运人会据此对货物的运输做出相应安排。

5. 航空货运单的有效期

航空货运单自填制完毕、托运人或其代理人和承运人或者其代理人双方签字后开始生效；货物运到目的地，收货人提取货物并在货运单交付联（或提货通知单）上签收认可后，货运单作为运输凭证，其有效期即告终止。但作为运输合同的法律依据，航空货运单的有效期应至自民用航空器到达目的地点、应当到达目的地点或者运输终止之日起两年内有效。国际航空货运单如图 6－3 所示。

6. 航空货运单的内容

航空货运单与海运提单类似，也有正面、背面条款之分，不同的航空公司也会有自己独特的航空货运单格式。所不同的是，航运公司的海运提单可能千差万别，但各航空公司所使用的航空货运单则大多借鉴 IATA 所推荐的标准格式，差别并不大。下面以图 6－3 为例，就有关需要填写的主要栏目进行说明。

（1）始发站机场：需填写 IATA 统一制定的始发站机场或城市的三字代码，这一栏应该和⑪栏相一致。(1A)：IATA 统一编制的航空公司代码，如我国的国际航空公司的代码就是 999；(1B)：运单号。

（2）托运人姓名、住址（Shippers Name and Address）：填写发货人姓名、地址、所在国家及联络方法。

（3）托运人账号：只在必要时填写。

（4）收货人姓名、住址（Consignee's Name and Address）：应填写收货人姓名、地址、所在国家及联络方法。与海运提单不同，因为空运单不可转让，所以“凭指示”之类的字样不得出现。

（5）收货人账号：同③栏一样只在必要时填写。

（6）承运人代理的名称和所在城市（Issuing Carrier's Agent Name and City）。

（7）代理人的 IATA 代号。

（8）代理人账号。

（9）始发站机场及所要求的航线（Airport of Departure and Requested routing）：这里的始发站应与①栏填写的相一致。

（10）支付信息（Accounting Information）：此栏只有在采用特殊付款方式时才填写。

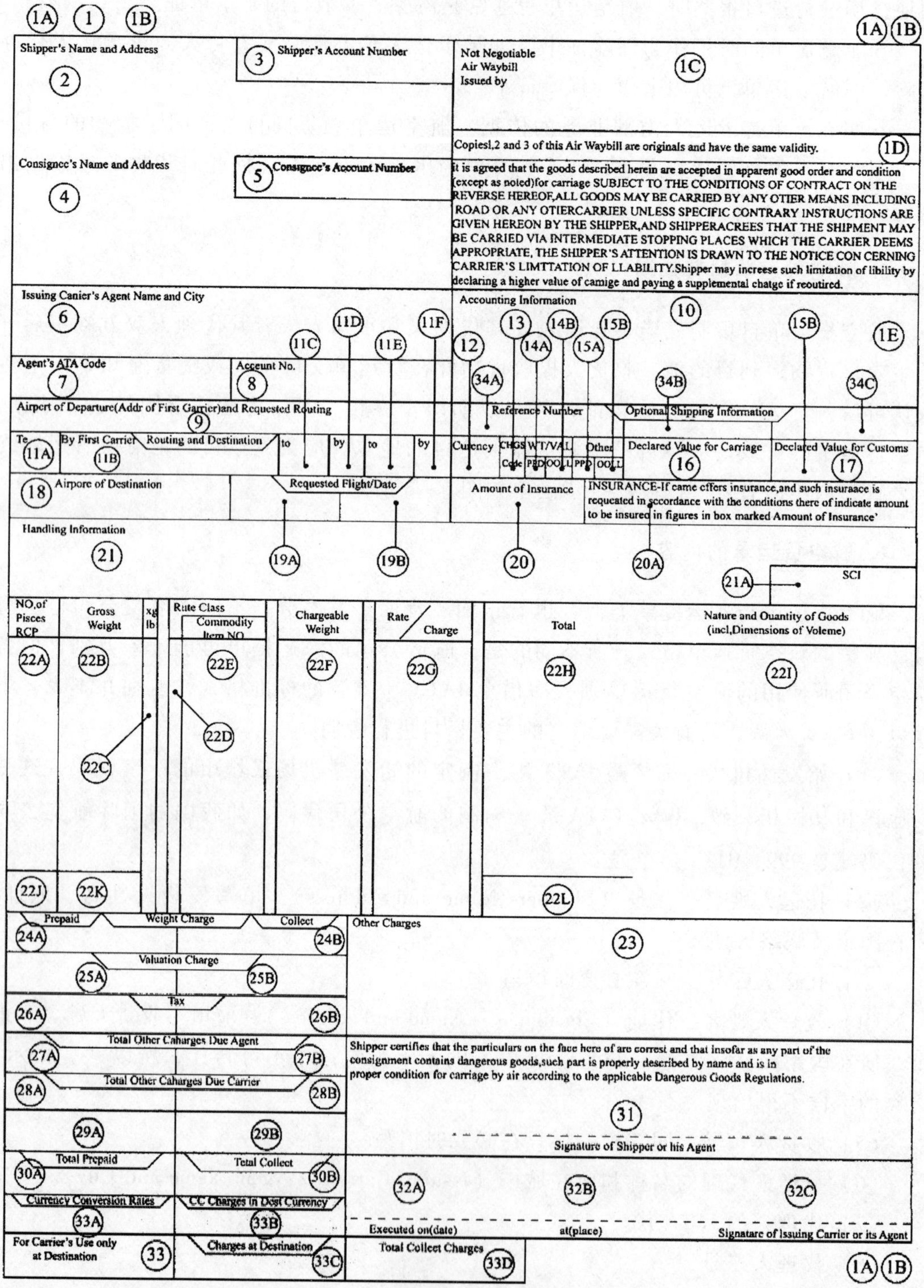

1A 1 1B
1A 1B
Shipper's Name and Address
2
3 Shipper's Account Number
Not Negotiable
Air Waybill
Issued by
1C
Copiesl,2 and 3 of this Air Waybill are originals and have the same validity.
1D
Consignee's Name and Address
4
5 Consignee's Account Number
It is agreed that the goods described herein are accepted in apparent good order and condition (except as noted)for carriage SUBJECT TO THE CONDITIONS OF CONTRACT ON THE REVERSE HEREOF,ALL GOODS MAY BE CARRIED BY ANY OTIER MEANS INCLUDING ROAD OR ANY OTIERCARRIER UNLESS SPECIFIC CONTRARY INSTRUCTIONS ARE GIVEN HEREON BY THE SHIPPER,AND SHIPPERACREES THAT THE SHIPMENT MAY BE CARRIED VIA INTERMEDIATE STOPPING PLACES WHICH THE CARRIER DEEMS APPROPRIATE. THE SHIPPER'S ATTENTION IS DRAWN TO THE NOTICE CON CERNING CARRIER'S LIMTTATION OF LLABILITY.Shipper may increase such limitation of libility by declaring a higher value of carriage and paying a supplemental chatge if reoutired.
Issuing Canier's Agent Name and City
6
Accounting Information
10
11C 11D 11E 11F 12 13 14A 14B 15A 15B 15B 1E
Agent's ATA Code
7
Account No.
8
34A 34B 34C
Airport of Departure(Addr of First Garrier)and Requested Routing
9
Reference Number
Optional Shipping Information
To
11A
By First Carrier
11B
Routing and Destination
to
by
to
by
Currency
CHGS Code
WT/VAL
PPD COLL
Other
PPD COLL
Declared Value for Carriage
16
Declared Value for Customs
17
18
Airpore of Destination
Requested Flight/Date
Amount of Insurance
INSURANCE-If carrie offers insurance,and such insuraace is requeated in accordance with the conditions there of indicate amount to be insured in figures in box marked Amount of Insurance'
Handling Information
21
19A 19B 20 20A
21A
SCI
NO.of Pisces RCP
Gross Weight
kg lb
Rate Class
Commodity Item NO
Chargeable Weight
Rate
Charge
Total
Nature and Quantity of Goods (incl,Dimensions of Voleme)
22A 22B 22E 22F 22G 22H 22I
22D
22C
22J 22K 22L
Prepaid
Weight Charge
Collect
24A 24B
Other Charges
23
Valuation Charge
25A 25B
Tax
26A 26B
Total Other Cahargcs Due Agent
27A 27B
Shipper certifies that the particulars on the face here of are correst and that insofar as any part of the consignment contains dangerous goods,such part is properly described by name and is in proper condition for carriage by air according to the applicable Dangerous Goods Regulations.
Total Other Caharges Due Carrier
28A 28B
31
29A 29B
Signature of Shipper or his Agent
Total Prepaid
Total Collect
30A 30B
32A 32B 32C
Currency Conversion Rates
CC Charges in Dest Currency
33A 33B
Executed on(date)
at(place)
Signatare of Issuing Carrier or its Agent
For Carrier's Use only at Destination
33
Charges at Destination
33C
Total Collect Charges
33D
1A 1B

图 6－3　国际航空货运单

（11）⑪A（C、E），去往（To）：分别填入第一（二、三）中转站机场的 IATA 代码。⑪B（D、F），承运人（By）：分别填入第一（二、三）段运输的承运人。

（12）货币（Currency）：填入 ISO 货币代码。

（13）收费代号：表明支付方式。

（14）运费及声明价值费（WT/VAL，weight charge/valuation charge）：此时可以有两种情况：预付（PPD，Prepaid）或到付（COLL，Collect）。如预付在⑭A中填入“X”，否则填在⑭B中。需要注意的是，航空货物运输中运费与声明价值费支付的方式必须一致，不能分别支付。

（15）其他费用（Other）：也有预付和到付两种支付方式。

（16）运输声明价值（Declared Value for Carriage）：在此栏填入发货人要求的用于运输的声明价值。如果发货人不要求声明价值，则填入“NVD（No value declared）”。

（17）海关声明价值（Declared Value for Customs）：发货人在此填入对海关的声明价值，或者填入“NCV（No Customs Valuation）”，表明没有声明价值。

（18）目的地机场（Airport of Destination）：填写最终目的地机场的全称。

（19）航班及日期（Flight/Date）：填入货物所搭乘航班及日期。

（20）保险金额（Amount of Insurance）：只有在航空公司提供代保险业务而客户也有此需要时才填写。

（21）操作信息（Handling Information）：一般填入承运人对货物处理的有关注意事项，如“Shipper's certification for live animals（托运人提供活动物证明）”等。

（22）㉒A～㉒I货物运价、运费细节。

㉒A货物件数和运价组成点（No. of Pieces RCP，Rate Combination Point）：填入货物包装件数。如 10 包即填“10”。当需要组成比例运价或分段相加运价时，在此栏填入运价组成点机场的 IATA 代码。

㉒B毛重（Gross Weight）：填入货物总毛重。

㉒C重量单位：可选择千克（kg）或磅（lb）。

㉒D运价等级（Rate Class）：针对不同的航空运价共有 6 种代码，它们是 M（Minimum，起码运费）、C（Specific Commodity Rates，特种运价）、S（Surcharge，高于普通货物运价的等级货物运价）、R（Reduced，低于普通货物运价的等级货物运价）、N（Normal，45 千克以下货物适用的普通货物运价）、Q（Quantity，45 千克以上货物适用的普通货物运价）。

㉒E商品代码（Commodity Item No.）：在使用特种运价时需要在此栏填写商品代码。

㉒F计费重量（Chargeable Weight）：此栏填入航空公司据以计算运费的计费重量，该重量可以与货物毛重相同也可以不同。

㉒G运价（Rate/Charge）：填入该货物适用的费率。

㉒H运费总额（Total）：此栏数值应为起码运费值或者是运价与计费重量两栏数值的乘积。

㉒I货物的品名、数量，含尺码或体积（Nature and Quantity of Goods incl. Dimen－sions or Volume）：货物的尺码应以厘米或英寸为单位，尺寸分别以货物最长、最宽、最高边为基础。体积则是上述三边的乘积，单位为立方厘米或立方英寸。

㉒J该运单项下货物总件数。

㉒K该运单项下货物总毛重。

㉒L该运单项下货物总运费。

（23）其他费用（Other Charges）：指除运费和声明价值附加费以外的其他费用。根据IATA规则各项费用分别用3个英文字母表示。其中前两个字母是某项费用的代码，如运单费就表示为AW C（Air Waybill Fee）。第三个字母是C或A，分别表示费用应支付给承运人（Carrier）或货运代理人（Agent）。

（24）㉔～㉖分别记录运费、声明价值费和税款金额，有预付与到付两种方式。

（25）㉗～㉘分别记录需要付给货运代理人（Due Agent）和承运人（Due Carrier）的其他费用合计金额。

（26）需预付或到付的各种费用。

（27）预付、到付的总金额。

（28）发货人的签字。

（29）签单时间（日期）、地点、承运人或其代理人的签字。

（30）货币换算及目的地机场收费纪录。

以上所有内容不一定要全部填入空运单，IATA也并未反对在运单中写入其他所需的内容。但这种标准化的单证对航空货运经营人提高工作效率，促进航空货运业向电子商务的方向迈进有着积极的意义。

6.3.2 国际航空快递运单

1. 国际航空快递运单填写的基本要求

国际航空快递运单的填写具有一致性、规范性和严肃性的要求。

（1）一致性

与国际航空运单一样，国际航空快递运单的填写也必须遵循“单货一致、单单一致”的基本准则，但在该方面两种运单有所不同，主要有以下两点：①文件类快递运单上的“Full description of contents”（物品详细描述）栏的内容必须与文件的实际名称一致，在报关中除了运单外一般不需要其他单证（需要相关证明的特殊文件除外），因此通常不存在“单单一致"的要求；②包裹类快递运单上的物品信息（品名、数量、重量、价值等）必须与物品的实际情况一致；按照海关规定须单独报关的，运单信息还必须与报关全套单证（报关单、发票、装箱单、核销单、贸易合同等）对应的内容保持一致。

（2）规范性

与国内快递运单中文手写的习惯不同，国际快递运单通常采用英文大写打字或打印进行填制；各栏目内容须清晰、完整；各栏目内容的排版须整齐、美观，发件人栏、收件人栏所填信息一般采取水平靠左、垂直靠上的对齐方式，其他栏目一般采取水平居中、垂直靠上的对齐方式。

（3）严肃性

填写内容须工整，不得随意涂改，发件人应亲笔手写签名。

2. 国际航空快递运单的填写规范

图 6－4 是国际航空快递运单样本，下面以此为例介绍运单各栏目的填写规范。

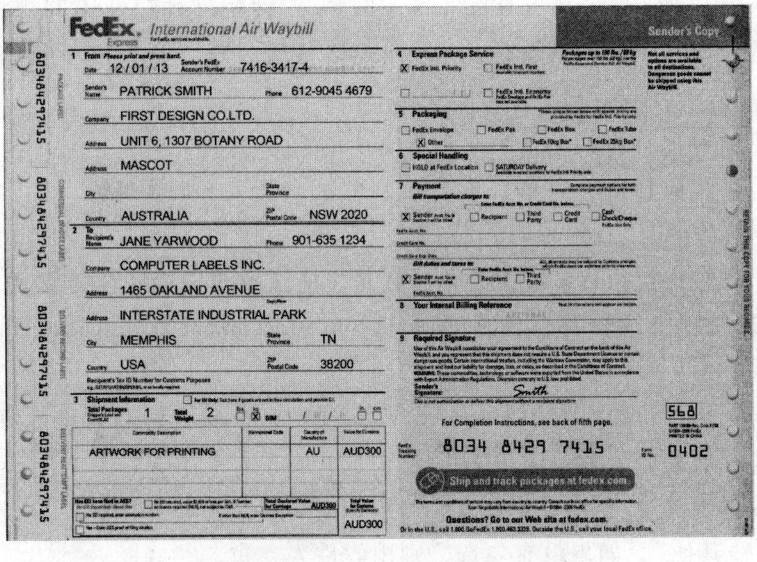
FedEx Express International Air Waybill
Sender's Copy
1 From
Date 12/01/13　Sender's FedEx Account Number 7416-3417-4
Sender's Name PATRICK SMITH　Phone 612-9045 4679
Company FIRST DESIGN CO.LTD.
Address UNIT 6, 1307 BOTANY ROAD
Address MASCOT
City　State Province
Country AUSTRALIA　ZIP Postal Code NSW 2020
2 To
Recipient's Name JANE YARWOOD　Phone 901-635 1234
Company COMPUTER LABELS INC.
Address 1465 OAKLAND AVENUE
Address INTERSTATE INDUSTRIAL PARK
City MEMPHIS　State Province TN
Country USA　ZIP Postal Code 38200
3 Shipment Information
Total Packages 1　Total Weight 2
ARTWORK FOR PRINTING　AU　AUD300
AUD300
AUD300
4 Express Package Service
5 Packaging
6 Special Handling
7 Payment
8 Your Internal Billing Reference
9 Required Signature
Smith
For Completion Instructions, see back of fifth page.
8034 8429 7415
568
0402
Ship and track packages at fedex.com
Questions? Go to our Web site at fedex.com.

图 6－4　国际航空快递运单样本

（1）付款方账号及快件保险资料（Payer Account Number and Insurance Details）

①在“付款方式”栏（Charge to）勾选运费支付方（发件人、收件人、第三方）。

②如果运费由收件人或者第三方支付，就需要在“付款方账号”栏（Payer Account No.）填写支付方的快递账号，若未填写则默认为发件人支付运费。

③如果发件人已为快件投保，或者向承运人提出代为投保的要求并支付了保险费，须勾选“货物保险”栏（Shipment Insurance），并在“投保金额”栏（Insured value）填写以本地货币表示的投保金额。

（2）发件人［From（Shipper）］

①如果发件人具有快递公司账号，须填写“发件人账号”栏（Shipper 's' Account No.）

②在“联系人姓名”栏（Contact name）填写发件人指定的联系人姓名。

③在“发件人参考”栏（Shipper 's' reference）填写发件人参考信息，通常是与快递物品相关的单据号码或业务代码，便于内部查询、沟通，如贸易合同号、提单号、信用证号等。

④“公司名称”栏（Company）和“地址”栏（Address）分别填写发件人公司名称及其地址、邮编、电话等联系方式。

（3）收件人［To（Receiver）］

“公司名称”栏（Company name）和“派送地址”栏（Delivery address）分别填写收件人公司名称及其地址、邮编、国家、联系人、电话等联系方式。

（4）交运快件资料（Shipment Details）

①在“总件数”栏（Total number of packages）填写快件外包装的总数量。

②在“总重量”栏（Total Weight）填写快件的总毛重。

③在“尺寸（厘米）”栏（Dimensions in cm）按快件外包装不同规格填写最长、最宽、最高的尺寸（以厘米为单位），各种规格各填一行，并在尺寸前填写该规格货物的件数。

（5）交运物品之详细说明（Full Description of Contents）

①物品。品名应详细、具体，不得填写代表货物类别的统称，如电器、日用品、电子产品等不能作为品名。

②数量。通常指商品贸易成交的单位数量，应注意与货物外包装数量区别开来。

（6）仅限包裹快件填写（海关要求）［on－document－Shipment Only（Customs Requirement）］

①在“海关申报价值”栏（Declared Value for Customs）填写货物价值，必须与商业发票或形式发票上的金额一致。

②在“收件地关税/税金支付方式”栏（Destination duties/taxes）勾选“收件人”“发件人”或“其他”，如果没有勾选，则由收件人支付。

（7）快件协议（要求签字）［Shipper's agreement（Signature required）］

①发件人须在此栏签名及填写日期。

②本栏注明了发件人签名同意的协议内容：“除非另有书面协定，我/我们同意承运人的运输条款与条件是我/我们与承运人之间协议的全部条款。该运输条款与条件及（在适用的情况下，目的地在中国境外时）华沙公约限制和/或免除了承运人对于快件丢失、损坏或延误所应承担的责任。我/我们声明交运快件中不含现金及危险物品（请见发件人所持副本背面）。”

（8）产品和服务（Products & Services）

①在“国内服务”“国际文件”“国际包裹”之中勾选本快件的类型。

②“计费重量”栏（DIMENSIONAL/HARGEABLE WEIGHT）比较毛重和体积重量后取高者作为计费重量，填入本栏。

③在“货币/合计”栏（CURRENCY/TOTAL）填写发件人本国货币代码和快递运费等总费用。

6.4 国际航空货物运输代理

6.4.1 航空出口货运代理规程

出口货物航空货运代理作业是指航空货运代理从发货人手中接到货物并将货物交到航空公司发运的一系列活动，主要业务环节如图 6－5 所示。

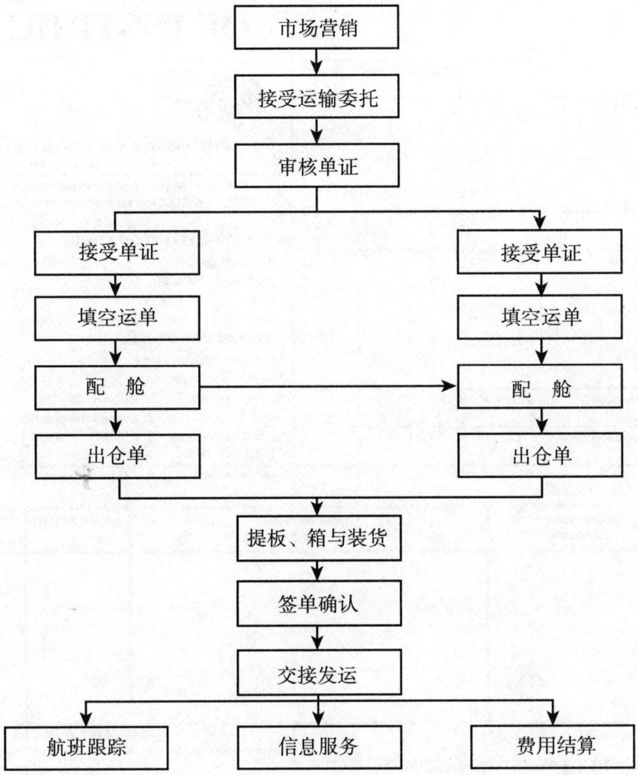

图 6－5 出口货物国际航空运输代理业务流程

1. 市场营销与接受运输委托

(1) 市场营销

这里所说的市场营销就是通常所说的揽货，是指航空货运代理到有进出口经营权的企业去组织货源，销售航空公司的舱位。为承揽货物，航空货运代理需要及时向托运人介绍本公司的业务范围、服务项目、各项收费标准，特别应向出口公司介绍优惠运价、公司的服务优势等。航空货运代理通过揽货，对符合收运条件的货物可以收运。

(2) 接受委托

航空货运代理与货主（出口商）就出口货物运输事项达成意向后，航空货运代理向托运人提供所代理的航空公司的“国际货物托运书”（Shipper's Letter of Instruction）。货主应向航空货运代理提交填好的国际货物委托书和出口合同副本及有关单证。对需要包机运输的大宗货物，货主应在发运货物前40天填写“包机委托书”送交航空货运代理。对需要紧急运送的货物或必须在中途转运的货物，应在委托书中说明，以便航空货运代理设法利用直达航班运送和安排便于衔接转运的航班运送。

国际货物托运书（样本见图6－6）是托运人用于委托承运人或其代理人填开航空

GW415(02/12)

SHIPPERS LETTER OF INSTRUCTION

EXPORTER (Name and address)

ABN No.

SHIPPERS REF No: | POSTCODE:

GEODIS wilson

GEODIS WILSON AUSTRALIA PTY LTD
ABN 25 002 587 886

CONSIGNEE (Name and address)

NOTE: If 'Payment of Charges' Section not completed freight will be charged to your account.

ORDER No:

ALSO NOTIFY (Name and address)

SHIPPER TO INDICATE
IS AN EXPORT PERMIT REQUIRED
FOR YOUR GOODS? ☐ YES ☐ NO If yes please attach...

FREIGHT CHARGES
PREPAID ☐ (TO BE PAID BY SHIPPER)
COLLECT ☐ (TO BE PAID BY CONSIGNEE)
DOCUMENTATION ATTACHED
COMMERCIAL INVOICE ☐
OTHER ☐ PACKING LIST ☐
DO YOU REQUIRE ☐ Original HBL OR
☐ Express Release HBL

INVOICE TERMS
EXW ☐
FCA/FOB ☐
CPT ☐
CIP/CIF ☐
DAP ☐
DDP ☐
OTHER ☐

MODE OF TRANSPORT (specify) ☐ Sea ☐ Air | PORT OF EXPORT

PORT OR AIRPORT OF DESTINATION

Goods Manufactured ☐ NSW ☐ VIC ☐ QLD ☐ SA ☐ WA ☐ NT ☐ ACT ☐ TAS ☐ Foreign >> (specify here if foreign)

SHIPPER REQUESTS INSURANCE ☐ No ☐ Yes | AMOUNT TO BE INSURED

Total Invoice Value | Invoice Currency

MARKS AND NUMBERS	NUMBER AND TYPE OF PACKAGING	DESCRIPTION OF GOODS	GROSS WEIGHT	DIMENSIONS OR CUBIC MEASUREMENTS (L x W x H)

EDN or Exemption Code (Where applicable)

COMPLETION OF THIS DOCUMENT IS NECESSARY FOR GEODIS WILSON AUSTRALIA P/L TO COMPLETE A BILL OF LOADING / AIRWAYBILL AND EXPORT DECLARATION ON YOUR BEHALF. PLEASE BE 100% ACCURATE AND PROVIDE COPIES OF ALL COMMERCIAL DOCUMENTS.

1. Sender hereby authorises the Company to complete the Consignment Notes and other necessary documents in connection with despatch, carriage and delivery of goods on behalf of the sender under the provisions of the relevant articles of Carrier's General Conditions of Carriage.
2. Sender hereby declares that the particulars shown hereon and furnished by him or his agent are correct and that he is aware of and accepts the Geodis Wilson Trading Conditions, see Standard Trading Conditions tab.
3. Sender acknowledges that the consignment will be subject to security procedures required to clear the shipment safe for carriage by air.
4. Sender acknowledges that it is illegal to consign as cargo, any unauthorised explosive device.

DATE:

SIGNATURE OF SHIPPER:

DANGEROUS GOODS
Are there Dangerous Goods covered by this Shipper's Letter of Instruction ?
☐ Yes ☐ No
If answered yes, please attach dangerous goods declaration.

ARE YOUR GOODS ON ISPM15 PALLETS?
☐ Yes ☐ No

Are the goods under Carnet or temporary Import?
☐ Yes ☐ No

SPECIAL INSTRUCTIONS

FOR OFFICE USE ONLY
SECURITY PROCEDURES TAKEN
CARGO PHYSICALLY SECURED ☐ REGULAR SHIPPER ☐
HELD FOR STATUATORY PERIOD ☐ OTHER

SYDNEY
Geodis Wilson Australia Pty Ltd
1 Millennium Court
(Off Military Rd)
Matraville NSW 2036
PO Box 480, Mascot, NSW 2020
Tel (02) 8347 4000
Fax (02) 8347 4100

MELBOURNE
Geodis Wilson Australia Pty Ltd
Unit 1, 1-3 Saligna Drive
Tullamarine, Vic, 3043
PO Box 419, Tullamarine, Vic 3043
Tel (03) 8336 9100
Fax (03) 9334 5968

BRISBANE
Geodis Wilson Australia Pty Ltd
Unit D 731 Curtin Ave East Pinkenba,
QLD, 4008
PO Box 919, Fort Vlly, Qld, 4006
Tel (07) 3260 2044
Fax (07) 3260 2150

ADELAIDE
Geodis Wilson Australia Pty Ltd
Level 1, 306 St Vincent St
Port Adelaide, SA, 5015
Tel (08) 8240 5055
Fax (08) 8240 4655

FREMANTLE
Geodis Wilson Australia Pty Ltd
223 Hampton Road
South Fremantle, WA, 6162
PO Box 319, South Fremantle,
WA, 6162
Tel (08) 9430 9922
Fax (08) 9430 9955

v3

图6－6 国际货物托运书样本

运单的一种表单，表单上列有填制航空运单所需的各项内容，并应印有授权承运人或其代理人代其在运单上签字的文字说明。货主（托运人、发货人）自己填写，而且必须在上面签字或盖章，保证托运书所填写的内容准确无误。实际业务中，国际货物托运书也可由航空货运代理填写，但须由货主（托运人、发货人）在上面签字或盖章。航空货运代理在接受托运人委托后，要对托运书中的价格、航班日期等进行审查，审核无误后必须在托运书上签字并写上日期以表示确认。航空货运代理确认后，航空货运代理与托运人双方的委托关系即确立。

国际货物托运书上要写明货物名称、体积、重量、件数、目的港和要求出运的时间等内容。

2. 审核、接受单证、接收货物

航空货运代理审核、接受单证、接收货物简称审单、接单、接货。

航空货运代理对托运人提交的国际货物托运书和随附单证必须进行审核，如发现单证不符或缺少，应要求托运人尽快修改或补交。

航空货运代理接受托运人送交的已经审核确定的托运书及报关单和收货凭证后，与电脑中的收货记录和收货凭证进行核对，制作操作交接单，填上所收到的各种报关单证的份数，给每份交接单配一份总运单或分运单。如果货未到或未全到，可以按照托运书上的数据填入交接单并注明，货物到齐后再进行修改。

接货就是航空货运代理和货主交接货物，并将货物运至航空货运代理公司仓库或直接运至航空公司仓库的过程。航空货运代理接货最重要的工作是根据货主提供的发票和装箱单清点货物，核对货物的数量、重量、品名、包装等是否与货运单据上列明的一致。如有遗漏或破损要及时与货主联系，整理补足后，与货主办理交接手续。如果货主通过空运或铁路从内地将货物运往出境地，航空货运代理可代为提货，如货主已在当地办理了清关手续，则应要求对方提供当地海关的关封。

航空货运代理接货后要填写收货单。收货单是客户与航空货运代理之间收交货物的凭证，也是货运单上数据更改的依据。收货单的主要内容包括：客户名称、进仓编号、分运单号、货物目的地、收货日期、货物件数、重量、体积、收货人签名等。收货单分客户、仓库和出口业务部三联。

3. 填制航空运单

航空货运代理根据发货人提供的国际货物托运书，缮制航空运单，包括总运单（也称主运单）和分运单。

4. 刷上标记和贴上标签、配舱、订舱

（1）刷上标记和贴上标签。在航空货物运输中一定要刷上标记和贴上标签。

标记是在货物外包装上刷上有关事项和记号，如托运人和收货人的姓名、地址、联系电话、传真、合同号、运输操作事项等内容。

标签是承运货物的标志。航空货运代理必须为每件货物拴挂或粘贴上有关的标签。对于一票货物，如果航空货运代理公司出具了分运单，则除了航空公司主标签外，还要加挂航空货运代理公司的分标签，对需要特殊处理或照管的货物要粘贴指示性标签。

（2）配舱。航空货运代理配舱时要核对托运书上预报的数址与货物的实际件数、重量体积的差异，根据预订的舱位板箱合理搭配，按照各航班机型、板箱型号、高度、数量进行配载，对货物晚到、未到情况以及未能顺利通关放行的货物进行调整处理，为制作配舱单作准备。

（3）订舱。订舱是指航空货运代理公司将所接收的空运货物向航空公司正式提出运输申请并订妥舱位，首先，航空货运代理接到托运人的发货预报，向航空公司吨控部门领取并填写订舱单，同时提供相应信息，包括货物的名称、体积、亟址、件数、目的地、要求出运的时间及其他运输要求。其次，航空公司接受订舱后，签发舱单，同时给予装货集装箱领取凭证，以表示舱位已订妥。航空货运代理在订舱时，应依照托运人的要求选择最佳的航线和最佳的承运人，为托运人争取最低、最合理的运价。

5. 出口货物报检、报关

在发运货物之前，发货人或代理人要先填写报检单，到当地的商检机构报检，向起运地或出境地海关办理出口货物报关手续。报检、报关工作可由航空货运代理代为办理。海关放行后，航空货运代理要将盖有海关放行章的运单与货物一起交给航空公司，航空公司验收单、货无误后在交接单上签字。

6. 编制出仓单，提板、箱与装货

配舱方案确定后，就可编制出仓单。出仓单用于仓库安排货物出库计划及供装板、装箱部门作为仓库提货的依据和仓库交货的凭证，同时也是制作《国际货物交接清单》的依据。出仓单上应载明出仓日期、承运航班日期、装载板箱形式及数址、货物进仓顺序编号、总运单号、件数、重量、体积、目的地三字代码和仓库交货的凭证。

一般情况下，航空货物均以集装箱或集装板形式装运，因此，航空货运代理要根据订舱计划向航空公司申请板、箱并办理相关手续。提板、箱时，应领取相应的塑料薄膜和网，对使用的板、箱要登记、消号。

7. 签单、交接发运

（1）签单。航空货运代理在货运单盖好海关放行章后，还应到航空公司签单，航空公司审核确定运价使用是否正确以及货物性质是否适合航空运输。只有签单确定后才允许将单货交给航空公司。

（2）交接发运。交接发运是指航空货运代理向航空公司交单交货，航空公司接货，并安排运输。

交单就是将随机单据和应由承运人留存的单据交给航空公司，随机单据包括第二联航空运单正本、发票、装箱单、产地证明、品质鉴定书等。交货就是将与单据相符的货物交给航空公司。航空货运代理交货之前，必须粘贴或拴挂货物标签。交货时要清点和核对货物，填制货物交接清单。大宗货、集中托运货，以整板、整箱称重交接。零散小货按票称重，计件交接。航空公司核对清点后，在交接清单上签收。

航空公司接单接货后，将货物存入出口仓库，单据交吨控部门，以便缮制舱单、吨位控制与配载。航空公司制订配舱方案后编制出仓单。

货物装机完毕，由航空公司签发航空总运单，货运代理公司签发航空分运单。

8. 航班跟踪、结算费用等发运后的事宜

（1）航班跟踪与信息服务。单货交给航空公司后，航空公司可能会因为各种原因不能按预定时间运出，所以航空货运代理从单、货交给航空公司后就需要对航班、货物进行跟踪。

航空货运代理从接受发货人委托开始，就须在多个方面为客户做好信息服务。航空货运代理应向委托人提供的信息主要有：订舱信息、审单情况、报关信息（货主委托航空货代报关的情况下）、称重信息、仓库收货信息、集中托运信息、单证信息、一程及二程航班信息等。

航空货运代理应将盖有放行章和验讫章的出口货物报关单、出口货物收汇核销单、运单正本第三联（在集中托运情况下仅交付分运单第三联，总运单留存货运代理人手中）等单据交付托运人（货主）。

（2）变更运输。由于托运人的原因改变运输，称为自愿变更运输。根据《华沙公约》，“托运人在履行运输合同所规定的一切义务的条件下，有权在始发地航空站或目的地航空站将货物退回，或在途中经停时中止运输，或在目的地或运输途中交给非航空货运单上所指定的收货人，或要求将货物退回始发地航空站，但不得因行使这种权利而使承运人或其他托运人遭受损失，并应偿付由此产生的一切费用”。

由于天气、机械故障、货物积压、禁运和承运人的其他原因而改变已订妥的航班和运输路线，称为非自愿变更运输。

（3）结算费用。货主（出口商）凭航空货运代理签发的分运单向银行办理结汇。航空货运代理发货后与货主结算航空运费和地面服务费。航空货运代理在收讫运费后，在规定的时间内与航空公司结算航空运费。

（4）发出装运通知。货物装机后，货主即可向买方发出装运通知，以便对方准备付款、赎单、办理收货。

6.4.2　航空进口货运代理规程

进口货物航空货运代理业务是指航空货运代理接受收货人委托办理接货手续，完成货物从入境到提取或转运整个流程的各个环节所需办理的手续及准备相关单证的全过程。其主要业务环节如图 6－7 所示。

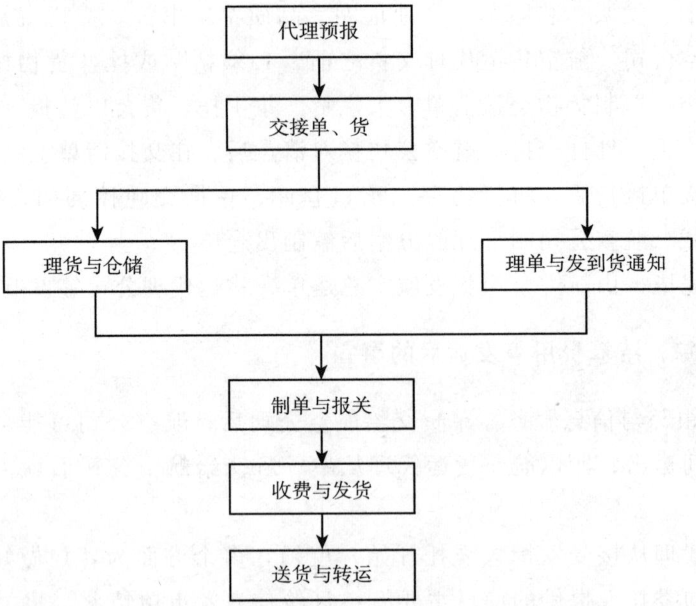

图 6－7 出口货物国际航空运输代理业务流程

1. 代理预报与交接单、货

在进口货物发运之前，航空货运代理的国外代理将运单、航班、件数、重量、品名、实际收货人及地址、联系电话等内容通过传真或电子邮件发给目的地的航空货运代理。

货物到达后，航空货运代理接到航空公司的到货通知时，应从机场或航空公司营业处或航空公司的地面代理取单（指航空运单第三联正本——original for the Consignee）。航空公司的地面代理向航空货运代理交接的有国际货物交接清单、总运单、随机文件与货物。航空货运代理与航空公司交接时要单单核对、单货核对。

航空货运代理提取货物，未提出异议，即视为货物已经在完好状态下按照运输合同有效交付。交货时如发现缺少、残损等情况，航空货运代理应向航空公司索取商务记录，然后交货主向航空公司索赔，也可根据货主委托代办索赔。如货物包装外表完好，但内部货物的质量或数量有问题，则属于“原残”，应由货主向商检部门申请检验出证并向国外发货人交涉赔偿。此外，承运人按适用的法律、已将货物交付给海关或者其他行政当局的，应当视为有效交付。

2. 理货与仓储、理单与发到货通知及制单与报关

航空货运代理与航空公司进行单货交接后要理货、理单并向收货人发到货通知。

航空货运代理公司的理单人员需将总运单、分运单与随机单证、国外代理先期寄达的单证审核、编配。单证齐全、符合报关条件的即转入制单、报关程序。如果单证不齐，应立即与货主联系，催其交齐单证，使之符合报关条件。

同时，货运代理应尽快发出到货通知。如货主自行报关，要提醒货主配齐有关单证，尽快报关，为货主减少仓储费，避免海关滞报金。

3. 收费与发货、送货与转运

办完报关、报检等手续后，货主凭盖有海关放行章、检验检疫章的进口提货单到所属监管仓库付费提货。航空货代公司仓库在发货前，一般先将费用收妥再发货。收费内容主要有：到付运费及垫付佣金、单证报关费、仓储费、装卸费、铲车费、航空公司到港仓储费、海关预录入及商检费等代收代付费用、关税及垫付佣金。

仓库发货时，须再次检查货物外包装情况，遇有破损、短缺，应向货主作出交代，指导并协助货主合理安排安全装车，以提高运输效率，保障运输安全。

送货是指航空货代将进口清关的货物用汽车直接运送到货主单位，也叫送货上门。航空货代在货主的委托下将进口清关的货物用火车、飞机、汽车、水运、邮政等方式转运到货主所在地，称为转运业务。

例如，一张运单上有两个或两个以上的收货人，则航空货运代理应按照合同或分拨单上的品名、地址、规格、型号，开箱办理分拨与分交。收货人应向航空货运代理出具收货证明并签字、注明日期。

案例

“一带一路”政策影响下 国际货运代理市场发展前景向好

国际货运代理（International freight forwarding agent），简称是“国际货代”。在《中华人民共和国国际货运代理业管理规定》中，国家明确了国际货运代理的定义，具体是一种指接受进出口货物收货人、发货人的委托，以委托人的名义或者以自己的名义为委托人办理国际货物运输及相关业务并收取服务报酬的行业。

自改革开放以来，我国市场经济发展迅速，社会分工也愈加明确，单一的贸易经营者或运输经营者并没有足够的力量亲自经营处理每项运输业务，需要委托代理人为其办理一系列商务手续，这就催生了国际货运代理这一行业。从性质来看，国际货代主要是接受委托方的委托，包括货物运输、转运、仓储、装卸等相关事宜。它不仅与货物托运人订立运输合同，同时也会和运输部门签订合同，兼具货物托运人和承运人两种身份。近年来，随着国际贸易、运输方式的发展与变化，国际货运代理已经逐渐渗透到国际贸易的每一领域，市场发展迅速。

根据新思界产业研究中心发布的《2020～2024 年中国国际货运代理市场可行性研究报告》显示，发展至今，国际货运代理行业在我国的发展程度较高，人才培养机制也相对成熟，近年来更是在“一带一路”倡议的带领下，行业发展迎来大好局面。具体来看，从 2014 年的 3475.5 亿元发展到 2019 年，我国国际货运代理百强企业营业收入已经增长至 4450 亿元左右，市场发展态势整体向好；但在 2020 年，由于中美贸易摩擦加剧，以及新冠肺炎疫情的影响，国际货运代理行业发展将趋缓。

现阶段，随着科技的不断发展，我国物流行业逐渐走向信息化、智能化发展道路，这也在一定程度上影响到国际货运代理行业的发展。具体来看，由于国内物流技术的日益成熟，我国国际货物运输“可视化”程度逐渐提高，电子交换系统（EDIS）、全球定位系统（GPS）等高新技术的相继出现，可以为企业提供完整的仓储、运输、装卸等环节信息，从而更加有效地提升工作效率。

我国制造业发展迅速，属于外贸进出口大国，对国际货运代理的应用需求较大，目前已经逐渐渗透到国际贸易的每一领域。在近年来，“一带一路”倡议的提出与实施、自贸区的建立以及一系列利好政策的出台，都在很大程度上助力国际货运代理行业的进一步发展；未来随着高新技术在行业的大量应用和持续发展，我国国际货运行业仍有着巨大发展潜力。

请思考：1.“一带一路”背景下国际航空货运代理企业采取了哪些创新发展模式？

2. 讨论国际航空货运代理企业的可持续发展路径。

重要概念

国际航空货物运输　　班机运输　　包机运输　　集中托运　　国际航空快递

本章小结

本章阐述了国际货物仓储的含义、特点、构成要素、管理制度和组织形式，介绍了国际航空货物运输单证的概念、性质和作用，总结了国际航空货运代理的规程。

复习思考题

一、判断题

1. 国际航空运输协会简称 FIATA。(　　)
2. 《海牙规则》适用航空货物运输。(　　)
3. 部分包机与班机相比，部分包机的时间比班机长。(　　)
4. 包机运输一般不用中转。(　　)
5. 集中托运是我国航空进出口货物的主要运输方式。(　　)
6. 航空运单是一种运输合同。(　　)
7. 航空运单与海运提单一样是可转让。(　　)
8. 航空运单的运单持有人代表对所托运货物的所有权。(　　)

二、单选题

1. 航空货物运输过程中的货损货差，是按（　　）条款赔偿的。

A. 《海牙规则》　　B. 《维斯比规则》　　C. 《华沙公约》　　D. 《汉堡规则》

2. 航空运输一般根据货物重量赔偿，最高赔偿额是每公斤（　　）美元。

A. 20　　B. 30　　C. 40　　D. 50

3. 航空运单的作业不包括（　　）。

A. 承运合同　　B. 接收货物的证明

C. 有价证券　　D. 保险证书

4. 航空运单一般有（　　）份正本。

A. 2　　B. 3　　C. 4　　D. 5

5. 以下不属于制《进口货物报关单》的依据的文件为（　　）。

A. 运单　　B. 发票

C. 证明货物合法进口的有关批准文件　　D. 到货通知书

三、多选题

1. 国际航空货运的当事人有（　　）。

A. 发货人　　B. 收货人　　C. 航空公司

D. 装卸搬运公司　　E. 航空货运公司

2. 航空货物运输方式有（　　）方式等。

A. 班机运输　　B. 包机运输　　C. 大陆桥运输

D. 集中托运　　E. 联运

3. 包机运输可分为（　　）。

A. 整包机　　B. 班机运输　　C. 部分包机

D. 集中托运　　E. 联运

4. 航空联运方式有（　　）等。

A. 陆空联运　　B. 海空联运　　C. 空空联运

D. 大陆桥联运　　E. 空铁联运

5. 以下（　　）等不能办理集中托运。

A. 贵重物品　　B. 普通货物　　C. 危险品

D. 活动物　　E. 文物

6. 航空运输中集中托运有以下哪些特点（　　）。

A. 节省运费　　B. 延伸航空公司的服务

C. 弥补没有直达航班的不足　　D. 提早结汇

E. 海鲜、活动物的运输

7. 航空运单可分为（　　）。

A. 总运单　　B. 分运单　　C. 记名运单

D. 提示运单　　E. 不记名运单

四、问答题

1. 包机运输有哪些优点？

2. 航空运单的作用有哪些？

3. 简述集中托运的具体做法。

4. 航空货物运输的优点有哪些？

5. 航空货运单的作用有哪些？

五、案例分析

现在，航空货运业的通行模式是代理人向航空公司预订舱位并进行结算。然而，这种模式往往忽视了运输三角中最重要的一方—货主的利益。在实际操作中，航空公司和代理人控制大部分的话语权，货主的心声往往难以得到有效传达，因此，许多货主正在为他们自己的处境大声疾呼。

（1）负面影响多

众所周知，货物有可能出现意外的丢失（特别是在转运途中），也有可能出现破损，客户常抱怨货物在地上滞留的时间远大于在空中的运输时间。虽然大多数货主不得不接受这样的现实，但航空货运服务中存在的诸多负面因素，已经让一些客户寻找其他的运输方式。

燃油附加费是最主要的负面因素之一。美国货主的贸易联盟——全国产业运输联合会副总裁彼得·盖蒂认为："现在，航空货运价格不灵活，航空公司对经济下滑和油价下降的反应速度过慢。"当然，航空公司和代理人对安检措施不承担责任，但他们应该通过设计合理的流程、确保尽早取得所有必需的数据并递交给当局等措施，努力降低货物损失。

（2）运力控制

航空公司可以控制的另一个因素是运力。阿尔法协会（Alpha Association），一家在世界范围内开展业务的英国贸易公司的老板大卫认为："某些航线上的舱位短缺，会造成真正的麻烦。例如英国至非洲航线只有3家主要航空公司运营，如果他们将宽体飞机调成窄体飞机，那我们就遭殃了。我们必须要求代理人提前1周或更长时间订舱位。如果货物不能按计划运输，代理人需要组织其他货物填满舱位。我们虽然并不需要为没有利用的舱位付费，但如果多次出现这种情况，代理人就会放弃我们的生意。"运力短缺可以解释为什么加拿大公司会通过卡车运货到美国机场。

在世界其他地方，情况更糟。不仅航空公司对现有机队进行评估后在不断缩减货机和宽体客机的投入，而且机场的基础设施也让航空公司的操作更加困难。2008年纽约肯尼迪机场和纽瓦克机场的延误激增，美国联邦航空管理局（FAA）宣布计划拍卖上述机场的起降时刻（slot）。这一决定虽然受到纽约和新泽西港口委员会（PANYNJ）的反对，并在2008年12月付诸法律，使拍卖计划推迟，但是这一行动仍未结束。这一拍卖计划要求航空公司对他们已经拥有的起降时刻进行竞拍。PANYNJ预计，这将会导致成本上升12%，并造成纽约出发的运力缩减。

（3）确保货运链条的完整

确保文件环节完整正确，需要货主、代理人和航空公司各方的通力合作。

鲜活货物最大的挑战来自卫生部门的要求。文件在美国获得通过后必须跟着货物走，如果不能和货物一起运达，货物就会被搁置；如果货物出现问题，文件也会被扣留。任何一种情况下，鲜货都会死。运输鲜货如此棘手，东岸海产品公司干脆成立了自己的代理公司。

此外，货物丢失后的赔偿低。麦克·佩说："我们在货物丢失后拿到的赔偿数额少得可怜。航空公司利用《蒙特利尔条约》和《华沙条约》做保护，我们获得的赔偿一般仅为每千克20美元。为此，我们需要另外购买保险，与保险公司再走一遍全套的索赔程序。我们做下来往往一无所获，即使货物损失不是我们的过错。"

可见，提高货物处理效率的最好方法是建立起良好的关系。但是这对那些零散货主和无法做到这点的货主意味着什么？难道不应该是每位货主都应享受到良好的服务吗？难道不应该每名雇员都通过培训，正确掌握处理特殊货物和文件的方法码？在绝大部分时间里，即使是航空公司的老主顾，也对这个行业能否安全、快捷高效地运输自己的货物缺乏足够的信心。如果客户将货物转向海运，航空货运行业只有在自己身上寻找原因了。

请思考：对于文中的问题，可以采用哪些方法解决？

（根据参考资料《空运运输货物：从货主视角看航空物流服务？》https：//huoche.8684.cn/zdnews/topic/56zt/hexw6ljhzd0m.html 修改得到）

第 7 章　国际多式联运

学习目标

1. 掌握集装箱运输的定义和特点
2. 了解集装箱运输的发展历程
3. 掌握多式联运的定义和特点
4. 掌握集装箱运输与多式联运的关系
5. 了解基本的国际多式联运单据

导入案例

德国汉堡港作为欧洲的 6 个枢纽港之一，辐射范围除了德国本土之外，还通过国际联运辐射波罗的海沿岸国家和东欧，通过路桥连接中亚、东亚地区。德国政府十分重视港口建设，在加强引导码头基础设施建设的同时，集疏运系统也得到了相应完善，海铁联运条件良好。

在内陆运输方面，货物 70% 运量由铁路运输承担，占德国铁路公司总运量的 8%。根据历年统计数据，铁路份额还在逐年增大。汉堡地区铁路总里程 650 公里，其中 425 公里产权属于市政当局，并由德国铁路公司负责运营。

汉堡地区集装箱全年办理量超过 90 万吨，由于路网较为完善，同时大力组织开行了集装箱班列，目前在汉堡周边 800 公里范围以内可实现 24 小时之内送达，而在欧盟范围内可实现 48 小时之内送达。

从汉堡港近年来的发展趋势看，更多的普通货物由传统运输方式逐渐转向集装箱运输，使集装箱这种新型的运输方式得到了超常规发展。

随着全球经济的发展，集装箱的多式联运得到了迅速发展，海铁联运、公铁联运等运输链得到了完善，在铁路运输方面除了承运各类国际标准箱之外，还相应出现了公铁两用车、驼背运输等多种运输方式，大大缩短了货物在途时间，使整个运输体系得以高效运行。

（资料来源：火车网）

思考题

集装箱运输和多式联运的关系是怎样的?

提示

集装箱多式联运是物流运输的高级发展阶段，是改善物流效率和行业生态的有效手段，被看作各国货运现代化进程的重要标志。我国目前正在积极推进“一带一路”倡议，为集装箱多式联运的发展带来了历史性的契机。集装箱多式联运的发展将加速带动周边市场的繁荣，促进国际贸易活动，助力国家“一带一路”倡议。因此在适合我国国际物流的环境下更好地发挥多式联运的作用，提升物流服务水平，可以更好地促进国际物流的高质量发展。

7.1 国际多式联运概述

7.1.1 国际多式联运的概念与特点

1. 国际多式联运概念

国际货物多式联运（以下称国际多式联运），根据 1980 年《联合国国际货物多式联运公约》的规定，国际货物多式联运是指：“按照多式联运合同，以至少两种不同的运输方式，由多式联运经营人将货物从一国境内接管货物的地点运至另一国境内指定交付货物的地点。为履行单一方式运输合同而进行的该合同所规定的货物接送业务，不应视为国际多式联运。”

2. 国际多式联运的特点

联合国贸发会秘书处在其提交的《多种方式联运适用的现代化运输技术》报告中指出：国际多式联运的主要特征是“多式联运经营人和发货人之间的合同关系性质，构成了多式联运的特征。联运经营人以独立的法律实体，向发货人提供用一种以上的运输方式运输货物的单一合同”。根据以上解释，国际多式联运具有的特征是：

（1）发货人和多式联运经营人之间必须订立一个多式联运合同

货物在全程运输中，无论经历多少种运输方式，多式联运经营人必须与发货人之间订立多式联运合同，来明确两者之间的权利、义务、责任、豁免的合同关系和多式联运的性质。它是多式联运的主要特征，也是多式联运区别于传统运输方式的重要依据。

（2）多式联运经营人必须对全程运输负责

多式联运经营人必须对全程运输负责，这也是多式联运的一个重要特征。多式联运经营人是多式联运货物全程运输的组织人。由多式联运经营人去与实际承运人订立分运合同，实际承运人负责全程或部分区段的实际运输。而多式联运经营人作为一个独立的法律实体，对货物负有履行合同的责任并承担自接收货物起到交付货物时止的全程运输责任，以及对货物在运输中因灭失、损坏、迟延交付所造成的损失负赔偿责任。

（3）使用一份全程多式联运单据

多式联运全程运输单据是指证明多式联运合同以及多式联运经营人接收货物并负责按合同条款交付货物所签发的单据，它同时也是一种物权凭证和有价证券。

（4）多式联运使用的是两种或两种以上不同方式的连贯的运输合同

这是确定一票货运是否属于多式联运的最主要的特征。多式联运所指的至少两种以上的运输方式，可以是海陆、海空、海铁等。多式联运不仅使用两种以上不同的运输方式，而且是不同方式下的连续运输。

（5）多式联运的货物必须是国际间的运输

多式联运方式下的货物，必须是跨国境的国际间的运输。这是区别于国内运输和是否适合国际法规的限制条件。

（6）实行全程单一的运费费率

多式联运经营人在对货主负全程运输责任的基础上，制定一个从货物发运地至目的地的全程单一费率，并一次向货主收取。全程单一费率一般包括运输成本、经营管理费用和合理利润。

（7）代理人与多式联运经营人之间的工作关系

起运地接管货物，目的地交付货物及全程运输中各区段的衔接工作，由多式联运经营人在各地的分支机构或代理人完成。这些代理人对多式联运经营人负责。

7.1.2 国际多式联运经营人

1. 国际多式联运经营人的法律性质

国际多式联运经营人是指其本人或通过其代表订立多式联运合同的任何人，他是本人，而不是发货人的代理人，或代表或参加多式联运的承运人的代表人，并负有履行合同的责任。国际多式联运涉及多种运输方式、多个环节、多方关系，其中既有国际多式联运经营人与货物利益方之间的合同关系，又有国际多式联运经营人与其代理人、受雇人及其他相关方之间的代理关系、承揽运送关系、侵权关系等。因此，国际联运经营人的法律地位相当复杂，但国际联运经营人具备以下基本特征。

（1）国际多式联运经营人是本人而非代理人，他对全程运输有承运人的权利并承担相应的义务。国际多式联运经营人也可以“代理人”身份兼营有关货运代理服务，或在国际多式联运业务中不以“本人”身份而是以其他身份诸如代理人、中间人等开展业务。无论是其本人还是通过其代理人，国际多式联运经营人必须是与托运人签订国际多式联运合同的合同主体，他本人即是合同的一方当事人。

（2）国际多式联运经营人的责任期间为从接收货物时起至交付货物时止。在国际多式联运经营人的责任期间对无论是否实际处于其掌管支配下的货物的灭尖、损害以及迟延交付。均承担赔偿责任，虽然这并不影响国际多式联运经营人向实际造成货物灭失损害以及迟延交付的责任人进行追偿，但是只要货物利益方选择向其主张权利，国际多式联运经营人便负有第一位的赔偿责任。尽管大多数情况下合同项下的货物并不是由国际联运经营人亲自支配，但是只要在责任期间内，货物即视为在其掌管之下，这是国际多式联运经营人与托运人订立多式联运合同的必然要求。

（3）国际多式联运经营人具有双重身份，他既以契约承运人的身份与货主（托运人或收货人）签订国际多式联运合同，又以货主的身份与负责实际运输的各区段运输承运人签订分合同。多式联运的实质在于它是一个单一的运输过程，即通过不同的运输方式把货物自接管地点运往交货地点。

（4）国际多式联运经营人还必须承担国际多式联运合同中所规定的与运输和其他服务有关的相关责任，并保证将货物最终妥善交付给多式联运单证持有人，或者单证中指定的收货人。

2. 国际多式联运经营人的基本条件

（1）具有从事国际多式联运的资格

在我国，从事国际多式联运业务的企业必须具有中华人民共和国企业法人资格。外合资企业、中外合作企业的法人资格需要由交通运输部、铁道部共同批准。除非法律行政法规另有规定，外商独资企业、境外企业不得从事国际集装箱多式联运业务。

（2）具有一定的资金和良好的资信

申请设立国际集装箱多式联运经营业务的注册资金不能低于 1000 万元人民币，而且要有良好的资信。增设经营性的分支机构时，每增设一个分支机构需要增加注册资金 100 万元人民币。

（3）具有符合要求的国际多式联运单据

国际多式联运单据实行登记编号制度，凡我国境内签发的国际多式联运单据必须报交通部、铁道部登记，并在单据右上角注明许可证编号。

（4）具备所经营国际多式联运线路的运价表

由于国际多式联运是一次计费，因此国际多式联运经营人应该制订全程运价表，并采用单一运费制。但在国际多式联运业务中，全程运费随着运输方式、运输线路以及交货方式的变化而大不相同，因此制定单一运费率较为困难。但为了提高知名度和市场竞争力，国际多式联运企业应力争制定出自己所经营线的运价表并对外公布。

(5) 具有较完整的经营网络

由于国际多式联运经营人需要对货物全程负责，因此拥有能够覆盖其业务范围、满足客户需要的经营线路和经营网络，并在所经营的各条联运线路上设有分支机构或代理尤为重要。当然，国际多式联运经营人可以通过与有关的实际承运人、场站经营人保持长期的合作关系，使他们成为自己的联运网络中相对稳定的节点。

(6) 具有完备的软硬件资源

从事国际多式联运业务的人员，应掌握国际货运代理、国际多式联运、国际物流管理等基本专业知识，并根据岗位不同，具备相应的专业技能和经验；多式联运经营人应具有完善有效的管理制度，包括多式联运合同、多联运单据、多式联运费用的制定与结算、服务质量跟踪与考核、服务作业流程控制等管理规定和管理方法；国际多式联运经营人还必须拥有先进的信息管理系统以实现运输的全程控制和实时控制。

3. 国际多式联运经营人的责任形式

国际多式联运经营人的责任期间，是从接收货物之时起到交付货物之时为止。在此期间，对货主负全程运输责任，但对负责范围和赔偿限额方面，根据目前国际上的做法，可分为分段责任制、统一责任制、修正（双重）统一责任制。此外，在某些特定情况下，国际多式联运经营人可免责。

(1) 分段责任制

分段责任制称为网状责任制，它是当前国际多式联运业务中采用最为普遍的一种国际多式联运经营人的赔偿责任制。根据这种责任制，国际多式联运经营人的责任范围以各区段运输原有责任为限，如海上区段按《海牙规则》、铁路区段按《国际铁路货物运送公约》、公路区段按《国际公路货物运输合同公约》、航空区段按《华沙公约》。在不适用上述国际公约时，按相应国家的法律规定办理。赔偿限额也是按各区段的国际公约或国家法律规定赔偿。对于不明区段的货物损失，或按《海牙规则》办理或按专门订明的国际多式联运经营人赔偿责任办理。

由于分段责任制涉及的赔偿规则比较多，而且差别比较大，对托运人来说，可以在多式联运合同中明确赔偿责任。因此尽管分段责任制不够理想，但托运人也是乐于接受的。

(2) 统一责任制

统一责任制是指国际多式联运经营人对货主负有不分区段运输的统一责任，即货物的损坏不论发生在哪个区段，国际多式联运经营人按一个统一原则负责，并一律按一个限额赔偿。《联合国国际货物多式联运公约》所采取的就是这种责任制。公约规定，国际多式联运经营人不仅要单独对货物在整个运输过程中所发生的货物损失负责，而且不管货物损失发生在哪个运输阶段，均按统一的限额赔付。

(3) 修正责任制

修正责任制是介于上述两种责任制之间的责任制，故又称混合责任制，也就是在责任范围方面与统一责任制相同，在赔偿限额方面与分段责任制相同。它规定，当知道损失发生的区段而制约该区段运输的单一方式运输公约的赔偿限额高于《联合国国际货物多式联运公约》的限制时，国际多式联运经营人的赔偿责任就以单一运输公约的限额为依据。当损失发生在海运中，由于海运的赔偿限额均低于《联合国国际货物多式联运公约》的限额，因此以《联合国国际货物多式联运公约》限额为依据。

（4）国际多式联运经营人的免责

在国际多式联运中，对下述原因造成的货损或灭失，国际多式联运经营人不负责。

①托运人所提供的货名、种类、包装、件数、重量、尺码及标志不实，或由于托运人的过失和疏忽而造成的货损或灭失，均由托运人自行承担责任。如对国际多式联运经营人或第三者造成损失，即使托运人已将国际多式联运单证转让，托运人仍应承担责任。

②发生损失的货物是由托运人或其代理装箱、计数或封箱的。

③货物品质不良，外包装完好而内包装货物短缺、变质。

④货物装载于托运人自备的集装箱内发生的损坏或短少。

⑤由于运输标志不清而造成的损失。

⑥对危险物品等特殊货物的说明及注意事项不清或不正确而造成的损失。

⑦对有特殊装载要求的货物未加标明所引起的损失。

⑧由于海关商检承运人等行使检查权所引起的损失。

7.1.3 国际多式联运业务流程

多式联运是一种现代化的综合运输，涉及面广、环节众多、环境繁杂，因此其业务流程也十分复杂。下面简要介绍多式联运的一般业务流程。

1. 多式联运合同的订立

多式联运必须订立合同，合同是规范承托双方权利、义务以及解决争议的基本法律文件。多式联运合同的主要内容有托运人、收货人、多式联运经营人，货物的名称、包装、件数、重量、尺寸等情况，接货的地点和时间，交货的地点和约定的时间，不同运输方式的组成和运输线路，货物交接方式以及承托双方的责任和义务，解决争议的途径和方法等。

2. 多式联运计划的编制

多式联运计划总的要求是：

（1）合理性。要求运输线路短、各区段运输工具安全可靠、运输时间能保证、不同运输方式之间良好衔接，从而保证货物从一国境内接货地安全及时地运到另一国境内的交货地。

（2）经济性。在保证货运质量的前提下，尽可能节省总成本费用，以提高经济效益。

(3) 不可变性。在计划中应充分考虑各种因素，留有必要的余地，除不可抗力外，计划一般不能随意改变。在完成多式联运计划编制后，多式联运经营人还应及时将计划发给沿线各环节的代理人，使之提前做好接货、运输、转关或交货等准备工作。

3. 接货装运

按照多式联运合同，在约定的时间、地点，由多式联运经营人或其代理人从发货人手中接管货物，并按合同要求装上第一程运输工具发运。按双方议定的交接方式，凡在发货人或收货人的工厂或仓库（即门：DOOR）或集装箱码头堆场（Container Yard，CY）交接的，由发货人负责装箱计数施封和办理出口清关手续，在箱体外表状况良好、封装完整状态下，将货物整箱交多式联运经营人或其代理人；凡在集装箱货运站（Container Freight Station，CFS）交接的，由发货人负责办理出口清关手续，将货物散件交多式联运经营人或其代理人，由后者负责拼箱计数施封后装运发送。

4. 多式联运单证的签发

多式联运经营人接管货物和在运费预付情况下收取全程运费后，即签发多式联运单据，表明多式联运经营人对全程联运负有责任。对多式联运合同当事人来说，多式联运单据是多式联运经营人收到货物的证据，是合同的证明，也是货物的物权凭证，多式联运经营人按多式联运单据指明的收货人或被指示的收货人交付货物，收货人凭多式联运单据提领货物。在货物装运发送后，多式联运经营人还应将多式联运单据副本及第一程运输的有关运输单证及时寄往第一程的目的地（港）的代理人，以便其做好接货、转关和转运的准备。

5. 运输保险

由于多式联运运距长、环节多、风险大，为避免可能发生的货运事故，多式联运经营人还可以向保险公司投保。尽管多式联运经营人有责任限额保护条款，但因多式联运经营人的疏忽、过失、侵权，将使其丧失责任限额保护的权利，并承担很大的赔偿金额的风险。为避免造成较大的损失，多式联运经营人通常向保险公司投保货物责任险和集装箱险，以防范巨额赔偿风险。

6. 转关手续

多式联运若在全程运输中经由第三国，应由多式联运经营人或其代理人负责办理过境转关手续，对《国际集装箱海关公约》缔约方之间，转关手续已相当简化，通常只提交相应的转关文件，如过境货物申报单、多式联运单据、过境国运输区段单证等，并提交必要的担保和费用，过境国海关可不开箱检查，只做记录而予以放行。

7. 全程运输的协调管理

(1) 不同运输方式之间的转运国际多式联运是以至少两种不同运输方式组成的连

续运输，不同运输方式之间的转运衔接，是保证运输连续性、准时性的关键。由于运输工具不同、装卸设备设施不同、转运点的选择不同以及各国的规定和标准不同，因此多式联运经营人或其代理人事前应对其有充分的了解，以便根据各种具体情况和要求实现快速的转运。

（2）各运输区段的单证传递多式联运经营人作为全程运输的总负责人，通常要与各运输区段实际承运人订立分运输合同，在运输区段发送地以托运人的身份托运货物，在运输区段的目的地又以收货人的身份提领货物。为了保证各运输区段货物运输的顺利进行，多式联运经营人或其代理人在托运货物后要将有关运输单证及时寄给区段目的地代理人。同时，如该实际运输区段不是最后一程运输，多式联运经营人的代理人在做好接货准备的同时，还要做好下一程运输的托运准备。

（3）货物的跟踪，为了保证货物在多式联运全程运输中的安全，多式联运经营人要及时跟踪货物的运输状况，如通过电报、电传、EDI、互联网在各节点的代理人之间传递货物信息，必要时还可通过GPS进行实时监控。

8. 交付货物

按多式联运合同规定，货物到达指定交货地后，由多式联运经营人或其代理人将货物交多式联运单据指明的收货人或按指示交指定的收货人，即告完成全程运输任务。交货地代理人应在货物到达前向收货人发出到货通知，以便收货人及时做好提货准备。对于FCL交货的，如CY条款，货物卸船、收货人办妥进口清关手续后，委托集装箱码头整箱交货；如DOOR交货的，则由公路运输至收货人的工厂或仓库交货，交接双方以箱体外表状况良好、封志完整为条件。

9. 运输过程中的海关业务

按照国际多式联运的全程运输（包括进口国内陆段运输）均应视为国际货物运输。因此该环节工作主要包括货物及集装箱进口目的地通关手续，进口国内陆段保税（海关监管）运输手续及结关等内容。如果陆上运输要通过其他国家海关和内陆运输线路时，还应包括这些海关的通关及保税运输手续。这些涉及海关的手续一般由多式联运经营人的派出机构或代理人办理，也可由各区段的实际承运人作为多式联运经营人的代表代为办理。由此产生的全部费用，应由发货人或收货人负担。如果货物在目的港交付，则结关应在港口所在地海关进行。如在内陆地交货，则应在口岸办理保税（海关监管）运输手续，海关加封后方可运往内陆目的地，然后在内陆海关办理结关手续。

10. 货运事故处理

如果全程运输中发生了货物灭失、损害和运输延误，无论是否能确定损害发生的区段，发（收）货人均可向多式联运经营人提出索赔。多式联运经营人根据提单条款及双方协议确定责任并做出赔偿。如果确知事故发生的区段和实际责任者时，可向其进一步进行索赔。如不能确定事故发生的区段时，一般按在海运段发生处理。如果已对货物及责任投保，则存在要求保险公司赔偿和向保险公司进一步追索问题。如果受损人和责任人之间不能取得一致，则需要通过在诉讼时效内提起诉讼和仲裁来解决。

7.2 国际集装箱运输

7.2.1 国际集装箱运输的产生与发展

集装箱运输是指以集装箱这种大型容器为载体，将货物集合组装成集装单元，以便在现代流通领域内运用大型装卸机械和大型载运车辆进行装卸、搬运作业和完成运输任务，从而更好地实现货物“门到门”运输的一种新型、高效率和高效益的运输方式。集装箱运输虽然是一种现代化的运输方式，但其发展却经历了漫长的过程。

集装箱产生的历史渊源久远，可以追溯到公元19世纪中叶，在英国的兰开夏（Lancashire）已出现运输棉纱、棉布的一种带活动框架的载货工具，这是集装箱的雏形。由于集装箱运输要求机械化和标准化两个条件的约束，在随后的一个漫长的历史时期集装箱运输都没有得到更多的发展。后来逐渐有了只能够在铁路上使用的集装箱。正式使用集装箱开始于20世纪初。英国于1900年后开始正式在铁路运输中使用集装箱，其后，主要的工业国家如美国、德国、法国等都相继开始使用。第二次世界大战前，集装箱已经开始在公路运输中使用。但铁路运输的集装箱与公路运输的集装箱并不是通用的，不能够交互使用。而且，在海洋运输中还没有开始使用集装箱运输。第二次世界大战中，美国在军事运输中使用了集装箱。由于战争的需要，美国要把大量的战争物质运往欧洲战场，由此集装箱开始被使用到海洋运输中。第二次世界大战后，海上集装箱运输开始于1956年4月，美国海陆运输公司改装了一艘油轮，设置了集装箱平台，在纽约至休斯敦航线上进行首次航行，成为海集装箱运输的先驱。此后，很多国家争相效仿。随后，在联合国的主持下，以美国的集装箱标准为参考，开始制订国际集装箱运输中的各种集装箱的标准，并颁布推广使用。20纪60年代末集装箱运输开始有了大规模发展，特别是在70年代以来，国际海上集装箱运输发展尤为迅速，许多国家为适应发展需要，扩大了集装箱船队，增建了集装箱专用码头、场地等，大大推动了集装箱的发展。

7.2.2 国际集装箱运输的特点

1. 高效益的运输方式

集装箱运输经济效益高主要体现在以下几方面。

（1）简化包装，大量节约包装费用。为避免货物在运输途中受到损坏，必须有坚固的包装，而集装箱具有坚固、密封的特点，其本身就是一种极好的包装。使用集装箱可以简化包装，有的甚至无须包装，实现件杂货无包装运输，可大大节约包装费用。

（2）减少货损货差，提高货运质量。由于集装箱是一个坚固密封的箱体，集装箱本身就是一个坚固的包装。货物装箱并铅封后，途中无须拆箱倒载，一票到底，即使经过长途运输或多次换装，也不易损坏箱内货物。集装箱运输可减少被盗、潮湿、污损等引起的货损和货差，深受货主和船公司的欢迎，并且由于货损货差率的降低，减少了社会财富的浪费，也具有很大的社会效益。

（3）减少营运费用，降低运输成本。由于集装箱的装卸基本上不受恶劣气候的影响，船舶非生产性停泊时间缩短，又由于装卸效率高，装卸时间缩短，对船公司而言，可提高航行率，降低船舶运输成本；对港口而言，可以提高泊位通过能力，从而提高吞吐量，增加收入。

2. 高效率的运输方式

传统的运输方式具有装卸环节多、劳动强度大、装卸效率低、船舶周转慢等缺点，而集装箱运输完全改变了这种状况。

（1）普通货船装卸一般每小时为 35 吨左右，而集装箱装卸每小时可达 400 吨左右，装卸效率大幅度提高。同时，由于集装箱装卸机械化程度很高，因而每班组所需装卸工人数很少，平均每个工人的劳动生产率大大提高。

（2）由于集装箱装卸效率很高，受气候影响小，船舶在港停留时间大大缩短，因而船舶航次时间缩短，船舶周转加快，航行率大大提高，船舶生产效率随之提高，从而提高了船舶运输能力，在不增加船舶艘数的情况下，可完成更多的运量，增加船公司收入，这样高效率导致高效益。

3. 高投资的运输方式

集装箱运输虽然是一种高效率的运输方式，但它同时又是一种高投资的运输方式。

（1）船公司必须对船舶和集装箱进行巨额投资。根据有关资料表明，集装箱船每立方英尺的造价为普通货船的 3.7～4 倍。集装箱的投资相当大，开展集装箱运输所需的高额投资，使船公司的总成本中固定成本占有相当大的比例，高达 2/3 以上。

（2）集装箱运输中港口的投资也相当大。专用集装箱泊位的码头设施包括码头岸线和前沿、货场、货运站、维修车间、控制塔、门房以及集装箱装卸机械等，耗资巨大。

（3）为开展集装箱多式联运，还需有相应的内陆设施及内陆货运站等，为了配套建设，就需要兴建、扩建、改造、更新现有的公路、铁路、桥梁、涵洞等，这方面的投资更是惊人。可见，如果没有足够的资金开展集装箱运输，实现集装箱化是困难的，必须根据国力量力而行，最后实现集装箱化。

4. 高协作的运输方式

集装箱运输涉及面广、环节多、影响大，是一个复杂的运输系统工程。集装箱运输系统包括海运、陆运、空运、港口、货运站以及与集装箱运输有关的海关、商检、船舶代理公司、货运代理公司等单位和部门。如果互相配合不当，就会影响整个运输系统功能的发挥；如果某一环节失误，必将影响全局，甚至导致运输生产停顿和中断。因此，要求搞好整个运输系统各环节、各部门之间的高度协作。

5. 适于组织多式联运

由于集装箱运输在不同运输方式之间换装时，无须搬运箱内货物而只须换装集装箱，这就提高了换装作业效率，适于不同运输方式之间的联合运输。在换装转运时，海关及有关监管单位只须加封或验封转关放行，从而提高了运输效率。

此外，由于国际集装箱运输与多式联运是一个资金密集、技术密集及管理要求很高的行业，是一个复杂的运输系统工程，这就要求管理人员、技术人员、业务人员等具有较高的素质，才能胜任工作，才能充分发挥国际集装箱运输的优越性。

7.2.3 国际集装箱运输的基本要素

1. 适箱货源

尽管集装箱运输是针对件杂货运输效率低的问题而开始运用的，但实际上并不是所有种类的件杂货都适合于集装箱运输。

根据适合集装箱运输的程度，可将货物分成四大类。

(1) 最适合装箱货

此类货物货价高、运费率也高，对运费承受能力大的货物，易破损和被盗。由于其外包装形态、尺寸、密度和性质等属性，可以充分利用集装箱内部的容积和载重能力，有效地装载于集装箱内进行运输，如酒类、医药用品、针织品、精密仪器、珠宝等。

(2) 适合装箱货

此类货物货价较高、运费率较高，对运费承受能力较大的货物，且其属性与最适箱货类似，如电线、电缆、铅丝、袋装面粉、咖啡、生皮等。

(3) 边际装箱货，又称临界装箱货

此类货物从技术上看是可以装箱的，但货价和运费率较低，对运费的承受能力较差的，破损被盗可能性很小，若用集装箱运输不够经济。而且从其外形尺寸、包装形式和重量等属性来看，使用集装箱运输也较为困难，如生铁、原木等。

(4) 不适合装箱货

从技术上看装箱是有困难的，或货量大，可以用专用运输工具（如专用车、专用船）运输，从而可以提高装卸效率，降低成本，如原油、矿砂等。又如长度大于40ft的桥梁等货物，采用专用运输设施和工具来运输更为合适。

随着集装箱运输的发展，所指的适箱货源也不断增加，装载特种货物的专用集装箱也得到了一定发展，边际装箱货和不适合装箱货的货种将日益减少。

2. 标准集装箱

标准集装箱是集装箱运输与开展多式联运必要的装货设备。为了保证集装箱运输的顺利进行，运输中必须使用标准集装箱，以保证其在不同运输方式的通用性和互换性，提高运输的安全性和经济性，使集装箱运输成为相互衔接、配套、专业化、高效率的运输系统。

3. 载运工具

根据不同的运输方式，选择相应的载运工具。

（1）集装箱船舶

集装箱船舶是水路集装箱运输的载运工具。其是以装运集装箱货物为主，用来专门装运规格统一的标准货箱的船舶，各种货物在装船前先装入标准货箱内，再把集装箱装上船。集装箱船舶在当前主要有以下几种。

①全集装箱船。

目前，集装箱船主要是指全集装箱船。全集装箱船的货舱和甲板均能装载集装箱，货舱内设有格栅式货架，以利货舱的固定。其甲板和货舱盖是平直的，上面可以装2～4层集装箱，如图7－1所示。这类船适合于货源充足的航线。通常船上不设起货设备，而是利用码头上的专用设备装卸。

图7－1　全集装箱船

②滚装船。

把装有集装箱及其他件货的半挂车或装有货物的带轮的托盘作为货运单元，由牵引车或叉车直接通过船侧、船首或船尾的开口处跳板进出货船装卸的船舶称为滚装船，如图7－2所示。

图 7 – 2　滚装船

滚装运输的优点是节省货物在船、港之间中转和装卸的环节，可以减少码头设备的投资，避免港口压船，并便于开展从发货点到目的地的“门到门”的运输，也便于从大港口向中小型港口的集散运输，使整个运输过程合理化。同时，它可以在没有现代化装卸设备或设备不完善的港口或江河岸边进行装卸，因而能完成集装箱船和杂货船所不能完成的任务。

滚装船的不足之处是装卸作业受跳板坡度的限制，舱内容积利用率低，空船重量大，造价高。从性能上讲，它的稳定性、抗沉性和通风要求高，要采取一定措施才能满足。

③载驳船。

载驳船，如图 7 – 3 所示，是 20 世纪 50 年代初期发展起来的一种船型，是专门用于载运货驳的一种运输船舶，又称子母船。载驳船本身为“母船”，它所载的驳船为“子船”，它的装卸过程是将货物或集装箱先装载在规格统一的驳船上，再把驳船装上载驳船。运抵目的港后，卸下货驳由推船或拖轮把它们分送内河各地，载驳船再装上等候在锚地的满载货驳驶向新的目的港。这种运输方式可以实现海河联运，减少中转，提高运输效率。

图 7 – 3　载驳船

（2）铁路集装箱专用车辆

铁路集装箱专用车辆是铁路集装箱运输的载运工具，车辆上设有固定集装箱的紧固装置。根据不同的车底板长度和车底架结构，铁路集装箱专用车辆有不同的类型。

（3）公路集装箱运输车辆

公路集装箱运输车辆是公路集装箱运输的载运工具，包括集装箱牵引车和挂车，它们通常是根据集装箱的箱型、种类、规格尺寸和使用条件来确定的。

①集装箱牵引车。

牵引车俗称“拖头”。集装箱牵引车是指专用于牵引集装箱底盘车的牵引车，又称为半拖车牵引车，如图 7－4 所示。集装箱牵引车上设有发动机和驾驶室，不能装载货物，后部有连接器（又称第五轮或牵引鞍座）与底盘车上的中心销连接，实现在码头内或公路上拖带底盘车运行。

图 7－4　集装箱牵引车

②拖车。

装载集装箱用的拖车有全拖车和半拖车之分。

全拖车是指底盘下前后两端均有车轴。

半拖车是底盘下前端无车轴，而设有撑脚、后端有车轴。集装箱专用的拖车大部分都用半拖车，又称“底盘车”，如图 7－5 所示。

图 7－5　集装箱底盘车

公路集装箱车辆上一般设有固定集装箱的紧固装置，除采用通过手动操作将车上的扭锁锁住集装箱的底部四个角件外，还采用其他固定件固定集装箱，如锥体固定件。

（4）航空货运飞机

航空货运飞机是航空集装箱运输的载运工具，根据用途可分为机舱全都用于装载货物的全货机和上舱（主舱）用于载客、下舱（腹舱）用于载货的客货两用机。

4. 集散节点

集装箱货物的整体流通途径表明，集装箱运输的大规模生产必须依赖于各级集散节点，即枢纽港站。它们是集装箱货物在各种运输方式及各个运输区段之间集结、疏散、交接的场所，同时也是集装箱货物堆存、装卸作业的地点。因此，这类集散节点在整个集装箱运输过程中占有重要地位，是保证集装箱运输高效组织的关键。

（1）集装箱码头

集装箱码头是专供停靠集装箱船舶、装卸集装箱用的港口作业场所，是在集装箱运输过程中水陆联运的枢纽，是集装箱运输系统的重要组成部分。因此，做好集装箱码头的各项工作，对于加速车、船和集装箱的周转，降低运输成本，提高整个集装箱运输系统的效率和经济效益，均具有极其重要的意义。

（2）集装箱货运站

集装箱货运站主要对集装箱内的货物进行装入、取出、收发交接和暂时存放处理，是集装箱运输中一个必不可少的重要环节。

集装箱货运站按其所处的地理位置和不同的职能，可分为设在集装箱码头内的货运站、设在集装箱码头外的货运站和集装箱内陆货运站。

集装箱货运站的主要职能与任务是集装箱货物承运、验收、保管与交付；拼箱货的装箱和拆箱作业；整箱货的中转；重箱和空箱的堆存和保管；票据单证的处理；运费、堆存费的结算等。

7.3 国际多式联运主要组织形式

我国对于固态货物的运输主要包括公路、铁路、航空以及航运四种方式。每种运输方式在费用、时间、限制条件等方面各有不同，如航空、公路、铁路、航运的运输速度、成本依次递减，运量依次递增，所需的配套条件各异。多式联运存在的优势在于，可充分考虑各种运输方式的适配性，组织最佳的运输方案以实现优势互补，调整优化运输结构模式，以降低物流的资金成本和时间成本，追求价格与效率的动态平衡。目前，具有代表性的国际多式联运组织形式主要有海铁联运和陆空联运。

7.3.1　海铁联运

1. 海铁联运概述

海铁联运是进出口货物由铁路运到沿海海港直接由船舶运出，或是货物由船舶运输到达沿海海港之后由铁路运出，收取全程运费的一种运输方式。

海铁联运具有快速、安全、运能大、成本低等突出优势，因而成为国际多式联运的重要模式。但是我国的海铁联运发展也面临一些突出问题，主要表现在以下几个方面。

(1) 参与主体方面

参与主体的积极性决定了联运规模的大小。海铁联运的主体是船公司，因而船公司往往在海铁联运中起决定作用。由于内陆地区出口货物多是农产品或者初级产品。同样用一个 20 英尺集装箱装载来自内陆和沿海地区的出口货物，内陆运至港口的集装箱的重量要大得多。船公司既要保证吃水适航，又要保证全部舱容的利用，因此船公司在不能充分满足积载的情况下，往往选择拒载内地的重箱。

(2) 基础设施方面

我国沿海中小港口的码头基本上以多用途、杂货码头为主，码头的综合运输能力较差，能够联结内陆铁路、货场、中转站的设备严重不足。同时，港口及后方陆域规模及集疏运系统滞后于经济的发展，运输市场较为分散，资源与功能并未实现有效整合。

(3) 标准化方面

海运箱、铁路箱都可以在各自领域得到有效共享，但是涉及海铁联运，就会受到设备装置、尺寸的制约，只能被迫在衔接点拆箱或者重新配重。在管理标准方面，货物交接、合同运单、信息共享、保险理赔等都存在不对称的问题，例如，海运和铁路运输对危险品范围的界定存在差异，海运中的危险品可能在铁路运输上是合规的正常运输品。

(4) 信息化方面

我国与国际物流体系还存在着一定的差距，采用原始的手工数据处理方式、运输单证与信息不标准、流转慢、各环节衔接不顺等现象在各地还比较常见。同时，由于信息化水平较低，导致大量的劳动力交叉，缺乏系统性和可操作性。

2. 国际货运代理海铁联运作业流程

由于海铁联运的组织多数交由国际货运代理协助，在商务部的指导下，深圳市联合多家国际货运代理共同起草了《国际货运代理海铁联运作业规范（GB/T 30343—2013)》，根据这一国家标准，重点说明货物从接收地经海上运输至换装港后，再通过铁路运至目的地这种形式的海铁联动活动中涉及的作业流程，如图 7－6 所示。

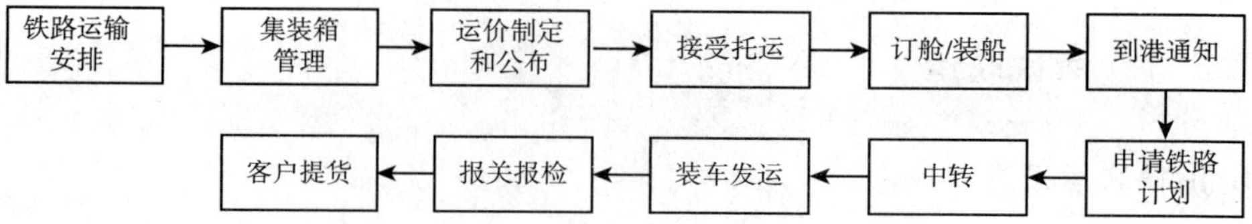

图 7-6　国际货运代理海铁联运作业流程

(1) 铁路运输安排

开展海铁联动前，国际货运代理应对开展海铁联运的铁路场站进行评估，确定其是否：具备铁路专用线；满足海关监管要求；具备集装箱堆存及装卸能力；有足够的拆装箱作业区。根据业务要求，与场站签订运输、仓储、代理等合同，并符合《国际货运代理合同规范》的规定。

海铁联运的铁路场站选定后，国际货运代理应根据铁路运输有关规定和铁路场站的资质，确定适合海铁联运的货物种类、数量、批次以及集装箱类型、集装箱限重、尺寸限制等。如果条件符合，且在指定的运输线路上的集装箱发运量达到一定数量时，则可开展定点、定线、定车次、定时、定价（五定）班列的运输服务。

(2) 集装箱管理

国际货运代理应与合作的海运承运人签订集装箱管理合同。合同一般包括集装箱的交接流程、集装箱管理要求、集装箱免费使用和超期使用的滞期费计收标准、集装箱检验和修理、赔偿办法等内容。合同应符合《国际货运代理合同规范》的规定。

国际货运代理需要建立集装箱空重箱统计、管理制度，及时对空、重箱进出场时间、箱号、运输单证编号等进行记录，定期核对在场空重箱的箱型、数量、位置、状态；建立集装箱箱体检查制度，所有空重箱在到站后或进出场站时，应进行检查，并落实责任人，作为货运代理与场站或客户的责任划分依据。

国际货运代理要根据空箱盘存状况和订舱/托运情况，及时进行用箱预报。如果出现或可能出现空箱存量过多情况时，应及时安排空箱调出。同时，定期向合作的海运承运人或海外代理发布各种箱型的平衡情况，以便海运承运人或海外代理按照需求进行市场开发。针对特殊集装箱箱型，应与海运承运人另行约定。

(3) 运价制定和公布

开展海铁联运业务时，国际货运代理要收集相关信息进行成本分析，合理定价。成本分析和定价时，应考虑：目标市场的整体箱型、箱量、进出口平衡状态及季节性分布情况；同行业竞争情况；其他运输模式的竞争情况；铁路运输能力及其季节性变化情况；海运费和铁路运费；港口中转及中转申报费用；空箱调出占总发运量的比例，以及空箱调运的平均成本；空箱周转时间；集装箱免费使用时间和超期使用的滞期费计收标准。应定期公布运价，或通过合作的海运承运人公布海铁联运的运价。运价制订应符合《契约承运人服务质量要求》的规定。

（4）接受托运

在接受委托前的路线选择、服务供应商选择（包括起运港、换装港和目的代理的委托）、操作流程制订、提/运单制修订等应符合《契约承运人服务质量要求》的规定。对特殊箱型、特殊货物或某种箱型盘存超出平衡点时，可要求起运港代理上报托运计划，包括目的地、箱型、箱量、重量、货物名称、收货人及其联系方式、船名航次、预计到港时间或有关货物的特殊信息。须经目的地代理确认后，才可接受托运或订舱。

（5）订舱/装船

国际货运代理应按照《集装箱货运代理服务规范》和《国际货运代理拼箱服务质量要求》的规定签发订舱、集港、运输安排、联运单据。货物在起运港完成报关报检后，应提醒海运承运人按时将货物装上指定的运输工具。

国际货运代理应及时联系海运承运人，跟踪货物装上运输工具的情况并及时通知客户及换装港代理。在正本运输单证签发前，应及时制作运输单证副本交客户校验。客户确认无误后，才应签发或通知海运承运人签发正本运输单证。如发生漏装、误装或原定装船计划推迟的，应及时与海运承运人联系，并将最近的可行船期、订舱情况向客户反馈，协商解决办法。如客户需要继续发运的，应及时向海运承运人重新订舱，以最近可行的船期发运。发运计划及订舱信息变更后，应及时通知客户、换装港代理和目的地代理。

（6）到港通知

货物到港前，国际货运代理应及时联系海运承运人，查实货物动态，并通知客户货物预计到港日期、船名、航次及其他相关信息，根据海运提单或舱单信息，与客户核对货物报关信息。如有错误，应提请客户及时通知发货人与起运港代理进行更改。国际货运代理需要与客户确认货物清关的口岸。如无特殊情况，应安排在换装港进行货物中转申报，在目的地清关。如依照相关法律规定，不允许货物在其他口岸清关，或因技术、单证等原因无法在换装港进行中转申报的，应安排货物在换装港清关。如中转报关需要客户提供报关文件或数据的，则需要在到港通知中予以明确，并及时取得相应文件或数据。

（7）申请铁路计划

国际货运代理应制订运输组织方案和设计货物装载技术方案，应根据起运港实际装船数量、重箱卸船后至目的站的铁路运行的时间、当地报关报检状况提前安排铁路发运计划的申请。国际货运代理可直接向铁路部门申请铁路发运计划，也可通过合作的装车发运场站向铁路部门申请。

（8）中转

国际货运代理应督促换装港代理及时办理港口换单、中转报关和铁路发运等事宜。货物到港前，及时将有关中转报关文件寄送到换装港口代理，以便办理货物的中转报关。同时，督促换装港代理按计划控制货物换装的时间、重箱发运的场站费用及其他中转费用。

如由货运代理签发联运单据的，应在货物到港前及时将海运承运人签发的正本海运提单寄送到换装港代理，以办理港口换单和提货手续。如客户持有船公司签发的联运单据的，应根据与合作船公司签订的协议，通知换装港代理直接办理港口换单和提货手续，或要求客户提交正本联运单据后寄送到换装港代理，以办理港口换单和提货手续。

货物卸船后，国际货运代理应督促换装港代理及时完成货物的换单、中转申报，避免产生海关滞报金及其他港口费用，并减少使用集装箱的时间。

在港口办理提货时，国际货运代理应要求换装港代理谨慎检查集装箱的外观情况。如有发现集装箱破损、封志破损、货损、货差等情况，应及时与港口当局及相关方进行书面确认，并通知起运地代理、目的地代理和客户，以确认解决办法。

中转申报时，如海关要求查验，国际货运代理应及时通知客户，必要时可应客户的要求对箱内货物进行拍照。完成中转申报后，要求换装港代理及时将关封等海关文件和装箱清单等随车文件寄送到目的地代理。

(9) 装车发运

货物完成中转报关后，国际货运代理督促换装港代理及时将货物的海关放行通知交付给铁路发运场站，并督促场站按约定的铁路发运计划，尽快完成货物的装车、加固、发运等。装车时，督促做好现场货物的交接、单证的缮制和交接。如发生漏装、误装，应将相关信息通知起运港代理和目的地代理，并做相应的处理。对需要押运或加固的货物，按照铁路部门或客户的要求，安排押运或加固。如适用，危险货物装车发运应按照《国际货运代理危险货物运输服务质量要求》的规定。完成货物发运后，应要求换装港代理及时将铁路运输单证寄送到目的地代理。

(10) 报关报检

货物到达目的地场站后，国际货运代理应提请客户及时安排货物的报关报检。如应客户要求安排报关报检的，应按照《国际货运代理报关服务质量要求》《集装箱货运代理服务规范》和《进出境货物木质包装申报规范》（如适用）的规定，办理报关报检业务。

(11) 客户提货

货物到达目的地场站后，应督促目的地代理及时检查货物的完整情况，并通知客户办理提货手续。

案例

陆海新通道海铁联运集装箱服务模式创新

中国（广西）自由贸易试验区推动海铁联运运营平台、铁路、船公司三方资源建立铁路箱与海运箱互认机制，并在海外设置还箱点。

通过整合北部湾港到重庆、四川班列资源以及到新加坡、中国香港航线资源，推进海铁联运集装箱境内外物流管理相关的必要数据信息共享，在陆海新通道公共服务平台推出“一口价”菜单式产品多式联运优质服务。海铁联运班列、铁路集装箱装运外贸货物到达北部湾港后不用换箱直接上船出口，并在国外港口还箱。有效解决西部地区海运集装箱匮乏、铁路集装箱富余的问题。

在该模式下，建立以钦州港为枢纽的陆海新通道全程物流定价和服务机制，创新推行海铁联运“一口价”全周期成本管控，国际海铁联运铁路集装箱装载货物直接上船出口，实现“原箱出口、一箱到底、海外还箱”。

通过开行海铁联运铁路集装箱出境班列后，广西进出口合规成本分别下降43.5%、28.6%。综合物流成本降低18%~38%。

（资料来源：http：//gxftz. gxzf. gov. cn/index. php？ case = archive&act = show&aid = 1537）

7.3.2 陆空联运

1. 陆空联运概述

陆空联运是采用航空和公路两种运输方式完成的多式联运，包括陆运转航空和航空转陆运两种形式。空陆联运是航空货运相关多式联运方式中发展相对成熟的联运形式，具体表现在运营长久、设备兼容、通关便捷、衔接顺畅上。2020年2月28日，交通运输部发布了《空陆联运集装货物转运操作规范（JT/T 1286—2020）》，将空陆联运的定义规范为采用航空和公路两种运输方式完成的多式联运，包括陆运转航空和航空转陆运两种形式。同时，其还规定了空陆联运集装货运转运的卡车航班运营人基本条件、联运集装器的运输卡车标准、联运操作流程、信息提供和应急处置要求等，对空陆联运的深度发展起到了指导与规范作用。

对于开发陆空联运，通常有以下一些要求：

（1）应使用符合国际航空运输协会（IATA）航认证标准的航空集装器作为陆空联运集装货物的运载单元。

（2）集装货物的总质量（货物质量与航空集装器自重之和）应符合航空器和货车的荷载限值。

（3）陆空联运集装货物应以航空货运单作为主要运输凭证。国际运输的陆空联运集装货物应附有必要的货物分运单、装箱单等。

（4）陆空联运集装货物应在起运前完成检验检疫等必要的联检手续，国际运输的货物还应办妥海关手续。

（5）陆空联运集装货物应在起运前按航空货物安全检查规定完成货物安检。

（6）集装货物应在航空承运人与道路运输运人约定的地点进行交接。

（7）航空承运人应根据业务量设立货车运交接场地，场地面积应能保证至少1个航班装载的陆空联运集装货物所需货车同时展开作业。

（8）航空承运人应具备货物转运信息管理系统，并提供货物信息公共查询平台。

2. 卡车航班

目前，陆空联运广泛采用“卡车航班”运输形式，即空运进出境航班与卡车内陆运输相结合。由于航空公司对其编制固定的航班号，确定班期和时刻，并对外公布，作为飞机航班运输的一种补充方式，完成飞机运输的功能，因此也称为“卡车航班”。卡车航班在货物空陆联运的“一单到底”中发挥着关键作用。目前我国主要的航空货运枢纽集散周边货物的主要方式是通过卡车航班。卡车航班的主要作用有以下两点。

（1）卡车航班弥补了空运固定航班在机场、航线以及航班时间等方面的弱点，同时有效发挥陆运卡车装载能力大、运输路线灵活的优势，又发挥了联程运输实行“一次报关、一次查验、一次放行”的直通式通关服务，大大节省了通关时间，降低了运输成本。

（2）通过卡车航班建立非枢纽机场与枢纽机场之间的联系。卡车航班完全是为了向枢纽机场汇集货物，或者为枢纽机场发散货物而开通的。

在采用卡车航班进行陆空联运时应注意以下几点。

（1）应妥善选择运输方式。飞机航班在时间和安全性上都有卡车航班无法比拟的优势，飞机航班是固定的、现有的运力。所以对于批量小、单件货物重量轻、尺寸适合的货物以及特种货物，如鲜活易腐货物、贵重物品、危险物品，应当使用飞机航班运输。

（2）应处理好货物在两种运输方式之间的衔接，即要根据货物运输的续程航班时间来确定使用飞机航班或者卡车航班。为了确保航班收益最大化，所有货物在到达枢纽机场之前必须预订续程航班，可以根据续程航班的时间来确定运输方式。例如，在青岛至北京的航班选择上，如果续程航班于次日 15 时以前自北京起飞，就只能安排飞机航班运输货物，使用卡车航班运输很难保证有足够的操作时间将货物安排在续程航班上。而只有续程航班于次日 15 时以后自北京起飞时，才考虑安排卡车航班运输货物。

（3）卡车航班的运营环境在某种意义上比空中航线更为复杂，因为运输时间和路程都要比飞机航班长。所以对于全程的道路状况和天气状况必须进行充分的调查，才能确保卡车航班安全、准时地到达枢纽机场，衔接续程航班。并且在发生任何异常情况时，予以妥善处理，将延误的时间减到最小，将可能的损失降到最低。

（4）卡车航班是对飞机航线的延伸。卡车航班在形式上是卡车，但在概念上却是航班，卡车实际上是航空器的代替品，完全由航空公司按照固定的时间以及航线进行操作。按照国际惯例，货物从起运点到止运点都须设立机场，运单才可以直通。因此，如整个全程采取国际航空货运单“一票到底”的形式，就要求货运的始发站或目的地必须有国际航空组织公认的航空代码，由于此时仅使用航空货运单，因此“卡车航班”不是多式联运，要按照航空货物运输来处理有关事宜。

3. 陆空联运操作流程

(1) 航空转陆运

航空转陆运操作是指货物由航空运输转为地面运输的过程。其操作流程见图 7－7。

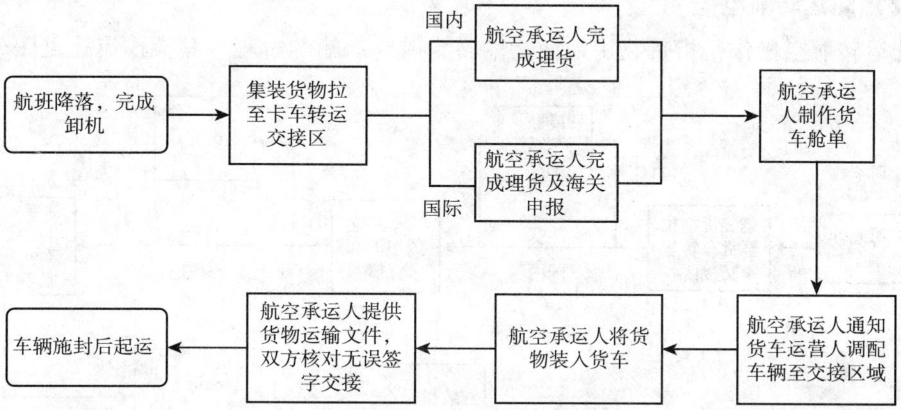

图 7－7　航空转陆路操作流程

具体流程如下：

①货物及文件准备。

航班落地后航空承运人应在约定时间内完成空陆联运集装货物核对和分拨，并将其运送至货车转运交接场地，准备转运；国际货物应在约定时间内完成集装货物、运单和相关运输文件的海关申报工作；航空承运人应编制联运集装货物的交清单，连同航空货运单、分运单及其他相关运输文件和集装货物一起转交道路运输承运人。

②装车操作。

航空承运人或其地面服务代理人应在完成规定的各项工作后在约定时间内向道路运输承运人发出转运装车通知，包括航空集装器种类、集装货物质量、航空集装箱/板的具体数量等详细信息。

道路运输承运人接到装车转运通知后，应根据航空承运人或其地面服务代理人的通知选择合适的车辆并调配至转运交接区域。

装车前，道路运输承运人应核对交清单所列各项信息与准备装车的集装货物是否相符，核对无误后将集装货物装入货车。道路运输承运人在核对中如发现集货物存在问题，应停止作业并及时向航空承运人报告，获取处理意见。

③文件交接。

航空承运人或其地面服务代理人向路运输承运人提供的交接文件至少应包括：航空货运单、分运单、交接清单、海关监管文件（国际货）。

航空承运人与道路运输承运人应建立文件和货物的交接制度。文件、货物核对无误后，交接双方应相互签字完成交接。相关的交接需要在预定时间内完成。

④海关施封。

国际运输的空陆联运集装货物应在海关监管下转运，装车前应由海关工作人员核对海关关封及其他必要监管文件、航空货运单、分运单、交接清单等。装有集装货物的卡车按规定应当由海关人员施封。

（2）陆运转航空

陆运转航空操作是指货物由地面运输转为航空运输的过程。其操作流程见图 7－8。

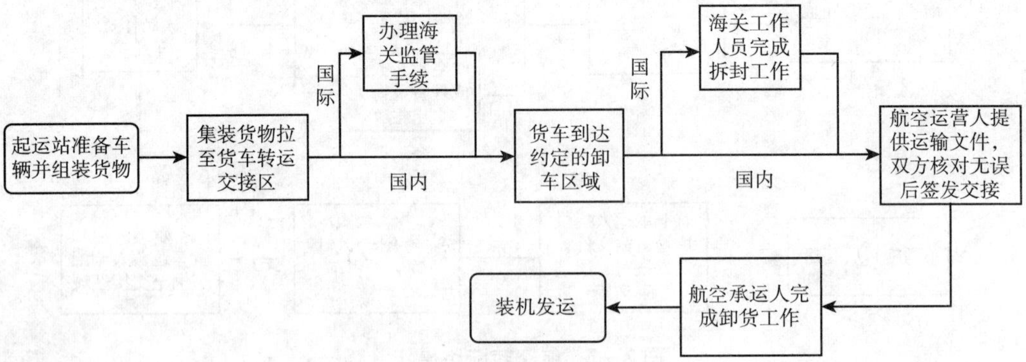

图 7－8　陆路转航空操作流程

具体流程如下：

①起运站操作。

道路运输承运人应根据起运站出货提前准备车辆，按照要求组装货物并运送至约定交接区域，并按照要求备齐运输文件及海关监管文件。

②出发机场的操作。

载有联运集装货物的卡车由始发地运后，道路运输承运人应在约定时间内向出发机场航空承运人提供卡车的预计到达时间、车辆、航空集装器数量等信息。

航空承运人应根据车辆进港信息准备好货车作业区域和设备。

国际运输的货物应由海关工作人员对航空货运单、分运单、交接清单、相关监管文件及海关关封等进行核对验关。使用电子通关的货物，通过数据网络提前完成海关申报。

车辆到达后的卸车及交接程序包括：第一，道路运输承运人应向航空承运人提供货车交接清单、航空货运单、分运单、必要的联检文件等；第二，航空承运人应检查运输文件是否齐全有效，并根据货车交接清单核对航空集装器编号是否准确、一致，核对无误后，双方签字交接；第三，航空承运人应对航空集装器的持续适航性和集装货物的组装质量进行检查，发现不能持续适航的航空集装器或者航空集装器上的货物不符合航空运输装载规定，应立即采取补救措施；第四，陆运转空运集装货物的交接应在载运集货物的航班起飞前约定时间内完成。

③信息提供。

道路运输承运人应向航空承运人提供货物运输状态的节点信息，同时应按照航空承运人的要求提供航空集装器存量信息。

④应急处置。

航空承运人与道路运输承运人均应制订针对车辆、航空集装器、货物等的应急处置程序。

空陆联运集装货物在运输过程中出现紧急状况时，航空承运人或道路运输承运人应启动应急处置程序。

海关监管车辆或监管货物在运输过程中出现紧急状况，航空承运人或道路运输承运人应及时向海关报告。

相关链接

厦门机场建成货站预安检平台

厦门机场日前率先建成了业内首个机场国内货站预安检平台，并投入试运行。来厦门机场国内货站办理出港业务的货代公司工作人员可免费使用该平台，在货物入库交运前先行主动筛查过滤可疑货邮。

这一平台由运营管理厦门机场的元翔厦门空港公司地勤国内货站部，利用空余安检 X 光机，在机场出港站台搭建完成。在厦门机场国内货站发运的货邮，大量是由陆路运来、开展陆空联运。由于陆运和空运的安检标准、收运标准、运输方式不同，货物由陆运衔接空运时，机场货站普遍存在因为安检发现疑点而需要频繁开包，以及货物退运率高等问题，既对运输安全带来影响，同时也显著拉低了机场货站与货代公司的作业效率。针对这一痛点，厦门机场国内货站开展了此次设置预安检平台的创新，在出港站台划出专门区域、布置设备，为货代公司免费提供预安检支持。

通过预安检，货代公司可自行筛查、过滤有问题的物品，更能避免货物中夹带危险品、违禁品的可能性，有效减轻了空港安检、货代公司的安全管理压力，也大大提高了货代公司的生产效率。

（资料来源：http：//finance. sina. com. cn/jjxw/2021 - 02 - 01/doc - ikftpnny3152897. shtml）

7.4　国际多式联运单证

7.4.1　国际多式联运单证概述

1. 国际多式联运单证的概念

1980 年，联合国《国际多式联运公约》对多式联运单证的定义是：“国际多式联运单证是指证明多式联运合同以及证明多式联运经营人接管货物并负责按照合同条款交付货物的单据。”

1991 年，联合国贸易与发展会议（UNCTAD）及国际商会（ICC）《多式运输单据规则》的定义是：“多式联运单证是指证明多式联运合同的单据，该单据可以在适用法律的前提下，以电子数据交换信息取代，而且能以可转让方式签发，或者表明记名收货人，以不可转让方式签发。”

2. 国际多式联运单据的性质

国际多式联运单据分为可转让的和不可转让的两种形式，两种形式单据的性质是有差别的。

（1）可转让的多式联运单证

可转让的多式联运单据称为国际多式联运提单，具有多式联运合同的证明、货物收据与物权凭证三大功能。

目前，国际货运代理协会联合会（CFIATA）、波罗的海航运公会（BIMCO）等行业组织已制定了标准格式的多式联运提单（CFIATA 的代码为 FBL92，BIMCO 的代码为 MULTIDOC95）供会员使用。此外，一些大型航运公司也制定了自己的多式联运提单。为了扩大其使用范围，航运公司制定的多式联运提单几乎是“一单两用”的港至港或多式联运提单。

（2）不可转让的多式联运单证

不可转让的多式联运单据称为多式联运运单。目前，常见的标准格式为国际货运代理协会联合会（FIATA）的 FIATA 运单（代码为 FWB，1992）和波罗的海航运公会（BIMCO）的运单（代码为 MULTIWAYBILL95）。

不可转让的多式联运单据不具有物权凭证功能，即类似于运单（如海运单、空运单），仅具有多式联运合同的证明和货物收据两大功能。这两类单据的共同点是它们均具有运输合同证明和货物收据的功能，最大区别在于可转让的多式联运单据具有物权凭证功能，可以转让；不可转让的多式联运单据不具有物权凭证功能，不具有流通性，收货人一栏必须是记名的。

7.4.2 国际多式联运单证填制

1. 多式联运单证的主要内容

多式联运单证是多式联运经营人、承运人、发货人、收货人、港方和其他有关方进行业务活动的凭证，主要是货物交接时的证明作用，证明其外表状况、数量、品质等情况。单据的内容必须正确、清楚、完整，以保证货物正常安全地运输。多式联运单证的主要内容有：

（1）货物的外表状况。

（2）多式联运经营人的名称和主要营业场所。

(3) 发货人、收货人名称。

(4) 多式联运经营人接管货物的地点和日期。

(5) 交付货物的地点。

(6) 经双方明确协议，交付货物的时间、期限。

(7) 表示多式联运单证为可转让或不可转让的声明。

(8) 多式联运单证签发地点、时间。

(9) 多式联运经营人或经其授权的人的签字。

(10) 有关运费支付的说明。

(11) 有关运输方式和运输路线的说明。

(12) 有关声明。

多式联运单证一般都应注明上述各项内容，缺少其中一项或两项没有太大关系，只要所缺少的内容不是影响货物运输和各当事人之间的利益单据，仍然有效。

同时，除按规定的内容填制外，还可根据双方的实际需要和要求，在不违背单证签发国的法律时，可加注其他项目，如有关特种货物的装置说明、对所收到的货物批注说明、不同运输方式下承运人之间的临时洽商批注等。

多式联运单证所记载的内容，通常由托运人填写，或由多式联运经营人或其代表根据托运人所提供的有关托运文件制成。但在多式联运经营人接管货物时，发货人应视为他已向多式联运经营人保证，他在多式联运单证中所提供的货物品类、标志、件数、重量、数量概为准确无误，如是危险货物，还应说明其危险特性。如货物的损害是由于发货人提供的内容不准确或不当所造成，发货人应对多式联运经营人负责，即使发货人已将多式联运单证转让于他人也不例外；而且，多式联运经营人取得这种赔偿的权利，也并不限制他按照多式联运合同对发货人以外的其他任何人应负的赔偿责任。当然，如货物的灭失、损害是由于多式联运经营人意图诈骗，在单证上列入有关货物的不实资料或漏列有关内容，该多式联运经营人则无权享受多式联运公约规定的赔偿责任限制，而应按实际损害赔偿。

2. 多式联运提单特有的条款

多式联运经营人在某种情况下充当的是契约承运人的角色，他所承担的责任期间自接收货物时起至交付货物时止。因此在他所签发的提单中对承运人的义务要加以扩展，同时对他所要承担的责任要予以明确。多式联运提单中特有的条款如下。

(1) 联合运输

如果是联合运输，并已就联合运输支付运费，本提单便是联合运输提单。承运人负责安排或组织落实联合运输中的前一程运输以及（或）续程运输。所以联合运输而引起的索赔必须在交付货物之日或在交付货物之日之后 9 个月内向承运人提出，否则承运人便应被解除其关于货物的任何责任。如果承运人已就因联合运输而引起的任何索赔向货方支付任何款项，承运人便应自然地以代位关系而取得或被赋予货方针对所有其他人包括前一程承运人或续承运人或分立契约人就此项灭失或损害而享有的权利。

本款所载任何规定都不得视为承运人针对前一程承运人或续程承运人或分立契约人就赔偿或其他事项所享有的任何权利的放弃。

（2）灭失与损害

如果能对联合运输过程中发生灭失或损害所属阶段加以判明，承运人的责任应适用该阶段的国内法或国际公约。如果在联合运输过程中发生灭失或损害的阶段无法判明，则货方与承运人商定，应将此项灭失或损害视为发生在承运人的船上。

（3）运价本

该条款包含在波罗的海国际海运公会标准联合运输提单、联合国国际货物多式联运提单等样本中，其为有关当事人在发生单据中的运价和所适用的运价本之间不一致时提供有用的实际的解决方案。如 Multidoc95 第 3 条规定，发运时的多式联运经营人所适用的运价本并入在内，在本单据与应适用的运价本之间不相一致时，本单据优先适用。

3. 联运提单及其填写方法

对承运人来说，提单是向托运人收取运费的主要依据。因此，提单是运输和贸易的重要文件，在缮制提单时绝对不容许有任何疏忽，必须严格和慎重地缮制和签发，否则将使承运人遭受重大损失。提单各项内容的含义及填写如下。

（1）发货人：即委托方，在大陆桥运输中，一般是外贸单位，填写其完整名称。

（2）收货人或指示：即提单的抬头人，记名收货人或不记名收货人。由发货人提供具体名称和地址。但在以信用证为支付方的条件下，多为空白抬头（To order）。总之，按发货人的规定填写，以备在目的地由代理联系收货人提取货物。

（3）通知地址：根据发货人提供的通知方及地址填写，当收货人栏内用不记名式（To order）时，则此栏内必须有被通知方的名称及地址，以备承运人通知其运输信息和提单持有人准备提货。否则，因无法与提单持有人联系，会造成无人提货，而在仓储费或贸易上发生纠纷事件。

（4）前段运输工具：填 BYTRAIN，即火车。

（5）海运船只：不填写。

（6）卸货港：不填写。

（7）收货地点：按实际收货地点填写。

（8）装货港：一般不填写。

（9）交货地点：即集装箱国外最终到站，在到岸价条件下，一般交货地点及最终到站应与买卖合同中规定的目的站一致。

（10）运费支付地：到岸价即 CIF 出口，运费预付时填发站所在地，离岸价即 FOB 出口，运费到付时不填写。

（11）正本提单份数：由买卖合同规定，按委托人的要求确定填写份数，份数 ONE/TWO/THREE，不得用阿拉伯数字 1/2/3 填写。

（12）标志和号码：应按发货人提供的标志唛头以及号码如实填写，不能简化、遗漏或填错。另外还须填上铅封号码。

（13）件数和包装种类：必须按发货人提供的细节认真填写，为了避免件数被篡改，需要用英文大写字母注出总数。如一张提单上分别有几种包装种类，总数必须用英文说明。另外还要填上集装箱箱号。

（14）货名：要用英文大写字母填上货物的确切名称，不得用其他文字。

（15）总重量（千克），容积（立方米）：对于货物的重量和容积，要求每票货物都要以公制计算的千克和立方米表示。

（16）运费和费用：大陆桥出口运输的一般做法是在离岸价条件下，注明运费到付（FREIGHT COLLECTED），在到岸价条件下，注明运费预付（FREIGHT PREPAID）。为划清费用，对于边境交货要注明交货条款。

（17）说明：提单正本签发的份数，其中一份办理提取货物后，其余各份则做无效处理。

（18）提单签发地点及日期：签发地点一般与发货地点一致，提单签发日期应为承运人接管货物并把货物装入集装箱的日期。绝不能预借或倒签提单，因为这将使承运人违背提单条款而承担收货人可能提出的责任。具体填写应为 20TH JULY 2020 AT BEIJNG，以防止被篡改。

（19）代表承运人签字：只有承运人和经承运人委任并授权的代理有权签署，例如，大陆桥集装箱运输的联运提单由中外运或铁外服签发并加盖公章。只对正本提单签字，副本不必签字。

（20）提单编号：每份提单都应有编号，以便查询和记录。编号的方法可用发货人托运单的号码，也可根据情况自行决定，但号码不要超过4位数字。

案例

“中欧+海铁”多式联运促进国际贸易迎来好时代

浙江义乌铁路口岸顺利完成“中欧+海铁+海运”多式联运、转口贸易首单业务，“义新欧”中欧班列国际中转海铁联运新通道正式开启。2020年疫情肆虐全球，随着海外疫情的暴发，使我们看到了中国制造在海外市场的潜力巨大。据海关总署报告，2020年我国进出口总值32.16万亿元，同比增长1.9%，成为全球唯一实现货物贸易正增长的主要经济体。面对日益增长的国际贸易需求，对国内运输能力的要求越来越高，如何高效、快速、便宜、安全地运输海外成了公路、铁路、水运、管道等运输企业竞相追逐的目标。

当各大物流龙头企业一筹莫展之际，浙江义乌开启的这种“中欧+海铁+海运”多式联运新模式，无异于拓宽了物流业的新思路，新路线实现了节省运输成本25%，提高了各个环节的时效，更是促进了多种物流方式的合作共赢。

以往制约国际运输成本和效率的因素无非以下几点：路线由于地理因素的绕行；换箱、转关和出运的等待延时；各方面衔接配合不够，时间上存在空档。新模式的创新正完美地解决了这几点制约因素。它通过义乌—宁波段的海铁联运代替了公路运输，解决了绕行增加运输成本的问题；通过义乌市国际陆港集团、义乌海关、宁波中远海运国际物流三方座谈、密切合作，解决了衔接配合造成的时间空档问题；通过提前制订铁海联运发运计划、积极协调海关开辟进场、通关绿色通道、安排专人对接等措施解决了换箱、转关和出运的等待延时问题。首单业务试行顺利，成功地“解锁”了国际中转贸易的新通道。

此项业务的顺利开展，不仅仅是满足了新时代国际贸易的运输需求，同时为搭建海上丝绸之路添砖加瓦，更是用实际行动践行创新对中国全面深化改革和发展的重要作用。义乌“中欧＋海铁＋海运”多式联运是铁路运输改革的一个标志性新起点，让我们看到了铁路运输创新的可能性，更看到了创新强国、交通先行的新典范。

（资料来源：中国新闻网 http：//www. ln. chinanews. com/news/2021/0323/16084. html）

请思考：1. 制约我国海铁联运发展的主要因素有哪些？

2. 浙江义乌铁路口岸“中欧＋海铁＋海运”多式联运模式的创新对于我国国际物流的发展有何借鉴意义？

重要概念

国际多式联运经营人　国际集装箱运输　海铁联运　陆空联运　国际多式联运单证

本章小结

本章阐述了国际多式联运的概念与特征、国际多式联运经营人、国际多式联运业务流程、国际集装箱运输，总结了国际多式联运的主要组织形式，主要包括海铁联运及陆空联运，介绍了国际多式联运单证及其填制。

复习思考题

一、判断题

1. 为履行单一方式运输合同而进行的该合同所规定的货物接送业务，不应视为国际多式联运。（　　）

2. 多式联运经营人无须对全程运输负责。（　　）

3. 多式联运使用的是两种或两种以上不同方式的连贯的运输合同。（　　）

4. 凡在 CFS 交接的，由发货人负责装箱计数施封和办理出口清关手续，将货物整箱交多式联运经营人或其代理人。（　　）

5. 多式联运的货物必须是国际间的运输。(　　)

6. 国际多式联运经营人的责任期间为从接收货物时起至货物到达货运站时止。(　　)

7. 定制多式联运计划要在保证货运质量的前提下，尽可能节省总成本费用。(　　)

8. 除不可抗力外，多式联运计划不能随意改变。(　　)

二、单选题

1. 由公路运输至收货人的工厂或仓库交货，交接双方以箱体外表状况良好、封志完整为条件的交接方式是（　　）。

A. CY　　B. CFS　　C. DOOR　　D. CIF

2. 多式联运经营人对货物承担的责任期限是（　　）。

A. 自己运输区段　　B. 全程运输

C. 实际承运人运输区段　　D. 第三方运输区段

3. 以下不属于国际集装箱运输的特点的选项为（　　）。

A. 简化包装，大量节约包装费用　　B. 减少营运费用，降低运输成本

C. 装卸环节多、劳动强度大　　D. 装卸效率很高，受气候影响小

4. 装卸作业受跳板坡度的限制，舱内容积利用率低，空船重量大，造价高的船舶类型为（　　）。

A. 滚装船　　B. 载驳船　　C. 集装箱船　　D. 油船

三、多选题

1. 国际多式联运经营人的经营资质包括（　　）。

A. 从事国际多式联运的资格并依法注册　B. 具备经营技术能力

C. 具备必要的设备和设施国内航线机场　D. 拥有雄厚的资金

E. 拥有符合规则要求的国际多式联运单证

2. 国际多式联运经营人的责任形式主要有（　　）。

A. 统一责任制　　B. 修正责任制　　C. 分段责任制

D. 网状责任制　　E. 相对责任制

3. 在国际多式联运中，对以下哪些原因造成的货损或灭失，国际多式联运经营人不负责（　　）。

A. 货物品质不良，外包装破损造成的损失

B. 由于海关商检承运人等行使检查权所引起的损失

C. 由于运输标志不清而造成的损失

D. 货物装载于托运人自备的集装箱内发生的损坏或短少

E. 对有特殊装载要求的货物未加标明所引起的损失

4. 最适合装箱货的货物种类有（　　）。

A. 酒类　　B. 医药用品　　C. 原油

D. 精密仪器　　E. 珠宝

5. 从技术上看是可以装箱的，但货价和运费率较低，对运费的承受能力较差，用集装箱运输不够经济的货物种类有（ ）。

A. 生铁　B. 针织品　C. 精密仪器　D. 原木　E. 电线

四、问答题

1. 简述国际多式联运的含义。
2. 试述国际多式联运的一般业务流程。
3. 国际多式联运单据有哪些主要内容？
4. 简述国际集装箱运输的优点。
5. 简述卡车航班的概念及作用。

五、案例分析

2016 年 12 月，西安至阿姆斯特丹（长安号）国际货运航班起飞首航。该航线的开通将推动西安“空中丝绸之路”建设，对促进互联互通，构建开放新格局，助推区域大合作和西安丝绸之路经济带新起点建设提供新动能。

据了解，西安至阿姆斯特丹国际货运航线执行日期为 2016 年 12 月 12 日至 2017 年 3 月 25 日，机型为 77F 全货机。去程每周一、周三执飞两班，主要货物为液晶屏类、服装、固态硬盘、飞机舱门、花种和贮水器等，货物目的地主要为德国及波兰等国家。回程每周二、周四执飞两班，主要货物以奶粉、米粉等母婴用品、化妆品及厨具类为主，货物目的地主要为西安及其周边区域。去程货源地为西安本地及周边的成都、重庆等地和长三角地区，分拨地为德国、波兰等国家。回程货物以母婴用品、化妆品及厨具等为主，目的地为西安本地。

中国东方航空股份有限公司党委书记李养民表示，航线的开通，标志着东航与陕西省人民政府、与西安市人民政府签署战略合作协议之后，首个合作项目的实施落地，是西安市与东航合作的首条国际货运航线，更是西北地区的第一条国际货运航线。

东航将以此次国际货运航线的开通为契机，进一步加强战略合作，紧密对接陕西省、西安市交通商贸物流的发展举措，以西安创建国家电子商务示范城市和跨境贸易电子商务服务试点为契机，不断完善航空物流服务网络，全力构建陕西省、西安市互联互通的桥梁，共同开创陕西省、西安市对外开放的新格局。

西安—阿姆斯特丹（长安号）国际货运航线的开通，将极大地推动陆空联运发展，直接对接区域和国际市场，提高西安对周边区域辐射带动作用，进一步提升西安文化、旅游、区位等优势，不断优化西安发展环境，加快外向型经济发展，促进西安产业结构调整和升级。

（参考资料：https：//www. chinanews. com/cj/2016/12 - 12/8091668. shtml）

请思考：东航西安—阿姆斯特丹国际货运航线的开通思路对发展我国国际航空运输有何借鉴意义？

第8章　国际货物通关

学习目标

1. 了解海关的性质、任务和权力
2. 熟悉口岸的地位、作用和分类
3. 掌握口岸管理的性质、特点及方法
4. 掌握一般进出口货物通关制度、保税货物通关制度、特定减免税货物通关制度、暂准进出口货物通关制度的相关内容
5. 熟悉出入境检验检疫的目的、作用、主要业务内容和一般工作流程
6. 熟悉单一窗口的特色功能、作用
7. 掌握中国国际贸易单一窗口（标准版）的基本功能

导入案例

大连某服装厂与韩国某纺织公司进行了服装与布匹的交换贸易，因为服装与布匹的交换同时进行而且价值等值，进（布匹）与出（服装）相抵，所以可适用暂准（时）进口报关制度。请问：该笔贸易业务适用暂准（时）进口报关制度是否正确？为什么？

提示：不能适用暂准（时）进出口报关制度。暂准进出口货物通关制度是指允许货物为特定使用目的进口或出口，在规定的时间内，按原状复出口或复进口（除因使用而产生的正常损耗外），因而可暂予免纳进出口各税或者按照规定征税的法律规定。该案例的情况属于易货贸易的一种，不符合暂准（时）进出口报关制度的要求，所以该项业务不适用该制度。

（资料来源：https：//zhidao. baidu. com/question/275583878. html）

8.1 海关与口岸

8.1.1 海关的概念、性质与任务

1. 海关的概念

海关是依法对进出关境的货物、运输工具、行李物品、货币、金银等执行监督管理和稽征关税的国家行政机构。

海关是国家的门户，其功能的强弱和运行效率的高低，对一个国家和地区的经济发展以及社会繁荣至关重要。特别是随着全球经济一体化和贸易自由化进程的加速发展，海关管理体制是否顺畅、通关活动是否高效，越来越成为衡量一个企业、一个地区乃至一个国家经济水平和竞争能力的重要指标，对国际资本的流入和一国外贸乃至整个国民经济的发展都将产生深远的影响。

2. 海关的性质

海关是国家主权的象征，因此，海关的性质体现在：

（1）海关是国家行政机关

我国的国家机关包括国家立法机关、国家司法机关和国家行政机关。海关总署是国家行政机关之一，从属于国家行政管理体制，是我国最高国家行政机关——国务院的直属机构。它代表国家对内对外依法独立行使相关的行政管理权。

（2）海关是国家进出境监督管理机关

海关履行国家行政制度的监督职能，是国家宏观管理的一个重要组成部分。海关依据有关法律、行政法规并通过法律赋予的权力，制订具体的部门规章和行政措施，对特定领域的活动开展监督管理，以保证国家法律在本领域的规范落实。

（3）海关监管的是进出关境的活动

海关依据法律赋予的权力，对进出关境的货物、货币、金银、证券、行李物品、邮递物品，以及与上述物品有关的仓库场所和国内运输工具及其活动进行监管。

3. 海关的任务

根据《中华人民共和国海关法》和其他法律、法规的规定，我国海关履行下列职责：

（1）海关监管

海关监管是指海关运用国家赋予的权力，监管进出境的运输工具、货物、行李物品、邮递物品和其他物品，并通过一系列管理制度和流程，依法对进出境物品在进出境过程中所实施的一种行政管理。海关监管是海关各项任务中的基础环节。

（2）海关征税

海关征税是指海关根据《中华人民共和国海关法》《中华人民共和国进出口关税条例》的规定和《中华人民共和国海关进出口税则》规定的税率，对进出口货物分别征收进口税或出口税。为了便利纳税人，对于进出口货物应当缴纳的其他税费，也由海关在货物进出口环节同时代征。

征收其他税费主要是海关代国家税务总局征收的进口环节增值税、消费税以及代交通部征收的船舶吨税。

海关征税是国家中央财政收入的重要来源，是国家宏观经济调控的重要工具，也是世界贸易组织允许各缔约方采取的保护其境内经济的一种手段。征税是海关的一项根本任务，它通过执行国家制定的征税政策，对进出口货物、进出境物品征收关税，可起到保护国内工农业生产、调整产业结构、组织财政收入和调节进出口贸易活动的作用。

（3）海关缉私

走私是指进出关境活动的当事人有意逃避海关监管的违反海关法的行为。走私以逃避监管、偷逃税费、牟取暴利为目的，严重扰乱经济秩序，损害国家利益。

海关缉私是指海关依照法律赋予的权力，在各监管场所和设关地附近的沿海沿边规定地区内，为发现、制止、打击、综合治理走私而进行的一种管理活动。

海关缉私的目标是制止和打击一切非法进出口货物、物品的行为，维护国家的主权和利益。

（4）海关统计

海关统计是以实际进出口货物作为统计和分析对象，通过搜集、整理、加工处理进出口货物报关单位或经海关核准的其他申报单证，对进出口货物的品种、数（重）量、价格、国别（地区）、经营单位、境外目的地、境内目的地、境内货源地、贸易方式、运输方式、关别等项目分别进行统计和综合分析，以便全面、准确地反映对外贸易的运行态势，及时提供统计信息和咨询，实施有效的统计监督，开展国际贸易统计的交流与合作，推动对外贸易的发展。

我国海关的统计制度规定，实际进出境并引起境内物质存量增加或者减少的货物，列入海关统计；进出境物品超过自用及合理数量的，列入海关统计。对于部分不列入海关统计的货物或物品，则根据我国对外贸易管理和海关管理的需要，实行单项统计。

除了上述四项基本任务以外，近几年国家通过有关法律、行政法规又赋予海关一些新的职责，如知识产权保护、海关对反倾销及反补贴的调查等。这些新职责也是海关应执行的任务。

8.1.2　海关权力

1. 概念

海关权力是指国家为保证海关依法履行职责，通过《中华人民共和国海关法》和其他法律、行政法规赋予海关的，对进出境运输工具、货物、物品的监督管理权能。

2. 海关权力的特点

海关权力作为一种行政权力，除了具有一般行政权力的单方面性、强制性、无偿性等基本特征外，还具有以下特点：

（1）特定性

海关权力的特定性是指海关对进出关境的活动进行监督管理的权力，其他任何机关和个人都不具备行使这种权力的资格。同时，这种权力只适合进出关境监督管理领域，而不能在其他领域行使。

（2）独立性

海关权力的独立性是指海关依法独立行使职权，向海关总署负责，这是《中华人民共和国海关法》明确规定的。海关是垂直领导体制，海关行使职权只对法律和上级海关负责，不受地方政府、其他机关、企事业单位和个人的干预。

（3）效力先行性

海关权力的效力先行性是指海关行政行为一经作出，就应推定符合法律规定，对海关本身和海关管理相对人都具有约束力。在没有被国家有关权力机关宣布为违法或无效之前，即使海关管理相对人认为海关行政行为侵犯其合法权益，也必须遵守和服从。

（4）优益性

海关权力的优益性是指国家为保障海关有效地行使权力而赋予海关职务上、物质上的优益条件。

3. 海关权力行使的内容

根据《中华人民共和国海关法》及有关法律法规的规定，海关在履行职能过程中，可以行使以下权力：

（1）行政许可权

行政许可是指行政主体根据行政相对人的申请，通过签发许可证件或执照的形式，依法赋予特定的行政相对人从事某种活动或实施某种行为的权利或资格的行政行为。这种许可既可包括对相对人一般义务的豁免，也可包括允许其从事某种特定活动或从事某种特定行为。具体包括：对特定地区、特定企业或有特定用途的进出口货物减征或免征关税；对企业报关权以及从事海关监管货物的仓储、转关运输货物的境内运输、保税货物的加工等业务的许可；对报关员的报关从业许可等。

（2）税费征收权

税费征收权是指海关根据国家有关进出境的各项法律、法规的规定，征收与进出口行为直接相关的各项税、费的权利，主要包括进出口关税、进口环节增值税和消费税、海关监管手续费、滞报金、滞纳金等。

(3) 行政强制权

行政强制权是指海关为了履行对进出境活动进行监督管理的职能而根据规定对行政相对方采取的行政强制。这种强制的主要目的是掌握和了解有关信息，以采取合法、合理且有效的办法对进出口活动进行管理。根据《中华人民共和国海关法》的规定，行政强制权包括：

①检查权。

海关有权检查进出境运输工具；检查有走私嫌疑的运输工具和有藏匿走私货物、物品的场所；检查走私嫌疑人的身体。

海关对进出境运输工具的检查不受海关监管区域的限制；对走私嫌疑人身体的检查，应在海关监管区和海关附近沿海沿边规定地区内进行；对于有走私嫌疑的运输工具和有藏匿走私货物、物品嫌疑的场所，在海关监管区和海关附近沿海沿边规定地区内，可直接检查，超出这个范围，在调查走私案件时，须经直属海关关长或者其授权的隶属海关关长批准，才能进行检查，但不能检查公民住宅。

②查验权。

海关有权查验进出境货物、个人携带进出境的行李物品、邮寄进出境的物品。必要时，海关可以提取货样。

③查阅、复制权。

查阅、复制权包括在监管区内查阅进出境人员的证件，查阅、复制与进出境运输工具、货物、物品有关的合同、发票、账册、单据、记录、文件、业务函电、录音录像制品和其他有关资料。

④查问权。

海关有权对违反《中华人民共和国海关法》或者其他有关法律、行政法规的当事人进行查问，调查其违法行为。

⑤查询权。

海关在调查走私案件时，经直属海关关长或者其授权的隶属海关关长批准，可以查询案件涉嫌单位和涉嫌人员在金融机构、邮政企业的存款、汇款。

⑥稽查权。

海关稽查是海关为了保证进出口行为的合法性和真实性而采取的对与进出口行为相关的企业、单位的会计账册、凭证和有关报关单证、资料进行审计的海关监督措施。

根据《中华人民共和国海关法》的规定，自进出口货物放行之日起三年内或者在保税货物、减免税进口货物的海关监管期限内及其后的三年内，海关可以对与进出口货物直接有关的企业、单位的会计账簿、会计凭证、报关单证以及其他有关资料和有关进出口货物实施稽查。根据《中华人民共和国海关稽查条例》规定，海关进行稽查时，可以行使下列职权：询问被稽查人的法定代表人、主要负责人和其他有关人员与进出口活动有关的情况和问题；检查被稽查人的生产经营场所；查询被稽查人在商业银行或者其他金融机构的存款账户；封存有可能被转移、隐匿、篡改、毁弃的账簿、单证等有关资料；封存被稽查人有违法嫌疑的进出口货物。

⑦扣留权。

对与违反《中华人民共和国海关法》或者其他有关法律、行政法规的进出境运输工具、货物和物品有关的合同、发票、账册、单据、记录、文件、业务函电、录音录像制品和其他资料，可以扣留。

在海关监管区和海关附近沿海沿边规定地区，对有走私嫌疑的运输工具、货物、物品和走私犯罪嫌疑人，经直属海关关长或者其授权的隶属海关关长批准，可以扣留。对走私犯罪嫌疑人，扣留时间不超过24小时，在特殊情况下可以延长至48小时。

在海关监管区和海关附近沿海沿边规定地区以外，对其中有证据证明有走私嫌疑的运输工具、货物、物品可以扣留。海关对查获的走私罪案件，应扣留走私罪嫌疑人，移送海关缉私机构。

⑧追缉权。

进出境运输工具或者个人违抗海关监管逃逸的，海关可以连续追至海关监管区和海关附近沿海沿边规定地区以外，将其带回处理。这里所称的逃逸，既包括进出境运输工具或者个人违抗海关监管，自海关监管区和海关附近沿海沿边规定地区向内（陆地）一侧逃逸，也包括向外（海域）一侧逃逸。海关行使追缉权时需要保持连续状态。

⑨变价抵缴权。

进出口货物的纳税义务人、担保人超过规定期限未缴纳税款的，经直属海关关长或者其授权的隶属海关关长批准，海关可以书面通知其开户银行或者其他金融机构从其存款内扣缴税款；或将应税货物依法变卖，以变卖所得抵缴税款；或扣留并依法变卖其价值相当于应纳税款的货物或者其他财产，以变卖所得抵缴税款。

⑩佩带和使用武器权。

海关为履行职责，可以配备武器。海关工作人员佩带和使用武器的规定，由海关总署会同国务院公安部制定，报国务院批准。

（4）其他行政权力

①行政命令权：如对违反有关海关法律规定的企业责令限期改正等。

②行政奖励权：如对举报或者协助海关查获违反《中华人民共和国海关法》规定的有功单位和个人给予精神的或者物质的奖励。

③行政裁定权：海关可以根据对外贸易经营者提出的书面申请，对拟作进口或者出口的货物预先作出商品归类等行政裁定。

④行政复议权：是指有权复议的海关（海关总署、各直属海关）对相对人不服海关行政行为进行复议的权力。

⑤行政处罚权：对尚未构成走私罪的违法当事人处以行政处罚。包括对走私货物、物品及违法所得处以没收，对有走私行为和违反海关监管规定行为的当事人处以罚款，对有违法情节的报关企业和报关员处以暂停或取消报关资格的处罚等。

8.1.3 口岸与口岸管理

1. 口岸

(1) 概念

口岸是指由国家指定对外经贸、政治、外交、科技、文化、旅游和移民等往来，并供往来人员、货物和交通工具出入国境或边境的港口、机场、车站和通道。

相关链接

口 岸

口岸，也称通商口岸，原义是指由国家指定的对外通商的沿海港口。但随着社会经济的发展和国际间政治、经济、文化等的交往日益频繁，口岸已不仅仅是经济贸易往来（即通商）的港口，它还承担了政治、外交、科技、文化、旅游和移民等方面的往来通道的作用。并且随着陆上、航空交通运输的发展，对外贸易的货物、进出境人员及其行李物品、邮件包裹等，可以通过铁路和航空直达一国腹地。因此，国家在开展国际联运、国际航空邮包邮件交换业务以及其他有外贸、边贸的地方也设置了口岸。因此，口岸已不仅仅是指设在沿海的港口，它还包括：国际航线上的飞机场；山脉国境线上对外开放的山口；国际铁路、国际公路上对外开放的火车站、汽车站；以及国界河流和内河上对外开放的水运港口等。

（资料来源：http：//www. baimin. com/top/81922. htm）

(2) 口岸的地位和作用

①口岸是一个国家主权的象征。

口岸权是一个国家主权的重要体现，具体包括口岸开放权、口岸关闭权和口岸管理权。在实际操作上，表现为国家可以自己决定哪些港口、车站、机场等通道对外开放，哪些不能对外开放，以及口岸对外开放的程度和方式等。这是国家的主权。

②口岸是对外开放的门户。

对外开放中的政治、外交、经济、科技、文化、体育、教育、医疗等许多活动都是通过口岸来实现的，所以口岸又是对外开放的门户。

③口岸是国际货物运输的枢纽。

从某种程度上说，口岸是一种特殊的国际物流节点。许多企业都在口岸设有口岸仓库或物流中心，许多国际间货物的运输都是通过各类口岸进行的。因此，它又是国际货物运输的枢纽。

(3) 口岸的分类

①按批准开放的权限，可分为一类口岸和二类口岸。

一类口岸是指国务院批准开放的口岸（包括中央管理的口岸和由省、自治区、直辖市管理的部分口岸）。一类口岸允许包括中国籍和任何外国籍人员、货物、物品和交通工具直接出入国（关、边）境的口岸。

二类口岸是指由省级人民政府批准开放并管理的口岸。二类口岸仅允许中国籍以及允许毗邻国的人员、货物、物品和交通工具直接出入国（关、边）境的口岸。

由于省、市或自治区一级批准开放的口岸也必须上报国务院批准，因此现在许多二类口岸也升格为一类口岸。例如，中蒙乌力吉口岸，以前是由内蒙古自治区批准开放的口岸，现在已经升格成为一类口岸，随着二类口岸升格为一类口岸的数量越来越多，这种分类也逐渐淡出。

②按出入境的交通运输方式，可分为港口口岸、陆地口岸和航空口岸。

国家在江河湖海沿岸开设的供人员和货物出入国境及船舶往来停靠的通道称为港口口岸。港口口岸还可以分为海港港口口岸和内河港口口岸。

国家在陆地上开设的供人员和货物出入国境及陆上交通运输工具停站的通道称为陆地口岸。它包括国境或边境以及国家批准的内地可以直接办理对外进出口经济贸易业务往来和人员出入境的铁路口岸和公路口岸。

国家在开辟有国际航线的机场上开设的供人员和货物出入境及航空器起降的通道称为航空口岸。

③按货物和人员通关方式，可分为实体口岸和电子口岸。

这是随互联网通关方式普及化后产生的新分类。实体口岸就是指前面所述的港口口岸、陆地口岸、航空口岸。通关人员和货物一般经过这些口岸所在地办理通关手续。

电子口岸是中国电子口岸执法系统的简称。电子口岸是指运用现代信息技术，借助国家电信公网资源，将国家各行政管理机关分别管理的进出口业务信息流、资金流、货物流等电子底账数据集中存放到公共数据中心，企业可以在统一、安全、高效的计算机网络平台上办理各种进出口业务的系统。

电子口岸不仅对解决业务单证弄虚作假问题，严厉打击走私、骗汇、骗税违法犯罪活动有明显的作用，而且能够节省时间提高贸易效率、降低贸易成本、方便企业进出。

2. 口岸管理

（1）概念

口岸管理就是对口岸建设与开放的规划、对口岸入出境活动的监管、对口岸各部门单位关系的协调，进行计划、组织和控制。

（2）口岸管理的性质

①口岸管理是政府行使行政管理的政治职能的具体体现。

政治职能是政府管理的一项基本职能，政府通过其政治职能来维护国家的社会秩序及内外环境，这是任何国家的政府都不可缺少的职能。口岸管理的政治职能主要体现为：维护国家的领土完整、主权尊严和边境安全，在进出国境的地方采取的必要的防卫措施和管理措施。

②口岸管理是政府行使行政管理的经济职能的具体体现。

组织经济建设是国家最重要、最基本的职能，因此管理经济也就成为政府行政管理的一项不可缺少的基本职能。口岸管理的经济职能主要体现在：口岸是国家发展对外贸易的经济纽带，是发展外向型经济的重要投资环境。国家经济建设所需的各种物资，需要通过口岸运进来，销往国外的物资也要通过口岸运出去，国内国外的经贸经商人员也是通过口岸入出境的。通过口岸管理，可以合理布局口岸，加快货物和人员的通关速度，对经济发展起着直接的促进作用。

③口岸管理是城市行政管理的有机组成部分。

口岸管理不可能脱离城市管理孤立地进行。无论是沿海口岸和内河口岸，还是航空口岸和陆地口岸，都少不了和离不开城市的依托和支撑。口岸与城市的关系密不可分，城市因口岸而繁荣，口岸因城市而兴旺。口岸的建设与管理不可忽视和放松对城市管理的改进和加强，后者对口岸管理起着直接或间接的制约或促进作用。当然，口岸管理与城市管理相比，有自己的运动规律与特点，并不完全等同于城市管理。但是口岸与城市的这种“你中有我，我中有你”的密切关系，则是口岸建设与管理不能不考虑的。

综上所述，口岸管理是一种政府行为，是政府行使政治职能和经济职能的直接体现，口岸管理也是城市管理的重要组成部分。

（3）口岸管理的特点

①涉外性。

由于口岸是国家对外开放的前沿阵地和重要的基础设施，是进出口贸易的交汇点，具有连接国际、国内两个市场和两种资源的特征。因此，口岸管理活动必然具有涉外性。

②时限性。

口岸管理中，一国海关对进出口货物的申报或通关时间是有规定的。如我国海关法规定，进口货物的收货人、受委托的报关企业应当自运输工具申报进境之日起十四日内向海关申报。

③整体性。

整体性主要强调从口岸整体和共同目标出发，既要注意口岸管理系统对外界环境的适应性，又要加强口岸管理系统内部的协调性。

（4）口岸管理的方法

①行政协调法。

行政协调法是指通过调整口岸管理系统内部各机构之间、人员之间、行政运行各环节之间的关系，以及协调口岸管理系统与外部环境之间的关系，以提高行政效能，实现行政目标的行为。

行政协调法的目的是协调行动，充分发挥口岸管理机构的职能，提高行政效率，有利于更好地实现口岸管理的目标。

②经济调节法。

经济调节法是政府机构根据客观经济规律，通过价格、税收信贷、利润、经济合同等经济杠杆来调节各经济利益主体之间的关系，影响行政对象，以实现较高的经济效益和社会效益的管理方法。

经济调节法是政府行使口岸管理的主要方法。例如，海关通过提高或降低某种货物的关税，就能起到扶持、鼓励或限制某个行业发展的作用。

③法律规范法。

法律规范法是政府通过行政立法、司法的方式实现行政职能的方法。法律手段不仅仅是通过司法部门对违法行为进行制裁，也是口岸管理机构根据自己的职责，依据有关行政管理的法律法规，对口岸业务单位进行控制、指导和监督的一种方式。

④思想教育法。

思想教育法是指依靠宣传、说服、精神鼓励等方式以实现行政职能的方法。

口岸管理机构通过对国家口岸工作方针、政策、法规的宣传、解释和教育，使口岸各有关部门、有关单位都自觉地依法办事，都理解和支持口岸管理机构的工作，从而促进行政职能的实现。

8.2 进出口货物通关

在国际贸易和交流活动中，经常会使用“通关”这一术语。所谓“通关”，是指进出境货物的收发货人及其货运代理人、进出境货物的所有人以及进出境运输工具的负责人向海关办理进出口手续，海关对其呈报的有关进出境单证和申请进出境的货物、运输工具和物品依法进行审核、查验、征缴税费、批准进出口的全过程。

提示

通关与报关的关系

通关与报关既有联系又有区别。

两者的联系在于工作对象是相同的，都是运输工具、货物和物品。

两者的区别在于考察的角度不同，报关是从海关行政管理相对人的角度来考察活动的，主要指其向海关办理进出境相关手续，强调的是单向的过程；而通关是从报关管理者角度来考察活动的，通关不仅包括海关行政管理相对人向海关办理进出境相关手续，还包括海关工作人员对报关对象的审核和监督，核准其进出境，强调的是海关与海关行政管理相对人双向互动的结果。

（资料来源：https：//wenku. baidu. com/view/ff5d8cda5727a5e9856a61f2. html）

8.2.1　我国进出口货物通关基本制度

1. 一般进出口货物通关制度

一般进出口货物是指在进出境环节缴纳了应征的进出口税费并办结了所有必要的海关手续，海关放行后不再进行监管的进出口货物。

（1）概念

一般进出口货物通关制度是指货物在进出境环节完纳进出口税费，并办结了各项海关手续后，进口货物可以在境内自行处理，出口货物运离关境可以自由流通的海关通关制度。

（2）一般进出口货物通关制度的特点

一般进出口货物的通关过程和放行后的状态反映了该项通关制度的特点：

①进出口时交验相关的进出境国家管制许可证件。

对于进出口货物涉及的各项进出境国家管制，均应在货物进出口前办妥审批手续，其许可证件通关时随报关单一并向海关交验。

②必须在进出境环节完纳进出口税费。

这里的“进出境环节”是指进口货物提取或出口货物装运前的通关环节；“进出口税费”是指货物在通关时，因其直接发生了一次合法的进口或出口，在海关税法上被规定应税，而须向海关缴纳的关税、国内税及其他费用；“完纳”是指按照《进出口税则》的税率全额计征。但是，对于《进出口税则》规定零关税的或《进出口关税条例》列明免于征税（即法定减免）的进出口货物则无须缴纳进出口税费。

③货物在提取或装运前办结海关手续。

适用一般进出口通关制度的货物在申报、接受检查并缴清进出口税费，经海关复核放行后，报关人才能提取或装运货物。对于适用一般进出口通关制度的货物而言，海关放行即意味着通关货物的各项海关手续业已办结。

④货物进出口后可自由流通。

所谓自由流通是指货物办结了海关手续即可由报关人自行处置。一般进出口货物进口后或出口运离关境后可以自由流通，不再接受海关监管。

（3）一般进出口货物通关流程

一般进出口货物的通关可分为四个基本环节，用流程表明，即：申报—查验—征税—放行。

①申报。

申报是指进口货物的收货人、出口货物的发货人或者他们的代理人在进出口货物时，在海关规定的期限内，以书面或者电子数据交换（EDI）方式向海关报告其进出口货物的情况，随附有关货运和商业单据，申请海关审查放行，并对所报告内容的真实准确性承担法律责任的行为。

在申报环节要注意海关有关申报时间和申报地点的规定。

申报时间是指货物出口或货物进口运到口岸后，法律规定的收发货人或其代理人向海关申报的时间限制。

申报时间又分为：出口货物的申报时间——根据《中华人民共和国海关法》规定，除海关特准外，出口货物的发货人或其代理人应当在货物运抵海关监管区后、装货前24小时向海关申报；进口货物的申报时间——根据《中华人民共和国海关法》的规定，进口货物的收货人、受委托的报关企业应当自运输工具申报进境之日起十四日内向海关申报，期限的最后一天是法定节假日或星期日的，顺延到节假日或星期日后的第一个工作日。

根据现行海关法规的规定，进出口货物的报关地点，主要遵循以下三个原则：

第一，进出境地原则。

在一般情况下，进口货物应当由收货人或其代理人在货物的进境地向海关申报，并办理有关进口报关手续；出口货物应当由发货人或其代理人在货物的出境地向海关申报，并办理有关出口报关手续。

第二，转关运输原则。

转关运输是指海关为加速口岸进出货物的疏运，方便收发货人办理海关手续，依照有关法规规定，允许海关监管的货物由关境内一设关地点转运到另一设关地点办理进出口海关手续的行为。

由于进出口货物的批量、性质、内在包装或其他一些原因，经收发货人或其代理人申请，海关同意，进出口货物也可以不在进出境地海关申报，而在设有海关的其他地方进行申报，并办理进出口海关手续。

例如，经申请同意，进口货物可以在设有海关的货物目的地；出口货物可以在设有海关的货物启运地进行申报。

第三，指定地点原则。

对于一些经电缆、管道等特殊方式输送进出境的货物，它们的进出境的申报通常是按海关的要求定期向指定地点的海关申报并办理有关的进出口报关手续。

案例

申报不实案例

2020年5月6日，青岛A供应链股份有限公司委托济南市B报关服务有限公司持报告单以一般贸易方式向海关申报出口：电热水壶（商品编码8516799090）7950个。5月9日经海关查验：实际出口水壶（商品编码7323930000）3780个，与申报不符，案值为人民币127.2万元。海关于是做出处罚，处罚原因：申报不实。处罚结果：根据《中华人民共和国海关行政处罚实施条例》第十五条（五）项、第十七条的规定，决定对当事人作出如下行政处罚：(1) 对济南市B报关服务有限公司罚款人民币12.7

万元；（2）对青岛 A 供应链股份有限公司罚款人民币 19.7 万元。

（资料来源：https：//wenku. baidu. com/view/33c4ed0e64ce0508763231126edb6f1afe007126. html）

②查验。

根据《中华人民共和国海关法》的规定，进出口货物除经收发货人申请，海关总署特准可以免检的以外，都应接受海关查验。

海关查验是指海关接受报关员的申报后，对进口或出口的货物进行实际的核对和检查，以确定货物的性质、原产地、货物状况、数量和价格等是否与报关单所列一致。

海关查验一方面是要复核申报环节中所申报的单证以及查验单货是否一致，通过实际的查验发现审单环节不能发现的无证进出口问题及走私、违规、逃漏关税等问题；另一方面，通过查验货物才能保证关税能按相关税率计征。因为进口货物税则号及适用税率的确定、申报的货价海关是否予以接受等都取决于查验的结果。如查验不实，就会造成应税的分类及估价不当，不仅适用的税率可能发生差错，且估价过高或过低，会使税负不公，国家或进口厂商将蒙受损失。

海关查验货物一般在海关监管区内的进出口口岸码头、车站、机场、邮局或海关的其他监管场所进行。

海关对进出口货物的查验方法主要有以下三种：

彻底查验：是对货物逐件开箱、开包查验，对货物的品种、规格、数量、重量、原产地、货物状况等逐一与申报的报关单详细核对。

抽查：是按一定比例对货物有选择地开箱、开包查验，并对开箱、开包查验的货物的品种、规格、数量、重量、原产地、货物状况等逐一与申报的报关单详细核对。

外形查验：主要是核对货名、规格、生产国别和收发货单位等是否与报关单相符。

海关查验进出口货物后，均要填写一份《海关进/出口货物查验记录》。

③征税。

海关在审核单证和查验货物后，根据《中华人民共和国关税条例》规定和《中华人民共和国海关进出口税则》规定的税率，对进出口货物征收进口或出口关税及相关税费。

海关关税的征税对象是进出我国关境的货物和物品。按照规定，进口货物的收货人、出口货物的发货人、进出境物品的所有人是关税的纳税义务人；同时有权经营进出口业务的企业也是法定纳税人。

相关链接

货物与物品

根据《中华人民共和国海关法》的有关规定，我国将进境商品主要区别为货物、物品两大类不同监管对象，并适用不同的管理要求，包括税率、许可证件等。一般情况下，境内外收货人、发货人通过买卖交易，以给付价款作为交付前提的商品属于货物，也就是常言的“贸易”类商品，属于《对外贸易法》的范畴；反之，无须通过支付钱款、境内外亲友间相互馈赠并邮寄的个人物品就是典型的物品，并具有非贸易的特征，进境后不得出售或出租。显而易见，近年来比较流行的海外代购、网购等从境外购买，并支付货款的商品不属于《中华人民共和国海关法》意义上的个人物品，而属于外贸货物，在其中充当“代购”代理人的第三方因为交易的达成收取相关费用或“吃差价”，更是实实在在的经营行为。对于货物，无论价值多少，都应按规定办理进出口货物通关手续，包括照章纳税，提交国家出于公共安全、卫生等方面考虑而要求的许可证件。

（资料来源：http：//www. haiguanlvshi. com/hgjg/hgjg0123. html）

海关对关税的缴纳期限也有规定：进出口货物的纳税人，应当在海关签发税款缴纳证的次日起 15 日内，向指定银行缴纳税款，逾期不缴纳的，按日征收税款总额 0. 5‰的滞纳金；进出境物品的纳税义务人，应当在物品放行前缴纳税款。

相关链接

完税价格

完税价格是指海关按照《中华人民共和国海关法》和《中华人民共和国进出口关税条例》的有关规定，凭以计算应征关税的进出口货物的价格。

1. 进口货物的完税价格

进口货物的完税价格，由海关以该货物的成交价格为基础审查确定，并且应当包括货物运抵中华人民共和国境内输入地点起卸前的运输及其相关费用、保险费。

进口货物的成交价格，是指卖方向中华人民共和国境内销售该货物时买方为进口该货物向卖方实付、应付的价款总额，包括直接支付的价款和间接支付的价款。

2. 出口货物的完税价格

出口货物的完税价格由海关以该货物的成交价格为基础审查确定，并且应当包括货物运至中华人民共和国境内输出地点装载前的运输及其相关费用、保险费。

出口货物的成交价格，是指该货物出口销售时，卖方为出口该货物应当向买方直接收取和间接收取的价款总额。

（资料来源：http：//www. gov. cn/gongbao/content/2014/content_2620281. htm）

④进出口货物的放行。

放行就是海关在接受进出口货物的申报后，经过审核报关单据、查验实际货物，并依法办理了征收货物税费手续或减免税手续后，在有关单据上签盖放行章，以示海关监管行为的结束。放行是海关监管作业的最后一个环节。

2. 保税货物通关制度

(1) 概念

保税货物通关制度是指货物在进口时缓办纳税手续，进口后按规定储存或加工，在直接复出口或重新办理进口报关纳税手续后，经核销解除海关监管，是一项适用于因贸易或生产加工需要而临时进口货物的海关制度。

这项通关制度规定适用本项制度的进口货物只能用于加工或临时储存，因而不包括虽然也是临时进口但是有特定使用目的的暂准（时）进出口货物。

保税货物通关制度因其在税收征管措施方面所体现出来的灵活性，所以它是一项具有简化手续、便利通关、促进经济发展作用的海关管理制度。

(2) 保税制度的特点

海关根据国家的法律、法规、政策和规范性文件对保税货物实施监管的过程，反映出保税制度具有批准保税（或保税备案）、纳税暂缓、监管延伸、核销结案的特点。

①批准保税。

进境货物可否保税，要由海关依据国家的有关法律、法规和政策来决定。货物经海关批准才能保税进境，这是保税制度一个十分明显的特点。

相关链接

批准保税的条件

海关应当严格按照国家法律、法规、政策所规定的条件和程序进行审批（备案）。批准保税的条件原则上有三条：

1. 不受管制。所谓不受管制，是指申请保税的货物除法律、行政法规另有规定外，一般不受国家贸易许可管制，无须提交相关进出口许可证件。

2. 复运出境。所谓复运出境，是指申请保税的货物流向明确，进境储存、加工、装配后的最终流向表明是复运出境；而且申请保税的单证能够证明进出基本是平衡的。

3. 可以监管。所谓可以监管，是指申请保税的货物无论在进出口环节，还是在境内储存、加工、装配环节，要符合海关监管要求，必要时海关可要求有关当事人提供担保，以防止因为某种不合理因素造成监管失控。

为了严格审批，海关总署规定了各种保税货物审批的程序和权限。比如保税仓库的审批，规定公共型保税仓库由直属海关受理，报海关总署审批；备料型保税仓库由直属海关审批，报海关总署备案；专用型保税仓库由隶属海关受理，报直属海关审批。

（资料来源：https：//baike. baidu. com/item/% E4% BF% 9D% E7% A8% 8E% E5% 88% B6% E5% BA% A6/4439109？fr = aladdin）

②纳税暂缓。

通常所说的办理纳税手续，包括办理征税手续和减免税手续。一般进口货物和特定减免税货物都必须在进境地海关或主管地海关办妥纳税手续（包括办妥征税或减免税手续）后才能提取。保税货物在进境地海关凭有关单证册不办理纳税手续就可以提取，但这不等于说保税货物最终均可以不办理纳税手续。

当保税货物最终不复运出境或改变保税货物特性时，需要按货物实际进口申报情况办理相应纳税手续。例如，加工贸易保税进口货物因故不能复出口，经批准内销，海关对不能复出口的成品或节余料件等按有关规定对料件进行补税。至于保税货物转为一般贸易进口，“纳税暂缓”的特点更加明显。

③监管延伸。

一般进出口货物，海关监管的时间是自进口货物进境起到办结海关手续提取货物止，出口货物自向海关申报起到装运出境止，海关监管的地点主要在货物进出境口岸的海关监管场所。

保税货物的海关监管无论是时间还是场所，都必须延伸。从时间上说，保税货物在进境地被提取，不是海关监管的结束，而是海关监管的开始，一直要监管到储存、加工、装配后复运出境办结海关核销手续或者正式进口办结海关手续为止。从地点上说，保税货物自离进境地口岸海关监管场所后，直至向海关办结出口或内销手续止，凡是该货物储存、加工、装配的地方，都是海关监管该保税货物的场所。所以，“监管延伸”也是保税制度的一大特点。

④核销结关。

一般进出口货物是放行结关。进出口货物收发货人及其代理人向海关申报后，由海关审单、查验、征税、放行，然后提取货物或装运货物。在这里，海关的放行就是一般进出口货物结关的标志。

保税货物进出口报关，海关也加盖“放行章”，也执行放行程序。但是，保税货物的这种放行，只是单票货物的形式结关，是整个监管过程的一个环节。保税货物只有核销后才能算结关。核销是保税货物监管最后一道程序。所以核销是保税制度区别于一般进出口货物通关制度的一个重要的特点。

保税货物的核销，特别是加工生产类保税货物的核销是非常复杂的工作。储存出境类保税货物和特准缓税类保税货物的核销，相对来说比较简单，因为这两类保税货物无论是复运出境，还是转为进入国内市场，都不改变原来的状态，只要在规定的时间里复运出境或办妥正式进口纳税手续，并且确认复运出境的数量或办妥正式进口纳税手续的数量与原进口数量一致，就可以核销结关。加工生产类保税货物就不一样了。因为，这一类保税货物进境后要进行加工、装配，要改变原进口料件的形态，复出口的商品不再是原进口的商品。这样，海关的核销，不仅要确认进出数量是否平衡，单耗真实可靠，而且还要确认成品是否由进口料件生产、没有擅自串（换）料行为。这两个“确认”大大地加大了核销的难度。所以核销也是保税制度的一个难点。

无论是加工生产类保税货物，还是储存出境类和特准缓税类保税货物，在核销的实践中，数量往往不是平衡的。正确处理各种核销中发生的数量不平衡问题，也是核销结关的前提之一。

（3）保税货物通关程序

①备案申请保税。

经国家批准的保税区域，包括保税区、出口加工区从境外运入区内储存、加工、装配后复运出境的货物，已经整体批准保税，备案阶段与报关阶段合并，省略了按照每一个合同或每一批货物备案申请报税的环节。

经国家批准的保税仓库，在每一批货物进境入库之前必须按照每一批货物为单位进入备案申请保税的环节：仓库经营人向主管海关提出保税申请，主管海关审核后批准保税，仓库经营人凭海关批准保税的单证办理申报货物进境入库手续。

加工贸易进口料件，包括来料加工、进料加工、外商投资企业履行产品出口合同、保税工厂、保税集团进口料件，则必须按照每一个合同为单位进入备案申请保税阶段。加工贸易进口料件备案批准保税阶段的具体环节是：企业合同备案、海关批准保税、设立或不设立银行台账、海关核发《加工贸易登记手册》。

②进出境报关。

所有经海关批准保税的货物，包括区域保税货物、仓储保税货物和加工贸易经海关批准准予保税的货物，在进出境时都必须与其他货物一样进入进出境报关阶段。与一般进出口货物报关阶段不同的是，保税货物暂缓纳税，不进入纳税环节，但应当收取监管手续费。

进出境报关阶段的具体环节是：申报、配合查验、缴纳或免纳监管手续费、提取货物或装运货物。

③报核申请结案。

报核申请结案阶段的具体环节是：企业报核、海关受理、实施核销、结关销案。

所有经海关批准保税的货物，包括区域保税货物、仓储保税货物和加工贸易经海关批准准予保税的货物，都必须按规定由保税货物的经营人向主管海关报核，海关受理报核后进行核销，核销后视不同情况，分别予以结关销案。

区域保税货物因为没有规定具体的保税期限，所以最终的结案应当以进区货物最终全部出境或出区办结海关手续为结案标志。本期核销该批保税货物没有全部出境或出区办结海关手续的，则不能结案，结转到下期继续监管，直到能够结案。

仓储保税货物应当以该货物在规定的保税期限内最终全部出境或出库办结海关手续为结案标志。每月报核一次。本期核销该批保税货物没有全部出境或出库办结海关手续的，则不能结案，结转到下期继续监管，直到能够结案或者到期变卖处理。

加工贸易经海关批准准予保税的货物应当以该加工贸易合同项下产品在规定期限内全部出口或者部分出口，不出口部分全部得到合法处理为结案标志。海关受理报核后，在规定的核销期限内实施核销，对不设立台账的，予以结案；对设立台账的，应当到银行撤销台账，然后结案。

案例

青岛昊远进出口公司（加工贸易A类管理企业）从境外购进一批价值20万美元的细支棉线，委托江苏宿迁大华针织制品公司（加工贸易B类管理企业）加工生产出口棉内衣。该加工合同履行期间，因境外发货有误，部分原料未能及时到货。为确保履行成品出口合同，昊远公司报经主管海关核准，使用本企业其他进口非保税料件进行内部串换。合同执行完毕，尚有剩余料件，拟结转加工。根据上述案例，请思考下面问题：

1. 本案例涉及的委托加工在海关管理中被称为什么加工？

2. 该加工贸易合同执行期间所发生的料件串换，应符合哪些规定？

3. 特定减免税货物通关制度

（1）相关概念

特定减免税是指依照国务院规定的范围和办法，对于进口货物的关税优惠。特定减免税是国家给予特定范围内的进口货物的关税优惠待遇，这种优惠待遇的给予是一次性的，指定的货物在特定的范围内使用，那么就可以按照有关规定享受减免待遇。海关对特定减免税进口货物依法实行时效管理。

特定减免税货物是指海关根据国家的政策规定准予减税、免税进口使用于特定地区、特定企业和特定用途的货物。

特定减免税货物通关制度是一项货物在进口时减征或免征进口关税和进口环节增值税，进口后必须在特定的条件下和规定的范围内使用，直至海关监管时限结束经核销后解除海关监管的结关制度。

在这项制度下的减免进口税是无保留的，只要是实际进口，又未按其他海关制度办理通关手续的货物，在符合特定条件的情况下，均给予减征或免征进口关税和增值税的优惠。但是这种减免税优惠要求某些义务务必须履行，即在某一时期受到使用上的限制。

（2）适用范围

①特定地区的进出口货物：所谓“特定地区”是指我国关境内由行政法规规定的某一特别限定区域，享受减免税优惠的货物只能在这一专门规定的区域内使用。例如，保税区、出口加工区内生产性的基础设施建设项目所需的机器、设备和其他基建物资等自用物资予以免税等。

②特定企业的进出口货物：包括依法批准的外商投资企业在投资总额内进口的设备等自用商品（国家规定的《外商投资项目不予免税的进口商品目录》中所列商品除外）。

③特定用途的进出口货物：包括科学研究机构和学校进口的专用科教用品；残疾人专用及残疾人组织和单位进口的货物；国家重点项目进口货物；通信、港口、铁路、公路、机场建设进口设备等。

（3）管理特征

货物按照特定减免税通关制度办理手续，其受海关监控的过程和货物在放行后受制约的状态，反映了该项通关制度的管理特征。

①在特定条件或规定范围内使用可减免进口关税和增值税。

特定减免税收政策是关税优惠政策的重要组成部分。它是国家无偿向符合条件的进口商品使用单位提供的关税优惠，其目的是优先发展特定地区的经济、鼓励外商投资，促进国有大中型企业和科教文卫事业的发展。因而，这种关税优惠具有特定性。进口货物必须按照规定的使用条件在规定的地区、企业或按照规定的用途使用。

②原则上应受各项进出境管制的约束。

特定减免税货物的去向是实际进口，因此，按照国家有关进出境管制的原则规定，凡涉及许可证、检验检疫、机电产品进口审查等各项进出境管制的，均应在进口申报时向海关交验许可证件。

③货物进口验放后仍受海关监管。

特定减免税进口的货物在完成申报、配合查验手续、缴清或免纳税款，并以此获得海关放行后，虽然进口阶段的海关手续已办理，然而依照审批减免税的先决条件之一，货物在规定的年限内，必须在规定的范围内使用，因此，货物仍将在海关的监管下。

④脱离特定范围使用，须补缴进口关税和增值税。

进口的减免税货物在规定的监管期限内，因故脱离规定的使用范围，出售、转让或移作他用，丧失进口税优惠的特定性，须经海关核准，按货物使用年限折旧后补缴原减征或免征的关税。

⑤期限到期，方可解除海关监管。

从简化手续、方便用货单位和减轻海关工作负担等诸多因素考虑，对特定减免税货物使用状况的监管，海关采取的是根据货物的品种分别确定监管期限，经海关核查监督，有关货物能按规定合法正常使用的，在期限届满时由企业向海关申请，办理解除海关监管手续。根据海关总署公告 2017 年第 51 号《关于调整进口减免税货物监管年限的公告》，进口减免税货物的海关监管年限为：船舶、飞机的海关监管年限为 8 年；机动车辆的海关监管年限为 6 年；其他货物的海关监管年限为 5 年。

（4）报关程序

特定减免税货物报关程序包括三个阶段：

减免税申请（货物进口之前的前期阶段）—进口报关—申请解除监管（后续阶段）。

①前期阶段。

特定减免税货物的纳税人或其代理人应在货物进口前，向海关提出减免税申请，由海关审核货物的性质、用途、申请人的资格等。对符合规定、具备条件的，海关核准相应的《进出口货物征免税证明》（以下简称《免表》），特定减免税货物的纳税人取得合法享受减免税进口优惠的资格。

减免税申请人向企业所在地主管海关申请减免税备案。海关确认其减免税资格，审核并确定项目的减免税额度。

《免表》的有效期为6个月，可申请延期6个月。海关对其实行“一批一证”“一证一关”管理，即：一份《免表》只能验放一批货物，一份《免表》只能在一个口岸一次性进口。对于需分批或分两个以上口岸进口的，需要分别向海关申领《免表》。

②进口报关阶段。

特定减免税货物运抵口岸后，收货人或其代理人向入境地海关办理进口手续，申报进口货物报关单，上传相关单证，包括《免表》。海关按一般通关程序经有选择的查验无误后，免税放行，由货物收货人或其代理人提货。

特定减免税货物报关由申报、查验、缴纳税费和提取货物4个作业环节构成，这可参见一般进出口货物报关程序。

③后续阶段。

特定减免税货物进境自海关放行之日起，减免税申请人应在海关监管年限内，每年第1季度向主管海关申报《减免税货物使用状况报告书》，报告减免税货物的使用状况。

在海关监管年限及其后3年内，海关可以对减免税申请人进口和使用减免税货物的情况实施稽查。

特定减免税货物报关的后续阶段主要包括使用期间接受监督和核查以及期限届满后解除监管，核销结关。

第一，后续处置。

后续处置主要涉及：减免税货物使用地点的变更、减免税货物的结转、减免税货物的转让、减免税货物移作他用、减免税货物变更与终止、减免税货物退运、减免税货物的贷款抵押等内容。

第二，解除监管。

特定减免税货物解除监管是指海关按规定对超出海关监管年限的特定减免税货物、未超出海关监管年限但已按规定补缴关税和进口环节税的特定减免税货物，以及已发生违法行为，海关有关部门已依法进行了处理，且符合解除监管条件的特定减免税货物解除海关监管的一种手续。

自动解除：减免税货物监管年限届满后，申请人不必申领《减免税进口货物解除监管证明》的，其所拥有的减免税货物自动解除监管，企业可自行处理。

申请解除：监管年限届满，但企业需要申领《减免税进口货物解除监管证明》的，可以自监管年限届满之日起1年内，向海关申领；监管年限内申请解除，原《进出口货物征免税证明》的申请人，需要先办结减免税货物的补税结关手续，再向《进出口货物征免税证明》的原签发海关提出申请解除监管。海关审核无误后，给予签发《减免税进口货物解除监管证明》。

案例

擅自改变特定减免税货物使用主体和使用地区

某境外企业先后在上海、宁波等地设立10家外商投资企业。2018年8月至2019年10月间，其中的四家外商投资企业根据境外母公司的统一部署，在未经海关许可的情况下，将合计68台特定减免税食品加工设备调拨给其他六家子公司使用，并开具集团固定资产转移单，固定资产所有权不作转移，也不收取任何费用。最终，上述行为被海关认定为构成将特定减免税设备移作他用的违规行为，对上述四家公司处以罚款并责令其补办结转手续。

类似的案件还经常发生于企业及其分支机构之间。例如，某外商投资企业因各种原因，未经海关许可，将特定减免税货物交由其在特定地区（经海关批准的地区）外设立的分公司（通常是加工厂）使用。

在海关执法实践中，企业上述擅自调拨、挪用特定减免税货物的行为，通常都会涉嫌违反“三个特定”原则中的“特定地区”或“特定企业”这两个原则，进而被海关认定为构成将特定减免税货物“移作他用”的违规行为加以处罚。

（资料来源：https：//www. sohu. com/a/338377095_100257236）

4. 暂准（时）进出口货物通关制度

（1）相关概念

暂准（时）进出口货物是指为了特定的目的暂时进口或暂时出口，有条件免纳进出口税并豁免进出口许可证，在特定的期限内除因使用产生的正常损耗外，按原状复运出口或进口的货物。

暂准（时）进出口货物通关制度是指允许货物为特定使用目的进口或出口，在规定的时间内，按原状复出口或复进口（除因使用而产生的正常损耗外），因而可暂予免纳进出口各税或者按照规定征税的法律规定。

（2）暂准（时）进出口货物通关制度的特点

①在提供担保的条件下暂时免纳进出口税。

提供担保是货物暂准进（出）口并免纳进出口各税所必须遵守的条件之一，这也是海关确保货物将来能按规定复出口或复进口的保全措施。我国现行的担保形式主要是信誉（保函）或经济（保证金）担保，其中展览品的暂准进出口已适用“ATA”（暂准进口）单证册制度，实行国际联保。

对非商业目的的暂准（时）进出口的货物，在海关规定的时限内复运出（进）境的，原则上可暂予免除全部进出口各税，但对租赁、租借方式暂时进出口用于生产、建筑或运输等用途的，给予的暂予免税是部分的。

②原则上免予交验进出口许可证件。

货物暂准（时）进出口使用后还需要在规定期限复出口或复进口，因而并不属于实际的进出口货物。由此，国家的贸易管制，特别是许可证管理，原则上不适用该项通关制度下的货物（租赁方式进口除外）。但是，货物的暂准（时）进出口涉及国家其他进出境管制的（主要是动植物检疫、食品卫生检测、枪支弹药或无线电器材等），不论其是否实际进出口，仍须在进、出口前，向有关主管部门申请批准，并凭证申报。由于以租赁方式进口的设备，一般在租赁期满时，已按租金方式全部支付货款，并在办理象征性转让手续后归境内承租人所有，因此，进口贸易管制制度将其等同于实际进口管理，进口时应按规定呈验各类许可证件。

③为特定使用目的的进口或出口，在规定的期限内复出口或复进口。

这是货物暂准（时）进出口并免纳进出口各税的前提条件。每一种暂准（时）进出口都有其特定的使用，同时，货物又必须在事先规定的期限内，保持原有状态（不能加工、不能拆解、不能调换复运出口或复运进口），并且需要按期复出口或复进口。超出规定期限未能复运出口或复运进口，则须按一般进出口货物办理报关、纳税手续。如擅自改变了原有形态或出售、转让、移作他用，则将由海关视情节，按规定处理。

④进出口通关现场放行后，货物尚未结关。

即货物在历经进口或出口通关现场的海关审单、海关查验及复核放行等手续后虽可提取（或装运），但在使用期间仍将继续受海关的监管，直至货物按实际去向办理海关手续并予以核销。

⑤按货物使用后的实际去向办理海关手续。

暂准（时）进口或出口的货物原则上必须原状复运出口或复运进口，但实际上因经济或其他方面的因素，货物还可能转为内销（或外销）或出现消耗掉的情况，无论其去向如何，均应按规定办理相应的海关手续，并以此作为解除暂准（时）进口或出口时所提供担保的基础。

⑥核销后结案。

暂准进出口货物一旦有了实际去向，并按规定办理了相应的海关手续，最后应完成核销手续，以证明其担保履行的义务业已履行。通过办理核销手续，把证明其履行义务的凭证交回担保地海关，经海关核实即可撤销担保或退回担保时交付的保证金。至此，通关手续全部完结。

(3) 暂准（时）进出口货物的基本报关程序

暂准（时）进出口货物的报关程序可归纳为五个环节：进（出）口前的备案——进（出）口时凭担保报关——使用期内接受海关监管和核查——复出（进）口时报关——核销结案。

①进（出）口前的备案。

进（出）口前的备案是主要针对进出口展览品的特殊监管措施。对其他暂准

（时）进出口货物，可根据具体情况，经海关批准，在进出口前办理担保申请（即向海关提交担保函或保证金，并保证在海关规定的时限内原状复运出境、复运进境）。

②进出口时凭担保报关。

在货物进出口时，收、发货人或其代理人申报担保和凭其他有关单证向海关报关，海关查验复核后放行货物。

③使用期内接受海关监管、核查。

暂准（时）进出口货物应该用于事先确定的特定目的，货物放行后，货物的使用者应随时接受海关对货物的使用状况进行监管核查。同时，对在货物的使用期间因故需对货物作出其他方式处理的，应经海关批准并办理相应的海关手续。

④复出（进）口时报关。

暂准（时）进出口货物在境内外使用，均有规定的期限。除期满另有安排外，均应复出口或复进口。收、发货人或其代理人应向海关办理复出口或复进口手续。对境内外留购的，则应按实际进出口（按一般进出口货物或减免税进出口货物）办理海关手续。

⑤核销结案。

暂准（时）进出口货物经使用，并按照实际去向办理了相应手续后，货物的收、发货人或其代理人应凭有关凭证到备案地或原进出境地海关办理核销手续，经海关审查无误后，撤销担保。

从境外暂时进境的货物（ATA 单证册项下暂时进境货物除外）转入海关特殊监管区域和保税监管场所的，主管地海关凭《中华人民共和国海关出口货物报关单》对暂时进境货物予以核销结案。

8.2.2　报关单据

报关单据是办理货物的交付和货款的支付的一种依据。

进出口货物报关单据一般包括：

1. 进出口货物报关单

一般进口货物应填写一式二份；需要由海关核销的货物，如加工贸易货物和保税货物等，应填写专用报关单一式三份。

出口货物报关单填写份数主要是根据报关作业及海关监管的需要。一般来说，以一般贸易方式出口报关，需填写一式四份报关单；以加工贸易方式出口，需填写一式五份报关单；货物出口后需国内退税的，应另填一份退税专用报关单。

2. 货物发票

要求份数比报关单少一份，对货物出口委托国外销售，结算方式是待货物销售后按实销金额向出口单位结汇的，出口报关时可准予免交。

3. 陆运单、空运单和海运进口的提货单及海运出口的装货单

海关在审单和验货后，在正本货运单上签章放行退还报关单，凭此提货或装运货物。

4. 货物装箱单

其份数同发票，但是散装货物或单一品种且包装内容一致的件装货物可免交。

5. 出口收汇核销单

一切出口货物报关时，应交验外汇管理部门加盖“监督收汇”章的出口收汇核销单，并将核销编号填在每张出口报关单的右上角处。

6. 海关认为必要时，还应交验贸易合同、货物产地证书等

7. 其他有关单证

（1）经海关批准准予减税、免税的货物，应交海关签章的减免税证明，北京地区的外资企业需另交验海关核发的进口设备清单。

（2）已向海关备案的加工贸易合同进出口的货物，应交验海关核发的“登记手册”。

8.3 出入境检验检疫

8.3.1 出入境检验检疫的概念、主要目的和作用

1. 概念

出入境检验检疫是指检验检疫机构依照进出口国有关法律、行政法规及国际惯例的规定，实施对报检人申报出入境的货物、交通运输工具、货物包装、集装箱以及人员等进行检验检疫、认证和签发官方检验检疫证明等监督管理业务的统称。

目前，我国出入境检验检疫工作的主管机关是海关总署，我国海关的出入境检验检疫机构具有公认的法律地位。我国出入境检验检疫从业务内容划分，包括进出口商品检验、进出境动植物检疫以及国境卫生检疫。

2. 出入境检验检疫的主要目的和任务

世界各国的法律法规和国际通行法、有关规则、协定等，都赋予检验检疫机构以公认的法律地位；国际贸易合同中对检验检疫一般也有明确的条款规定，使检验检疫工作受到法律保护，所签发的证件具有法律效力。

出入境检验检疫是随着国际贸易和人员的往来而产生的，在不同的历史时期，因受历史条件局限性的制约，出入境检验检疫的主要目的和任务也不相同。当前我国出入境检验检疫的主要目的和任务是：

（1）对进出口商品进行检验、鉴定和监督管理，保证进出口商品符合质量（标准）要求，维护对外贸易有关各方的合法权益，促进对外经济贸易的顺利发展。

（2）对出入境动植物及其产品，包括其运输工具、包装材料进行检疫和监督管理，防止危害动植物的病菌、害虫、杂草种子及其他有害生物由国外传入或由国内传出，保护本国农、林、牧、渔业生产以及国际生态环境和人类的健康。

（3）对出入境人员、交通工具、运输设备以及可能传播传染病的行李、货物、邮包等物品实施国境卫生检疫和口岸卫生监督，防止传染病由国外传入或者是由国内传出，保护人类健康。

3. 出入境检验检疫的作用

出入境检验检疫对保证国民经济的发展，消除国际贸易中的技术壁垒，保护消费者的利益和贯彻我国对外交往政策，都有非常重要的作用。其作用主要体现在以下几个方面：

（1）出入境检验检疫是国家主权的体现。我国关于应验对象的强制性制度，是国家主权的具体体现。海关作为涉外经济执法机构，根据法律授权，代表国家行使检验检疫职能。

（2）出入境检验检疫是国家管理职能的体现。海关对出境货物、包装和运输工具的检验检疫和注册登记与监督管理，都具有相当的强制性，是国家监督管理职能的具体体现。

（3）出入境检验检疫是维护国家根本经济权益与安全的重要的技术贸易壁垒措施，是保证我国对外贸易顺利进行和持续发展的需要。

（4）出入境动植物检疫对保护农林牧渔业生产安全、促进农畜产品的对外贸易和保护人体健康具有十分重要的意义。

（5）国境卫生检疫对防止检疫传染病的传播、保护人体健康是一个十分重要的屏障。

相关链接

大连邮局海关截获活体昆虫及标本

2020 年 6 月，大连邮局海关在一件来自我国台湾地区的邮件中查获大量活体昆虫及标本。

海关关员在对申报名称为模型公仔的邮件开箱查验时，发现内藏玄机，箱内塞满了纸团，层层包裹下隐匿着多个塑料盒和塑料瓶，原本的“模型公仔”变身一只只活体昆虫和针插标本。经清点发现共有活体昆虫13只、针插昆虫标本9只，经鉴定分别为小战神象犀金龟、大黑艳锹甲、牧由美子鹿角锹甲、拉法铁锯锹甲等13种昆虫，其中牧由美子鹿角锹甲、拉法铁锯锹甲等9种昆虫为全国口岸首次截获。

这些昆虫属于农林害虫，一些还是植物病原物的传播媒介，多数种类在我国并无分布，一旦弃养或逸散到自然环境中，可能造成外来物种入侵，危害我国生态环境和农林业生产，对我国生物安全造成潜在威胁。

海关提醒：依据《中华人民共和国进出境动植物检疫法》及其实施条例和《中华人民共和国禁止携带、邮寄进境的动植物及其产品名录》（1712号公告），活体昆虫及动物标本禁止携带、邮寄进境。最高人民检察院、公安部《关于公安机关管辖的刑事案件立案追诉标准的规定（一）的补充规定》（公通字〔2017〕12号）规定，涉嫌一年内携带或者寄递《名录》所列物品进境逃避检疫两次以上，或者窃取、抢夺、损毁、抛洒动植物检疫机关截留的《名录》所列物品的，将被追究刑事责任。

（资料来源：https：//baijiahao. baidu. com/s？ id = 1669924843565112517&wfr = spider&for = pc）

8.3.2 出入境检验检疫的主要业务内容

海关是卫生检疫、动植物检疫、商品检验、进出口食品安全等职责的实施主体，海关在出入境检验检疫方面主要履行经济调节、市场监督、口岸把关、公共服务等职能，其主要业务内容包括以下几个方面。

1. 法定检验检疫

法定检验检疫又称强制性检验检疫，是指海关依照国家法律、行政法规和规定，对必须检验检疫的出入境货物、交通运输工具、人员及其他事项等依照规定的程序实施强制性的检验检疫措施。

法定检验检疫的货物，货主或其代理人应在规定的时限和地点向海关报检。海关依法对指定的进出口商品实施法定检验，检验的内容包括商品的质量、规格、重量、数量、包装及安全卫生等项目。经检验合格并签发证书之后，方准出口或进口。

目前，须实施法定检验检疫的范围包括：

（1）有关法规如《出入境检验检疫机构实施检验检疫的进出境商品目录》中规定的商品；

（2）对进出口食品的卫生检验和进出境动植物的检疫；

（3）对装运出口易腐烂变质食品、冷冻品的船舱、集装箱等运载工具的适载检验；

（4）对出口危险货物包装容器的性能检验和使用鉴定；

（5）对有关国际条约规定或其他法律、行政法规规定须经检验检疫机构检验的进出口商品实施检验检疫；

（6）国际货物销售合同规定由检验检疫机构实施出入境检验时，当事人应及时提出申请，由检验检疫机构按照合同规定，对货物实施检验并出具检验证书。

2. 进出口商品检验

进出口商品检验是指确定列入《出入境检验检疫机构实施检验检疫的进出境商品目录》的进出口商品是否符合国家技术规范的强制性要求的合格评定活动。凡列入《出入境检验检疫机构实施检验检疫的进出境商品目录》的进出口商品和其他法律、法规规定须经检验的进出口商品，必须经过海关或其指定的检验机构检验。海关根据需要，对检验合格的进出口商品可以加施检验检疫标志或封识。

3. 动植物检疫

我国对入境、出境、过境的动植物、动植物产品和其他检疫物实施检疫；对装载动植物、动植物产品和其他检疫物的装载容器、包装物、铺垫材料实施检疫；对来自动植物疫区的运输工具实施检疫；对入境拆解的废旧船舶实施检疫；对有关法律、行政法规、国际条约规定或者贸易合同约定应当实施出入境动植物检疫的其他货物、物品实施检疫。

4. 卫生检疫与处理

我国关于卫生检疫与处理的内容和规定主要有：

（1）海关统一负责对出入境人员、交通工具、集装箱、货物、行李、邮包等实施医学检查和卫生检查。

（2）海关对未染有检疫传染病或者已实施卫生处理的交通工具，签发入境或者出境检疫证。

（3）海关对入境、出境人员实施传染病监测，有权要求出入境人员填写健康申明卡，出示预防接种证书、健康证书或其他有关证件。

（4）对患有鼠疫、霍乱、黄热病的出入境人员，应实施隔离留验。

（5）对患有艾滋病、性病、麻风病、精神病、开放性肺结核的外国人应阻止入境。

（6）对患有监测传染病的出入境人员，视情况分别采取留验、发就诊方便卡等措施。

（7）对国境口岸和停留在国境口岸的出入境交通工具的卫生状况实施卫生监督。

（8）对发现的患有检疫传染病、监测传染病、疑似检疫传染病的入境人员实施隔离、留验和就地诊验等医学措施。

（9）对来自疫区、被传染污染、发现传染病媒介的出入境交通工具、集装箱、货物、行李、邮包等物品进行消毒、除鼠、除虫等卫生处理。

5. 进口废物原料、旧机电产品装运前检验

我国对国家允许作为原料进口的废物，实施装运前检验制度，防止境外有害废物向我国转运。收货人与发货人签订的废物原料进口贸易合同中，必须订明所进口的废物原料须符合中国环境保护控制标准的要求，并约定由海关认可的检验机构实施装运前检验，检验合格后方可装运。

相关链接

严查电子“洋垃圾”

2020 年 7 月 8 日深圳海关所属文锦渡海关退运出境一批电子“洋垃圾”，共计 1.7 万片废旧电子液晶显示屏，重 231.15 公斤。此前，文锦渡海关关员在对一批申报为“液晶显示面板”的货物查验时发现，这些液晶屏外包装上或屏幕上贴有“故障”标签，并且部分液晶屏表面存在明显划痕或已经碎裂，疑似废旧电子产品。经深圳海关工业品检测技术中心鉴定，该批液晶显示屏均为废旧电子产品，属于国家禁止进口的固体废物。

由于废旧电子产品等“洋垃圾”不可降解，还含有大量有毒有害物质，对人体具有生殖毒性、致畸性、致癌性等危害。而且有毒有害物质如果渗透到土壤中，还会对生态环境造成破坏。为此，我国颁布了《中华人民共和国固体废物污染环境防治法》，其中规定，进口属于禁止进口的固体废物或者未经许可擅自进口属于限制进口的固体废物用作原料的，由海关责令退运该固体废物，可以并处十万元以上一百万元以下的罚款；构成犯罪的，依法追究刑事责任。

（资料来源：https：//baijiahao. baidu. com/s？id = 1671922660561107225&wfr = spider&for = pc）

6. 进口商品认证管理

我国对涉及人类健康和安全、动植物生命和健康以及环境保护和公共安全的产品实行强制性认证制度。我国主要通过制定强制性产品认证的产品目录和强制性产品认证程序规定，对列入《实施强制性产品认证的产品目录》中的产品实施强制性的检测和审核。列入《实施强制性产品认证的产品目录》中的商品，必须经过指定的认证机构认证合格，取得指定认证机构颁发的认证证书，并加施认证标志后，方可进口。

7. 出口商品质量许可

国家对重要出口商品如机械、电子、轻工、机电、玩具、医疗器械、煤炭等类商品实行质量许可制度，并对实施许可制度的出口商品实行验证管理。海关单独或会同有关主管部门共同负责发放出口商品质量许可证的工作，未获得质量许可证书的商品

不准出口。国内生产企业或其代理人均可向当地海关申请质量许可证书。

8. 食品卫生监督检验

我国对进出口食品实施卫生监督检验。进口食品（包括饮料、酒类、糖类）、食品添加剂、食品容器、包装材料、食品用工具及设备必须符合我国有关法律法规规定。申请人须向海关申报并接受卫生监督检验。海关对进口食品按食品危险性等级分类进行管理。海关依照国家卫生标准进行监督检验，检验合格的，方准进口。一切出口食品（包括各种供人食用、饮用的成品和原料以及按照传统习惯加入药物的食品）必须经过检验，未经检验或检验不合格的不准出口。

我国实行出口食品生产企业备案管理制度。凡在中华人民共和国境内从事出口食品生产、加工、储存的企业，必须在取得《出口食品生产企业备案证明》后，方可出口食品。未经备案的企业的出口食品，各地海关不予受理报检。

出口食品生产企业需要办理国外卫生注册的，必须按规定取得《出口食品生产企业备案证明》，依照我国和进口国的有关要求，向所在地直属海关提出申请，由其向国家认证认可监督管理委员会申请推荐，国家认证认可监督管理委员会负责统一向进口国卫生主管当局推荐。未取得有关进口国批准或认可的，不得向该国出口食品。

9. 出口商品运输包装检验

我国对出口商品的运输包装进行性能检验，未经检验或检验不合格的，不准用于盛装出口商品。对出口危险货物包装容器实行出口质量许可制度，生产单位须向检验检疫机构登记，申请办理出口质量许可证。危险货物包装容器须经检验检疫机构进行性能鉴定和使用鉴定后，方能生产和使用。

10. 外商投资财产鉴定

外商投资财产鉴定包括价值鉴定，损失鉴定，品种、质量、数量鉴定等。各地海关凭财产关系人或代理人及经济利益有关各方的申请或司法、仲裁、验资等机构的指定或委托，办理外商投资财产的鉴定工作。

11. 货物装载和残损鉴定

用船舶或集装箱装运粮油食品、冷冻品等易腐食品出口的，应向口岸海关申请检验船舶和集装箱，经检验符合装运技术条件并发给证书后，方准装运。对外贸易关系人及仲裁、司法等机构，对海运进口商品可向海关申请办理检视、载损鉴定、监视卸载、海损鉴定、验残等残损鉴定工作。

12. 进出口商品质量认证

海关根据国家统一的认证制度，对有关的进出口商品实施认证管理。海关可以同国外有关机构签订协议，或接受国外有关机构的委托进行进出口商品质量认证，准许有关单位在认证合格的进出口商品上使用质量认证标志。

13. 涉外检验检疫、鉴定、认证机构审核认可和监督涉外检验检疫、鉴定、认证机构审核认可

对于拟设立的中外合资、合作进出口商品检验、鉴定、认证公司，由海关负责对其资格、信誉、技术力量、装备设施及业务范围进行审查。合格后出具《外商投资检验公司资格审定意见书》，然后交由商务部批准，在工商行政管理部门办理登记手续领取营业执照后，再到海关办理《外商投资检验公司资格证书》，方可开展经营活动。

对于从事进出口商品检验、鉴定、认证业务的中外合资、合作机构、公司及中资企业，对其经营活动实行统一监督管理。对于境内外检验鉴定认证公司设在各地的办事处，实行备案管理。

14. 与外国和国际组织开展合作

海关承担世界贸易组织贸易技术壁垒协议（WTO/TBT）和“实施动植物卫生检疫措施的协议”（WTO/SPS）咨询业务；承担联合国（UN）、亚太经合组织（APEC）等国际组织在标准与一致化和检验检疫领域的联络工作；负责对外签订政府部门间的检验检疫合作协议、认证认可合作协议、检验检疫协议执行议定书等，并组织实施。

相关链接

我国的专业检验检疫部门

除海关外，我国还有负责检验检疫的专业部门。例如，进出口药品由卫生主管部门指定的药品检验部门检验；进出口计量器具由国家计量部门检验鉴定；进出口锅炉及压力容器的安全监督检验，由锅炉压力容器安全监察机构办理；进出口船舶、主要船用设备和材料、集装箱的船舶规范检验，由船舶检验检疫机构办理；进出口飞机，包括飞机发动机、机载设备等的适航检验，由民航部门的专门机构办理；等等。凡上述物品的进出口检验，须依法向各专职检验部门申请办理，只有取得合格的检验鉴定文件后，才准予进口或出口。

此外，我国也有第三方检验认证机构，为进出口贸易提供检验服务。如中国检验认证（集团）有限公司（China Certification & Inspect（Group）Co.，Ltd.，CCIC）是在原中国进出口商品检验总公司基础上改制重组、经国务院批准成立、国家认证认可监督管理委员会认可的跨国检验认证机构，是以“检验、鉴定、认证、测试”为主业的独立第三方检验认证机构。其承担进出口商品委托检验鉴定业务、认证、认证培训、仪器设备的计量校准业务；从事本行业与对外贸易有关的其他公证鉴定及咨询业务；

从事商品及其运载工具的消毒除害业务。CCIC 在全国各省、市、自治区设有分支机构，接受对外贸易关系人的委托。CCIC 还在世界许多国家设有分支机构，承担着转船前检验和对外贸易鉴定业务。

（资料来源：https：//baike. baidu. com/item/）

8.3.3　出入境货物报检的时限和地点要求

1. 出境货物报检的时限和地点要求

（1）出境货物最迟应在出口报关或装运前 7 天报检，对于个别检验检疫周期较长的货物，应留有相应的检验检疫时间。

（2）需隔离检疫的出境动物在出境前 60 天预报，隔离前 7 天报检。

（3）法定检验检疫货物，除活动物须由口岸海关检验检疫外，原则上应坚持产地检验检疫。

2. 入境货物报检的时限和地点要求

（1）申请货物品质检验和鉴定的，一般应在索赔有效期到期前不少于 20 天内报检。

（2）输入其他动物的应当在进境前 15 天报检。

（3）输入植物、种子、种苗及其他繁殖材料的，应当在进境前 7 天报检。

（4）动植物性包装物、铺垫材料进境时应当及时报检。

（5）运输动植物、动植物产品和其他检疫物过境时，应当在进境时报检。

（6）入境的集装箱货物、废旧物品在到达口岸时，必须向检验检疫机构报检并接受检疫，经检疫或实施消毒、除鼠、除虫或其他必要的卫生处理后合格的，方准入境。

（7）输入微生物，人体组织，生物制品，血液及其制品或种畜、禽及其精液、胚胎、受精卵的，应当在入境前 30 天报检。

（8）法定检验检疫入境货物的货主或其代理人自主选择在口岸或目的地海关报检，货物在目的地海关实施检验检疫。

8.3.4　出入境检验检疫的一般工作流程

出入境检验检疫的工作流程可概括为三个环节：受理报检→检验检疫和鉴定→签证。这里以出入境货物的检验检疫为例对检验检疫的工作程序进行概要阐述。

1. 受理报检

报检也称报验，是指申请人向海关就进出口货物报请检验检疫，是海关受理报检的前提和基础。海关接受申请人报检，是检验检疫工作的开始。

（1）需要报检的范围。报检范围为：①国家法律、法规规定必须由检验检疫机构检验检疫的；②输入国家或地区规定必须凭检验检疫机构出具的证书方准入境的；③有关国际条约规定须经检验检疫的；④申请签发普惠制原产地证或一般原产地证的；⑤对外贸易关系人申请的鉴定业务和委托检验；⑥对外贸易合同、信用证规定由检验检疫机构或官方机构出具证书的；⑦未列入《出入境检验检疫机构实施检验检疫的进出境商品目录》的入境货物，经收、用货单位验收发现质量不合格或残损、短缺，需检验检疫机构出证索赔的；⑧涉及出入境检验检疫内容的司法和行政机关委托的鉴定业务。

（2）报检人报检时必须履行的手续。不同类的货物如一般货物、动植物以及一些有特殊规定的检验检疫货物，其报检要求是不同的。报检人报检时必须履行的手续主要有三项：申报报关单检务信息；提供相应的单证；按规定配合检验检疫。

2. 检验检疫和鉴定

海关对进出口商品实施检验的内容，包括是否符合安全、卫生、健康、环境保护、防止欺诈等要求以及相关的品质、数量、重量等项目。在检验检疫和鉴定环节，报检人应事先约定抽样、检验检疫和鉴定的时间，并须预留足够的取采样、检验检疫和鉴定的工作日，同时须提供进行取采样、检验检疫和鉴定等必要的工作条件。

3. 签证

签证是海关检验检疫工作的最后一个环节。

海关根据我国法律规定行使出入境检验检疫行政职能，按照有关国际贸易各方签订的契约规定或其政府的有关法规以及国际惯例、条约的规定从事检验检疫工作，并据此签发证书。

凡法律、行政法规、规章或国际公约规定须经检验检疫机构检验检疫的出境货物，经检验检疫合格的，海关核放货物。同时，国外要求签发有关检验检疫证书的，海关根据对外贸易关系人的申请，经检验检疫合格的，签发相应的检验检疫证书；经检验检疫不合格的，签发出境货物不合格通知单。凡法律、行政法规、规章或国际公约规定须经检验检疫机构检验检疫的入境货物，海关接受报检后，经检验检疫合格的，签发《入境货物检验检疫情况通知单》；不合格的，对外签发检验检疫证书，供有关方面对外索赔。

8.3.5 检验检疫证单

出入境检验检疫证单在对外贸易活动中用途广泛。出入境检验检疫机构签发的证单是出入境检验检疫机构工作成果的最终体现，也是出入境检验检疫机构对受检对象实施监督管理的重要载体。

1. 检验检疫证单的类型

检验检疫证单的类型主要有证书类、凭单类和监管类，具体分类见表 8 – 1。

表 8－1　　检验检疫证单的常见类型

类型	具体分类	主要单证
证书类	出境货物检验检疫类	品质、数量、重量、包装等检验证书
	出境货物卫生类	卫生证书、健康证书
	出境兽医类	兽医卫生证书
	出境动物检疫类	动物卫生证书
	植物检疫类	植物检疫证书、植物转口检疫证书
	运输工具检验检疫类	船舶入境卫生检疫证、交通工具卫生证书、交通工具出境卫生检疫证书、除鼠证书/免予除鼠证书、运输工具检疫证书
	检疫处理类	熏蒸/消毒证书、运输工具检疫处理证书
	国际旅行健康类	国际旅行健康检查证明书、国际预防接种证书
	入境货物检验检疫类	卫生证书、兽医卫生证书、动物检疫证书、植物检疫证书等
	原产地证书	一般原产地证书、普惠制原产地证书等
凭单类	申请单类	进境动植物检疫许可证申请表、国境口岸食品生产经营单位卫生许可证申请书、出境货物运输包装检验申请单、船舶鼠患检查申请书、出/入境集装箱报检单、更改申请单等
	通关单类	入境货物通关单、出境货物通关单
	结果单类	出境货物运输包装性能检验结果单、出境危险货物包装容器使用鉴定结果单、集装箱检验检疫结果单等
	通知单类	入境货物检验检疫情况通知单、检验检疫处理通知单、出境货物不合格通知单
	凭证类	入境货物检验检疫证明、进口机动车辆检验证明、出境货物换证凭单、抽/采样凭证等
监管类	动植物检疫审批类	引进种子、苗木检疫审批单等
	卫生检疫类	艾滋病检验报告单、HIV 抗体初筛阳性送检化验单等
	口岸卫生监督类	国境口岸储存场地卫生许可证、国境口岸服务行业卫生许可证等
	食品、化妆品监管类	卫生注册证书、卫生登记证书、进出口化妆品标签审核证书等
	检验监管类	进出口电池产品备案书、进口涂料备案书等

资料来源：https：//wenku. baidu. com/view/d93c8ccbaa114431b90d6c85ec3a87c241288a53. html.

2. 检验检疫证单的作用

检验检疫工作过程的最终体现是检验检疫证单，检验检疫的结果通过证单反映出来。检验检疫证单具有重要的作用，主要有以下几个方面：

（1）检验检疫证单是国际贸易结算的有效凭证。

买卖双方往往在贸易合同中约定以第三方的检验结果来结算，在信用证的相关条款中规定检验检疫证单作为议付的必要单据。因此，检验检疫证单就成为国际贸易结算（特别是一些需要结合检验结果才能定价的商品）的有效凭证。

(2) 检验检疫证单是买卖双方履约的有效凭证

检验检疫机构按照报检人的申请依法履行检验检疫工作职责，为国际贸易充当第三方公证人，按照买卖合同的要求进行检验，对于经检验合格的货物，出具相应的检验检疫证单，证明卖方所交付的货物达到买卖合同的要求，按合同履行了义务。但是，检验检疫证单不能免除卖方按照合同所应履行的义务。也就是说，检验检疫机构已尽其最大所能进行了检验，卖方应当交付符合要求的实际货物，做好批次管理，避免货物的错发、错运。

(3) 检验检疫证单是通关的有效凭证

检验检疫证单的客观性和法律赋予检验检疫机构的职责使检验检疫证单发挥通关的作用。一方面，在国内《出境货物通关单》和《入境货物通关单》是海关放行法定检验货物的有效凭证。凡列入《法检目录》范围内的进出口货物（包括转关运输货物），海关一律凭货物报关地出入境检验检疫机构签发的《入境货物通关单》或《出境货物通关单》验放。对未列入《法检目录》范围内的进出口货物，国家法律、法规另有规定须实施检验检疫的，海关凭检验检疫机构签发的《入境货物通关单》或《出境货物通关单》验放。另一方面，国外有关检验检疫法规要求实施检验检疫合格后方可进口的货物，凭检验检疫证单可以通关。有些出境货物，尤其是涉及社会公益、安全、卫生、检疫、环保等方面的货物，入境国家海关根据其国家法令或政府规定的要求，将检验检疫机构签发的证单（包括品质、植检、兽医、健康卫生、熏蒸消毒等证书）作为通关验放的重要凭证。在国外，对进口动植物及其产品，许多国家要求提供输出国家官方出具的检疫证书和兽医卫生证书才能通关放行。检验检疫证单能证明产品符合进口国官方的检验检疫要求，是我国出口货物在国外通关的有效凭证。

(4) 检验检疫证单是进口货物在国内合法销售使用的有效凭证

涉及安全、健康、卫生、环保等方面的进口货物，是检验检疫监督的重点，要求经检验检疫机构进行检验检疫合格后方准销售。因此，法定检验检疫进口货物是否具备有效的检验检疫证单，直接关系到这批货物能否在国内市场合法销售，能否投入使用。对于检验检疫合格的法定检验检疫进口货物，施检机构检验检疫合格后出具《入境货物检验检疫证明》，作为销售的有效凭证。食品、食品添加剂等货物则使用《卫生证书》作为销售使用的凭证。

(5) 检验检疫证单是减免关税的凭证

检验检疫机构签发的普惠制原产地证书、中国—东盟自由贸易区优惠原产地证书等，是进口国减免关税的依据。进口商在办理清关手续时，可出示检验检疫机构签发的相关原产地证书，享受相应的优惠关税税率。

(6) 检验检疫证单是索赔和理赔的凭证

出入境检验检疫机构通过对进出口商品的检验和鉴定，所签发的商品检验证书，是供有关方面处理索赔、理赔的重要证明，必须真实正确，以维护对外贸易有关各方的合法权益。如何正确处理好对外的索赔和理赔是一个十分重要的问题，它既关系到维护国家的权益和声誉，又涉及比较复杂的业务技术问题。所以索赔、理赔是一项政策性、技术性很强的涉外工作，必须严肃对待和认真处理。检验检疫机构在出具索赔证书之前应当有周密的工作方案，工作要严谨细致，切实做好索赔签证的一切准备。

8.4　单一窗口

现代信息技术、网络技术、计算机技术以及标准化理论的发展大大促进了国际贸易便利化的发展。随着国际贸易便利化的发展和实际应用的深入，人们开始考虑是否能通过“一站式”的服务将办理进出口贸易的手续一次性完成。通过长期实践和研究，人们找到了一个很好的解决办法，就是建设国际贸易单一窗口。由于国际贸易单一窗口具有快速、高效、低成本的优点，它一出现就深受用户的喜爱，并引起了国际社会的高度重视，以及得到了许多国际组织的支持。

8.4.1　单一窗口的概念和作用

1. 概念

按照联合国贸易便利化和电子业务中心 33 号建议书给出的解释，单一窗口是指参与国际贸易和运输的各方，通过单一的平台提交标准化的信息和单证以满足相关法律法规以及相关机构管理要求的一个措施。

结合上述解释以及我国国际贸易的实践，对国际贸易单一窗口的定义如下：

国际贸易单一窗口是指利用现代化信息技术以及标准化理论搭建的，能够让参与国际贸易和运输的各方通过单一平台提交满足相关监管部门与法律法规要求的标准化的信息和单证，监管部门也能够将处理状态或结果通过单一平台反馈给申报人的贸易平台或综合系统。

2. 单一窗口的作用

国际贸易单一窗口是国际上有关口岸管理的先进理念和通行规则，是有效促进贸易自由化和便利化的一项重要措施，它通过对国际贸易单证数据的简化、协调和标准化，达到数据的充分共享和横向复用，实现一点接入、一次提交、一口反馈，最终达到提高申报效率、缩短通关时间、降低企业成本，促进贸易便利化以及推动国际贸易合作对接的目的和作用。其作用具体表现为：

（1）降低成本。根据联合国提供的数据，“单一窗口”便利化措施每年可为国际贸易节省一万亿美元的费用。

（2）减少负担。“单一窗口”可以同时减少企业申报负担和政府处理负担。

（3）数据准确。贸易商通过“单一窗口”一次录入，系统进行自动审核，大大减少了数据重复录入次数和单证数据差错。

(4) 效率提升。“单一窗口”为政府部门之间、政府和企业间的电子数据无缝对接提供平台，增强执法风险防控水平和政策透明度，提高通关效率，压缩通关时间。

(5) 程序便利。通过“单一窗口”以系统化的方式收集所有数据，并就数据、单证和流程进行协调和简化，使整个贸易程序更为简洁明了且标准化。

8.4.2 单一窗口的模式

目前国际上比较流行的单一窗口主要有三种模式：

一是瑞典、荷兰等国的“单一机构”模式，就是由一个机构来处理进出口业务，系统在收到企业进出口贸易申报数据后，直接进行各项业务处理。

二是美国、日本的“单一系统”模式，就是只进行相关国际贸易电子数据的集中收集和分发，数据发往各政府部门系统进行业务处理。

三是新加坡的“公共平台”模式，通过建立的共同平台实现申报数据的收集和反馈，企业仅需要填制一张电子表格就可以向不同的政府部门申报，申报内容经各政府部门业务系统处理后，自动反馈结果到企业的计算机中。

国际贸易单一窗口三种主流模式对比如表 8 - 2 所示。

表 8 - 2　　国际贸易单一窗口三种主流模式对比表

模式	功能	参与主体	特点	代表国家
单一机构模式	由一个政府部门处理所有国际贸易的信息以及对进出口商业务进行监督与管理，进出口商只需向政府部门申报一次贸易和货运信息	负责口岸工作的政府部门、进出口商等	机构职能集合化、系统单一化	瑞典 荷兰
单一系统模式	通过一个统一的贸易信息管理系统，国际贸易参与方可以通过同一信息系统入口，提交符合要求的信息，信息经政府部门审核后，反馈给企业	既面向监管机构，也面向进出口商、承运人、报关经纪人、货运代理人等商业机构	机构离散化、系统综合化	美国 日本
公共平台模式	通过一个公共信息处理平台，企业只需提交符合要求的一系列电子表格，由政府各监管部门对企业提供的信息进行核查、监督、管理，将信息反馈发送到企业的计算机中	主要面向贸易商等企业、监管机构、海关等	机构分散化、数据集成化	新加坡

8.4.3 中国国际贸易单一窗口（标准版）

1. 中国国际贸易单一窗口的特点

(1) 一点接入：数据多跑路，企业少跑腿

“单一窗口”整合各部门相对独立的申报系统，企业可以通过互联网随时随地接入“单一窗口”办理各项业务。以货物申报为例，之前企业需要 2 组团队分别登录报

关、报检 2 套系统，重复录入数据项超过 1/3，现在只需要 1 组团队，面对“单一窗口”一个平台，一次性录入或导入申报数据。

（2）一次提交：数据一次提交，多次调用

通过对口岸各部门申报数据及单证进行协调和简化，实现数据一次录入提交，多次共享复用，有效提高企业申报效率和准确率。“单一窗口”运输工具申报数据项经协调简化，由 1113 项减少到 371 项，并实现“一单四报”和电子联网核放，申报速度提高一半以上。

（3）一次查验：一次移箱，一次开箱，联合查验

依托“单一窗口”平台，聚合口岸管理相关部门各类查验状态信息，实行指令对碰、预约交互、一次开箱、联合查验。

（4）一键跟踪：一键订阅，全程跟踪，有序调度

实现进出口贸易全流程通关状态查询，企业可以通过手机 APP（“掌上单一窗口”）一键订阅，有序开展生产运营活动，有效缩短货物通关时间。

（5）一站办理：企业便利，监管高效，环境优化

通过“单一窗口”可一站式线上办理申报、查验、支付、放行业务，并延伸到许可资质、出口退税办理等贸易管理环节。

2. 中国国际贸易单一窗口（标准版）的基本功能

《中国国际贸易单一窗口标准版》是为了响应联合国倡导的国际贸易便利通关号召，为贯彻落实党中央、国务院关于我国国际贸易单一窗口建设的一系列决策部署，在总结沿海地区“单一窗口”建设试点成果的基础上，结合我国口岸管理实际，并充分借鉴国际上单一窗口成熟经验，依托中国电子口岸平台而建设的。

目前，中国国际贸易单一窗口已实现与 25 个部委的系统“总对总”对接，能够提供货物申报、舱单申报、运输工具申报、企业资质办理、进出口许可证件申领等多项基本功能，其基本功能的具体内容如下：

（1）货物申报：货物申报实现一般进出口货物的一表录入（或导入），分别向海关、国检申报，实现海关、国检各类通关状态信息的查询。同时提供报关单修撤单功能，实现企业修撤单的网上操作。

（2）舱单申报：舱单申报实现原始/预配舱单、理货报告、运抵报告、装载舱单、改靠港申请、落装改配申请、分拨分流申请、空箱调用、国际转运准单等单证信息一表录入（或导入），分别向海关、国检申报。

（3）运输工具申报：例如，船舶运输工具申报实现了船舶代理单位备案、运营单位备案、船舶信息备案、进出境（港）动态申报、进出境（港）单证申报、在港移泊申报、供退物料申报、船供申报等功能。

（4）企业资质办理：企业资质办理实现商务部的对外贸易经营者备案、海关总署的海关注册登记、质检总局的报检资质申请等企业备案功能，实现从事外贸进出口的

企业通过单一窗口一点接入、一次提交资质申请及变更信息，各监管部门接收并审批后，将审批结果通过单一窗口统一反馈，便于企业查询。

（5）进出口许可证申领：许可证申报实现农业部监管的农药进出口许可证、环保部监管的有毒化学品进出口许可证、商务部监管的机电/非机电进出口许可证、林业部监管的濒危动植物进出口许可证等核心单证申报功能。

（6）原产地证申领：原产地证申领涵盖质检总局的原产地签证业务功能，实现国际贸易企业通过单一窗口一点接入，一次提交满足口岸监管部门要求的原产地签证信息，管理部门按照确定的规则进行审核，并将审核结果通过单一窗口统一反馈，便于企业查询。

（7）税费支付：税费支付实现企业、银行和海关三方协议签约、解约、税单信息查询、税费支付、关区备案信息查询等功能，让企业足不出户即可完成税费支付业务办理，在提高全国海关税费电子化支付率基础上，为海关税收及时、足额、安全入库提供了更加有效的保障，以适应我国金融支付清算系统规范化发展的新形势。

（8）出口退税：出口退税实现退税企业资质备案、报关单结关数据采集、发票数据采集、数据申报校验、退税数据汇总等核心功能；单一窗口支持企业一键获取报关单结关数据及发票数据，实现企业退税数据“零”采集，有效降低纳税人负担。

（9）查询统计：查询统计是“单一窗口”平台的数据查询统计和决策分析应用系统，基于“单一窗口”各子系统已有的各类历史业务数据，对国际贸易相关的各项业务数据进行加工处理，形成各类指标和结果数据进行统计计算、监测预警、实时分析和可视化展示，为各类服务对象提供国际贸易相关信息的业务信息查询、报表查询发布、数据综合统计以及辅助决策分析提供等应用功能。

（10）展览品申报：展览品申报为企业提供举办或参加展览会过程中的展览会备案、申报清单、外借展品清单、核销清单、巡展转入清单、检疫审批等单证的录入和申报功能；接收海关审批回执和监管指令，为企业提供回执查询和转发功能。

此外，单一窗口还具有加贸保税、跨境电商等功能模块。

重要概念

口岸管理　通关　一般进出口货物通关制度　保税货物通关制度

特定减免税货物通关制度　出入境检验检疫　国际贸易单一窗口

本章小结

本章介绍了海关和口岸管理的内容；详细阐述了一般进出口货物通关制度、保税货物通关制度、特定减免税货物通关制度、暂准（时）进出口货物通关制度的特点和报关程序等内容；阐述了出入境检验检疫的主要目的、任务、作用、主要业务内容和一般工作流程；介绍了单一窗口的特色功能、作用和中国国际贸易单一窗口（标准版）的基本功能。

复习思考题

一、判断题

1. 海关对进出境运输工具的检查不受海关监管区域的限制。(　　)

2. 从时间上说，保税货物在进境地被提取，意味着海关监管的结束。(　　)

3. 进出境物品超过自用及合理数量的，列入海关统计。(　　)

4. 二类口岸允许包括中国籍和任何外国籍人员、货物、物品和交通工具直接出入国（关、边）境。(　　)

5. 根据《海关法》的规定，进口货物的收货人、受委托的报关企业应当自运输工具申报进境之日起 15 日内向海关申报。(　　)

6. 暂准进出口货物在境内外使用，均有规定的期限。(　　)

二、单项选择题

1. 根据《海关法》的规定，中华人民共和国海关属于下属哪类性质的机关？(　　)

A. 司法机关　　B. 税收机关　　C. 立法机关　　D. 行政机关

2. (　　) 是海关各项任务中的基础环节。

A. 海关监管　　B. 海关征税　　C. 海关缉私　　D. 海关统计

3. 根据《海关法》规定，除海关特准外，出口货物的发货人或其代理人应当在货物运抵海关监管区后、装货前 (　　) 小时向海关申报。

A. 12　　B. 24　　C. 36　　D. 48

4. 进出口货物的关税滞纳金是按日征收税款总额的 (　　)。

A. 0.5%　　B. 0.5‰　　C. 5%　　D. 5‰

5. 出境货物最迟应在出口报关或装运前 (　　) 天报检，对于个别检验检疫周期较长的货物，应留有相应的检验检疫时间。

A. 5　　B. 6　　C. 7　　D. 8

6. 我国海关规定，进口货物以海关审定的成交价格为基础的 (　　) 作为完税价格。

A. 到岸价格　　B. 离岸价格

C. 到岸价格或离岸价格　　D. 到岸价格和离岸价格

三、多项选择题

1. 海关权力的特点有哪些？(　　)

A. 特定性　　B. 独立性　　C. 时效性

D. 效力先行性　　E. 优益性

2. 按货物和人员通关方式，口岸可分为 (　　)。

A. 港口口岸　　B. 陆地口岸　　C. 实体口岸
D. 电子口岸　　E. 航空口岸

3. 口岸管理具有哪些特点？(　　)

A. 涉外性　　B. 局部性　　C. 时限性
D. 整体性　　E. 社会性

4. 批准保税的条件有（　　）。

A. 受到管制　　B. 不受管制　　C. 复运进境
D. 复运出境　　E. 可以监管

5. 单一窗口的作用的具体表现是（　　）。

A. 降低成本　　B. 减少负担　　C. 数据准确
D. 效率提升　　E. 程序便利

6. 口岸管理的方法有（　　）。

A. 行政协调法　　B. 经济调节法　　C. 法律规范法
D. 思想教育法　　E. 司法干预法

四、问答题

1. 一般进出口货物通关制度有哪些特点？
2. 特定减免税货物通关制度的管理特征是什么？
3. 暂准（时）进出口货物通关制度的特点是什么？
4. 出入境检验检疫的主要目的和任务是什么？
5. 法定检验检疫的实施范围包括哪些？

五、案例分析

广州大洋塑料制品有限公司（简称“广州大洋”）与香港纬元贸易公司（简称“香港纬元”）签订印花塑料餐具加工合同，由香港纬元向广州大洋免费提供ABS树脂一批，并支付加工费，成品由香港纬元在境外销售。广州大洋为此向海关申领了加工贸易手册。在加工过程中，由于没有印花设备，广州大洋报经主管海关同意后，将半成品交深圳威龙胶印有限公司（简称“深圳威龙”）印花后运回。在合同执行过程中产生的1000公斤边角料作内销处理。合同执行完毕，广州大洋向主管海关报核。

问题：

1. 广州大洋与香港纬元、广州大洋与深圳威龙之间属于什么行为关系？
2. 关于该加工贸易合同，应由谁到何海关备案？

第9章　国际货物仓储与包装

学习目标

1. 理解仓储在国际物流中的地位和作用
2. 了解国际物流仓库的分类
3. 理解保税仓库、出口监管仓库的业务流程
4. 掌握包装材料的概念、分类与性能要求
5. 了解包装标志的概念与分类

导入案例

2020年7月5日，中山保税物流中心（B型）封关运作已满10周年，十年以来共审核报关单272.3万份，监管进出中心车辆101万辆次，监管货物总量727.7万吨，货值924.4亿美元。

中山保税物流中心封关运作后，中心内相关物流企业主要开展传统的“一日游”业务、保税仓储业务。随着外贸环境的变化、周边监管场所业务的分流下，中山保税物流中心不断寻求转型，前后推进多项自贸试验区创新经验复制推广。如何抓住机遇促进新业态尽快落地，成为保税物流中心转型发展的关键时刻。

在2017年3月建成的1000平方米的保税展示交易厅内，企业负责人展示了“保税+红酒”的特色业务。展厅分为两部分，中间是展示大厅，展示架上摆满了来自法国、澳大利亚、智利等地的葡萄酒，两边则是展厅的低温储存区，货架上按品牌堆放着一箱箱的葡萄酒。

“保税+红酒”是保税物流中心复制自贸试验区创新监管制度中的“保税展示交易”制度推出的特色项目。中心内的保税红酒根据市场需求迅速出仓进行展示销售，企业将一定时限内销售的保税红酒汇总报关缴税即可，大大提高了红酒销售的灵活度，各项运作成本得到压缩。

如果没有保税展示交易，每一批次的红酒进口后，都要走完全套的报关纳税流程；有了该制度后，企业可以在保税状态下进行展示交易，实现小批量多批次的销售，客

户可以先购买少量红酒品尝后，再进行较大量的交易。通过平台展示交易的红酒，有了海关的监管，确保原装原瓶的品质，能够取得客户的信任。企业则可以在交易后一个月内集中报关缴税，减轻了资金压力，节省了通关时间。

（资料来源：根据中山网《复制自贸区创新经验　助推新业态快速落地》http://www.zsnews.cn/news/index/view/cateid/35/id/648615.html 整理得到）

思考题

存储国际货物的仓库在整个国际供应链体系中发挥着什么样的作用？中山保税物流中心开展了哪些保税仓储业务？

提示

仓储管理是物流活动中的重要职能之一，在物流活动中具有突出作用。当产销活动跨越国界时，整个物流活动的流程会变得更加复杂，不确定性大幅增加。因此，存储国际货物的仓库除了具备一般仓库的功能外，对于稳定国际供应链体系具有更大的意义。如何在相关法律规定下，更好地发挥这些仓库的作用，提升物流服务水平，本章将围绕这些问题进行深入分析。

9.1　国际货物仓储概述

依托各类运输工具进行的国际货物运输构建起一条条国际物流的大通道，实现各类原材料、半成品和产成品在不同国家间的交换。而依托一些保税仓储设施或普通仓库开展的国际货物仓储活动，则为国际物流大通道的稳定与通畅提供保障。

9.1.1　仓储在国际物流中的作用

仓储在国际物流中的作用主要表现为：

1. 调整产销时空矛盾

由于许多商品在生产和消费之间都存在着时间间隔与地域差异，因此，为了更好地促进国际商品的流通，必须设置仓库将这些商品储存于其中，使其发挥时间效应的作用。

2. 克服国际供求矛盾

国际商品的仓储业务可以克服国与国之间巨大的供求矛盾，并以储存调节供求关系，调整由于供求矛盾而造成的价格差异，因此仓储还具有调节国际供求矛盾的作用。

3. 调节运输能力差别

在各种运输工具中，由于其运载能力差别很大，极易出现不平衡的状态，外贸货物无论是在出口还是进口时仓储皆可以减少压船、压港，弥补内陆运输工具运载量的不足，在船舶运输与内陆运输之间起到缓冲调节作用，保证国际货物运输顺利畅通。

4. 提供物流增值服务

随着仓储业的发展，仓储本身不仅具有储存货物的功能，而且越来越多地承担着具有生产特性的加工业务，例如，分拣、挑选、整理、加工、简单装配、包装、贴标签、备货等活动，使仓储过程与生产过程更有机地结合在一起，从而增加了商品的价值。随着物流业的发展，仓储业在货物储存过程中，为物流活动提供更多的服务项目，为商品进入市场缩短后续环节的作业过程和时间，加快商品的销售，将发挥更多的功能和作用。

5. 保证进入国际市场的商品质量

商品从生产领域进入流通领域的过程中，通过仓储环节，对即将进入市场的商品在仓库进行检验，可以防止质量不合格的伪劣商品进入市场。通过仓储来保证商品的质量主要有两个关键环节：一是商品入库保管期间的质量检查；二是商品出库前的检验检查。对于前者，待入库商品应满足仓储要求，在仓库保管期间，商品处于相对静止状态使其不发生物理化学变化，保证储存商品的质量。对于后者，保证出口商品符合国家出口标准和国际贸易合同对出口商品质量的约定，维护外贸企业的国际商业信誉。

9.1.2　国际物流仓库的分类

按不同的分类标准，国际物流仓库可以分为不同的类型，主要有：

1. 按用途分类

按仓库在国际物流中的用途分类，国际物流仓库可分为口岸仓库、中转仓库、加工仓库和储存仓库。

（1）口岸仓库。口岸仓库的特点是商品储存期短，商品周转快。仓库大多设在商品集中的发运出口货物的沿海港口城市，仓库规模大。主要储存口岸和内地对外贸易业务部门收购的出口待运商品和进口待分拨的商品。因此，这类仓库又称为周转仓库。

（2）中转仓库。中转仓库也称转运仓库。其特点是大多设在商品生产集中的地区和出运港口之间。如铁路、公路车站，江河水运港口码头附近，商品生产集中的大、中城市和商品集中分运的交通枢纽地带。其主要职能是按照商品的合理流向，收储、转运经过口岸出口的商品。大型中转仓库，一般都设有铁路专用线，将商品的储存、转运业务紧密结合起来。

（3）加工仓库。加工仓库的特点是将出口商品的储存和加工结合在一起。除商品储存外，还兼营对某些商品的挑选、整理、分级、包装、改装等简单的加工业务，以适应国际市场的需要。

（4）储存仓库。储存仓库的商品储存期较长，主要用于储存待销的出口商品、援外的储备物资、进口待分拨、出口业务需要的储备商品等。这类仓库所储存的商品要定期检查，加强商品养护。

2. 按管理体制分类

按仓库管理体制分类，国际物流仓库可分为自有仓库、租赁公共仓库和合同仓库。

（1）自有仓库。企业利用自有仓库可以更大限度地控制仓储，管理也更具灵活性。长期仓储时，自有仓储的成本低于公共仓储。当企业将产品储存在自有仓库时，会给客户一种企业长期持续经营的良好印象，这将有助于提高企业的竞争优势。但是自有仓储也存在一些缺点，如自有仓库固定的容量和成本使企业的一部分资金被长期占用，许多企业因资金问题而难以修建自有仓库。

（2）租赁公共仓库。利用公共仓库可以避免资本投资和财务风险，可以满足企业在库存高峰时大量额外的库存需求。公共仓储的规模经济可以降低货主的仓储成本，也便于企业掌握保管和搬运成本。但是使用公共仓库进行仓储活动也存在一些缺点，如增加了企业的包装成本、增加了企业控制库存的难度。另外，企业还有可能由此泄露有关的商业机密。

（3）合同仓库。所谓合同仓库是指企业将物流活动转包给外部公司，由外部公司为企业提供综合物流服务。合同仓库不同于一般公共仓库。合同仓储公司能够提供专业化的高效、经济和准确的分销服务。从本质上说，使用合同仓库要求生产企业和仓储企业形成伙伴关系。

合同仓库有利于企业有效利用资源，能够通过设施齐全的物流网络系统扩大企业的市场覆盖范围，降低运输成本，也有利于企业进行新市场的测试。

3. 按技术装备分类

按存储商品的性能及技术设备分类，国际物流仓库可分为通用仓库、专用仓库和特种仓库。

（1）通用仓库。它是用以储存一般没有特殊要求的工业品或农用品的仓库。在各类对外贸易仓库中所占比重最大。

（2）专用仓库。它是专门用于储存某一类商品的仓库。在保养技术设备方面相应地增加了密封、防虫、防霉、防火以及监测等设施，以确保特殊商品的质量安全。

（3）特种仓库。它是用于存储具有特殊性质，要求使用特别保管设备的商品，一般指化学危险品、易腐蚀品、石油及部分医药商品等。这类仓库配备有专门的设备，如冷藏库、保温库、危险品仓库等。

案例

长沙金霞国际物流园区

金霞国际物流园区是经湖南省人民政府批准成立的省级重点开发区，同时也是湖南省外贸物流产业核心园区。金霞国际物流园区国际物流业务主要包括三种类型。

(1) 货物通关。

金霞国际物流园区主要采取一站式通关+“区港联动”通关模式。一站式通关的报关模式：通过设立金霞口岸联检大厅，聚集海关、检验检疫、外汇、国税等相关机构，强化联检功能，将长沙新港、长沙货运中心霞凝货场、长沙金霞保税物流中心的海关、国检的职能整合，增加外汇、国税、工商、保险等机构进驻，集中推行一站式办公、一条龙服务，打造金霞“大通关”模式，进出口货物实现一次报关、一次查验、一次放行，一站式通关绿色通道，简化了通关流程，提高了通关效率，降低了国际物流成本。同时，金霞国际物流园区对特殊区域采取独特的“区港联动”通关模式，货物凭“区港联动作业联系单”，可以直接进出海关监管场所。

(2) 国际联运。

金霞国际物流园区的运输业务主要包括三部分：一是湘欧班列，“湘欧班列”是金霞国际物流园区发展国际物流的专线，打开了湖南省直达欧洲的陆上货运大通道。二是“五定班轮+五定班列”，长沙货运中心霞凝货场开通了至深圳的“五定班列”，即定点、定线、定车次、定时、定价，推行了优先配车、优先装车、优先挂运、优先放行、严格按列车运行图行车等优先制度，同时长沙开通了至上海港的“五定班轮”，即定装卸港口、定运输线路、定班轮船期、定运输时间、定全程运价。采取优先靠泊、优先装卸、优先离港的三优先制度，“五定班轮+五定班列”航线的开通，降低了装卸时间和运输时间，从而降低了外贸企业的物流成本，成为金霞国际物流园区独有的国际物流模式。三是多式联运，金霞国际物流园区形成了连南接北、承东启西、通江达海的五元化多式联运交通体系，集公路、铁路、水路、航空、管道运输于一体，公路港、水运港、铁路港三港互动的国家一级物流节点和重要的国际物流转换基地。

(3) 保税仓储。

长沙金霞保税物流中心，是中部首批、湖南唯一的国家 B 型保税物流中心。其保税仓储的主要优势体现在以下几个方面：进口货物入金霞保税物流中心保税存储，缓交关税；出口货物入中心视同离境，提前退税；加工贸易深加工货物可通过保税中心“一日游”，完成结转和退税；货物在中心内简单加工或与其他海关监管区之间流转，免征流通环节增值税和消费税。

（资料来源：刘汝丽．湖南省国际物流发展模式研究——以金霞国际物流园区为例［J］．现代经济信息，2017（10）：490.）

请思考：1. 国际物流园区可以提供哪些服务？

2. 金霞国际物流园区对于长沙国际物流的发展有何影响？

9.2 保税仓库业务

保税仓储业务是指从国内或国外运至保税仓以保税形式存储起来，免交关税，并且节约大量税金、增加资金的流动性的仓储业务。世界各国普遍采用保税制度来促进外向型经济的发展，处于保税状态的货物称为保税货物。

9.2.1 保税仓库的业务流程

保税仓库是指经海关批准设立的专门存放保税货物及其他未办结海关手续货物的仓库。保税仓库货物来源主要是进口，也有少部分是通过特殊区域及保税场所等以保税流转方式而来。

保税仓库业务主要涉及入库管理、在库管理、出库管理和期满管理四项。具体来看：

1. 入库管理

保税仓库允许入库的货物包括：

（1）加工贸易进口货物；

（2）转口货物；

（3）供应国际航行船舶和航空器的油料、物料和维修用零部件；

（4）供维修外国产品所进口寄售的零配件；

（5）外商暂存货物；

（6）未办结海关手续的一般贸易货物；

（7）经海关批准的其他未办结海关手续的货物。

保税仓库应当按照海关批准的存放货物范围和商品种类开展保税仓储业务。

保税仓库不得存放国家禁止进境货物，不得存放未经批准的影响公共安全、公共卫生或健康、公共道德或秩序的国家限制进境货物以及其他不得存入保税仓库的货物。

保税仓储货物入库时，收发货人或其代理人持有关单证向海关办理货物报关入库手续，海关根据核定的保税仓库存放货物范围和商品种类对报关入库货物的品种、数量、金额进行审核，并对入库货物进行核注登记。

2. 在库管理

保税仓储货物存储期限为1年。保税仓储货物可以进行包装、分级分类、加刷唛码、分拆、拼装等简单加工，不得进行实质性加工。

保税仓储货物，未经海关批准，不得擅自出售、转让、抵押、质押、留置、移作他用或者进行其他处置。

保税仓储货物在存储期间发生损毁或者灭失的，除不可抗力外，保税仓库应当依法向海关缴纳损毁、灭失货物的税款，并承担相应的法律责任。

3. 出库管理

保税仓库的出库管理可以分为两种情况。

（1）下列情形的保税仓储货物，经海关批准可以办理出库手续，海关按照相应的规定进行管理和验放：

①运往境外的；

②运往境内保税区、出口加工区或者调拨到其他保税仓库继续实施保税监管的；

③转为加工贸易进口的；

④转入国内市场销售的；

⑤海关规定的其他情形。

（2）下列保税仓储货物出库时依法免征关税和进口环节代征税：

①用于在保修期限内免费维修有关外国产品并符合无代价抵偿货物有关规定的零部件；

②用于国际航行船舶和航空器的油料、物料；

③国家规定免税的其他货物。

4. 期满管理

保税仓储货物在保税仓库内存储期满，确有正当理由的，经海关同意可予以延期，除特殊情况外，延期不得超过 1 年。未及时向海关申请延期或者延长期限届满后既不复运出境也不转为进口的，由海关按照《中华人民共和国海关征收进口货物滞报金办法》的规定，征收滞报金；超过三个月未向海关申报的，其进口货物由海关提取依法变卖处理。

9.2.2　出口监管仓库的业务流程

出口监管仓库是指经海关批准设立，对已办结海关出口手续的货物进行存储、保税货物配送、提供流通性增值服务的海关专用监管仓库。除存放已办结海关出口手续的货物，出口监管仓库还可以存储为了集拼而进口的货物。出口监管仓库分为出口配送型仓库和国内结转型仓库两大类。

出口配送型仓库是指存储以实际离境为目的的出口货物的仓库，即国内货物先出口至仓库，再分拨配送至国外。改革开放之后，广东的很多企业利用珠三角地区商贸业发达、临近中国香港枢纽港优势，采购鞋类、玩具等商品，在出口监管仓库内打包、集拼、组柜后，利用中国香港密集国际航线出口至世界各地。

国内结转型仓库是指存储用于国内结转的出口货物的仓库。通常是加工贸易货物出口至仓库，以核销加工贸易手（账）册；再通过进口报关手续回流国内（以一般贸易或加工贸易方式），以满足加工贸易核销、多方销售货权转移、转换贸易方式等多重市场需求。

出口监管仓库的管理主要包括：入库管理、出库管理、在库管理、货物流转管理和期满管理。

1. 入库管理

出口监管仓库允许入库的货物包括：（1）一般贸易出口货物；（2）加工贸易出口货物；（3）从其他海关特殊监管区域、场所转入的出口货物；（4）出口配送型仓库可以存放为拼装出口货物而进口的货物，以及为改换出口监管仓库货物包装而进口的包装物料；（5）其他已办结海关出口手续的货物。

出口监管仓库禁止入库的货物包括：（1）国家禁止进出境货物；（2）未经批准的国家限制进出境货物；（3）海关规定不得存放的其他货物。

出口货物存入出口监管仓库时，发货人或者其代理人应当向主管海关申报。发货人或者其代理人除按照海关规定提交有关单证外，还应当提交仓库经营企业填制的《出口监管仓库货物入库清单》。海关对报关入库货物的品种、数量、金额等进行审核、核注和登记。经主管海关批准，对批量少、批次频繁的入库货物，可以办理集中报关手续。

2. 出库管理

出库货物出口时，仓库经营企业或者其代理人应当向主管海关申报。仓库经营企业或者其代理人除按照海关规定提交有关单证外，还应当提交仓库经营企业填制的《出口监管仓库货物出库清单》。出库货物出境口岸不在仓库主管海关的，经海关批准，可以在口岸所在地海关办理相关手续，也可以在主管海关办理相关手续。

3. 在库管理

出口监管仓库所存货物存储期限为6个月。存入出口监管仓库的货物不得进行实质性加工。经主管海关批准，企业可在出口监管仓库内对货物进行品质检验、分级分类、分拣分装、加刷唛码、刷贴标志、打膜、改换包装等流通性增值服务。

对已存入出口监管仓库因质量等原因要求更换的货物，经仓库所在地主管海关批准，可以更换货物。被更换货物出库前，更换货物应当先行入库，并应当与原货物的商品编码、品名、规格型号、数量和价值相同。出口监管仓库货物，因特殊原因确需退运、退仓，应当经批准，并按照有关规定办理相关手续。

出口监管仓库所存货物在存储期间发生损毁或者灭失的，除不可抗力外，仓库应当依法向海关缴纳损毁、灭失货物的税款，并承担相应的法律责任。

4. 货物流转管理

经转入、转出方所在地主管海关批准，并按照规定办理相关手续后，出口监管仓库之间、出口监管仓库与保税港区、保税区、出口加工区、保税物流园区、保税物流中心、保税仓库等特殊监管区域、场所之间可以进行货物流转。货物流转涉及出口退税的，按照国家有关规定办理。

5. 期满管理

监管仓库申请出口监管仓库货物延期的，发货人或其代理人应在货物储存期满 10 日前向海关提交书面延期申请报告及《海关出口监管仓库申请事项审批表》。经审核同意后予以延期，但延期不得超过 6 个月。

出口监管仓库货物超出规定的存储期限未申请延期或海关不批准延期申请的，企业须办理超期货物的退运、补税、放弃、销毁等手续。

相关链接

出口监管仓库的应用

出口监管仓库通常结合保税仓库共同使用，一般把保税仓库和出口监管仓库合二为一，统称“两仓”，即一出一进。出口监管仓库和保税仓库属于同一范畴，主要应用于加工贸易企业当中。保税这种模式在加工贸易企业中的应用非常广泛，主要有五种加工保税模式，一是通常所说的“两头在外模式”，即原料和成品都在国外，加工在国内；二是“两头在内模式”，即原料和成品都在国内，当然加工也在国内，只是来源都是加工贸易公司；三是保税内销；四是非保外销；五是委托加工。关于出口监管仓库，应用的范围非常小，一是主要用于出口；二是仓库内不允许流通加工；三是仓库容量有限；四是涉及面也比较窄；五是退税一般要求为实际离境。

9.2.3　保税物流中心的运作模式

保税物流中心是指封闭的海关监管区域，并且具备口岸功能。作为海关对进出口货物实施保税监管的一种新模式，保税物流中心是对保税仓库和出口监管仓库两种保税物流监管模式的整合。

保税物流中心分为 A 型和 B 型两种。A 型保税物流中心，是指经海关批准，由中国境内企业法人经营、专门从事保税仓储物流业务的海关监管场所。B 型保税物流中心，是指经海关批准，由中国境内一家企业法人经营，多家企业进入并从事保税仓储物流业务的海关集中监管场所。

1. 货物类型

根据进出保税物流中心货物来源地和目的地的不同，保税物流中心的货物主要包括以下一些类型。

（1）进库货物：①一般贸易进口货物；②加工贸易进口货物；③从出口加工区、保税区和保税仓库、出口监管仓库转入的货物；④国内采购货物；⑤其他经海关批准转入的货物。

（2）出库货物：①出口至境外的货物；②深加工结转至加工贸易登记手册（含电子账册）的货物；③转入出口加工区、保税区和保税仓库、出口监管仓库的货物；④转入享受减免税政策企业的货物；⑤转为内销的货物；⑥作放弃处理的货物；⑦其他经海关批准转出的货物。

2. 运作模式

保税物流中心既可以存放进口货物，也可以存放出口货物，因此大大拓展了增值服务的功能。此外，保税物流中心的运作不仅涉及物流，还常常涉及商流和资金流。不同的货物流向伴随着不同类型的商流、资金流，从而形成了多样化的保税物流中心运作模式。

（1）模式一

保税物流中心运作模式一如图 9－1 所示。保税物流中心（A 型）经营企业或保税物流中心（B 型）内企业从海外公司保税进口商品进入保税物流中心，进口商支付外汇。如果进口商将保税物品销售给其他海外客户，则保税物品出口的同时获得外汇收入；如果进口商将保税物品销售给国内加工厂，则保税物品在不同海关保税场所及保税区域之间转移的同时通过外汇进行结算。

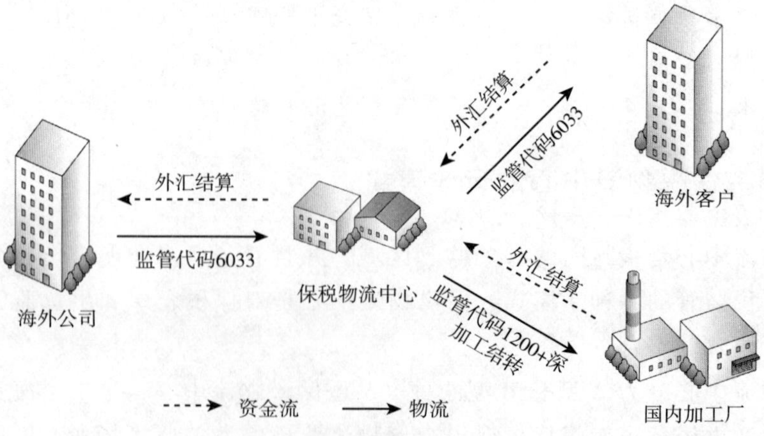

图 9－1　保税物流中心运作模式一

（2）模式二

模式二有两种情形，如图9－2和图9－3所示。情形一是指国内加工厂保税出口物品到保税物流中心，保税物流中心（A型）经营企业或保税物流中心（B型）内企业，以外币结算后再出口到境外客户，与境外客户通过外汇结算。情形二是指存储于其他保税区的货物出口物品到保税物流中心，保税物流中心（A型）经营企业或保税物流中心（B型）内企业，以外币结算后再从保税物流中心出口境外。

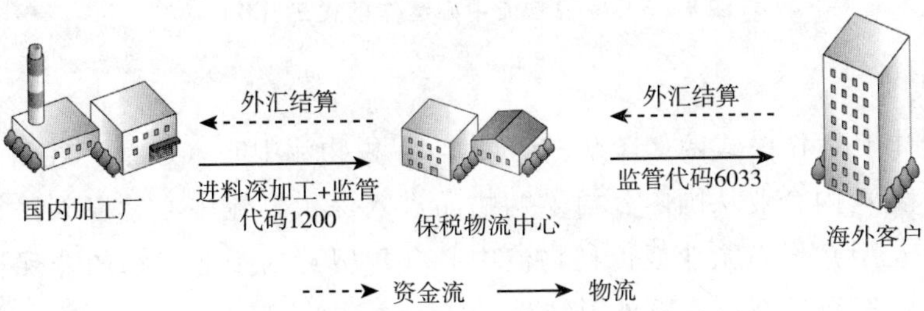

图9－2　保税物流中心运作模式二（A）

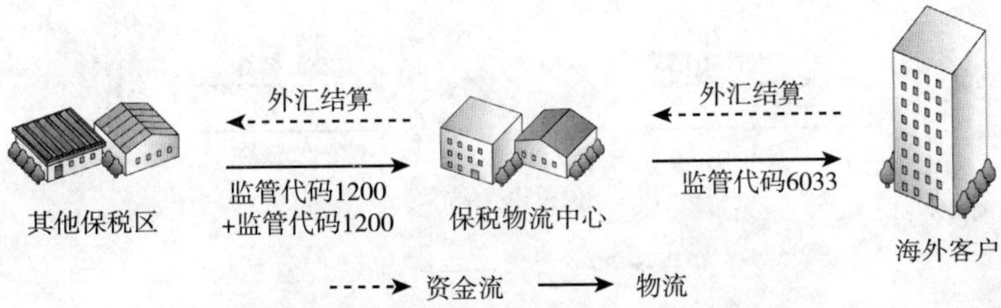

图9－3　保税物流中心运作模式二（B）

（3）模式三

模式三有两种情形，如图9－4和图9－5所示。情况一是保税物流中心（A型）经营企业或保税物流中心（B型）内企业从海外公司进口物品进入保税物流中心，以外币结算，进口商完税内销给国内客户，以人民币结算；情形二是指国内加工厂保税出口物品到保税物流中心，以外币结算，保税物流中心（A型）经营企业或保税物流中心（B型）内企业再完税内销给国内客户，以人民币结算。

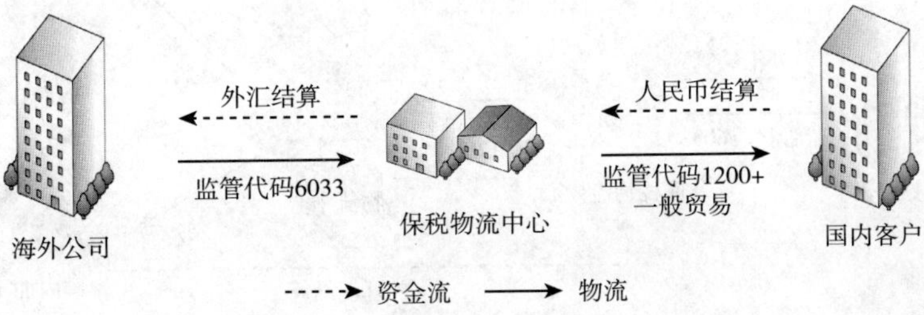

图9－4　保税物流中心运作模式三（A）

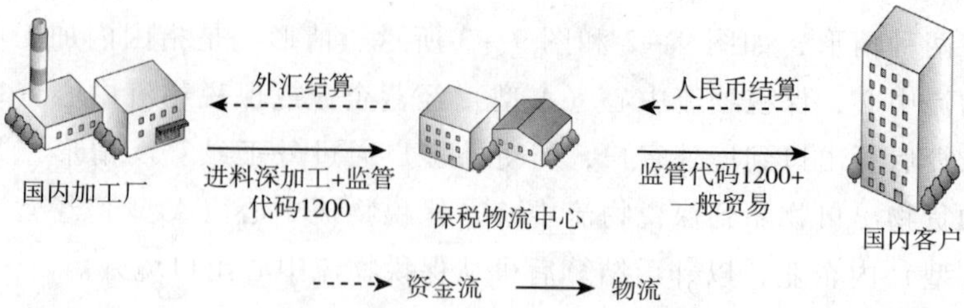

图 9－5　保税物流中心运作模式三（B）

（4）模式四

保税物流中心运作模式四如图 9－6 所示。保税物流中心（A 型）经营企业或保税物流中心（B 型）内企业从国内公司采购物品进入保税物流中心，以人民币结算，保税物流中心（A 型）经营企业或保税物流中心（B 型）内企业采购的非保税物品以一般贸易方式出口至海外客户，以外币结算。

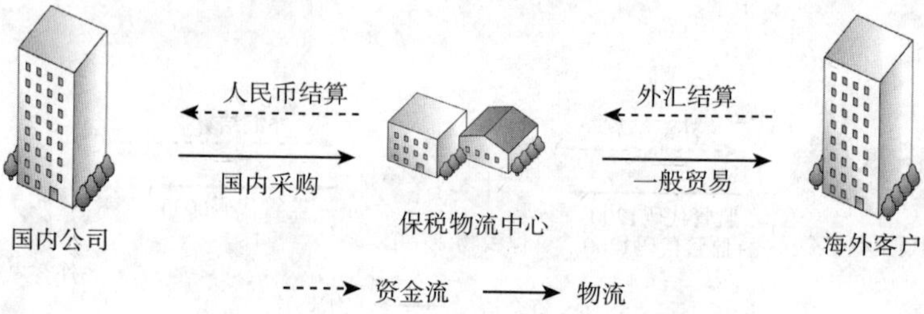

图 9－6　保税物流中心运作模式四

（5）模式五

保税物流中心运作模式五如图 9－7 所示。保税物流中心（A 型）经营企业或保税物流中心（B 型）内企业通过保税方式向海外公司进口物品到保税物流中心，以外币支付。保税物品根据国内客户或国内加工厂要求以保税间货物转仓至指定的保税仓库，随后再以进料加工方式转入境外国内的加工厂，加工厂付汇给保税物流中心（A 型）

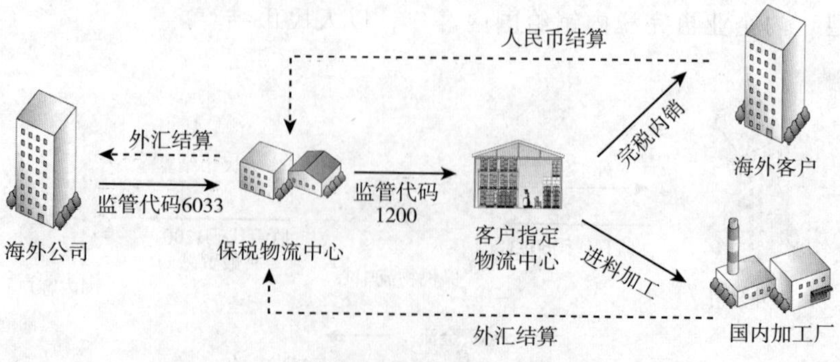

图 9－7　保税物流中心运作模式五

经营企业或保税物流中心（B 型）内企业；或者内销给国内客户，直接以人民币与保税物流中心（A 型）经营企业或保税物流中心（B 型）内企业结算。该模式对应政策还需要完善，因此保税物流中心开展此类型业务仍存在政策障碍。

（6）模式六

保税物流中心运作模式六如图 9－8 所示。保税物流中心（A 型）经营企业或保税物流中心（B 型）内企业通过保税方式向海外公司进口物品到保税物流中心，以外币支付。保税物品再委托国内加工厂加工成成品后，内销给国内客户，以人民币结算。物流则经转仓到国内客户附近的物流中心子仓，再转交国内客户。

在模式六中，如果国内加工厂与客户指定的物流中心距离较近，也可由保税物流中心指示国内加工厂按来料加工转仓到客户指定物流中心，从而最一步优化流程。

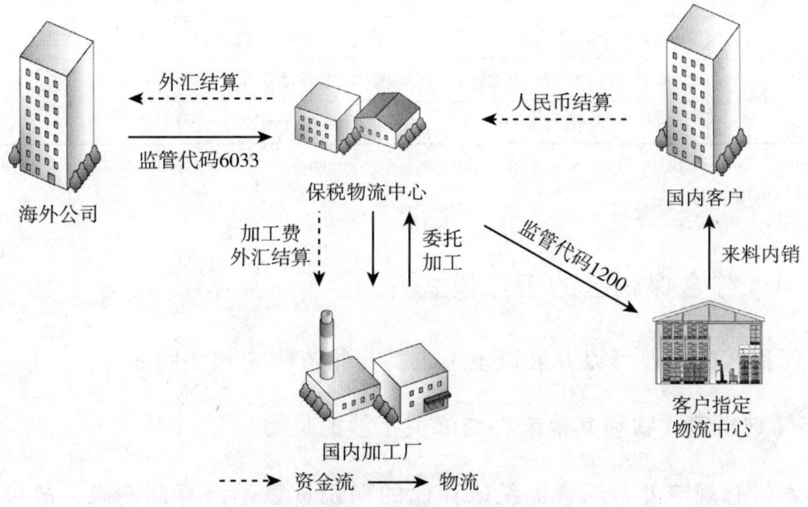

图 9－8　保税物流中心运作模式六

相关链接

海关监管方式代码

进出口货物海关监管方式是以国际贸易中进出口货物的交易方式为基础，结合海关对进出口货物的征税、统计及监管条件综合设定的海关对进出口货物的管理方式。由于海关对不同监管方式下进出口货物的监管、征税、统计作业的要求不尽相同，因此为满足海关管理的要求，H2000 通关管理系统的监管方式代码采用四位数字结构，其中前二位是按海关监管要求和计算机管理需要划分的分类代码，后二位为海关统计代码。国际物流中部分常见的海关监管方式代码如表 9－1 所示。

表 9-1　　常见的海关监管方式代码

监管方式代码	监管方式简称	监管方式全称
0110	一般贸易	一般贸易
0130	易货贸易	易货贸易
1200	保税间货物	海关保税场所及保税区域之间往来的货物
1039	市场采购	市场采购
1210	保税电商	保税跨境贸易电子商务
1233	保税仓库货物	保税仓库进出境货物
1234	保税区仓储转口	保税区进出境仓储转口货物
1239	保税电商 A	保税跨境贸易电子商务 A
5033	区内仓储货物	加工区内仓储企业从境外进口的货物
5034	区内物流货物	海关特殊监管区域与境外之间进出的物流货物
6033	物流中心进出境货物	保税物流中心与境外之间进出仓储货物
9600	内贸货物跨境运输	内贸货物跨境运输
9610	电子商务	跨境贸易电子商务

资料来源：中华人民共和国海关总署，http://www.customs.gov.cn/customs/302427/302442/tgcs/gjrhbftgc-scxjxz/1934641/index.html.

9.2.4　综合保税区的运作模式

综合保税区内企业可以开展以下七大类与物流密切相关的业务。

1. 存储进出口货物和其他未办结海关手续的货物

除国家另有规定外，综合保税区存储的保税货物不设存储期限，故可以在区内长期存放保税货物。例如，企业从境外进口的货物，可以在综合保税区内长期进行保税存储，以利用时间差，在国内外市场洽谈销售，赚取更大的利润。从物品的流动来看，如图 9-9 所示，即物品从国外供应商处进入综合保税区（流程 D），当需要在国内销

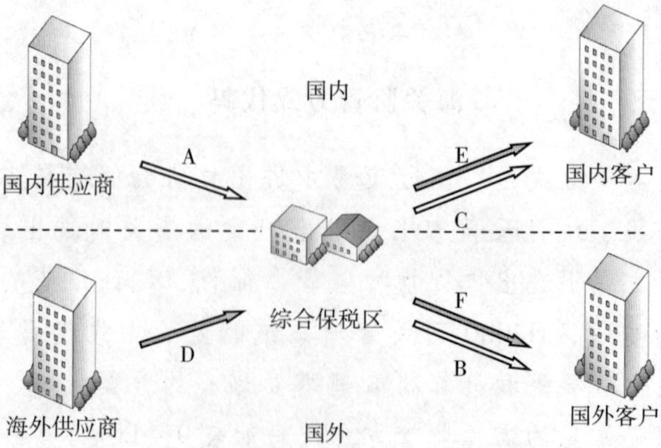

图 9-9　综合保税区的一般业务模式

售时，从综合保税区出区，交付国内客户（流程 E）。同时，国内供应商生产的产品也可以先出口到综合保税区（流程 A）进行存储，如果在国内找到客户，再复进口返回国内市场，交付国内客户（流程 C）。

2. 国际转口贸易

商务部定义的转口贸易是生产国与消费国之间通过第三国进行的贸易，即交易的货物可以由出口国运往第三国，在第三国不经过加工（改换包装、分类、挑选、整理等不作为加工）再销往消费国。从物品的流动来看，即物品从国外供应商处集中进入综合保税区（流程 D），再分销到其他海外市场（流程 F）。

转口贸易也可以不通过第三国直接由生产国运往消费国，但生产国与消费国之间并不发生交易关系，而是由第三国分别同生产国和消费国发生的交易。

转口贸易的发生，主要基于历史、政治、经济或者区位因素，该地实施优惠政策，降低中转费用，逐渐发展为货物集散中心，形成如新加坡、中国香港、伦敦等为中转地的国际著名转口贸易港。但近年来，一些国家或地区的海关特殊监管区域（如加工区）、保税仓库等也成为转口贸易的主要中转地。例如，我国国内企业将货物出口至综合保税区内，卖给 X 国贸易商，X 国贸易商又将货物卖给 Y 国贸易商，而此时货物未发生物理位移，仅是产权发生转移，这也是转口贸易。

3. 国际采购、分销和配送

综合保税区内企业可以从国内外采购货物，在综合保税区内进行流通性简单加工和增值服务（如分级分类、分拆分拣、分装、组合包装、加刷唛码等）后，向境内外分销配送。从物品的流动来看，涉及了两种流程：一种是物品从国内供应商处集中进入综合保税区（流程 A），经分、拼处理后再分销到其他海外市场（流程 B）；另一种是物品从国外供应商处集中进入综合保税区（流程 D），经分、拼处理后再分销到其他海外市场（流程 F）。

例如，某公司在综合保税区内设立亚太地区配送中心，根据国内及国际分销商订单，把来自境外和国内的产品、部件在区内进行统一的组装或拼装、重新打包后，将货物通过国内及国际航线发往国内或境外用户。

该模式的优势：

（1）兼顾中国既是制造大国也是消费大国的全球贸易格局，通过综合保税区统筹将国内和国外两个市场的购买、销售行为及复杂的境内外货物流向集成，实现对国内外资源的有效调配；

（2）境外产品进区后享受保税待遇，暂缓缴纳进口关税及增值税、消费税，减少了企业的资金占用；

（3）国内通过一般贸易出口至区内的商品，进区即可获得退税，使区外企业尽早拿到退税；

（4）集中仓储及配送的管理模式，大大提升集拼及配送效率，降低了企业的运营成本。

国际分销适用于某一企业出口产品分销多个海外客户或一个海外客户采购多种国内产品，或多个客户跨境采购多种产品。综合保税区内的物流企业相当于产品的集结和处理枢纽，物流企业利用综合区“分批出区/进区、集中报关”政策，减少通关时间，节约人力成本。

4. 国际中转

国际中转货物是指由境外启运，经中转港换装国际航线运输工具后，继续运往第三国或者地区指运口岸的货物。从物品的流动来看，是物品从国外供应商处集中进入综合保税区（流程 D），经换装后再分销到其他海外市场（流程 F）。

国际中转是国际知名港口的基础性业态，不仅可以开拓间接货源腹地，促进转口和加工贸易发展，还能促进港航要素集聚，提升港口服务功能，是衡量现代国际航运枢纽辐射范围和聚集能力的重要标志，也是体现港口综合服务能力和国际竞争力的重要指标。

此处需注意的是，国际中转同转口贸易容易发生混淆，这两者既有交叉又有差异。它们之间的主要区别是：国际中转是从物流角度出发，即国际货物在某地换装运输工具后继续运往目的国；转口贸易是从货物产权角度出发，即货物产权发生转移。而如果货物从物流及产权转移方面分别符合两者定义，那么它既是中转货物，又是转口货物。

5. 检测和售后服务维修

综合保税区内的保税维修是以保税方式将存在部件损坏、功能失效、质量缺陷等问题的货物或运输工具从境外运入综合保税区内进行检测、维修后复运出境（外籍船舶、航空器除外），或者将上述货物从境内区外运入综合保税区内进行检测、维修后复运出区进入国内。开展保税维修，可以使企业完善产品售后服务体系，由加工制造延伸至后期检测维修服务，从后端提升“微笑曲线”位置，提高市场竞争力和品牌影响力。

例如，某企业出口的精密仪器，在完成技术突破、设备升级、实现大规模量产后，境外客户的维修需求量也随之急速增长。此时，若按照传统的修理物品模式进行作业，不但通关时间长、查验率高，且每次须缴纳保证金，给企业带来很大不便。而其搬迁至综合保税区内开展保税维修业务后，无须缴纳保证金，查验率可以降低 95%，通关时间压缩了 2/3 以上，且从境外采购的用于维修的检修设备还享受设备免税政策。

又如，某综合保税区内企业，开展本集团其他工厂生产的笔记本、手机等在国内销售产品的售后维修工作，充分利用了闲置产能，提升了经济效益和品牌知名度。

根据商务部、生态环境部、海关总署共同发布的 2020 年第 16 号公告，支持综合保税区内企业开展维修业务，综合保税区内企业可开展航空航天、船舶、轨道交通、工程机械、数控机床、通信设备、精密电子等55类产品的维修业务。

案例

综合保税区运作模式之一——境内外维修之成效

1. 基本情况：福建泉州综合保税区内某航材维修企业，主要从事飞机复合材料零部件和系统的维修服务，包括但不限于民航机的襟翼、航空结构部件、C套管、反推力装置、鼻锥、机舱内部装置等（如波音737、747、777及空客A320、A330飞机反推器、整流罩、阻流门等）。该企业在海关特殊监管区域开展境内外航空部件保税维修，属保税服务类企业。

2. 政策分析：近几年，随着国外航空公司自建维修基地的普及，及航空部件原产商推行售后维修的垄断，激烈的航空维修业竞争带来国外订单大量的流失。随着复制推广自贸试验区"境内外维修"政策，2017年，该企业在国际市场整体增长乏力的情况下，将维修业务重心由国外市场转向国内市场，国内维修业务拓展迅速，2017年度自国内送修货物金额达13.52亿元，维修征税额达2073万元，分别同比大幅增长73.7%、96.5%，国内维修占其维修的权重达43%，企业实现由单一国外维修向国内外兼顾服务发展。

3. 成效：2018年上半年，该企业维修项目进出口报关总值达20.27亿元，同比增长56.7%，其中涉国内维修业务达10.94亿元，同比激增91.29%，航空部件维修品种从最初10余种拓展到现在的71种类，关联境内外航空公司达103家，由于国内维修业务的拓展，市场竞争力上升，企业2018年维修业务增长近三成。2019年3月，该企业获得了进一步的政策支持，在泉州市印发的《促进综合保税区高水平开放高质量发展行动方案》中特别指出，支持该企业延伸产业链条，开展高技术、高附加值和符合环保要求的保税检测和全球维修业务，打造检测维修中心。

6. 商品展示

保税展示交易，指综合区内企业无须缴纳进口环节税费，通过提供担保的形式，将进口商品运至综合保税区规划面积以内、围网以外综合办公区专用的展示场所，或者综合保税区以外的其他固定场所，进行展示和销售的经营活动。保税展示交易的商品如果进行了交易才正式缴税，没有交易就暂时不用纳税，可以重新返回区内。这与传统的进口商品先缴纳税费再销售模式相比，有利于减轻企业资金占用、降低经营成本。

案例

保税仓库拓宽文物回流渠道

文物、艺术品入关面临关税和进口增值税的问题。对于100年以上的文物来说，不需要支付关税，但需要支付17%的进口增值税。

通常的增值税是以生产、批发、零售等环节的增值额为征税对象。除了税率外，其计算方式需要考虑销售额以及取得该商品、劳务时所支付的成本之间的差额。但是进口增值税并不存在成本抵扣的部分，只能用“成交价格”加上进口关税等，直接乘以税率，即按“销售额”全额征收。这种增值税计算方式是进口商品的一般性适用原则。增值税税率有从0到17%的多个档次，划分的原则大体是该商品与生产、生活的密切程度。文物、艺术品显然并非必需品，需要支付17%的进口增值税。从全世界范围看，中国内地对于文物和艺术品的税收可以说是相当高的，而过高的税率在一定程度上阻碍了海外文物的回流。

面对改革税制所需要的漫长、复杂博弈，近年来北京、上海、厦门等地文化艺术品保税区的建设，便是在现有税收体制下的试点和尝试。回流的艺术品和文物入境后可以不通过海关直接进入保税区内的仓库。只要在保税区内，无论是展览还是交易都不用交税。尽管并未解决进口税费的问题，但为其艺术品的展览提供了相当的便利，为解决一些文物在流转过程中的税费问题提供了一个途径。

2013年9月19日，在纽约苏富比举办的拍卖会上，宋代大诗人苏轼的书法《功甫帖》经过70轮激烈竞争，最终以720万美元（约合人民币4400万元）被收藏家刘益谦拍得。2013年12月，刘益谦持苏东坡的《功甫帖》抵达上海，通过浦东自贸区保税仓库入境，避开将近1200万元的应纳增值税额与进口关税。

2014年7月19日至7月22日，收藏家刘益谦搭乘香港飞上海的航班回到上海，与他一同归来的是成交价2.8亿港元（约合2.24亿元人民币）的明成化鸡缸杯。3个月前，刘益谦在香港苏富比春拍会上购得鸡缸杯。鸡缸杯返沪当日便进入了徐汇滨江的西岸艺术品保税仓库。对于价值2.8亿港元的鸡缸杯来说，入驻保税仓库一方面可以让鸡缸杯留在上海，为展览提供便利；另一方面，也可以为藏家节省4000多万元人民币。

2019年，国务院印发《关于促进综合保税区高水平开放高质量发展的若干意见》，其中包括“支持促进综保区文物回流。优化文物及文化艺术品从境外入区监管模式，简化文化艺术品备案程序，实施文物进出境登记审核，促进文物及文化艺术品在综合保税区存储、展示等”，这将为海关特殊监管区域拓展文化保税产业提供强有力的政策支持。

（根据参考资料《文物海外回流难题：17%的税收门槛拦住了谁?》https://www.sohu.com/a/158007355_476428?_f=index_culnews_5 修改得到.）

7. 港口作业

港口作业主要是指在有港口的综合保税区的口岸作业区内，进行集港调度、货物装卸等口岸作业。

综合保税区在功能概念上可以划分为口岸作业区和保税作业区，区内可以不实施严格的“区中区”式的物理隔离和卡口管理，即两区之间可以是虚拟的边界，货物主要通过电子信息化系统分别进行管理。以直接进出口货物（如一般贸易货物）为例，货物申报一般贸易进口或者出口，不实行保税备案管理，在综合保税区内的监管作业场所履行申报、查验等通关手续后，再出境或者进口至国内，综合保税区此时仅体现口岸功能。若一般贸易货物出口至综合保税区内的保税作业区取得出口退税，实行保税备案管理，再通过加工贸易方式进口至国内加工贸易企业，继续进行深加工，解决了进入加工贸易生产链的国内料件无法退税的难题，极大增强了综合保税区吸引力。

9.3　国际货物包装

包装是指在物流过程中为了保护商品、方便储运和促进销售，而按照一定的技术方法使用容器、材料以及辅助物等将物品包封并予以适当的装饰和标志工作的总和。简言之，包装就是包装物和包装操作的总称。

进入国际流通领域的货物一般都要经过长途运输，有许多货物要经过多次转装和储存，对出口货物包装的要求也比国内贸易严格；不同国家对包装有不同的要求，有的国家还通过法律的形式，对包装的用料、尺寸、重量做出具体规定；不同市场、不同销售地区，对商品的销售包装也可能有不同的要求，因此，交易双方在签订合同时，一般要对包装问题进行洽商并做出具体规定。

合同中的包装条款主要包括包装材料与容器、包装种类、包装费用和包装标志。

9.3.1　包装材料与容器

1. 包装材料的概念

包装材料是指用于包装容器、包装装潢、包装印刷、运输包装等满足产品包装要求所使用的材料。

包装材料是形成产品包装的物质基础，是实现包装功能的直接承担者。

2. 包装材料的分类

按照不同的分类标准，包装材料可以分成不同的类型，常见的有以下几种分类：

（1）按功能划分

按功能划分，包装材料可分为：

①主要包装材料，是指用来制造包装容器的器壁或包装物结构主体的材料。

②辅助包装材料，是指装潢材料、粘合剂、封闭物、包装辅助物和捆扎材料。

（2）按原材料种类划分

按原材料种类划分，包装材料可分为：

①木制包装材料（天然木材、人造板材）。

②纸质包装材料（纸、纸板）。

③合成高分子包装材料（塑料、橡胶等）。

④金属包装材料（钢铁、铝、铜、锡等）。

⑤玻璃与陶瓷包装材料。

⑥纤维包装材料（天然纤维、合成纤维等）。

⑦复合包装材料。

(3) 按包装材料的功能和目的划分

按包装材料的功能和目的划分，包装材料可分为：

①阻隔性包装材料，包括气体阻隔型、湿气（水蒸气）阻隔型、气味阻隔型、光阻隔型等。

②耐热包装材料，如用于微波炉加热的包装材料，如锡纸。

③选择渗透性包装材料，包括氧气选择渗透、二氧化碳选择渗透、水蒸气选择渗透、挥发性气体选择渗透等。

④保鲜性包装材料，如既有缓熟保鲜功能又有抑菌功能的材料。

⑤导电性包装材料，包括抗静电包装材料、抗电磁波干扰包装材料等。

⑥分解性包装材料，包括生物分解型、光分解型、热分解型包装材料。

⑦其他功能性包装材料，包括防锈蚀包装、可食性包装、水溶性包装、绿色包装材料等。

3. 包装材料的性能要求

包装材料的性能要求主要有：

①适当的保护性能。

包装材料的保护性能一方面是指包装材料可以保护内装产品，另一方面是指包装材料能够防止危险性的内装物对与其接触的人、生物和环境造成的危害或污染。

为保证内装产品质量，防止其受损或变质或其危害外部环境，应根据不同产品对包装的不同要求选择合适的包装材料。一般来说，包装材料应具有一定机械强度，可以适应气温变化，耐热、耐寒，能够防潮、防水、防腐蚀、防紫外线穿透、耐光、耐油等，而自身应无异味、无毒、无臭，能保护内装物质量完好。

②易加工操作性能。

易加工操作性能主要是指材料根据包装要求，应比较容易加工成容器，且具有易包装、易充填、易封合和适应自动包装机械操作的性能。

③外观装饰性能。

外观装饰性能主要是指材料的形、色、纹理美观，能产生陈列效果，提高商品档次，满足不同消费者的审美需求和激发消费者的购买欲望。

④方便使用性能。

方便使用性能主要是指由材料制作的容器盛装产品后，消费时便于开启包装和取出内装物，或便于再密封、不易破裂损坏等。

⑤节省费用性能。

节省费用性能主要是指包装材料能够经济合理地获得。

⑥易回收处理性能。

易回收处理性能主要是指包装材料要有利于环保，有利于节约资源，对环境无害，尽可能选择绿色包装材料。

4. 包装容器的概念及分类

（1）包装容器的概念

包装容器是指在商品流通过程中，为了保护商品、方便储存、利于运输、促进销售，防止环境污染和预防安全事故，按一定技术规范制造且使用的包装器具、材料及其辅助物的总称。

包装容器是包装材料和造型相结合的产物，主要包括包装袋、包装盒、包装瓶、包装罐和包装箱等。

（2）包装容器的分类

按照不同的分类标准，包装容器可以分为不同的类型，主要有：

①按抗变形能力，可分为硬包装容器和软包装容器。

像铁桶、木箱、玻璃瓶等属于硬包装容器，装入、取出内装物时容器不会发生变形。

像纸袋、塑料袋、编织袋等属于软包装容器，装入、取出内装物时容器会发生变形。

②按形状，可分为袋式包装容器、盒式包装容器、箱式包装容器、瓶式包装容器、罐式包装容器等。

③按包装容器的结构形式，可分为固定式包装容器和拆卸折叠式包装容器。

④按包装容器使用次数，可分为一次性包装容器和多次周转包装容器。

相关链接

新型包装材料——聚乳酸

聚乳酸是以有机酸乳酸为原料生产的新型聚酯材料，性能优于聚乙烯、聚丙烯、聚苯乙烯等材料，被业内视为21世纪最有发展前途的新型包装材料，是环保包装材料的一颗明星。将来有望取代聚乙烯、聚丙烯、聚苯乙烯等塑料包装材料，应用前景广阔。那么，聚乳酸主要有哪些优点呢？

1. 具有良好的生物可降解性。聚乳酸使用后能被自然界中的光、水、微生物完全降解，最终生成二氧化碳和水，不污染环境，这对保护环境非常有利，是公认的环境友好材料。

2. 机械性能及物理性能良好。聚乳酸具有较高的机械强度、良好的阻隔性、良好的抗拉强度与延展度以及良好的透气性。可用于加工从工业到民用的各种塑料制品、包装食品、快餐饭盒、无纺布、工业及民用布，进而加工成农用织物、保健织物、抹布、卫生用品、室外防紫外线织物、帐篷布等，市场前景十分看好。

3. 相容性与可降解性良好。聚乳酸在医药领域应用也非常广泛，如可生产一次性输液用具、免拆型手术缝合线、药物缓释包装剂等。

（资料来源：根据 https：//baike. baidu. com/item/% E8% 81% 9A% E4% B9% B3% E9% 85% B8/9092311？fr = aladdin，改编得到）

9.3.2 包装种类

按照不同的分类标准，包装可以分为不同的类型。包装分类主要有以下几种：

1. 按照包装在流通中的作用划分

按照包装在流通中的作用分类，可将包装分为运输包装和销售包装。

（1）运输包装

为了尽可能降低运输流通过程对产品造成损坏，保障产品的安全，方便储运装卸，加速交接点验，人们将以运输储运为主要目的的包装称为运输包装。

运输包装的作用主要是保护商品的品质和数量，便于运输、储存、检验、计数、分拨，有利于节省运输成本。

运输包装的方式主要有两种：单件包装和集合包装。

①单件包装。

单件包装是根据商品的形态或特性将一件或数件商品装入一个较小容器内的包装方式。制作单件包装时，要注意选用适当的材料，并要求结构造型科学合理，同时还应考虑不同国家和地区的气温、空气湿度、港口设施和不同商品的性能、特点、形状等因素。

②集合包装。

所谓集合包装，又称组合包装或集装单元，是指将一定数量的产品或包装件集装为具有一定体积、重量和形态的货物装载单元，以便于装卸、储存和运输的包装。

集合包装可以提高港口装卸速度，减轻装卸搬运的劳动强度，降低运输成本和节省运杂费用，更好地保护商品的质量和数量，并促进包装的标准化。

集合包装通常采用集装器具有托盘、集装袋、集装箱、集装架等。

托盘是指一种为了便于装卸、运输、保管，由可以承载单位数量物品的负荷面和叉车插口构成的平台装置。根据国际标准化组织对《联运通用平托盘主要尺寸及公差》的规定，目前平托盘国际标准规格共有六种，即：1200mm × 1000mm、1200mm × 800mm、1100mm × 1100mm、1067mm × 1067mm、1140mm × 1140mm 和 48

英寸 ×40 英寸（1219mm×1016mm）六种规格。其中，中国平托盘国家标准有两个，即：1200mm×1000mm 和 1100mm×1100mm，优先推荐使用 1200mm×1000mm。

集装袋全称柔性集装袋，也称为大袋、吨包装袋，是一种柔软、可折叠的包装容器，是由可折叠的涂胶布、树脂加工布及其他软性材料制成的大容积的运输袋。集装袋配以起重机或叉车，就可以实现集装单元化运输，它广泛运用于食品、粮谷、医药、化工、矿产品等粉状、颗粒、块状物品的运输包装。集装袋容积规格由用户按需求向生产厂家定制，一般情况下，集装袋的容积在 500～2300L 之间。

集装箱是指具有一定强度、刚度和规格，专供周转使用的大型装货容器。国际海运和陆运最常用的集装箱有两种，即：IAA 型（外部尺寸：40 英尺 ×8 英尺 ×8 英尺 6 英寸）和 ICC 型（外部尺寸：20 英尺 ×8 英尺 ×8 英尺 6 英寸）。

集装架是指对于批量大、形状又比较复杂的产品起固定和保护作用，并为产品集装后起吊、叉举、堆码提供必要的装置的框架结构的集合包装结构。集装架适用于形状复杂而又不能使用托盘集装的货物。

（2）销售包装

销售包装是直接接触商品并随商品进入零售网点和消费者或用户直接见面的包装。

销售包装除必须具有保护商品的功能外，更应具有促销的功能。因此，对销售包装的造型结构、装潢画面和文字说明等方面，都有较高的要求。

为了使销售包装适应国际市场的需要，在设计和制作销售包装时，一般应体现下列要求：

①便于陈列展售；

②便于识别商品；

③便于携带及使用；

④要有艺术吸引力。

相关链接

出口欧盟新鲜水果和蔬菜的包装 SV 勁

出口欧盟水果和蔬菜的预包装优先选择聚乙烯薄膜、氧化法生产的漂白木浆纸、专用的模塑聚乙烯或纸质小盘或盒子等。如进口商对定量没有特殊要求，按 ISO－7558《水果和蔬菜预包装指南》的规定。

运输（配送）包装箱可采用瓦楞纸箱。当纸箱潮湿强度不足时，可在箱外表面封套聚乙烯薄膜。如进口商对箱体尺寸没有特殊要求，可按尺寸 400mm（宽）×600mm（长）×120mm（高）。

在集装箱中的堆码可参照 ISO－6661《新鲜水果和蔬菜——陆路运输直方体包装件堆码》。

（资料来源：出口商品技术指南——欧盟商品包装，http：//www. mofcom. gov. cn/article/ckzn/upload/oumsp2018. pdf）

2. 按照包装的层次划分

按包装的层次分类，包装可以分为个包装、中包装和外包装。

（1）个包装

个包装又称小包装，是指一个商品为一个销售单位的包装形式。

个包装直接与商品接触，在生产中与商品装配成一个整体。个包装以销售为主要目的，一般随同商品销售给顾客，其起着直接保护、美化、宣传和促进商品销售的作用。

（2）中包装

中包装是指若干个单体商品或包装组成一个小的整体包装。

中包装是介于个包装与外包装的中间包装，属于商品的内层包装。中包装在销售过程中，一部分随同商品销售，另一部分则在销售中被消耗掉。在商品流通过程中，中包装起着进一步保护商品、方便使用和销售，方便商品分拨和销售过程中的点数和计量，方便包装组合等作用。

（3）外包装

外包装又称大包装，是指商品的最外层包装。

在商品流通过程中，外包装起着保护商品、方便运输、便于装卸与计数的作用。一般来说，外包装需要具有足够的强度，在储运中能够抵抗外力造成的损害。

3. 按照包装的针对性划分

按包装的针对性分类，包装可分为专用包装和通用包装两种。

（1）专用包装

专用包装是根据被包装物的特点进行专门设计、专门制造，只适用于某种或某类商品的包装，如水泥袋、蛋糕盒、可口可乐瓶等。

（2）通用包装

通用包装是不进行专门设计制造，而根据标准系列尺寸制造的包装，用以包装各种无特殊要求的或标准尺寸的产品。

9.3.3 包装费用

包装费用是指企业为完成货物包装业务而发生的全部费用，其构成包括包装材料费用、包装机械费用、包装技术费用、包装人工费用、包装辅助费用等。

（1）包装材料费用

包装材料费用是指各类物资在实施包装过程中耗费的包装材料的费用。常用的包装材料种类繁多，功能也各不相同，企业必须根据各种商品的特性，选择适合的包装材料，既要达到包装效果，又要合理节约包装材料费用。

（2）包装机械费用

包装过程中使用机械作业可以极大地提高包装作业的劳动生产率，同时可以大幅度提高包装水平，使用包装机械或工具就会发生购置费用支出、日常维修保养费用支出、低值易耗品摊销以及每个会计期间终了时计提折旧费用等，这些就构成了包装机械费用。

（3）包装技术费用

为了使包装的功能能够充分发挥，达到最佳的包装效果，在包装时，也需要采取一定的技术措施，如实施防震包装、防潮包装、防霉包装等。这些技术的设计、实施所支出的费用以及购买包装技术的费用，称为包装技术费用。

（4）包装人工费用

在实施包装过程中，必须有工人或专业作业人员进行操作，对这些人员发放的计时工资、计件工资、奖金、津贴、补贴、福利等就构成了包装人工费用。

（5）包装辅助费用

除了上述主要费用外，有时还会发生一些其他包装辅助费用，如包装标记、包装标志的设计、印刷、拴挂费用等，这些都属于包装辅助费用。

9.3.4　包装标志

1. 包装标志的概念

为了便于商品的运输、流通、销售、选购和使用，在商品包装上通常都印有某种特定的图形、文字或数字，用以表示商品的性能、储运注意事项、质量水平等含义，这些具有特定含义的图形、文字和数字称为包装标志。

2. 包装标志的分类

按照标志的用途，可将包装标志分为运输标志、指示性标志、警告性标志。

（1）运输标志

运输标志又称作唛头，是指买卖双方约定使用的、便于运输装卸和识别货物的特殊标志。

在国际贸易中，除散装货外，其他货物均有运输标志。即便是裸装的钢材一类的货物，一般也用色漆或印有标志的铁片、布条系于货物上。运输标志的主要作用是方便运输、装卸，易于点数、查箱，便于运输过程中的有关人员识别货物，使单货相符，防止错装、错发、错运、错转、错交和无法交付等情况的发生。

运输标志样式如图 9－10 所示。国际标准运输标志的主要内容包括以下几个方面。

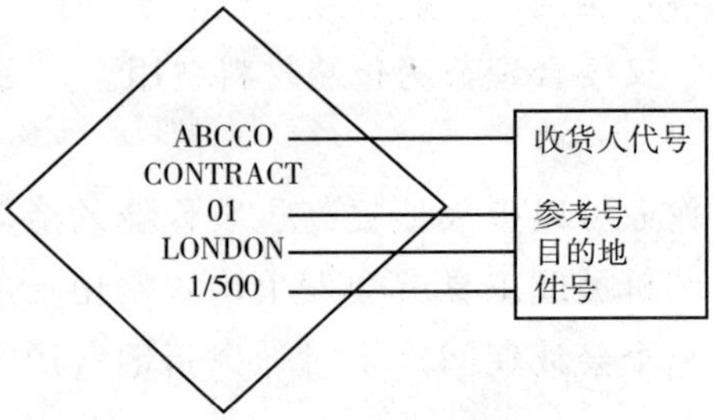

图 9－10　运输标志样式

①收货人代号。

出口商和进口商通常可以商定一套首字母缩写或简称，用于他们彼此之间所有货物的装运，它主要是易于收货人提货时辨认自己的货物。

②参考号。

参考号应简单明了，以避免转抄错误。例如，在买方和卖方间商定的合同号、运单号或发票号等。

③目的地。

标明货物最终抵达的港口或地点（卸货港、交货地点、续运承运人交货地点）的名称，它主要便于运输部门正确装运，防止错装或错发。

④件号。

标明包装物的连续编号和已知的总件数，主要是便于有关部门统计、检验，以防漏计、漏装。

例如："1/25、2/25……25/25" 表示包装物的总件数为 25 件，每件包装物的编号从 1 到 25。

运输标志的内容除上述的四个部分外，有时还可以同时包括合同号、每件毛重或净重、体积以及生产国等，由买卖双方根据商品特点和具体要求商定，但应以简单明确为原则。唛头面积应在 2 平方英寸以上，压制和刷制在包装物的二面或三面明显之处，力求清晰、不褪色。

运输标志在国际贸易中还有其特殊作用。按《联合国国际货物买卖合同公约》规定，在货物特定化以前，风险不转移到买方承担。所谓"货物特定化"是指以某种方式表明该货物属于某贸易合同项下。而货物特定化最常见的有效方式，是在货物外包装上标明运输标志。此外，国际贸易主要采用的是凭单付款的方式，而主要的出口单据如发票、提单、保险单上，都必须显示出运输标志。货物以集装箱方式运输时，运输标志可被集装箱号码和封口号码取代。

按照国际贸易习惯，运输标志一般是卖方设计确定的，但如买方要求由自己指定运输标志，卖方也可接受，但必须在合同中规定提供运输标志的时间，否则卖方可自行决定。

（2）指示性标志

指示性标志又称注意标志或安全标志，是根据产品的某些特性而确定的一组图形、符号和文字。其目的是在货物运输、装卸搬运和储存过程中，引起从业人员的注意，使他们按指示性标志的要求进行操作，如小心轻放、此端向上、防潮等。

为了统一各国运输包装指示性标志的图形与文字，一些国际组织，如国际标准化组织（ISO）、国际航空运输协会（IATA）、国际铁路货运协会（RID）分别制定了包装储运指示性标志，并建议各会员方予以采纳。2000 年 7 月 17 日，我国原国家质量技术监督局（在 2018 年国务院机构改革中，组建为国家市场监督管理总局）批准发布了 GB191—2000《包装储运图示标志》强制性国家标准，并于 2000 年 12 月 1 日开始实施，所用图形与国际通用的图形基本一致。

指示性标志由图形符号、名称及外框线组成。我国采用的指示性标志的名称和图形共 17 种，主要的指示性标志如图 9－11 所示。

1.易碎物品 运输包装件内装易碎品，因此搬运时应小心轻放。		2.禁用手钩 搬运运输包装时禁用手钩。	
3.向上 表明运输包装件的正确位置是竖直向上。		4.怕晒 表明运输包装件不能直接照射。	
5.怕辐射 包装物品一旦受辐射便会完全变质或损坏。		6.怕雨 包装件怕雨淋。	
7.重心 表明一个单元货物的重心。	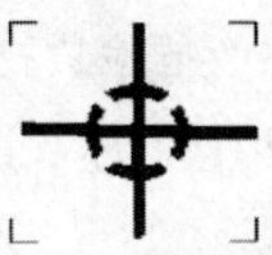	8.禁止翻滚 不能翻滚运输包装	
9.此面禁用手推车 搬运货物时此面禁放手推车。		10.堆码层数极限 相同包装的最大堆码层数，n表示层数极限。	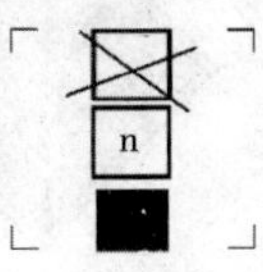
11.堆码重量极限 表明该运输包装件所能承受的最大重量极限。		12.禁止堆码 该包装件不能堆码并且其上也不能放置其他负载。	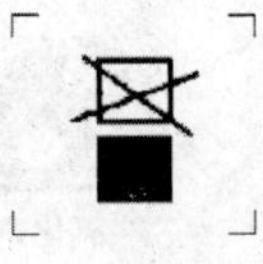

图 9－11　主要的指示性标志

指示性标志的外框为长方形，其中图形符号外框为正方形，尺寸一般分为 4 种，如表 9－2 所示。

表 9－2　　指示性标志的尺寸

序号	标志外框尺寸	图形符号外框尺寸
1	50mm×70mm	50mm×50mm
2	100mm×140mm	100mm×100mm
3	150mm×210mm	150mm×150mm
4	200mm×280mm	200mm×200mm

如遇特大或特小的运输包装件，标志的尺寸可等比例放大或缩小。

指示性标志的颜色一般应为黑色。

如果包装的颜色使黑色标志显得不清晰，则应在印刷面上用适当的对比色，最好以白色作为图示标志的底色。

应避免采用容易与危险品标志相混淆的颜色。除非另有规定，一般应避免采用红色、橙色或黄色。

（3）警告性标志

警告性标志又称危险货物包装标志，是指在易燃品、爆炸品、有毒品、腐蚀性物品、放射性物品等的运输包装上标明其危险性质的文字或图形说明。

警告性标志为了能引起人们特别警惕，防止造成环境污染或人身伤害，一般采用特殊的彩色或黑白菱形图示，提醒作业人员在运输、装卸、搬运以及储存时按各种危险品的作业要求进行操作。

为了保证国际危险货物运输的安全，联合国、国际海事组织、国际铁路合作组织和国际民航组织分别制定国际海上、铁路、航空危险货物运输规则，联合国政府间海事协商组织也制定了一套《国际海运危险品标志》，对生产危险货物包装的企业执行质量认证。

我国常用的警告性标志图形共 21 种、19 个名称。图 9－12 为几种警告性标志。

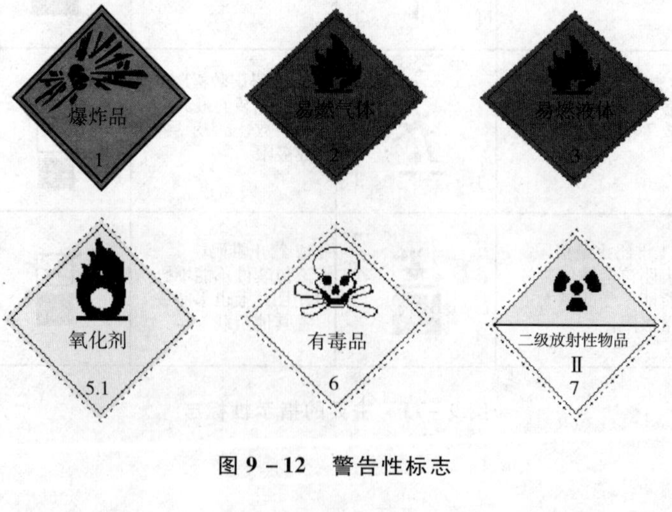

图 9－12　警告性标志

相关链接

锂电池芯和电池的包装要求

锂电池是一类由锂金属或锂合金为负极材料、使用非水电解质溶液的电池。可简单分为两类：锂金属电池（例如，纽扣电池）和锂离子电池（例如，手机电池）。使用锂电池的装置如果使用不当，可能引发锂电池燃烧和爆炸。

国际上许多机构如联合国（UN）、国际民航组织（ICAO）、国际航空运输协会（IATA）、国际海事组织（IMO）、欧洲陆运协会（ADR）等，均对锂电池安全运输作出明确要求。其中，锂电池航空运输主要遵循依据为国际民航组织《危险品航空安全运输技术细则》和我国《锂电池航空运输规范》（MH/T1020－2018）。

锂电池芯和电池必须放置于可将其完全封闭的内包装中，再放入坚固硬质外包装，每个包装件必须能承受任意方向的 1.2 米跌落试验。根据《空运进出口危险货物包装检验管理办法（试行）》，空运出口危险货物包装容器的使用单位应逐批向海关申请空运出口危险货物包装使用鉴定，航空货运部门凭海关出具的《使用鉴定结果单》（正本）承运。同时，包装上应加贴锂电池标记和标签。

锂电池9类标签

锂电池标记

仅限货机运输标签

（资料来源：节选自 https：//www.sofreight.com/news_48373.html）

重要概念

国际物流仓储　　国际仓储业务流程　　保税仓库　　运输标志　　指示性标志

本章小结

本章阐述了国际货物仓储的含义、作用、分类、功能，总结了国际货物仓储业务流程，归纳了保税仓库及其管理等方面的内容，并对包装材料与容器、包装种类、包装费用和包装标志作了阐述。

复习思考题

一、判断题

1. 仓储活动不能增加商品的价值。(　　)

2. 使用公共仓储时，企业的经营活动没有使用自有仓库灵活。(　　)

3. 保税仓库货物进口主要有两种情况：本地进货与异地进货。(　　)

4. 国际机场等地区建立的在区内进行加工、贸易、仓储和展览由海关监管的特殊区域叫保税区。(　　)

5. 销售包装又称单件包装。(　　)

6. 包装费用一般包括在货价之中，不单独计收。(　　)

7. 包装的主要目的是方便储运，使产品获得足够的保护。(　　)

8. 生产危险品货物的企业，在出口危险品货物时必须向检验检疫机构申请危险货物包装容器的使用鉴定。(　　)

二、单选题

1. (　　) 是同时具有仓储、发货、运输、流通加工和保税功能的仓库，是现代国际物流中仓库的最高级形式。

A. 流通中心型仓库　　B. 国际物流中心型仓库

C. 加工型仓库　　D. 保税仓库

2. 口岸仓库的特点是 (　　)。

A. 商品存储期短、商品周转快　　B. 商品存储期长、商品周转快

C. 商品存储期短、商品周转慢　　D. 商品存储期长、商品周转慢

3. (　　) 在各类外贸仓库中所占比例最大。

A. 通用仓库　　B. 专用仓库　　C. 特种仓库　　D. 合同仓库

4. 保税仓库所存货物的储存期限为 (　　)，特殊情况经批准延长期限最长不超过 (　　)。

A. 1 年；1 年　　B. 6 个月；6 个月

C. 6 个月；1 年　　D. 1 年；6 个月

5. 经海关批准不可以存入保税仓库的货物有 (　　)。

A. 加工贸易进口货

B. 未办结海关手续的一般贸易货物

C. 供应国际航行的船舶、航空器的油料、物料和维修用零部件

D. 禁止进境货物

6. 以下不属于保税仓库作用的是 (　　)。

A. 可缩短进口原料的采购时间，有利于出口合同的履行

B. 降低企业开展加工贸易的风险

C. 可减少企业缴纳保证金的数量，有效提高企业资金的利用率

D. 生产周期变大，利于企业扩大生产

7. 关于保税仓库的存储对象说法不正确的是（　　）。

A. 外商进境暂存货物　　B. 未办理通关手续的货物

C. 未办结海关手续的一般进口货物　　D. 只能是短时间周转的货物

8.（　　）是经海关批准设立，已办结海关出口手续的货物进行存储、保税物流配送、提供流通性增值服务的海关专用监管仓库。

A. 海关监管仓库　　B. 出口保税仓库

C. 出口监管仓库　　D. 出口配送型仓库

9. 以下（　　）是与销售包装存在不同意义。

A. 小包装　　B. 内包装　　C. 零售包装　　D. 外包装

10. 运输包装袋其盛装重量一般在（　　）公斤。

A. 10 ~ 20　　B. 20 ~ 40　　C. 50 ~ 100　　D. 100 ~ 150

三、多选题

1. 按仓库管理体制分类，国际物流仓库可以分为（　　）。

A. 自有仓库　　B. 公共仓库　　C. 通用仓库

D. 合同仓库　　E. 专用仓库

2. 保税仓库的类型有（　　）。

A. 专业性保税仓库　　B. 非专业性保税仓库　　C. 公共保税仓库

D. 保税工厂　　E. 海关监管仓库

3. 保税仓库允许存放的货物范围是（　　）。

A. 需做进口技术处置的货物　　B. 缓办纳税手续的进口货物

C. 不内销而过境转口的货物　　D. 国家免税的进口货物

E. 来料加工后复出的货物

4. 企业利用自有仓库进行仓储活动具有哪些优势（　　）。

A. 可以更大程度地控制仓储　　B. 管理更具灵活性

C. 可为外贸企业树立良好形象　　D. 投资少

E. 长期仓储时，自有仓储的成本低于公共仓储

5. 包装标志有（　　）。

A. 运输标志　　B. 装卸标志　　C. 储存标志

D. 警告性标志　　E. 指示性标志

6. 按不同用途，包装材料可分为（　　）。

A. 容器材料　　B. 托盘　　C. 内包装材料

D. 包装用辅助材料　　E. 集装箱

四、问答题

1. 仓储在国际物流中的作用有哪些？

2. 保税物流中心的货物主要包括哪些类型？

3. 综合保税区内企业可以开展的与物流密切相关的业务有哪些？

4. 什么是包装容器？包装容器主要有哪些类型？

5. 国际标准运输标志的主要内容包括哪些？

五、案例分析

从国外制造企业进口机电设备、运输设备、建筑机械、医疗器械、飞机船舶，直至各种大型成套设备和设施等高价值资产，对于采购企业形成较大的资金压力。

《国务院办公厅关于促进金融租赁行业健康发展的指导意见》中提出了“鼓励通过金融租赁引入国外先进设备，提升国内技术装备水平”的相关精神，为此中国（天津）自由贸易试验区提供发挥融资租赁产业特色，创新推出了进口保税设备租赁业务模式。

根据相关规定，海关特殊监管区域内企业之间货物自由流转，不征收增值税和消费税，区内企业从境外购买设备享受保税政策。租赁公司在海关特殊监管区域设立租赁特殊目的公司（SPV），以SPV公司为出租人，采购租赁标的物入区保税，以租赁贸易方式报关后，交付承租人使用，实现以租金方式分期缴纳关税和进口环节增值税。

同时，考虑到注册在中国（天津）自由贸易试验区海关特殊监管区域内的融资租赁企业进出口飞机、船舶和海洋工程结构物等大型设备，因无法移动、运输限制等原因难以实际运至海关特殊监管区域，天津海关在执行现行相关税收政策前提下，根据物流实际需要，对其实行海关异地委托监管。通过海关间的联系配合，实现租赁标的由境外直接运输至实际使用地，大大降低了企业成本。

请思考：中国（天津）自由贸易试验区“保税货物”+“租赁贸易”模式有何创新之处？

（资料来源：深化服务贸易创新发展试点最佳实践案例，http://www.mofcom.gov.cn/article/jiguanzx/202105/20210503061923.shtml，2021，5

自由贸易试验区第四批最佳实践案例，http://www.mofcom.gov.cn/article/zwgk/gztz/202107/20210703172994.shtml，2021，7）

第 10 章　跨境电商物流

学习目标

1. 了解跨境电商物流的发展现状。
2. 熟悉跨境电商物流的主要方式。
3. 熟悉不同跨境电商物流模式的流程。
4. 掌握跨境电商物流模式的优缺点。

导入案例

缓解疫情冲击，跨境电商应对有道

2020 年第二季度，由于受疫情影响，航班大量停飞，运力无法满足空运需求，各大物流服务商以不同形式提价，跨境电商卖家的物流成本快速攀升。物流价格全线暴涨时，包机业务也被刺激，惯常二三十万美元一趟的包机价格一度涨到七八十万美元甚至一百万美元。随着空运价格暴涨，海运需求量有所提高。超过半数的跨境电商卖家在头程运输上选择海运方式。价格成为卖家渠道选择上最重要的考量因素，其次是时效和性价比。

由于国际局势不明朗、国际物流受阻、资金周转困难、海外采购商倒闭或资金断链等因素给外贸企业带来较大冲击。全球疫情之下，外贸线上化趋势愈发明显，越来越多的企业选择开启跨境电商的外贸新征途。同时，针对物流困局，部分企业采取“国内仓 + 第三方海外仓 + 亚马逊 FBA 仓”模式，将补货发运至第三方海外仓运营，有效分散了经营风险，保障了终端销售的持续性。

在确保库内疫情防控效果的前提下，海外仓一件代发、中转、贴标、换标等业务将迎来井喷式增长。疫情下，邮政官方渠道的所有产品均大幅涨价，eBay、Wish、速卖通等平台上以销售低值、小额订单产品为主的卖家在寻找更高性价比的物流渠道，铁路小包和海运小包或是一个新的方向。

由于疫情蔓延，“宅经济”品类需求爆发，家居、办公、美容、健身器材等卖家迎来一轮订单回暖潮。据零售分析公司 Stackline 数据显示，除防疫物资外，欧洲人在封城时的最大刚需是在室内锻炼，宅家生活和娱乐用品需求大幅增长。随着各国陆续解封复工复产，自行车、电动车等代步工具以及打印机等户外用品和办公用品需求上涨。据全球速卖通数据，疫情期间，平台 3D 打印机的销售额同比翻了一番。海外大量工厂因疫情关闭，线下流通渠道受限，但线上跨境渠道是畅通的，很多商家选择线上购买 3D 打印机打印口罩、汽车零件，甚至打印飞机零部件。

（资料来源：改编自文章《缓解疫情冲击，跨境电商应对有道》https://www.sohu.com/a/410548105_100209482）

思考题

（1）跨境电商的发展对国际物流产生了哪些影响?

（2）跨境电商物流服务流程与传统国际物流相比，有何不同?

提示

跨境电商的出现将大批量的跨境贸易货物转变为小批量的电商快递包裹。为了满足消费者需求，跨境电商物流需要实现“门到门”，因此深刻改变了跨境物流活动。

10.1 跨境电子商务物流概述

10.1.1 跨境电子商务

1. 跨境电子商务的概念

跨境电子商务（Cross – Border e – Business）概念有广义和狭义之分。

广义的跨境电子商务是指分属不同关境的交易主体通过电子商务手段达成交易的跨境进出口贸易活动。狭义的跨境电子商务概念特指跨境网络零售，指分属不同关境的交易主体通过电子商务平台达成交易，进行跨境支付结算、通过跨境物流送达商品，完成交易的一种国际贸易新业态。跨境网络零售是互联网发展到一定阶段所产生的新型贸易形态。

跨境电商包括进口电商和出口电商两大类。前者是将国外的商品运送到国内市场交易；后者是将国内的商品运送到国外市场交易。从目前的发展态势来看，我国的跨境电商业务主要以出口为主，这与国家推动企业“走出去”的发展战略不可分，也有利于在国际贸易中获得顺差。

随着国内市场需求多元化、个性化的转向，以及对海外产品高速增长的需求，进口跨境电商必然会呈现出强劲的发展势头。有数据指出，当前我国已有超过 20 万家企业涉足了跨境电商业务，相关的跨境电商平台也已经超过 5000 家。根据商务部的数据，2019 年，我国跨境电商零售进出口额达到了 1862.1 亿元人民币，是 2015 年的 5 倍，年均增速 49.5%。

2. 跨境电子商务的特征

相比传统进出口的产业链流程长、渠道加价率高、商品的运货周期长等缺陷，跨境电商能够显著减少供应链层级，压缩商品运输时间，降低商品价格，提高商品在国际市场上的竞争力。跨境电子商务的特征主要表现在以下几个方面。

（1）成本低

传统跨境贸易进出口环节多、时间长、成本高，而跨境电子商务直面最终消费者，大大降低了企业的销售成本和消费者的购买成本。

（2）速度快

只要境外采购商在平台上下订单，强大的物流体系就可以使货品在 1 ~ 2 周内到达消费者手中。

（3）门槛低

传统的跨境贸易主要由一国（地区）的进/出口商通过另一国（地区）的出/进口商集中进/出口大批量货物，然后通过境内流通企业经过多级分销，才能到达消费者手中，对于参与国际贸易的企业有较高的专业素质要求；而在跨境电子商务中，商家与消费者只需通过跨境电子商务平台就可以达成交易，企业参与跨境交易的门槛明显降低。

10.1.2　跨境电子商务物流

跨境电子商务物流（以下简称：跨境电商物流）是伴随着跨境电子商务的发展而产生的，是跨境电子商务发展的有力支撑。跨境电商物流除了提供传统的商品运输、配送、货代、报关等服务外，有时还需要提供退换货处理、海外仓等增值服务。下面主要介绍跨境电商物流的概念和特征。

1. 含义

跨境电商物流是指分属不同关境的交易主体通过电子商务平台达成交易并进行支付结算后，通过跨境物流服务送达商品完成交易的国际商务活动。

由于电子商务环境下人们的交易主要依靠网络进行，因此客户下单并完成支付后，线下的货物交付就显得尤为重要。它直接关系到电子商务交易能否顺利完成，能否获得消费者的认可。

2. 特征

与境内物流相比，跨境电商物流涉及范围更广、影响更加深远，它不仅与多个国家（地区）的社会经济活动紧密相连，更受到多个国家（地区）间多重因素的影响。

具体来看，跨境电商物流的主要特征表现为以下几个方面。

（1）物流成本高

物流成本主要由资金成本、人力成本和物力成本构成。当前跨境电商的消费者主要还是分布在欧美发达国家。为了满足消费者需求，跨境电商物流企业在这些国家投入的人力、物力比一般贸易高。同时由于涉及境内集货、跨境通关、境外配送交付等环节，运输过程中还牵涉跨境检查，这些都导致跨境运输流程复杂、成本增加。

（2）配送时效差

跨境物流的流程复杂，主要环节包括国内物流、国内海关、国外海关、国外物流等，即便在空运物流形式下，通常也需要15天左右时间才能到达消费者手中，且还要面临着破损率高、旺季拥堵等风险。

（3）难以实现全程追踪

在电商物流体系中，全程追踪包裹已成为各商家的基本要求。但是不同国家物流信息化水平差异较大，电商物流企业无法与其他国家物流企业建立物流信息共享网络，跨境电商物流全程追踪的实现还有一定困难。

（4）退换货困难

对于电子商务交易而言，能否实现退换货在很大程度上影响到消费者的满意度。一个完整的跨境电商物流环节多、周期长、流程复杂，导致退换货非常困难。此外，跨境电子商务活动往往需要缴纳行邮税，即海关对入境人员及其携带行李、个人邮政物流所征收的进口税。当发生退换货时，在费用重复缴纳和分摊方面，买卖双方会存在一定分歧，从而影响到跨境交易退换货的顺利进行。

相关链接

推行跨境电商进口B2C包裹退货新模式

2019年初，杭州市相关部门收到天猫国际、易考拉等大型电商平台反映其平台存在大量“退货难”情况。问题主要包括三个方面。

（1）“非整单或非良品”无法退运和二次售卖。根据数据统计，因非整单或非良品无法退单的比例，天猫国际与网易考拉分别占总退单比为45%和50%。

（2）物流链条较长导致部分退单商品难以在海关放行30日内运抵综保区内，影响消费者额度返还。数据显示，因该原因导致商品无法在30日内完成退货的比例约占整个退货商品的40%。

（3）30日以外的退货商品无处置路径，导致这部分退货商品积压在区外，给企业造成极大的成本负担与资金压力。

针对上述问题，杭州市改革创新，打通政策、程序等方面的阻塞节点，在全国率先推出跨境电商零售进口包裹退货新模式。主要做法如下：

(1) 拓展退货形态。在前期“整单良品类”试点退货模式基上，允许“非整单”“非良品”类包裹退货入区，提升消费者体验。

(2) 精简退货流程。制定出台《跨境电商零售进口购保税退货业务监管方案》，在综保区内设置保税区退货专用仓，替代企业原设于区外的退货专用仓，开辟非申报通道渠道允许国内快递车辆直接入区。

(3) 探索超期退货监管机制。对于保税进：商品超期退货的历史遗留难点，研究提出可行性解决方案，于2019年8月在全国范围内率先被海关总署赋权探索超过30日退货商品退回综保区内重新上架销售的监管模式，一揽子解决跨境电商购保税零售进口商品历史积压退货处置问题。

上述做法解决了货物超期积压的问题，为企业和消费者破解退货难题。一是有效降低企业经营成本。自2019年5月退货新模式实施以来，共有10余家企业享受到新模式带来的红利，极大减少了企业运营成本。据网易考拉统计，企业共节省仓储费用50余万元，盘活积压的退货商品资金700余万元。截至2019年10月底，退货申请共有14.1万单，占企业总退单数90%，整体退货量较新政实施前环比增长42%，实现“应退尽退”。二是有效缩短企业退货时间。通过区内设立公共退货中心仓、允许退货包裹直接退货入区等方式，减少退货商品在区外的滞留，提高了企业整体退货效率，有效缩短退货时间5天左右，为更多退货商品30日内入区提供保障。三是先行先试，推动制度创新。截至2019年10月底，天猫国际、网易考拉等已有1000票超期积压退货商品退运杭州综保区，准备做二次销售处理。杭州海关作为首个实际解决超30日商品无法退货的关区，为全国复制推广超30日退货商品的处置提供了经验。

（资料来源：根据商务部《深化服务贸易创新发展试点最佳实践案例》整理，http://www.mofcom.gov.cn/article/jiguanzx/202105/20210503061923.shtml）

10.1.3 我国跨境电商物流的发展现状

与国内物流相比，跨境物流除具备其共性外，还伴随国际性等特点。物流硬件环境与软件环境存在国家差异，不同国家其标准也不同，国内物流、国际物流与目的国物流在衔接上会存在障碍，导致顺畅的跨境物流系统难以构建。物流环境的差异，导致在跨境物流、运输与配送过程中，需要面对不同的法律、文化、习俗、观念、语言、技术、设施等，增加了跨境物流的运作难度和系统复杂性。此外，如关税、非关税壁垒、物流成本、空间距离等，都直接或间接地影响、制约跨境物流。

目前，我国跨境电商物流还停留在商品运输、配送、货代等层面，物流高端服务与增值服务缺失，无法提供物流系统集成、供应链优化解决方案、大数据物流、云计算信息平台、跨境物流金融、海外即时送等服务。随着新冠肺炎疫情的暴发，线下消费市场受到严重冲击，大量零售实体店关闭，全球电商渗透率显著提升。电商新注册用户的增加及消费者线上购物消费频次的提升促成了消费者跨境购物习惯的养成。因此，也对跨境电商物流形成了显著影响，主要包括以下四个方面的变化。

（1）品类变化。消费者格外关注居家生活品质的提升和居家环境的清洁问题，带动防疫用品、“宅经济”品类（以家居、家电、家具为主）增长迅猛。有别于过去跨境电商品类以小包为主的情况，如今大件、异形家居、家电品类需求也大幅增长，催生大件跨境物流及安装、逆向等当地物流增值服务需求的增长。

（2）路向变化。欧美依然是跨境电商出口的核心市场，占比较高，但东南亚、中东等新兴市场增速迅猛。由于不同区域的消费、支付习惯及当地市场既有关税政策、物流基础等有较大差异，对跨境物流企业灵活应对不同市场的差异化特征、提供专业化服务提出了较高的要求。

（3）品牌崛起。中国海外跨境卖家品牌化趋势明显，正在完成由输出“中国制造竞争优势”向输出“中国品牌竞争优势”转变，引发对于更稳定、更高质的跨境物流服务的诉求。

（4）渠道多元。在原有平台卖家的基础上，跨境商家基于自身品牌化发展需求，逐步构建海外独立自建站点，且普遍多站点运营，未来预计将进一步加大具有灵活营销自主权及流量运营、变现能力的独立站的投入。多平台运营及独立站发展，将进一步为跨境电商物流及供应链服务企业带来更多机会。

小资料

跨境电子商务综合试验区的分布情况

2015年3月7日，国务院首先在浙江省设立第一个跨境电子商务综合试验区——中国（杭州）跨境电子商务综合试验区，此后分别于2016年1月12日、2018年7月24日、2019年12月15日、2020年4月27日公布四批试验区名单。截至2020年，国务院在全国范围内共设立了105个跨境电子商务综合试验区，覆盖了30个省区市，见表10－1。国家跨境电子商务综合试验区的设立旨在鼓励跨境电子商务交易、支付、物流、通关、退税、结汇等环节的技术标准、业务流程、监管模式和信息化建设探索创新、先行先试。进一步简化流程、精简审批，完善通关一体化、信息共享等配套政策，推进包容审慎有效的监管创新，推动国际贸易自由化、便利化和业态创新。

表10－1　各地获批的跨境电子商务综试区

省份	所在地（批次）	省份	所在地（批次）
北京	北京（3）	上海	上海（2）
天津	天津（2）	重庆	重庆（2）
宁夏	银川（4）	新疆	乌鲁木齐（5）
青海	海东（4）、西宁（5）	甘肃	兰州（3）、天水（5）

续表

省份	所在地（批次）	省份	所在地（批次）
山西	太原（4）、大同（5）	陕西	西安（3）、延安（5）
贵州	贵阳（3）、遵义（5）	云南	昆明（3）、德宏（5）
海南	海口（3）、三亚（5）	广西	南宁（3）、崇左（5）
河北	唐山（3）、石家庄（4）、雄安新区（5）	安徽	合肥（2）、芜湖（4）、安庆（5）
河南	郑州（2）、洛阳（4）、南阳（5）	湖北	武汉（3）、黄石（4）、宜昌（5）
黑龙江	哈尔滨（3）、绥芬河（4）、黑河（5）	内蒙古	呼和浩特（3）、赤峰（4）、满洲里（5）
吉林	长春（3）、珲春（4）、吉林（5）	江西	南昌（3）、赣州（4）、九江（5）
湖南	长沙（3）、岳阳（4）、湘潭（5）、郴州（5）	四川	成都（2）、泸州（4）、德阳（5）、绵阳（5）
辽宁	大连（2）、沈阳（3）、抚顺（4）、营口（5）、盘锦（5）	福建	厦门（3）、福州（4）、泉州（4）、漳州（5）、莆田（5）、龙岩（5）
山东	青岛（2）、威海（3）、济南（4）、烟台（4）、东营（5）、潍坊（5）、临沂（5）	江苏	苏州（2）、南京（3）、无锡（3）、徐州（4）、南通（4）、常州（5）、连云港（5）、淮安（5）、盐城（5）、宿迁（5）
浙江	杭州（1）、宁波（2）、义乌（3）、温州（4）、绍兴（4）、湖州（5）、嘉兴（5）、衢州（5）、台州（5）、丽水（5）	广东	广州（2）、深圳（2）、珠海（3）、东莞（3）、汕头（4）、佛山（4）、梅州（5）、惠州（5）、中山（5）、江门（5）、湛江（5）、茂名（5）、肇庆（5）

10.2　跨境电商物流的运营方式

在跨境电子商务的发展过程中，以国际邮政小包为代表的国际邮政包裹与国际快递扮演着极其重要的角色，在众多跨境物流模式中，这两种模式的占比最高。在跨境电子商务发展与演进过程中，受市场需求和政策法规的影响，以海外仓为首的新型跨境物流模式逐渐受到关注，并开始被广泛应用于跨境电子商务市场。

10.2.1　常见的运营方式

1. 邮政快递小包

国际邮政快递小包裹，简称邮政小包，是服务于跨境电子商务的一种传统物流模式。邮政小包的包裹重量在 2 千克以内，外包装长宽高之和小于 90 厘米，且长边小于 60 厘米，包含挂号、平邮两种服务，可寄达全球各个邮政网点。挂号服务费率稍高，可提供网上跟踪查询服务。邮政小包主要包括中国邮政小包、中国香港邮政小包、新加坡邮政小包等。

（1）邮政小包的优势

覆盖网络最广泛。基于万国邮联协议，邮政小包基本可触达全球绝大部分国家和地区，末端派送由当地邮政完成。

轻小件货物的价格优势。一是由于目前跨境电商出口商品主要为小商品、服饰和3C消费产品，包裹重量在2千克内的货物以100克为最小计费单位，相比以千克为最小计费单位的一般商业快件，邮政小包在价格上具有明显的优势。二是入境清关时不会产生关税或清关费用。

清关速度快。邮政小包采用批量清关，在海量包裹清关时，速度远快于商业快件清关，特别是在货运量集中的地区，如纽约、洛杉矶等地，清关时效的优势更为突出。

由于万国邮政联盟有192个成员，各成员的邮政企业可以借助覆盖全球的邮政网络，满足世界各地消费者的购物需求。这为中国跨境电商早期发展提供了极大的支持。据不完全统计，目前我国跨境电子商务活动有超过60%的商品是通过邮政体系完成跨境物流的。

国际邮政小包虽然优点突出，但在实际运营过程中，其丢包率高、安全性低、时效性不强等劣势较为突出。国际邮政包裹适合轻型、小型商品，在货物体积、重量、形状等方面限制性较高，如带电池、粉末、液体等特殊商品无法通过正常方式在邮政渠道实现通关。

（2）邮政小包的终端费

由于万国邮政联盟成员之间的物流费用结算主要依靠终端费，即原寄国邮政向寄达国邮政支付的为补偿寄达国处理所接收函件的费用，适用于信件和2千克以下的小包，随着跨境电子商务迅猛发展，国际小包业务量急速增长。由于世界贸易发展不平衡，存在贸易逆差的国家与存在贸易逆差的国家在邮政业务上会出现利益不平衡。如果一些国家的国内物流成本比较高，终端费不能覆盖其国内处理成本。因此，这些国家呼吁提高终端费。

万国邮联每四年召开一次大会商定终端费体系，该体系将成员按发展水平分为四组，计算标准对发展中国家较为有利。我国所属第3组国家，计算标准对我国比较有利。2019年9月，万国邮联第三次特别大会在瑞士日内瓦举行，大会通过了融合各方诉求的方案V①。该方案将使我国所在的第3组国家在2020年至2025年间，出口国际小包终端费较2019年累计增长164%，从而推高我国跨境电商物流成本。不过，与其他方案相比，方案V对我国的不利影响相对较小。

随着终端费提高，中国邮政的成本将大幅提高，这也意味着跨境电商产品的价格优势有可能丧失，利润将被压缩。邮政业务需要适应国际小包市场化进程，不断创新，打造安全可靠的国际寄递网络。

① 与会代表称此方案为“胜利方案”，因此写作方案V。

2. 商业快递

国际商业快递是用于跨境电子商务物流服务的另一种传统模式，它主要是通过国际快递公司来解决跨境电商产品物流及配送问题。国际上知名的快递公司包括联邦快递（FedEx）、联合包裹（UPS）、敦豪速递（DHL）等，国内知名的快递公司也扩展了国际快递业务，包括 EMS、顺丰速递、申通、韵达等。

从特征上看，国际商业快递与国际邮政小包具有明显的互补性，国际商业快递的时效性高、丢包率低、可追溯查询等特点，是其主要的竞争优势。虽然国际商业快递的网络覆盖不如邮政物流体系，不过，国际知名快递公司的全球网络也是比较完善的，并且能够实现报关、报检、保险等辅助业务，支持货物包装与仓储、跟踪追溯等服务。但是国际快递的价格偏高，尤其在一些不发达国家或偏远地区，国际商业快递收取的附加费更是惊人。

3. 海外仓

海外仓是指建立在海外的仓储设施。出口企业将商品通过大宗运输的形式运往消费者所在国家或者临近国家的仓库，储存商品。客户从电商平台或者其他渠道需要产品时，可以迅速响应，直接从消费者所在国家或者附近国家的仓库进行分拣、包装和配送，提升消费者跨境贸易购物的体验，增强消费者粘性。

海外仓模式的费用主要包括三个部分，即出口段的大宗商品运输（头程运输）运费与清关费用，海外仓中的存储费用与分拣、包装等操作费用，本地派送的运输费用。

（1）海外仓的运营模式

自建模式。自建模式是指跨境电商企业选择自己建设并且运营海外仓，仅为本企业的产品提供仓储、配送等服务。自建模式下，跨境电商企业可以自主控制整个跨境物流过程，优化商品存储品类，提高“最后一公里”的控制能力，增强客户的信任感，扩展企业在海外市场的知名度与影响力。由于自建海外仓多数投资于美国、德国、英国等发达国家，不仅土地、劳动力成本高昂，法务税务、管理风险也比较突出，自建海外仓短期内难以通过规模化运营来均摊运营成本。因此，自建模式主要适合于跨境电商大卖家。

第三方服务模式。第三方服务模式是指租赁由第三方企业（主要是物流企业）建立并运营的海外仓，为客户提供配送服务，提升消费者满意度。通常提供海外仓服务的物流企业还同时提供清关、入库质检、接受订单、商品分拣、配送等服务。例如，亚马逊将自身平台开放给第三方卖家，将其库存纳入亚马逊全球的物流网络，该服务统称为亚马逊物流服务（fulfillment by Amazon，FBA），亚马逊为第三方卖家提供拣货、包装以及终端配送的服务，收取服务费用。第三方服务模式下高昂的仓库租金和服务费用是跨境电商出口企业需要承受的。

合作建设模式。合作建设模式是指跨境电商企业与海外合作企业共同出资建设仓储设施。该模式的突出优势在于企业可以减轻建设海外仓的资金压力，同时通过与合作企业的互相学习，也有利于快速实现本地化。在订单履行方面，不仅兼具自建模式的优点，而且可以为当地国家或地区的消费者提供本地化售后服务。

（2）海外仓的主要优点

相比邮政快递小包和商业快递，海外仓具有以下优点：

第一，海外仓的头程运输将零散的国际小包转化成大宗运输，体现规模经济效益，会大大降低物流成本。有研究表明，相比小包直邮，海外仓模式可以减少30%～50%的物流成本。

第二，海外仓将国际派送转化为当地派送，确保商品更快速、更安全、更准确地到达消费者手中，完善消费者跨境贸易购物体验。

第三，海外仓可以提供高效便捷的退货服务，适应当地消费者的购物习惯，使消费者购物时更加放心。

第四，海外仓可以降低因节假日等特殊原因造成的物流服务中断风险，为消费者提供本土化服务，从而提高跨境电商的海外竞争力。

4. 保税区、自贸区物流

保税区或自贸区物流模式是依托保税区或自贸区开展跨境电子商务物流服务，这种模式已经成为跨境电子商务物流市场的一种新兴模式。在该模式下，跨境电商出口企业通过国际货运预先将商品运至保税区或自贸区仓库，当跨境电子商务平台获得网络销售订单后，再通过线下的保税区或自贸区仓库完成商品的分拣、包装、发货，完成通关后进行末端配送活动。因此该模式是一类特殊的海外仓，跨境电商经营者所使用的仓库具有保税功能。

由于中国首创了“网购保税进口模式”（海关监管代码1210），因此在跨境电商进口领域，对公共仓的需求基本都集中在国内的保税仓库；目前国内保税仓主要应用于网购保税进口商品，其中以跨境电商试点城市、跨境电商综试区的海关特殊监管区及B型保税仓库为主要载体。

由于受跨境电商政策影响，国内保税仓市场供给端主要集中在跨境电商试点城市及跨境电商综试区。同时，受2016年“四八”新政影响，跨境电商进口运营方保持观望态度，但保税仓市场需求依旧旺盛。国内保税仓主要有三种类型，如表10－2所示。

表10－2　境内保税仓的三种类型

仓库类型	备案主体	服务方式
跨境进口公共仓	仓储企业	主要为跨境电商进口卖家提供跨境进口保税仓储服务
跨境进口自营仓	跨境电商进口平台	为自身平台服务
跨境进口自营仓＋公共仓	大部分为跨境电商进口平台	一方面服务于自营平台，另一方面对外开放服务于第三方跨境电商进口卖家

资料来源：亿邦动力研究院，跨境电子商务创新研究报告，2018。

保税区或自贸区物流模式简化了作业流程与手续，可以享受保税区或自贸区的优惠政策，主要体现在物流、通关、商检、收付汇、退税等方面。同时作为一类特殊的海外仓，头程运输可以实现集中化的国际货运、通关与商检，获得规模经济效应，既降低了跨境物流成本，又缩短了物流时间，提高了物流与配送时效。与海外直邮相比，基于保税区或自贸区所开展的保税备货模式具有一些显著的特征，如表 10－3 所示。

表 10－3　保税区（自贸区）保税备货模式的典型特征

模式	保税备货模式	海外直邮模式	
		小包裹直邮	集货直邮
基本操作	商品暂存在国内保税仓库，消费者下单后从保税仓清关、发货	消费者下单后，由国外供应商直接发货，经过海关清关，快递至消费者	消费者下单后，境外供应商集中订单，统一采购、发货，经海关清关、快递至消费者
物流模式	保税仓→海关清关→快递→消费者	国外供应商→（海外仓）→国际物流→海关清关→快递→消费者	国外供应商→海外仓库→国际物流→海关清关→快递→消费者
成本	商品囤放在保税仓，如商品过期，需要在海关监管下进行销毁，跨境电商平台和商家要承担商品销毁的成本	海外仓建设成本、非规模化运营阶段的成本较高，但规模较为灵活	
包裹大小	小包裹	小包裹	大包裹
清关速度	较快 1～2 天	较慢	较慢
收货速度	最快	较慢	最慢
适用品类	（1）标准产品；（2）受到市场检验认可的类型；（3）大众商品	（1）非标准商品；（2）处于测试阶段的新产品；（3）品类多样，可以满足长尾需求的商品	
退换货	无法退回保税仓，需要自建退货仓库存放退货商品	国内有保税仓，可将货物在保证二次销售的情况下退还国内分支机构或者保税仓；国内无保税仓，需回程寄送	
退货成本	退货商品无法进行二次销售，需承担较大的退货成本	回程寄送的需要承担较高的国际物流配送，时效、清关等成本	

资料来源：中国国际商会、德勤中国研究中心、阿里研究院，中国进口消费市场研究报告——持续开放的巨市场，2018 年 10 月 31 日。

5. 跨境专线物流

国际物流专线是跨境电子商务发展背景下出现的一类新型跨境物流模式。国际物流专线具体运营不同国家（地区）间点对点的货运线路，其运输线路及班次一般是固定的。

国际物流专线种类非常多，依据线路的不同，以中国为例，可分为中俄专线、中美专线、中欧专线、中澳专线等；依据运输方式的不同，可分为航空专线、港口专线、铁路专线、大陆桥专线等。

国际物流专线有其专门使用的物流运输工具、物流线路、物流起点与终点、物流运输工具、物流运输周期及时间等，同时它还是根据特定国家或地区跨境电商物流特点所推出的物流线路，模式能够有效规避通关及商检风险，还具有一定的物流时效性及物流经济性；但同时也由于其“专”而产生一定的局限性，突出表现在具有明显的区域特征，无法适应跨境电子商务所产生的无地域限制性需求。因此，导致跨境物流专线模式难以成为跨境物流的主要模式之一，只能作为跨境电商企业挖掘重要固定市场的物流解决方案，或者作为其他跨境物流，如海外仓模式的中间环节。

此外，传统的国际物流专线仅包含货运站点之间的运输服务，随着跨境电商服务需求升级，国际物流专线的业务链条进一步向上游的货物揽收和下游的末端派送延伸。国际物流专线的服务开始形成包括货物揽收、装卸打包、运输、在线追踪订单、清关、本地派送等在内的完整的“端到端”物流链。这将为跨境物流服务提供商提供更多接触客户的机会，增加国际物流专线的使用频率与整体价值。

6. 集货物流

集货物流模式是指将已经按消费者订单分拣后，经过集货中心处理，达到批量运输的起点后，通过与国际物流公司合作，将货物集中运往进口国并送到消费者手中。根据作业模式的差异，又可以分为直邮集货和保税集货两种模式。

在直邮集货模式下，跨境电商出口企业在接到订单后分拣、打包，达到一定包裹量之后再统一发往进口国。保税集货模式是指跨境电商出口企业根据消费者在跨境电子商务平台上产生的订单，将货物统一打包，以集货方式进境，在保税物流中心由物流企业根据消费者订单信息将商品分别粘贴运输面单，由报关企业汇总申报，经海关清单核放，查验放行后配送到消费者手中。与前面提到的保税区、自贸区物流模式有所不同的是，采用保税集货模式的电商企业无需将未出售的货物预先囤积在仓库内，可极大地降低资金成本和销售风险。

集货物流模式的优点包括：(1) 可以个人物品清关，在税收和检验检疫的环节都享有优势。天猫国际方面的数据显示，截至目前有60%以上的订单通过保税模式备货发货；(2) 可以把不同来源的货物集中在一起，使原来分散的、小批量的、规格质量混杂的不容易进行批量运输的货物，达到大批量运输的要求，从而实现大批量、高效率、低成本和快速的国际物流运作。

10.2.2 主要的跨境电商物流优劣势比较

物流环节对跨境电商来说显得尤为重要，小卖家一般可以通过平台发货，选择国际小包等渠道。大卖家或者独立平台的卖家，需要优化物流成本、考虑客户体验、整合物流资源并探索新的物流形式。跨境电子商务物流方式各有优缺点，表 10－4 对四种主要跨境电商物流模式做简单比较。

表 10－4　　跨境电子商务物流方式比较

物流方式	优势	劣势
邮政小包	价格便宜、网络覆盖范围广	速度较慢，丢包率高
国际快递	速度快、服务好、丢包率低	网络覆盖区域有限，价格昂贵，且价格资费变化较大
海外仓	物流成本降低、订单周期缩短、可提供退换货方案、海外用户消费体验提升	运营成本高，不是任何产品都适用，库存周转慢的商品容易压货，管理难度大
跨境专线	价格比商业快递低，运输速度快于邮政小包，丢包率也比较低	价格高于国际小包，运输速度慢于国际快递，网络覆盖地区少

资料来源：根据亿邦动力网相关材料整理。

10.3　跨境电商物流通关

跨境电商作为一种新兴业态，给政府传统外贸管理提出了新挑战。跨境电商商品碎片化、贸易主体碎片化和管理政策碎片化，促使海关通过创新、完善现行邮递商品和快件管理制度，逐步发展与海关联网的跨境电子商务综合服务平台，为跨境电子商务企业提供更多便利。根据跨境电商业务碎片化、高频次、低货值等特点，海关采取了进口“清单核放”、出口“清单核放、汇总申报”等不同于对一般贸易的监管方式，力图通过监管方式的创新，为跨境电商带来税收优惠、通关效率提升、通关成本降低，实现跨境电商的阳光化通关。

10.3.1　货物与物品监管的区别

在跨境电商快速发展过程中，个人或小规模采购商在最终收货人中所占比例不断提高，使交易主体越来越多，而单笔交易商品数量越来越少，价值越来越低，并且交易的物权转移发生在线上，因此产生“以物品代替货物”报关的需求。

《中华人民共和国海关法》第三章、第四章明确分章规定了物品与货物不同的海关监管，主要包括用途、数量、外汇、税收和许可证等几个方面。

从用途来看，进出境货物具有贸易性质，货物进出境是为了销售，如 B2B 模式下的传统大宗商品贸易；而进出境物品不具有贸易性质，物品进出境是为了本人自用、馈赠亲友而非为出售或出租，如旅客从国外携带进境的奢侈品。

从数量来看，进出境货物数量较大；进出境物品以合理自用数量为限，超出数量限制则会被海关认定为进出境货物。例如，旅客去美国旅游顺便买了一双 NIKE 鞋，海关认定属于合理自用的数量范围，因此按物品类别进行通关监管。但如果旅客买了一行李箱的 iPhone 或者一胳膊的手表入关，显然已经超出了海关认定的自用、合理的范畴，海关将按照货物类别对其进行通关监管。

从外汇来看，进出境货物是购进或售出的商品，因此有对应的外汇收入或外汇支出；而进出境物品不属于商品，因此没有对应的外汇收入或外汇支出。从事货物进出口的企业需凭报关单等通关材料向银行申请进行购付汇和收结汇，由银行审核贸易真实性并一一核销；而进出境物品无须通关单等手续，无外汇监管。

从税收来看，进出境货物征税内容包括关税、增值税和消费税；而进出境物品仅在进境环节征收进口税。进出境货物的税率通常高于同类进出境物品，但有特殊情况的除外。若通过邮政网络进境，按个人物品申报，则只涉及行邮税。虽然行邮税的税率可能比进出境货物关税高一些，但由于不涉及其他税种并且有50元的起征点，因此所承担税负明显降低。这也是很多跨境电商选择邮政渠道通关的主要原因之一。

从许可来看，国家对部分限制进出境货物进行许可证管理；除了出境携带的文物外，一般进出境的物品不涉及行政许可问题。

10.3.2 跨境电商出口的通关

根据跨境电商不同的贸易方式代码，跨境电商出口通关主要有四种模式，分别是9610、1210、9710和9810，其中9610和1210主要针对企业至个人的B2C电子商务，9710和9810主要针对企业至企业的B2B电子商务。

1. 9610模式——一般出口模式

一般出口模式是指采用“清单核放、汇总申报”的方式，电商出口商品以邮件、快件方式分批运送，海关凭清单核放出境，定期把已核放清单数据汇总形成出口报关单，电商企业或平台凭此办理结汇、退税手续，并纳入海关统计，如图10－1所示。

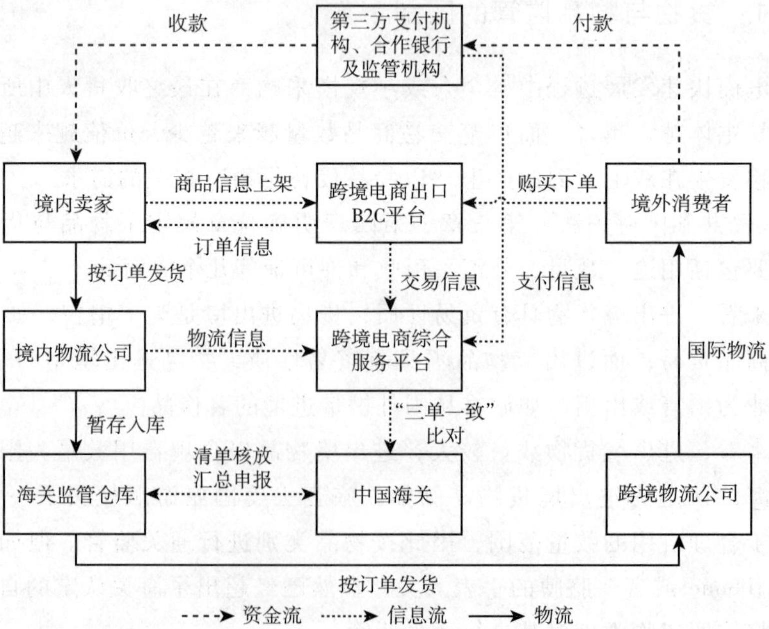

图10－1 一般出口模式

适用于境内个人或电子商务企业通过电子商务交易平台实现交易，并采用“清单核放、汇总申报”模式办理通关手续的电子商务零售进出口商品（通过海关特殊监管区域或保税监管场所一线的电子商务零售进出口商品除外）。

相关链接

“三单”对碰

海关总署在 2014 年第 12 号、2014 年第 57 号公告中提出，开展跨境电商进口业务的企业应当按照规定向海关传输交易、支付、仓储和物流等数据，由海关校验每一笔交易订单信息和消费者信息的真实性，促进跨境电商合规化发展。

“三单”信息就是海关公告中的交易信息、支付信息、物流信息。相对应的“三单”分别是订单、支付单、运单（也叫物流单），是在消费者下单后由不用类型主体的企业分别推送的。其中，订单由电商企业推送电子订单数据，支付单由支付企业推送支付单数据，运单由仓储物流服务商推送运单数据。

订单中的信息包括订购人信息、订单号、支付单号、物流单号及商品信息等。

支付单中的信息包括支付人信息、支付金额、订单号、支付单号等。

运单中的信息包括分物流单号、订单号、商品信息、收货人等。

海关收到上述“三单”后，对“三单”中的信息进行数据校验比对。这个校验比对的过程就是“三单对碰”。

（资料来源：根据 https：//zhuanlan. zhihu. com/p/65034596，陆端．跨境电子商务物流［M］．人民邮电出版社，2019：201 等资料整理）

2. 1210 模式——网购保税出口模式

保税出口模式是指电商把整批商品按一般贸易报关进入海关特殊监管区域，企业实现退税；对于已入区退税的商品，境外网购后，海关凭清单核放，由邮、快件企业分送出区离境，海关定期将已放行清单归并形成出口报关单，电商凭此办理结汇手续，并纳入海关统计，如图 10－2 所示。

海关总署发布 2014 年第 57 号文件，自 2014 年 8 月 1 日起，增列海关监管方式代码“1210”，全称“保税跨境贸易电子商务”，简称“保税电商”，俗称“备货模式”。

商家将商品批量备货至海关监管下的保税仓库，消费者下单后，电商企业根据订单为每件商品办理海关通关手续，在保税仓库完成贴面单和打包，经海关查验放行后，由电商企业委托物流配送至消费者手中。

采用保税备货模式可以提前将批量货物放置于保税仓库，由于准备时间较长，国际物流头程运输可以使用海运，故而成本较低。当有订单后可立即从保税仓发货，通关效率高，并可及时响应售后服务需求，用户体验好。但是由于需要租用保税仓，会

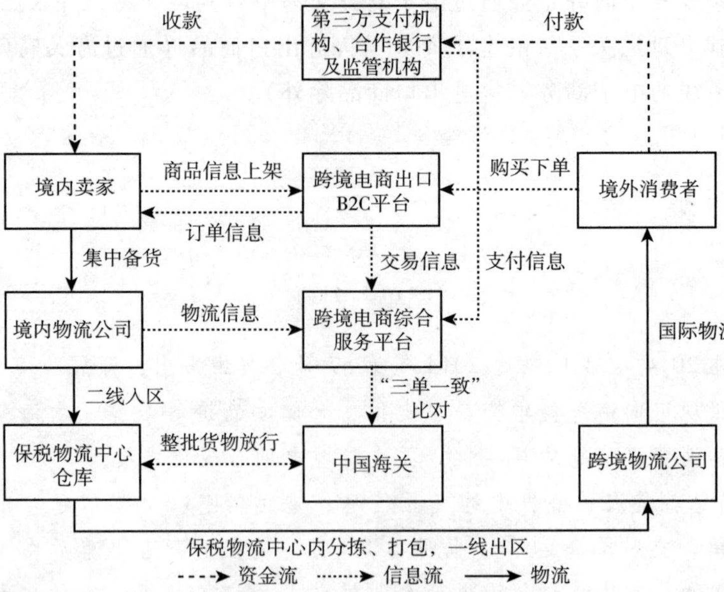

图 10－2 保税出口模式

增加仓储成本，同时，备货占用资金量也比较大。保税备货模式适用于业务规模大、业务量稳定的阶段。电子商务企业可通过大批量订货或备货降低采购成本，逐步从空运过渡到海运降低国际物流成本。

3. 9170 模式——跨境电商 B2B 直接出口模式

跨境电商 B2B 直接出口模式是指国内企业通过跨境电商平台开展线上商品、企业信息展示并与国外企业建立联系，在线上或线下完成沟通、下单、支付、履约流程，实现货物出口的模式，如图 10－3 所示。

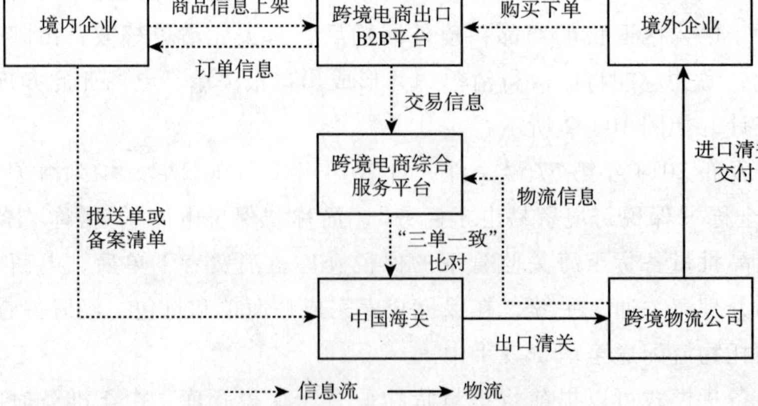

图 10－3 跨境电商 B2B 直接出口模式

选择跨境电商 B2B 直接出口（9710）的企业申报前需上传交易平台生成的在线订单截图等交易电子信息，并填写收货人名称、货物名称、件数、毛重等在线订单内的关键信息。提供物流服务的企业应上传物流电子信息。代理报关企业应填报货物对应的委托企业工商信息。在交易平台内完成在线支付的订单可选择加传其收款信息。

在退货监管方面，通过 9710 监管代码出口的货物均可以开展退货业务，对 1 年内退运进境的，免征进口关税，不涉及退税的可进境销售。

在传统外贸业态中，中小微企业或者个人因规模小、资金不足，很难取得相应的进出口资质，因此很难独自参与到国际贸易中，只能借助外贸代理商实现进出口，需要承担较大资金成本和风险。而且中小微企业通常只生产中间产品，无法及时与终端客户沟通，获得市场有效反馈，从而丧失了建立自身品牌和高溢价的可能性。9170 模式的推出，降低中小企业参与国际贸易门槛，改变了过去“工厂—外贸企业—国外商贸企业—国外零售企业—消费者”的贸易链条，使国内出口企业能够直接对话海外消费者和小企业这两大新客群，使中国成为支撑全球卖家的定制化供应链服务中心。

4. 9810 模式——跨境电商出口海外仓模式

跨境电商出口海外仓模式是指：国内企业通过跨境物流将货物以一般贸易方式批量出口至海外仓，经跨境电商平台完成线上交易后，货物再由海外仓送至境外消费者的一种货物出口模式，即跨境电商 B2B2C 出口，如图 10－4 所示。

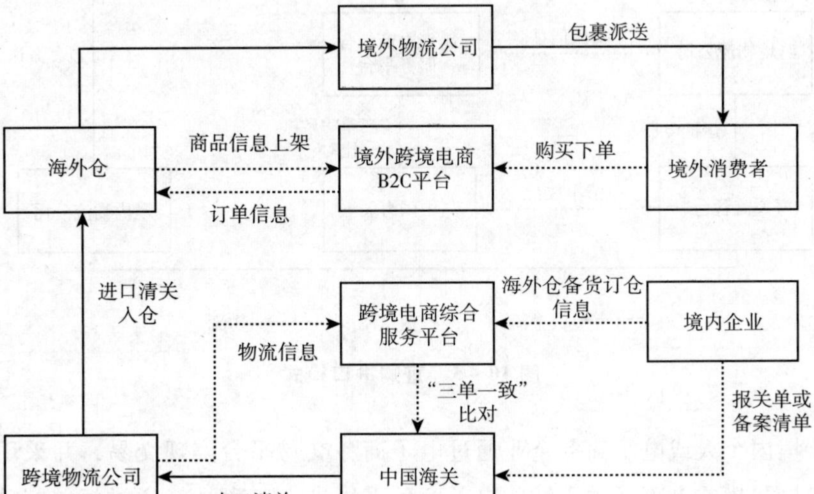

图 10－4　跨境电商出口海外仓模式

跨境电商海外仓出口的本质是跨境电商 B2C 零售出口的升级演变，商品到消费者手中只需要经历国外本土物流一个环节，其他环节都已经前置完成，大大缩短了物流时间，甚至能够实现当日达、次日达，同时破损丢包率也有效降低，消费者购买体验大幅提升，促进消费者重复购买。9810 与 9710 在退货监管方面的政策是一致的，因此通过海外仓可以对商品进行有效的退换货处理，退货的商品也可以通过海外仓进行维修和二次包装，或批量复运回国内进行维修，给消费者带来更高品质的售后服务保障。在 2020 年疫情之后，海外仓对外贸企业的重要作用更加凸显。

10.3.3 跨境电商进口的通关

1. 9610 模式——直购进口模式

直购进口模式是指符合条件的电子商务平台与海关联网，境内个人跨境网购后，平台将电子订单、支付凭证、电子运单等实时传输给海关，商品通过海关跨境电子商务专门监管场所入境，按照跨境零售进口商品征税，并纳入海关统计，如图 10－5 所示。

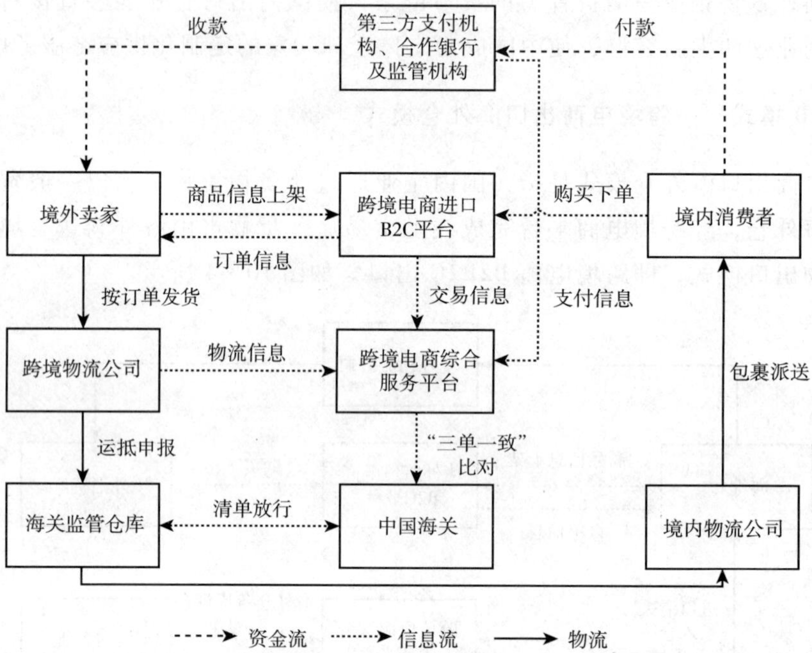

图 10－5 直购进口模式

适用于境内个人或电子商务企业通过电子商务交易平台实现交易，并采用"清单核放、汇总申报"模式办理通关手续的电子商务零售进出口商品（通过海关特殊监管区域或保税监管场所一线的电子商务零售进出口商品除外）。商家将多个已售出商品统一打包，通过国际物流运送至国内的保税仓库，电商企业为每件商品办理海关通关手续，经海关查验放行后，由电商企业委托国内快递派送至消费者手中。每个订单附有海关单据。

直购进口模式较为灵活，不需要提前备货，相对于快件清关，物流通关效率较高，整体物流成本有所降低。但是由于需要在海外完成打包操作，海外操作的人工成本高，距离消费地较远，物流时间稍长。直购进口模式适用于电子商务企业业务量迅速增长的阶段，每周都有多笔订单。

2. 1210 模式——网购保税进口模式

网购保税进口模式是指电子商务企业将整批商品运入海关特殊监管区域或保税物流中心（B 型）内并向海关报关，海关实施账册管理。境内个人网购区内商品后，电子商务企业、支付企业和物流企业分别将电子订单、支付凭证、电子运单等传输给海关，电子商务企业或其他代理人向海关提交清单办理申报和纳税手续，海关验放出区后账册自动核销，如图 10－6 所示。

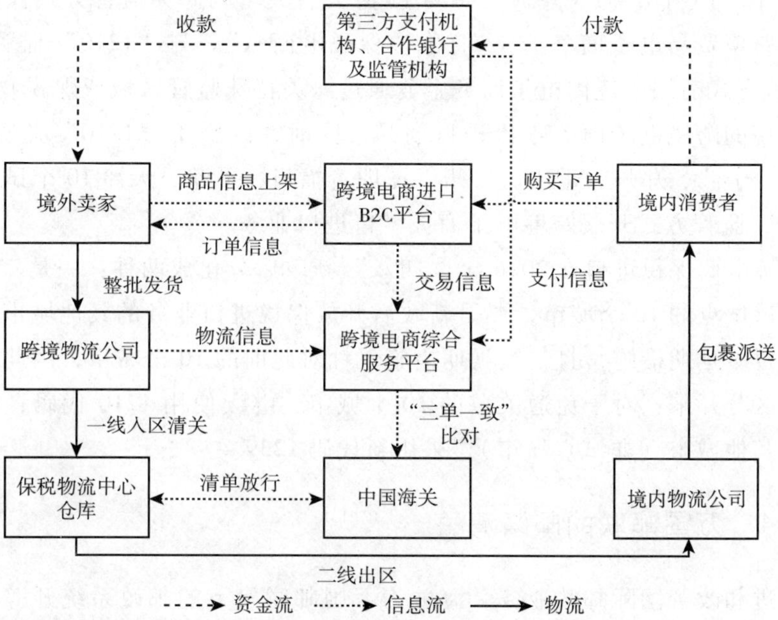

图 10－6　网购保税进口模式

适用于境内个人或电子商务企业在经海关认可的电子商务平台实现跨境交易，并通过海关特殊监管区域或保税监管场所进出的电子商务零售进出境商品。海关特殊监管区域、保税监管场所与境内区外（场所外）之间通过电子商务平台交易的零售进出口商品不适用该监管方式。

网购进口保税产品的交易流程是消费者向跨境电商企业订购产品，一次性付清价款及税费，由跨境电商企业作为代理人以消费者的名义向海关报关清关，再由与跨境电商合作的物流企业直接从保税仓提出货物送至消费者。而以"1210"海关监管方式开展跨境贸易的电子商务企业、海关特殊监管区域或保税监管场所内跨境贸易电子商务经营企业、支付企业和物流企业应当按照规定向海关备案，并通过电子商务平台实时传送交易、支付、仓储和物流等数据。

网购保税进口模式是在消费者下单前，将批量商品在综合保税区备货，国内消费者生成订单后，能够快速响应订单，国际运输费用低，全程物流综合成本低。网购保税进口模式更适用于刚性需求类商品，对消费者体验更佳。

3. 1239 模式——保税电商 A 模式

保税电商 A 模式是指电商将整批商品运入海关特殊监管区域内特设的电子商务专区，向海关报关，海关建立电子商务管理账册。境内个人网购区内商品后，电商委托报关代理公司向海关申报电子清单，海关对电子订单、支付凭证、电子运单和电子清单进行四单计算机自动比对，凡相符的，海关参照跨境零售进口商品自动征税，验放后账册自动核销，并纳入海关统计。

2016 年 12 月 6 日，海关总署发布第 75 号公告，增列海关监管方式代码“1239”，全称“保税跨境贸易电子商务 A”，简称“保税电商 A”。与“1210”监管方式相比，“1239”监管方式适用于境内电子商务企业通过海关特殊监管区域或保税物流中心（B 型）一线进境的跨境电子商务零售进口商品。同时，区别于“1210”监管方式的是，上海、杭州、宁波、郑州、重庆、广州、深圳、福州、平潭、天津 10 个试点城市暂不适用“1239”监管方式开展跨境电子商务零售进口业务。

国内跨境电商保税进口在2016 年“四八”新政后分化成两种：一是新政前批复的具备保税进口试点的10 个城市，二是新政后开放保税进口业务的其他城市。由于新政后续出现了暂缓延期措施，且暂缓延期措施仅针对此前的10 个城市，因此海关在监管时，将两者区分开来：对于免通关单的 10 个城市，继续使用 1210 代码；对于需要提供通关单的其他城市（非试点城市），采用新代码 1239。

10.3.4 万国邮联的邮路清关

为了促进和改善国际邮政业务，海关为万国邮联旗下的邮政系统开辟了一条绿色通道。海关在邮路清关中仅行使监督职能。跨境电子商务的进口和出口都可以采用包括中国邮政速递在内的邮路物流方式，从国外直邮也可以采用 BPOST、荷兰 EMS、法国 EMS、西班牙 EMS 等渠道。邮政速递公司不断优化邮路，瞄准跨境电子商务快递物流市场。对于出口企业而言，通过邮政物流通关出口退税的关键节点在出口报关单。只要海关认定货物、物品申报清单可以作为出口凭证，那么结汇和退税问题即可解决。对于进口消费者而言，56 号、57 号公告要求按进出境个人邮递物品有关规定办理征免税手续，申报手续可能较为繁杂，需要邮政部门或专业服务公司代为申报，为邮路进口快递产品提供了政策依据。

案例

小邮包装着大开放

临近 2020 年底，国际运输迎来了一个小高峰。12 月 14 日，在郑州机场国际货运站门口，来自省内跨境电商的邮件被打板后装车，随即飞向韩国。“2020 年 3 月开通郑州到首尔全货机邮航专线后，我们的泡菜从出厂门到上韩国餐桌不过四五天时间，大大节约了时间成本。”河南省舞钢市某农业公司的营销人员欣喜地说。小泡菜搭上邮航大飞机，折射的是河南省分公司近年来大力推进邮政口岸建设取得的成效。

自 2015 年 5 月开通郑州至俄罗斯邮件专线以来，河南省分公司充分利用郑州机场“空陆”无缝衔接及疏运优势，逐步开通了郑州至芝加哥、纽约、法兰克福、哈恩、卢森堡等方向出口邮件包机航线；集散全网国际邮件量由 2015 年的 372 吨增加至 2020 年的 19954 吨。

2020 年 3 月以来，面对新冠肺炎疫情，河南省分公司逆行而上，主动担当，新开通郑州至首尔、郑州至东京、郑州至欧洲 3 条定期全货机邮件专线，每周共 7 班，稳定运行。专线开通以来，帮助北京、上海、广州等地邮政口岸疏运日、韩和欧美方向的进出口国际邮件 26330 吨；同时，先后接收英国、比利时等地邮政进境邮件 16 批次 130.02 吨，这其中既有大批防疫物资，也有跨境电商用户因疫情滞留的货物。

截至 2020 年底，郑州邮政口岸已开通了郑州至 36 个国家和地区的 47 个城市的直航邮路，2020 年累计完成出口跨境电商业务量 2351.53 万件，成为跨境电商的主要物流渠道；出口邮件 18768.2 万吨，同比增长 43.7%，有力保障了国际供应链运行和国际邮路畅通。

小邮包装着大开放，也改变着大格局。河南邮政口岸建设正在发力，在畅通国际大通道与连接国内大动脉中展现“国家队”担当，在助推河南建设内陆开放高地中发挥“循环泵”的作用。

（资料来源：节选自郭艳．助力“双循环”河南邮政“中”[N]．中国邮政报，2021 年 1 月 20 日星期三）

重要概念

跨境电商物流　　海外仓　　邮政小包　　跨境监管

本章小结

本章阐述了跨境电子商务发展的基本情况，对跨境电商物流的运营方式进行分析，重点阐述了邮政小包、商业快递、海外仓等模式，归纳了跨境电商面临的监管难题以及海关针对跨境电商通关进行的创新。

复习思考题

一、判断题

1. 跨境电商活动增加了供应链层级。（　　）

2. 跨境物流的流程复杂，配送时效差。(　　)

3. 覆盖网络广、清关速度快是邮政小包的优势。(　　)

4. 海外仓将国际派送转化为当地派送，因此不利于提供高效便捷的退货服务。(　　)

5. 9610 直购进口模式需要提前备货，并在海外完成打包操作。(　　)

二、单选题

1. 以下活动不属于跨境电子商务物流活动的是（　　）。

A. 日本代购从日本直邮寄回代购的化妆品

B. 通过天猫国际购买进口食品，食品从澳大利亚寄回。

C. 通过天猫国际购买尿不湿，尿不湿从宁波保税区发货。

D. 海淘在英国购物网站下单服装，英国 DHL 发货至国内。

2. 中国邮政推出的邮政物流产品中通邮范围最广的是（　　）。

A. e 邮宝　　B. e 包裹　　C. 邮政小包　　D. e 速宝

3. 海外仓优势不包括下列哪种情况（　　）。

A. 物流成本降低　　B. 订单周期缩短

C. 可提供退换货方案　　D. 海外用户消费体验降低

4. 保税备货模式实际上是（　　）。

A. 先物流，后订单　　B. 先订单，后物流

C. 物流和订单同时履行　　D. 不需要订单信息

5. 下列哪个模式需要具备保税仓资源？(　　)

A. 集货直邮　　B. 保税备货　　C. 跨境直邮　　D. 个人代购

三、多选题

1. 三大国际快递包括（　　）。

A. UPS　　B. FedEx　　C. DHL　　D. 顺丰

2. 传统 B2C 跨境电商出口企业在物流上主要采用（　　）等方式。

A. 航空小包　　B. 邮寄　　C. 快递邮政小包　　D. 快件

3. 海外仓储意味着出口跨境电商将货物全部发到海外仓运营主体的仓库，由后者进行（　　）甚至库存管理。

A. 销售　　B. 拣选　　C. 仓储、配送　　D. 打包

4. 海外仓模式的费用主要包括（　　）。

A. 头程运输的运费

B. 海外仓中的存储费用与分拣、包装等操作费用

C. 本地派送的运输费用

D. 清关费用

四、问答题

1. 什么是跨境电商？

2. 跨境电商物流的主要特征有哪些？

3. 跨境电商物流有哪些运营方式？

4. 相比邮政快递小包和商业快递，海外仓的主要优点体现在什么方面？

5. 简述海外直邮模式和保税备货模式的区别。

五、案例分析

根据进出境邮件、进出境快件、进出口跨境电商业务的监管标的物同为个人物品的同质化特点，依托位于中国（广西）自由贸易试验区内的中国邮政东盟电子商务监管中心、中国一东盟（广西）国际快件监管中心、南宁国际邮件互换局，打造集国际邮件、跨境电商、国际快件监管于一体的“三合一”式集约化监管新模式，实现对国际邮件、快件、跨境电商通关服务的一站式办理；平均通关能力达到100万件/日，实现监管效率、智能化程度高于同类监管场地平均水平。

（1）实现集约化监管。改变由不同监管中心监管跨境电商、国际邮件、国际快件的传统做法，实现多种业务同一场地作业、同一时间清关，避免重复投资、重复建设，有效节约监管资源，提高资源利用效率。

（2）实现集聚化发展。通过构建“三合一”通关模式满足跨境电商进出口多元化需求，实现跨境电商企业向园区聚集。

“三合一”式集约化监管模式推广所需条件：

（1）监管场所位于综保区等特殊监管区域内。

（2）口岸开展国际邮件、快件、跨境电商业务。

（3）场所建设统筹规划，邮递类与快递类监管场地（场所）有效区分，场所设置符合《海关监管作业场所（场地）设置规范》，配备CT机、X光机及智能分拣设备。

（4）国际邮件、快件、跨境电商上线海关总署统一版作业系统，进出口监管业务分离，互不干扰，有效衔接，集中查验，实现“一次申报、一次查验、一次放行”。

与其他海关监管模式创新一样，“三合一”式集约化监管模式也存在一些风险点，伪造国际邮件或者国际快件“三单”信息成为跨境电商商品，逃避税收，逃避监管。为此，中国（广西）自由贸易试验区提出了一系列的防控措施来降低监管风险。2020年，该“三合一”式集约化监管新模式已获海关总署同意备案实施。

（资料来源：http：//gxftz. gxzf. gov. cn/index. php？case = archive&act = show&aid = 1530，有删减）

问题

1. 中国（广西）自由贸易试验区提出此项创新的动机是什么？

2. 为了规避此项模式创新的监管风险，你认为应采取哪些防控措施？

习题答案

第1章 绪论

一、判断题

1－5 √√×××

二、单选题

1－5 DBAAD

三、多选题

1. AB 2. CD 3. ABCD 4. ABCDE 5. ACDE

四、问答题

1. 参考答案：（1）物流环境存在差异；（2）物流系统范围广；（3）国际物流运输的主要方式具有复杂性；（4）国际物流必须有国际现代化信息系统的支持；（5）国际物流的标准化要求高。

2. 参考答案：

进出口业务、运输业务、仓储业务、包装业务和通关业务等。

3. 参考答案：

（1）发货人；（2）货运代理；（3）承运人代理；（4）承运人；（5）报关行；（6）收货人。

4. 参考答案：（1）国际物流反应快速化；（2）国际物流目标系统化；（3）国际物流手段现代化；（4）国际物流组织网络化；（5）国际物流服务社会化。

五、案例分析

参考答案：可以从开发绿色物流技术、制定绿色物流法规、推行绿色运输、绿色包装、树立绿色物流观念等方面作答。

第2章 国际贸易基础知识

一、判断题

1. × 2. √ 3. × 4. × 5. √ 6. ×

二、单项选择题

1. A 2. D 3. B 4. C 5. B

三、多项选择题

1. ABE 2. CDE 3. BCE 4. CD 5. BCD

四、问答题

1. 参考答案：

①有利于买卖双方洽商交易和订立合同的手续。

②有利于买卖双方核算价格和成本。

③有利于解决合同履约当中的争议。

④有利于其他有关机构开展业务活动。

2. 参考答案：

①高效的国际物流系统为国际贸易发展提供条件和保障。

②有利于提高国际贸易效益，降低成本。

③促进了国内产品的国际竞争力。

④国际物流助力国际贸易进一步发展。

3. 参考答案：

转口贸易和过境贸易最主要的区别在于商品的所有权是否转移，在转口贸易中商品的所有权先从生产国出口商那里转移到第三国的中间商手中，然后再从第三国的中间商手中转移到最终消费国的进口商那里；而在过境贸易中商品的所有权不需要向第三国的商人进行转移，而是直接转移到消费国的进口商手中，国际贸易商品只是通过了第三国的国境。

4. 参考答案：

适用于任一或多种运输方式的贸易术语有：EXW（工厂交货）、FCA（货交承运人）、CPT（运费付至）、CIP（运费和保险费付至）、DAP（目的地交货）、DPU（目的地卸货后交货）和 DDP（完税后交货）。

5. 参考答案：

①货物灭失或损坏的风险在交货点/目的点转移至买方，因此买卖双方应清楚地知晓该关键转移发生的地点；

②该交货地或交货点/目的地或目的点之前的费用由卖方承担，该地方或地点之后的费用由买方承担；

③卖方必须签订运输合同或安排货物运输到约定交货地或交货点/目的地或目的点。

五、案例分析

参考答案：

1. 买方不能要求卖方替换合同商品。

2. 买方不能拒付货款。

基于 FOB 贸易术语下买卖双方的责任与义务，在 FOB 贸易术语下，货物的风险转移是看是否越过船舷，此案中，卖方已将货物装船，则从货物越过船舷时起，货物的风险就转移给了买方，买方需承担货物灭失或损坏的风险，同样包括火灾所造成的损失。所以买方不能拒付货款。

第3章　国际物流系统

一、判断题

1－5　×√×√√

二、单选题

1－5　BAACC

三、多选题

1. BCD　2. ABC　3. ABCDE　4. ABC　5. ACE

四、问答题

1. 参考答案：所谓国际物流网络，是由多个收发货的“节点”和它们之间的“连线”所构成的物流抽象网络以及与之相伴随的信息流动网络的集合。

2. 参考答案：

（1）合理布局物流网络系统要素；（2）物流网络系统节点存货均衡；（3）注重物流技术发展，网络建设留有余地；（4）注意确保国际物流网络接口的无缝化。

3. 参考答案：

（1）转运型节点；（2）储存型节点；（3）流通型节点；（4）综合性节点。

4. 参考答案：①口岸；②港口；③保税仓库；④保税区；⑤出口加工区；⑥自由交易区。

5. 参考答案：（1）在国际物流中，有关订货状况、产品可靠性、交货计划表以及发票等信息是整个顾客服务的必要因素。与国内物流相似，顾客服务在国际物流中同样起着重要的作用。

（2）在国际物流中，合理利用信息能够有效地降低存货，从而降低库存总成本。利用新的信息制定国际物流货物的需求计划，能够通过减少需求的不确定性来减少库存。

（3）从战略优势出发对物流资源利用问题进行决策时，充足的信息既可以增加决策的灵活性，也可以增强决策的准确性。因此，及时而又准确的信息对国际物流信息系统的构建和完善有着不可估量的重要作用。

五、案例分析

参考答案：可以从规范政府职能、完善法治建设、高效的物流运输网络保障、简化“境内关外”手续等方面进行分析。

第4章　国际海洋货物运输

一、判断题

1. ×　2. √　3. ×　4. ×　5. √

二、单项选择题

1. C　2. D　3. A　4. B　5. B　6. C

三、多项选择题

1. CDE　2. CD　3. ACD　4. CDE　5. ABE

四、问答题

1. 参考答案：

①运输量大，通过能力强。

②运输成本低。

③海洋运输的适货性强。

④海洋运输的风险较大。

⑤海洋运输速度慢。

2. 参考答案：

①班轮运输具有“四固定”的特点。

②无需签订运输合同。

③指定交接货地点。

④船方负担装卸费、理舱费。

⑤不计算滞期费和速遣费。

⑥承托双方权利义务以班轮提单为依据。

3. 参考答案：

①不定航线、不定船期、不定装卸港、不定费率。

②租船合同条款由合同双方自由商定。

③通过租船经纪人洽谈成交租船业务。

④船舶营运中有关费用的支出，由租船双方议定，并在合同条款中订明。

⑤租船运输适宜大宗低价值货物运输。

⑥各种租船合同均有相应的标准合同格式。

4. 参考答案：

①租船方式不同。

②租金计算不同。

③费用负担不同。

④船舶调度权不同。

⑤船舶技术管理不同。

5. 参考答案：

①海运提单是证明承运人（或其代理人）已接受货物的收据。

②海运提单是物权凭证。

③海运提单是运输合同的证明。

五、计算题

1. 解：

①确定计费标准

该批货物每箱的毛重为：250 公斤 = 0.25 吨 = 0.25 运费吨

该批货物每箱的计费体积为：50cm × 60cm × 90cm = 270000（立方厘米）

= 0.27（立方米） = 0.27 运费吨

∵ 计费标准为 W/M，且 max {0.27，0.25} = 0.27

∴ 每箱货物的计费重量 = 0.27（运费吨）

②计算单位运费

单位运费 = 基本运费 + 附加费 = 100 + 100 ×（10% + 20%） + 20 = 150（美元）

③计算总运费

总运费 = 单位运费 × 总运费吨

= 150 × 0.27 × 5000 = 202500（美元）

2. 解：根据装货港装货事实记录、卸货港卸货事实记录以及装货港和卸货港港口的规定，可得：

表 1　　装货港装货时间表

日期	星期	时间		说明	可用时间			实用时间			节省/滞期时间		
		起	止		D	H	M	D	H	M	D	H	M
5.4	三	16：00		递交 N/R									
5.5	四	08：00	24：00	装卸时间起算		16			16				
5.6	五	00：00	24：00	因雨停工，装货		18			18				
5.7	六	00：00	24：00	装货，可用时间结束		14		1				10	
5.8	日	00：00	24：00					1			1		
5.9	一	00：00	14：00	装货完毕					14			14	
合计：					2			4			2		

表 2　　卸货港卸货时间表

日期	星期	时间		说明	可用时间			实用时间			节省/滞期时间		
		起	止		D	H	M	D	H	M	D	H	M
5.22	三	10：50		递交 N/R									
5.22	三	14：00	24：00	卸货时间起算		10			10				
5.23	四	00：00	24：00	卸货	1			1					
5.24	五	00：00	24：00	卸货完毕	1				14			10	
5.25	六	00：00	14：00	可用时间结束		14						14	
合计：					3			2			1		

根据上面装货港装货时间表和卸货港卸货时间表，并按“一旦滞期，永远滞期”

原则，

可知：

装货港滞期时间为 2 天，滞期费 = 2 × 10000 = 20000（美元）

卸货港速遣时间为 1 天，速遣费 = 1 × 5000 = 5000（美元）

第 5 章 国际铁路货物联运

一、判断题

1 – 5 √√√×√

二、单选题

1 – 5 BDACD

三、多选题

1. ABCE 2. ABCED 3. ABCED 4. ABCED 5. BCE

四、问答题

1. 参考答案：在两个或两个以上国家铁路全程货物运送中，使用一份运送票据，并以参加运送国家铁路连带责任办理的运输方式，称为国际铁路货物联运。

2. 参考答案：国际铁路货物联运具有以下特点：

(1) 涉及面广。凡是通过国际铁路货物联运办理货物运输，都要涉及两段以上的铁路。

(2) 运送距离远，流经环节多。国际铁路货物联运涉及不同国家的铁路，有时还要通过换装、转口等不同方式办理不间断的运输，最后才能运抵目的地。

(3) 运输条件高。运输条件即车、票、证都必须符合有关国际铁路货物联运的规章和规定，办理手续也较复杂。

国际铁路货物联运使得相关国家铁路在货物运输组织上相互衔接，为国际贸易提供了一种经济便捷而又安全的运输方式。我国与欧亚有关国家开展的国际铁路货物联运，在我国对外政治、经济和文化交流中发挥着重要的作用。

3. 参考答案：《国际铁路货物联运协定》、《国际铁路货物联运协定办事细则》、《国际铁路货物联运统一过境运价规程》、《国际联运车辆使用规则》、《国际旅客联运和铁路货物联运清筛规则》、《国境铁路协定》和《国境铁路会议议定书》、《铁路货物运价规则》、《国际铁路货物联运办法》。

4. 参考答案：国际铁路货物联运的组织形式主要包括整车货物运输、零担货物运输、集装箱货物运输。

5. 参考答案：(1) 运单正本由运单正本、运行报单（给到达路）、运单副本（给发货人）、货物交付单（给到达路）、货物到达通知单（给收货人）。每一过境铁路需加制一份不带编码的补充运行报单，由过境铁路留存。(2) 发货车站带号码的补充运行报单，必须由发站填写，现在使用电子单据，自动留存。带号码的补充运行报单上的编号即批号，应填入运单和不带号码的补充运行报单“批号”栏内。(3) 铁路内部用无号码的补充运行报单。无号码的补充运行报单的用途是每通过一个过境国加抄一份作为清算单，其程序是发站到出口国境站再到过境站。

第6章 国际航空货物运输

一、判断题

1－5　××√√√　6－8　√××

二、单选题

1－5　CACBD

三、多选题

1. ABCE　2. ABDE　3. AC　4. ABE　5. ACDE　6. ABD　7. AB

四、问答题

1. 参考答案：（1）解决班机舱位不足的矛盾；

（2）货物全部由包机运出，节省时间和多次发货的手续；

（3）弥补没有直达航班的不足，且不用中转；

（4）减少货损、货差或丢失的现象；

（5）在空运旺季缓解航班紧张状况；

（6）解决海鲜、活动物的运输问题。

2. 参考答案：

航空运单的作用有：

（1）承运合同

（2）接收货物的证明

（3）运费账单

（4）收货人核收货物的收据

（5）报关凭证

（6）保险证书

（7）承运人内部处理业务的依据

3. 参考答案：集中托运的具体做法是：

（1）将每一票货物分别制定航空运输分运单，即出具货运代理的运单 HAWB（HouseAirway Bill）。

（2）将所有货物区分方向，按照其目的地相同的同一国家、同一城市来集中，制定出航空公司的总运单 MAWB（MasterAirway Bill）。总运单的发货人和收货人均为航空货运代理公司。

（3）打出该总运单项下的货运清单（Manifest），即此总运单有几个分运单，号码各是什么，其中件数、重量各多少等等。

（4）把该总运单和货运清单作为一整票货物交给航空公司。一个总运单可视货物具体情况随附分运单（也可以是一个分运单，也可以是多个分运单）。如：一个

MAWB 内有 10 个 HAWB，说明此总运单内有 10 票货，发给 10 个不同的收货人。

(5) 货物到达目的地站机场后，当地的货运代理公司作为总运单的收货人负责接货、分拨，按不同的分运单制定各自的报关单据并代为报关、为实际收货人办理有关接货分货事宜。

(6) 实际收货人在分运单上签收以后，目的站货运代理公司以此向发货的货运代理公司反馈到货信息。

4. 参考答案：(1) 运送速度快 (2) 不受地面运输的投资限制 (3) 安全准时 (4) 节省包装、保险、利息和存储费用 (5) 办理运输手续简便，有利于实现"门到门"。

5. 参考答案：①航空货运单是发货人与航空运输承运人之间缔结的运输合同，必须由双方当事人共同签署后方能生效。

②航空货运单是承运人或其代理人签发的收到货物的证明即货物收据。

③航空货运单是承运人交付货物和收货人核收货物的依据。

④航空货运单的正本可作为承运人的记账凭证，是承运人据以核收运费的账单。

⑤航空货运单是货物出口时的报关单证之一，也是货物到达目的地机场进行进口报关时海关放行检查时的基本依据。

⑥航空货运单是承运人承办保险或发货人要求承运人代办保险时的保险证书。办完保险的航空货运单称为红色航空货运单。

第7章 国际多式联运

一、判断题

1-5 √×√×√ 6-8 ×√√

二、单选题

1-4 CBCA

三、多选题

1. ABCDE 2. ABC 3. BCDE 4. ABDE 5. AD

四、问答题

1. 参考答案：国际货物多式联运（以下称国际多式联运），根据 1980 年《联合国国际货物多式联运公约》的规定，国际货物多式联运是指："按照多式联运合同，以至少两种不同的运输方式，由多式联运经营人将货物从一国境内接管货物的地点运至另一国境内指定交付货物的地点。为履行单一方式运输合同而进行的该合同所规定的货物接送业务，不应视为国际多式联运。"

2. 参考答案：(1) 多式联运合同的订立；(2) 多式联运计划的编制；(3) 接货装运；(4) 多式联运单证的签发；(5) 运输保险；(6) 转关手续；(7) 全程运输的协调管理；(8) 交付货物；(9) 运输过程中的海关业务；(10) 货运事故处理。

3. 参考答案：多式联运单证的主要内容有：

（1）货物的外表状况。

（2）多式联运经营人的名称和主要营业所。

（3）发货人、收货人名称。

（4）多式联运经营人接管货物的地点和日期。

（5）交付货物的地点。

（6）经双方明确协议，交付货物的时间、期限。

（7）表示多式联运单证为可转让或不可转让的声明。

（8）多式联运单证签发地点、时间。

（9）多式联运经营人或经其授权的人的签字。

（10）有关运费支付的说明。

（11）有关运输方式和运输路线的说明。

（12）有关声明。

4. 参考答案：集装箱运输经济效益高，主要表现在简化包装，大量节约包装费用、减少货损货差，提高货运质量、减少营运费用，降低运输成本；集装箱运输效率高，受气候影响小，可完成更多的运量，增加船公司收入，这样高效率导致高效益。

5. 参考答案：空运进出境航班与卡车内陆运输相结合。由于航空公司对其编制固定的航班号，确定班期和时刻，并对外公布，作为飞机航班运输的一种补充方式，完成飞机运输的功能，因此也称为“卡车航班”。

作用（1）卡车航班弥补了空运固定航班在机观、航线以及航班时间等方面的弱点，同时有效发挥陆运卡车装载能力大、运输路线灵活的优势，又发挥了联程运输实行“一次报关、一次查验、一次放行”的直通式通关服务，大大节省了通关时间，降低了运输成本。（2）通过卡车航班建立非枢纽机场与枢纽机场之间的联系。卡车航班完全是为了向枢纽机场汇集货物，或者为枢纽机场发散货物而开通的。

第8章　国际货物通关

一、判断题

1. √　2. ×　3. √　4. ×　5. ×　6. √

二、单项选择题

1. D　2. A　3. B　4. B　5. C　6. A

三、多项选择题

1. ABDE　2. CD　3. ACD　4. BDE　5. ABCDE　6. ABCD

四、问答题

1. 参考答案。

（1）进出口时交验相关的进出境国家管制许可证件。

（2）必须在进出境环节完纳进出口税费。

（3）货物在提取或装运前办结海关手续。

（4）货物进出口后可自由流通。

2. 参考答案。

（1）在特定条件或规定范围内使用可减免进口关税和增值税。

（2）原则上应受各项进出境管制的约束。

（3）货物进口验放后仍受海关监管。

（4）脱离特定范围使用，须补缴进口关税和增值税。

（5）期限到期，方可解除海关监管。

3. 参考答案。

（1）在提供担保的条件下暂时免纳进出口税。

（2）原则上免予交验进出口许可证件。

（3）为特定使用目的的进口或出口，在规定的期限内复出口或进口。

（4）进出口通关现场放行后，货物尚未结关。

（5）按货物使用后的实际去向办理海关手续。

（6）核销后结案。

4. 参考答案。

（1）对进出口商品进行检验、鉴定和监督管理，保证进出口商品符合质量（标准）要求，维护对外贸易有关各方的合法权益，促进对外经济贸易的顺利发展。

（2）对出入境动植物及其产品，包括其运输工具、包装材料进行检疫和监督管理，防止危害动植物的病菌、害虫、杂草种子及其他有害生物由国外传入或由国内传出，保护本国农、林、牧、渔业生产和国际生态环境和人类的健康。

（3）对出入境人员、交通工具、运输设备以及可能传播传染病的行李、货物、邮包等物品实施国境卫生检疫和口岸卫生监督，防止传染病由国外传入或者是由国内传出，保护人类健康。

5. 参考答案。

（1）有关法规如《出入境检验检疫机构实施检验检疫的进出境商品目录》中规定的商品。

（2）对进出口食品的卫生检验和进出境动植物的检疫。

（3）对装运出口易腐烂变质食品、冷冻品的船舱、集装箱等运载工具的适载检验。

（4）对出口危险货物包装容器的性能检验和使用鉴定。

（5）对有关国际条约规定或其他法律、行政法规规定须经检验检疫机构检验的进出口商品实施检验检疫。

（6）国际货物销售合同规定由检验检疫机构实施出入境检验时，当事人应及时提出申请，由检验检疫机构按照合同规定，对货物实施检验并出具检验证书。

五、案例分析

参考答案。

1. 在本案例中，广州大洋、香港纬元和深圳威龙三家公司直接或者间接参与了该项加工贸易经营活动，它们之间分别存在着不同的关系：由香港纬元公司提供进口料件、支付加工费和在境外销售成品，广州大洋公司负责加工成品，并赚取加工费，故两者之间存在着与来料加工业务有关的行为关系；广州大洋公司经海关批准，将半成品交深圳威龙公司印花，虽已跨关区，但仅属于某道工序的加工，且加工完毕即运回本企业，故两者之间存在着与外发加工有关的行为关系。

2. 广州大洋既是经营企业又是加工企业，应由广州大洋公司到本企业所在地海关备案。深圳威龙公司仅承揽了印花工序的外发加工，外发加工没有登记备案的要求。

第9章　国际货物仓储与包装

一、判断题

1－5　×√×××　　6－8　√×√

二、单选题

1－5　DAAAD　6－10　DBCDC

三、多选题

1. ABD　2. ACDE　3. ABCE　4. ABCE　5. ADE　6. ACD

四、问答题

1. 参考答案：(1) 调整产销时空矛盾；(2) 克服国际供求矛盾；(3) 调节运输能力差别；(4) 提供物流增值服务；(5) 保证进入国际市场的商品质量。

2. 参考答案：

(1) 进库货物：①一般贸易进口货物；②加工贸易进口货物；③从出口加工区、保税区和保税仓库、出口监管仓库转入的货物；④国内采购货物；⑤其他经海关批准转入的货物。

(2) 出库货物：①出口至境外的货物；②深加工结转至加工贸易登记手册（含电子账册）的货物；③转入出口加工区、保税区和保税仓库、出口监管仓库的货物；④转入享受减免税政策企业的货物；⑤转为内销的货物；⑥作放弃处理的货物；⑦其他经海关批准转出的货物。

3. 参考答案：(1) 存储进出口货物和其他未办结海关手续的货物；(2) 国际转口贸易；(3) 国际采购、分销和配送；(4) 国际中转；(5) 检测和售后服务维修；(6) 商品展示；(7) 港口作业。

4. 参考答案：包装容器是指在商品流通过程中，为了保护商品、方便储存、利于运输、促进销售，防止环境污染和预防安全事故，按一定技术规范制造且使用的包装器具、材料及其辅助物的总称。包装容器主要包括包装袋、包装盒、包装瓶、包装罐和包装箱等。

5. 参考答案：收货人代号、参考号、目的地、件号。

五、案例分析

参考答案：

（1）现金流压力缓解。采购租赁标的物入区保税，并以租金方式分期缴纳关税和进口环节增值税，减少对企业资金占压，缓解企业现金流压力。

（2）帮助企业抢抓市场机遇。在企业资金不充足的情况下，利用该模式可以及时采购生产工具，抢抓市场发展机遇。

（3）合作空间大。该模式可以实现跨海关特殊监管区域之间的合作，突破了海关特殊监管区域SPV设立的地域限制，可与其他海关特殊监管区域间采取“1+N”的模式进行推广，减少了企业对SPV公司管理的难度。

第10章　跨境电商物流

一、判断题

1-5　×√√××

二、单选题

1-5　ACDAB

三、多选题

1-4　ABC　ABCD　BCD　ABCD

四、问答题

1. 参考答案：

跨境电子商务（Cross-Border e-Business）概念有广义和狭义之分：

广义的跨境电子商务是指分属不同关境的交易主体通过电子商务手段达成交易的跨境进出口贸易活动。狭义的跨境电子商务概念特指跨境网络零售，指分属不同关境的交易主体通过电子商务平台达成交易，进行跨境支付结算、通过跨境物流送达商品，完成交易的一种国际贸易新业态。

2. 参考答案：（1）物流成本高；（2）配送时效差；（3）难以实现全程追踪；（4）退换货困难。

3. 参考答案：（1）邮政快递小包；（2）商业快递；（3）海外仓；（4）保税区、自贸区物流；（5）跨境专线物流；（6）集货物流。

4. 参考答案：第一，海外仓的头程运输将零散的国际小包转化成大宗运输，体现规模经济效益，会大大降低物流成本；第二，海外仓将国际派送转化为当地派送，确保商品更快速、更安全、更准确地到达消费者手中，完善消费者跨境贸易购物体验；第三，海外仓可以提供高效便捷的退货服务，适应当地消费者的购物习惯，使消费者购物时更加放心；第四，海外仓可以降低因节假日等特殊原因造成的物流服务中断风险，为消费者提供本土化服务，从而提高跨境电商的海外竞争力。

5. 参考答案：可以从基本操作、物流模式、成本、适合包裹大小、清关速度、收货速度、适用品类、退换货及成本等方面进行对比分析。

五、案例分析

参考答案：

1. 提出此项创新的动机包括：

（1）实现多种业务同一场地作业、同一时间清关，避免重复投资、重复建设，有效节约监管资源，提高资源利用效率。

（2）满足跨境电商进出口多元化需求，实现跨境电商企业向园区聚集。

2. 防控措施可以包括：

（1）优化岗位设置。“选、审、查、处、控”分离，相互监督止制约，防范管理风险。

（2）规范物流管理。根据货运车辆示载货物性质的不同，分别由不同的管理系统下发放行指令，通过多系统管理的方法，实现卡口对承载不同性质货物车辆的集中管理。

（3）与场所运营人签订合作备忘录，构建风险联防联控合力。

参考文献

[1] 黄新祥，宋娟娟，陈雅萍．国际物流（第2版）[M]．北京：清华大学出版社，2020.

[2] 杨长春，顾永才．国际物流（第七版）[M]．北京：首都经济贸易大学出版社，2020.

[3] 柴庆春．国际物流管理（第2版）[M]．北京：北京大学出版社，2020.

[4] 张清．国际物流实务（第2版）[M]．北京：北京交通大学出版社，2019.

[5] 杨霞芳．国际物流管理（第2版）[M]．上海：同济大学出版社，2015.

[6] 汪传雷．国际物流管理[M]．合肥：合肥工业大学出版社，2014.

[7] 庞燕，王忠伟．国际物流概论[M]．北京：中国商务出版社，2011.

[8] 苏振东，苏杭．国际物流管理[M]．大连：大连理工大学出版社，2010.

[9] 中国国际商，国际商会中国国家委员会．国际贸易术语解释通则2020[M]．北京：对外经济贸易大学出版社，2020.

[10] 顾永才，王斌义．报检与报关实务[M]．北京：首都经济贸易大学出版社，2019.

[11] 朱占峰．报关实务[M]．北京：人民邮电出版社，2021.

[12] 陈祎民．跨境电商——运营实战：思路·方法·策略[M]．北京：中国铁道出版社，2016：23.

[13] 于立新，陈晓琴，陈原，陈秀玲．跨境电子商务理论与实务[M]．北京：首都经济贸易大学出版社，2017：224.

[14] 宋光，穆东．国际物流[M]．北京：北京交通大学出版社，2019.

[15] 张良卫．国际物流学[M]．北京：机械工业出版社，2019.

[16] 田振中．国际物流与货运代理（第2版）[M]．北京：清华大学出版社，2012.

[17] 石波，周体江．国际铁路货物联运[M]．北京：中国铁道出版社，2010.

[18] 杨长春，顾永才．国际物流．第5版[M]．北京：首都经贸大学出版社，2015.

[19] 谢春讯，李智忠，徐阳．航空货运代理实务[M]．北京：清华大学出版社，2008.

［20］李旭东．国际航空货运实务［M］．北京：北京交通大学出版社，2014.

［21］林正章．国际物流［M］．北京：机械工业出版社，2006.

［22］田振中．国际物流操作实务［M］．北京：中国财富出版社，2016.

［23］顾丽亚．航空货运业务［M］．上海：华东师范大学出版社，2007.

［24］王春．民航货物运输［M］．北京：国防工业出版社，2011.

［25］陈文玲．民航货物运输［M］．北京：中国民航出版社，2013.

［26］《2015版国际铁路货物联运操作实务》编写组．国际铁路货物联运操作实务［M］．北京：中国铁道出版社，2016.

［27］冯晓鹏．跨境电子商务的法律与政策研究［D］．吉林大学博士学位论文，2019.

［28］童孟达．未来中国国际物流发展趋势预测［J］．产业创新研究，2020（7）：1-2.

［29］李健．浅析国际物流产业的发展趋势［J］．现代营销（经营版），2019（5）：45.

［30］庞燕．跨境电商环境下国际物流模式研究［J］．中国流通经济，2015，29（10）：15-20.

［31］国际物流标准化．https：//baike. so. com/doc/6728708-6942992. html.

［32］我国国际物流业的发展现状及趋势．https：//www. renrendoc. com/paper/140459863. html.

［33］亿邦智库．跨境电商“9710”“9810”是什么？https：//www. ebrun. com/20200826/399249. shtml.

［34］罗兰贝格研究报告《疫情背景下中国跨境物流新机遇白皮书》，2021.